北京市门头沟区区长王洪钟同志（左一）到潭柘寺隧道调研

北京市交通委员会副书记张树森同志（中间）到潭柘寺隧道调研

北京市交通委员会路政局副局长范玉亮同志(右二)到潭柘寺隧道调研

北京市交通委员会路政局门头沟分局副局长王成同志到潭柘寺隧道调研

北京市国资委监事会领导到 108 国道改建工程调研

北京市政路桥集团有限公司董事长郝志兰同志到 108 国道改建工程调研

北京市政路桥集团有限公司总经理裴宏伟同志(右二)到 108 国道改建工程调研

北京市公路桥梁建设集团有限公司领导到 108 国道改建工程调研

北京市公路桥梁建设集团有限公司　编著

山岭隧道施工技术与管理

——不良地质条件下潭柘寺隧道施工

ShanLing SuiDao ShiGong JiShu Yu GuanLi

buliangdizhitiaojianxiatanzhesisuidaoshigong

人民交通出版社
China Communications Press

内 容 提 要

本书包括隧道工程技术的基础知识、隧道动态设计和信息化施工的专业知识、设计施工总承包管理的依据和原理、设计施工总承包全过程管理等内容。第一章包括隧道工程技术的基础知识、设计施工总承包管理的依据和原理；第二章介绍了信息化安全施工系统；第三章介绍了围岩等级与开挖方法及爆破施工原理与技术；第四章介绍了不良地质地段爆破开挖与初期支护技术；第五章介绍了复合式衬砌和其他辅助施工作业；第六章介绍了设计施工总承包模式的全过程重点管理和思考。

图书在版编目(CIP)数据

山岭隧道施工技术与管理：不良地质条件下潭柘寺隧道施工／北京市公路桥梁建设集团有限公司编著. —北京：人民交通出版社，2013.12

ISBN 978-7-114-10996-6

Ⅰ.①山… Ⅱ.①北… Ⅲ.①山岭隧道—隧道施工 Ⅳ.①U459.4

中国版本图书馆 CIP 数据核字(2013)第 267032 号

书　　名:山岭隧道施工技术与管理——不良地质条件下潭柘寺隧道施工
著 作 者:北京市公路桥梁建设集团有限公司
责任编辑:刘永芬
出版发行:人民交通出版社
地　　址:(100011)北京市朝阳区安定门外外馆斜街3号
网　　址:http://www.ccpress.com.cn
销售电话:(010)59757973
总 经 销:人民交通出版社发行部
经　　销:各地新华书店
印　　刷:北京市密东印刷有限公司
开　　本:787×1092 1/16
印　　张:16.75
彩　　插:2
字　　数:400千
版　　次:2013年12月 第1版
印　　次:2013年12月 第1次印刷
书　　号:ISBN 978-7-114-10996-6
定　　价:50.00元
(有印刷、装订质量问题的图书由本社负责调换)

前　言

在21世纪全球人类可持续发展的大背景下，地下空间的利用早已成为不容忽视的一环，同时，也为地下空间开发与隧道设计施工提供了巨大的市场机遇与挑战。我国隧道及地下工程建设成就和发展速度是举世瞩目的。已投入运营的各类隧道、隧洞的数量及里程为世界各国之最，正在进行的隧道、隧洞及地下工程的建设规模和速度，也是世界第一。据不完全统计，截止到2010年底，我国建成的铁路隧道总长度已经超过8.6万km，公路隧道总里程数超过400万km。到“十二五”末，全国轨道交通规划线路总长将达到12万km，其中需要建设隧道的线路占了相当大的比例。另外，包括西部大开发的铁路、公路隧道、地铁、地下公用设施、顶管机械及其他西气东输、水电站工程等，一年也有450km的隧道建设量。我国到2020年前规划建设5 000座隧道，长度超过9 000km。

我国是多山国家，75%左右国土都是山地，且江河纵横，海域宽阔。近10年来，公路隧道平均每年新建350km，28座水下公路隧道已建成通车，它在交通基础设施的建设中起到越来越重要的作用，同时在城市建设中，以节约土地和保护环境为宗旨，城市道路隧道也方兴未艾。总体上，公路隧道已由重丘走向深山，由陆域走向水下，由山区走向城市。面对地震、火灾和暴雨等灾害日益频发，面对高地应力、活动断裂、高寒、高海拔和富水等复杂地质条件，面对保护环境和节约能源等日益增强的建设理念，面对我国跨江海、穿高原等重要战略通道建设的实际需要，公路隧道建设尚存在突出技术瓶颈亟待解决。

潭柘寺隧道是北京108国道(潭柘寺—石门营段)改建工程中的重点控制工程，总长2 743m，是双向四车道一级公路隧道。在施工中遇到软弱破碎围岩、煤系地层、挖煤巷道、隧道初期支护侵限、中台阶出现较大的渗水及洞口段的塌方。由于围岩变化频繁，隧道围岩类别与原设计有较大变化，特别是软弱围岩导致的侵限及塌方，因此导致工程造价大大超出了原预期，施工工期也延后了将近两年。掌子面时常出现滑塌及超挖现象，已封闭成环的初期支护也常发生侵限。为了应对围岩的变化，设计进行了大大小小的变更达28

次之多。

为了培养符合新时代要求的隧道工程技术和管理人员，课题组按照北京市公路桥梁建设集团有限公司发展要求，组织有关人员编著了《山岭隧道施工技术与管理》一书。

为了满足编著的科学性、先进性、可行性要求，在编写中体现了以下特点：

(1)紧密结合当前我国隧道工程技术和管理发展的现实情况，充分考虑学科发展的最新态势和动向，力求理论最快融入实践应用的实施方法。

(2)在内容上博采众长，广泛参考和吸取了国内外相关著作的优点，充分吸收最新的理论研究成果，做到了既符合理论发展潮流，又切实反映隧道工程技术和管理的实际情况。

(3)在知识结构上，以公路隧道工程技术和管理为主线，介绍了山岭区公路隧道信息化动态设计和动态施工的依据及全过程管理的内容和方法，做到了主线明确、层次清晰、重点突出、结构合理。

(4)在写作方法上，力求规范分析和实例分析相结合，实例分析逐渐渗入并系统化，提高实际可操作性。

(5)体现了“通”、“专”相宜。

本书包括隧道工程技术的基础知识，动态设计和信息化施工的专业知识，设计施工总承包管理的依据和原理，设计施工总承包全过程管理等内容。第一章包括隧道工程技术的基础知识，设计施工总承包管理的依据和原理；第二章介绍了信息化安全施工系统；第三章介绍了围岩等级与开挖方法及爆破施工原理与技术；第四章介绍了不良地质地段爆破开挖与初期支护技术；第五章介绍了复合式衬砌和其他辅助施工作业；第六章介绍了设计施工总承包模式的全过程重点管理和思考。

由于本工程采取总承包模式，为了更好地提高管理水平，我们对总承包模式也做了比较详细的研究，探索了如何更好地开展对总承包工程的项目管理，如何使企业能够结合自身特点发挥工程总承包的优势，通过内部整合、挖掘潜力来提高整体竞争力，更好地适应市场经济的发展规律，形成独特的企业文化。同时，通过这次工程的实践经验，也发现了我国目前工程总承包模式中存在的一些问题，这也为工程总承包模式在我国的继续推行准备了一手资料。

本书由经验丰富的工程人员和专家共同完成，是对北京复杂地质条件下隧道修建的经验总结，对类似的工程有一定的参考价值。鉴于作者水平有限，对于书中谬误和不妥之处，敬请指正。

编 者

2013 年 8 月

目　　录

第一章　绪　　论

第一节　隧道的分类

隧道是一种用于交通运输、埋置于地层内的地下线状结构物。隧道按其所处位置可分为山岭隧道、水底隧道和城市地下隧道；按用途可分为汽车隧道、铁路隧道、输水隧道、输气隧道等；按长度可分为特长隧道、长隧道、中隧道、短隧道；按结构划分包括主体结构和附属设备两部分，其中主体结构物由洞身和洞门组成，附属设备包括避车洞和防排水设施，长大隧道还有专门的通风和照明设备；按掘进方法可分为爆破掘进法隧道、机械掘进法隧道，而机械法又可分为 TBM 法（用于坚硬岩体）、盾构法（用于软弱岩体和土体）；按断面成型方法可分为全断面法、台阶法、CD（中隔壁）法、CRD（双隔壁）法。

第二节　我国山岭隧道修建的趋势

我国是一个多山的国家，向中西部开发是今后的国策。发展山区交通，脱贫致富是我国的具体要求，高速、准高速铁路、公路的发展和建设又是 21 世纪的特色，这必然需要修建大量隧道，包括许多长隧道的建设，“一多、一长”将是 21 世纪山岭隧道修建的两大特点。

一、建立“中国隧道修建法”原理和要点

新奥法（NATM）和挪威法（NTM）的是人所共知的施工方法，但其应用面窄，内容少。而每年以 200km 以上速度在各种不同围岩、不同用途、不同形状和断面建成山岭隧道的中国却没有自己的方法，21 世纪我国应有一个既适合国情也可为国外所采用的“中国隧道修建法”，将我国近 20 多年来山岭隧道修建的设计、施工原理、方法、要点、教训以及特殊点总结出来，以指导我国为持续性发展战略而进行的山岭隧道、地下工程的修建。

1988 年铁道部基建总局发布实施了“铁路隧道新奥法指南”，这是在总结我国并吸取国外十多年来按新奥法修建铁路隧道经验的基础上编制的。当时在我国起到了隧道修建开始全面应用新原理法与传统法交替更新的作用，成为当时隧道设计、施工的指导性文件。又经过六年的工程实践，我国取得了不少成果，同时也交了不少学费，深感新奥法在我国这样辽阔的地下工程领域中应用还有不少亟待解决的问题。

为此，1992 年铁道部又发布实施了“铁路隧道喷锚构筑法技术规则”（简称“规则”），该规则出台后引起不同反映和争论，主要对“喷锚构筑法”的用词感到不当，易引起混淆。喷锚构筑

法本身不是一种方法，而是一种原理，应将该原理要点贯彻到各种施工开挖方法中去，如正台阶法、全断面法等。当时在确定这个规则名字时经过不少比选和周折，苦于找不到较合适的名字，而用了当时就感到不太妥当的“喷锚构筑法”。

今天，随着工程实践的经验积累，证明我国地下工程在许多方面超越了新奥法范畴，也有类似挪威法的实例，有许多独特的见解和成就，有必要重新评价、总结中国的隧道修建方法。目前，时机已经成熟。“中国隧道修建法”的建立可为隧道设计、施工规范的修订完善提供原理、方法和要点。

二、以结构可靠性为基础、消除隧道运营病害为目的，修改各规范

据有关资料统计，截至 1995 年年末，铁道部管理的已建成并交付运营的隧道共有 4 855 座，总长为 2 260km。但在这 4 855 座隧道中，净空不足侵入建筑限界的有 2 546 座，严重漏水的有 1 428 座，衬砌严重腐蚀裂损的有 677 座，仰拱变形损坏的有 212 座，通风不良的有 112 座，照明不良的有 817 座。但近十多年修建的隧道质量大大提高，这说明传统法设计、施工的隧道从理论到施工方法均存在严重错误和不足。因此，只有用结构整体可靠性理论才能快速、优质地建成不裂、不渗漏、通风、照明良好的隧道。

影响隧道工程可靠度的因素极其复杂，主要表现在：围岩类别变化不定性和对其认识的主观性；荷载沿隧道横向、纵向分布的不确定性；按局部或共同变形理论分析结构内力的近似不定性；计算参数的统计误差及约束条件简化处理的不足性；施工中内轮廓尺寸误差和厚度误差的不定性；不同施工措施引起内力变异性的不定性；施工工序之间时间效应不同所引起的不定性等。七种主要不定性、不确定性、主观性、变异性决定了不能仅用一种固体力学方法或弹塑性力学去准确地描述力学行为，去求算应力、校核强度而忽视结构在施工过程中未达到设计强度要求时的稳定性分析。

按结构-荷载模式进行可靠度设计，配合现场监控量测与反馈进行设计修正的方法具有简单、易行、结合实际的优点，可以克服许多不定性，用这种信息化设计、施工的全过程来完善设计的方法，这是隧道工程所具有的特点。那种设计不能改变论，绝对相信精确计算论，设计与施工不紧密结合的对立做法都是当今影响隧道安全优质、快速、经济建成的阻力。

三、基于安全环保的快速施工将是 21 世纪隧道修建的主攻方向

（一）提高隧道施工机械化是快速施工的主要措施

1）应用 TBM 掘进机和超前导洞并进的施工方法研究。钻爆法＋TBM 法可实现快速施工，其组合形式有两种：一是先中心导洞超前，用钻爆法施工，这样可提早认清地质，提早进行处理，有利于 TBM 在不良地层的掘进。二是用 $\phi3 \sim 4.5$m 小 TBM 快速进行导洞的掘进，后部用钻爆法扩大。该组合造价低，灵活方便，成洞速度比全断面钻爆法提高 2 倍以上，能充分发挥 TBM 和钻爆法的各自优点，将是 21 世纪施工新模式，应予以推广。

2）必须加大隧道施工机械配套的力度。隧道快速施工的唯一出路在于机械化，机械配套不是越先进越好，要从合理配套的总体考虑，除社会环境、生产安全需要外，首先要考虑技术条

件和经济条件。技术条件包括工程量、工作效率、能源消耗、劳力资源、设备易操作性、通用性、耐久性、灵活性以及维修的难易性等九个方面;经济条件包括购置费、使用年限、单位时间利用率、设备在场的工作效率、易损件的储备量等五个方面,在满足技术条件前提下应重点考虑经济条件。具体配套原则应予以改进,按以下意见进行:

(1)施工机械的配套应与施工方法相匹配,更应与施工进度相匹配。要确定合理的施工进度,以确保经济、优质建成,使这两个指标科学地实现。建议取消盲目抢工期的不合理施工进度要求。

(2)提高隧道施工机械投入量的预算费用。实践证明一般低于工程总预算5%以下的设备购置费属不合理施工,长大隧道应有10%以上的设备投入费才是合理的。利用设备创造的产值一般应大于设备费的5倍,先进施工组织管理的设备所创造的产值可达10倍以上。当前施工单位缺设备是主要矛盾,但拿到设备又组织管理不好,养、用、管、修较差而创造不出10倍左右的产值,这是我国施工人员素质不高的后果,还需适应和提高。

(3)设备配套时,单机生产能力应大于均衡生产能力的1.2～1.5倍。

(4)隧道施工机械配套应立足国产化,重复地引进设备而忽视技术引进的倾向应予以克服。引进时应考虑价格是否经济合理,引进的同时应考虑国产化。铁道部应与机械工业部组织设备国产化攻关,组织开展国产化的制造研究。

3)机械配套的模式应随隧道长度的不同采用不同的模式,配套后的模式在能实现快速施工的同时,还应具有适应不同地质条件的应变能力。作为设计单位只重视隧道纵、横断面、结构支护的设计,而不研究隧道施工所需机械配套的设计,是一个不完善的设计。

(二)施工信息化和切实可行的技术对策是快速施工另一主要措施

1)施工信息化必须作为一道工序列入施工工序中,盲目开挖爆破而引起塌方的损失和费用远远大于增加超前预报工序的费用。无限期的立项研究而不全面配合施工的做法该结束了,引进国外超前预报的软、硬件结合国内成果进行国产化研制是当务之急。

2)针对不良地层采用合理施工技术,如各种超前支护的施工技术,各种注浆方法和参数的选取,钢拱架施工技术,降排水施工技术,一次喷锚支护从上向下施工、二次模筑从下向上施工,落底紧封闭技术和合理开挖方法技术等。

3)严格施工纪律,严格施工工艺,严格施工管理,做到"三严"可以确保施工组织的实现,确保爆破、喷锚支护、监控量测、及时反馈四大关键技术的落实。

四、减少辅助坑道设置

横洞、平行导坑、斜井、竖井等统称辅助坑道,我国长隧短打设置辅助坑道费用很高,应合理布置,发挥进、出口的功能以减少投资。国外山岭隧道施工,一般6～8km长的隧道不设辅助坑道,将辅助坑道费用的一部分投入到鼓励使用施工机械设备是今后发展的方向。

从运营维修、防灾角度出发,对山岭隧道长度超过10km以上的应设服务性平行导坑,尤其隧道处于地质条件较差之处更应设置,作为永久建筑交付运营单位。另外,从通风、防灾考虑最好改为两座单洞隧道为宜,这样可不设服务性平行导坑。

五、隧道施工运营的通风及设置

必须重视施工和运营中的通风。施工通风的设计应满足相关国家标准的要求，在可能的条件下实现从无轨向有轨运输转化，尤其对于地层不好的大断面隧道，无轨运输会隧道围岩基底的破坏，在运营中造成翻浆冒泥。加强对节能低噪声、大风量风机的研制；加强对大直径低漏风率(百米漏风率<1%)、表面摩阻力小的($\rho_0 \leqslant 0.017$)高强软风管的研制，彻底改变隧道施工环境，是 21 世纪必须解决的问题。通风、电费、设备的预算不能少，施工不能简化设计要求，加强管理是隧道建设人员的责任。

在运营通风方面，隧道应大力推广洞口准放式射流通风的方案，充分利用列车活塞风，选用单向行驶的隧道设计方案以减少运营通风的电费。对运营的公路隧道，当前用分散式纵向射流通风方案的做法很受欢迎，其实这仅适用于 5km 以下的中、短隧道，而且分散式布置不便维修和管理，但其造价相对在洞口设置 1～4 级堆放式射流风机组会更经济。而对于长大隧道通风选用全横向式或半横向式，可使全洞的 CO 浓度、粉尘浓度不会超标，司机能见度提高，所以这两种通风方式仍是长大隧道不可弃舍的方案。

六、加大科研力度，组织联合攻关是提高隧道修建技术的动力

当前，山岭隧道和地下工程是人类向自然界要空间，进行资源开发的主要方向之一，“上天入地”是人类向主体空间发展的必然趋势。然而地下工程从衬砌结构理论、计算、室内试验到现场应用；从地质勘探到洞内精密施工测量控制；从消除当前隧道不同病害到隧道在不间断运营下进行扩大；从封堵漏水、翻浆到整治渗水；从机械非标设备的单机制造到开挖、装运、衬砌各条作业线的机械配套；从中速运行到高速、准高速运行等，给隧道工程带来了一系列的需要研究的关键技术，举不胜举，这些都是跨行业、互相交叉、互相融合在一起的边缘科学。应组建隧道及地下工程实验、研究、培训中心，结合工程实践进行研究，把地下工程的全过程进行分类、分工序攻关，在确保优质、快速修建隧道工程的前提下，把地下工程的建设投资降下来，用有限的资金修建更多的隧道及地下工程，以适应 21 世纪的需要。

第三节　北京公路隧道基本概况

一、北京已修建山岭隧道

近年来，北京的公路建设呈现出突飞猛进的发展，多条新建高速公路(六环路、京承路、京包路)对原有国道进行的升级改造(108 国道)，为人们的出行提供了便利条件。随着高等级公路建设的日益增多，山区隧道工程大量增加，近年来北京修建的隧道工程如表 1-1 所示。

二、北京地区山岭隧道的地质特征及水文特点

北京中心位于北纬 39°54′，东经 116°23′。全市土地面积 16 400km²；其中平原面积

6 339km²，占 38.6%；山区面积 10 072km²，占 61.4%。北京的西、北和东北，群山环绕，东南是缓缓向渤海倾斜的北京平原。北京平原的海拔高度在 20～60m，山地一般海拔 1 000～1 500m，与河北交界的东灵山海拔 2 309m，为北京市最高峰。境内贯穿五大河，主要是东部的潮白河和北运河，西部的永定河和拒马河。北京的地势是西北高、东南低。西部是太行山山脉余脉的西山，北部是燕山山脉的军都山，两山在南口关沟相交，形成一个向东南展开的半圆形大山弯，人们称之为"北京弯"，它所围绕的小平原即为北京小平原。

北京地区隧道统计 表 1-1

工程名称		隧道名称	长度(m)	工程名称		隧道名称	长度(m)
昌平区	京包高速公路工程	德胜口隧道(出京)	2 975	怀柔区	国道 111 改建工程	河防口隧道(进京)	586
		德胜口隧道(进京)	3 003			河防口隧道(出京)	601
密云县	京承高速公路工程三期	邓家湾隧道(右)	335			分水岭隧道(进京)	1 697
		邓家湾隧道(左)	383			分水岭隧道(出京)	1 618
		后焦家坞隧道(左)	225			分水岭隧道(进京)	1 718
		后焦家坞隧道(右)	197			分水岭隧道(出京)	1 715
		沙厂 1 号隧道(左)	273			柏查子隧道	55
		沙厂 1 号隧道(右)	245			云柏山 1 号隧道	88
		沙厂 2 号隧道(左)	1 124			云柏山 2 号隧道	93
		沙厂 2 号隧道(右)	1 130			琉璃庙隧道	626
		西圈隧道(左)	280			前安岭隧道	181
		西圈隧道(右)	201			安岭梁隧道(进京)	843
		黑古沿隧道	164			安岭梁隧道(出京)	961
		横城子隧道(左)	369	门头沟区	108 国道(潭柘寺—石门营)改建工程	潭柘寺隧道 A 线	1 348
		横城子隧道(右)	398			潭柘寺隧道 B 线	1 395
平谷县	京承高速公路工程三期	塔洼 1 号隧道(左)	237			苛萝坨隧道 A 线	178
		塔洼 1 号隧道(右)	211			苛萝坨隧道 B 线	148
		塔洼 2 号隧道(左)	461		六环路(良乡—寨口段)工程	卧龙岗隧道(左)	420
		塔洼 2 号隧道(右)	410			卧龙岗隧道(右)	416
房山区	六石路改建工程	五合Ⅰ号隧道	114	延庆县	八达岭过境线工程	青龙桥隧道(左)	2 825
		五合Ⅱ号隧道	79			青龙桥隧道(右)	2 825
		栗元场隧道	68				
	108 国道复线工程二期	长操隧道	608				
		二道河隧道	657				
		九道河隧道	298				

(一)地形及地质构造

在漫长的地质历史中，北京市既经过大幅度的下降，接受巨厚的沉积，又产生过剧烈的造山运动。特别是中生代，以燕山运动为主的造山运动，构成了北京地区地质构造骨架和地貌的雏形。伴随着地壳运动的发展，褶皱变形和断裂发育广泛，岩浆活动也很频繁。

北京地区的断裂构造在北部山区主要有：怀柔县长哨营至密云县的古北口断裂带，在市界内东西长33km，宽8km；密云县沙厂至墙子路经被断裂带，市界内长约30km，宽约20km，破碎带最宽达200～300m；官厅山峡地区有门头沟区燕家台至沿河城断裂带和东灵山断层，长数十公里。平原地区凹陷隆起的边缘，都为大断裂所控制，如黄庄-高丽营断裂，永乐店-马房断裂。这些大断层之间往往分布着许多较小的断裂破碎带。活动大断裂带的拐弯、分叉、两端和交汇部位，以及有断陷盆地的地方容易产生地震。北京地区的主要活动断裂带有：平谷至三河断裂带；石景山区八宝山至顺义区高丽营断裂带；河北省怀来县至延庆断裂带；昌平区南口至朝阳区孙河断裂带。在这些地带，历史上都曾发生过较大的地震，是地震活动较强烈的地带。

北京地区的岩性条件比较复杂，各类岩石（土）均有出露，大体上可划分为松散堆积物和基岩两大类。堆积物主要分布在山前平原区，其厚度从山前数米向东南逐渐加厚至数百米，主要为各类壤土、砂壤土、砂、卵砾石。基岩多出露在山区，主要有岩浆岩类、变质岩类、沉积岩类。中生代燕山运动形成了北京地区的基本地形骨架：西部山地、北部山地和东南平原三大地貌单元。山地约占全市面积的62%，平原约占38%。地貌类型主要有中山、低山、丘陵、平原、山间盆地等。

（二）气候环境

北京的气候为典型的暖温带半湿润大陆性季风气候，夏季炎热多雨，冬季寒冷干燥，春、秋短促，年平均气温10～12℃。1月－7～－4℃，7月25～26℃。极端最低－27.4℃，极端最高42℃。全年无霜期180～200天，西部山区较短。年平均降雨量600多mm，为华北地区降雨最多的地区之一，山前迎风坡可达700mm以上。降水季节分配很不均匀，全年降水的80%集中在夏季6、7、8三个月，7、8月常有暴雨。曾经北京及华北春季多发沙尘暴，中央和北京市政府经过对内蒙古草原、黄土高原和河北相关地区进行环境治理，北京的沙尘情况有所好转。

（三）水文

北京有大小河流200余条，主要有永定河、潮白河、北运河、拒马河、泃错河五大河流，多属海河水系，大多发源于西北山地或蒙古高原，向东南蜿蜒于平原之上，汇入海河后注入渤海。水资源较贫乏，主要来源于地表径流和地下水，总量约有42亿m^3。有官厅水库、密云水库、怀柔水库、海子水库等水利设施。

（四）土壤

土壤一般呈垂直地带性分布，自高而下为山地草甸土、山地棕壤、山地褐土；平原土壤呈水平性分布，由山麓至平原依次为褐土、碳酸盐褐土、潮土和沼泽化土；局部低洼地区有盐土，近郊分布有水稻土和菜园土。

（五）植被

植物种类以菌、禾本、豆、蔷薇等科为优势种。原始森林植被为北温带落叶阔叶林，已破坏无存。林地主要为天然次生林和人工林，以松栎林、杨桦林、杂木林及灌丛等群落和果林、经济林为主。

第四节 潭柘寺隧道工程概况

一、隧道基本概况

潭柘寺隧道是108国道(潭柘寺-石门营段)改建工程中的一部分,隧道位于北京市西郊门头沟区,是门头沟区与潭柘寺镇乃至房山区联系的重要交通纽带,如图1-1所示。潭柘寺隧道起点位于门头沟区永定镇潭柘寺东侧约150m处,终点位于门头沟区永定镇岢萝坨村西。该隧道是双向四车道一级公路隧道,总长2 743m,分为A线和B线,如图1-2和表1-2所示。

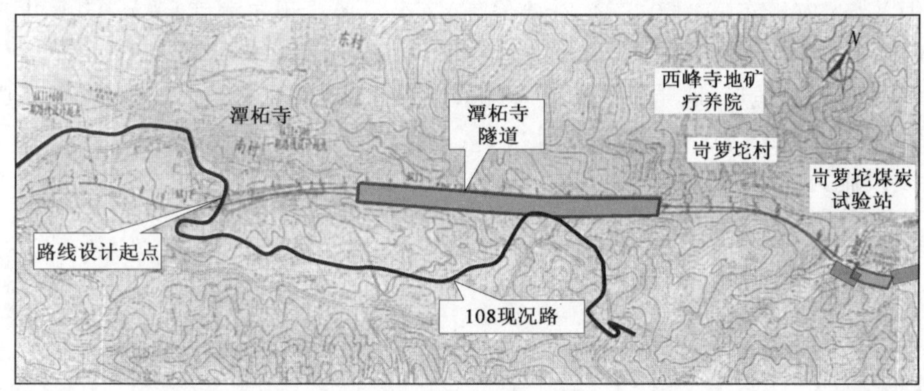

图1-1 潭柘寺隧道位置图

图1-2 潭柘寺隧道进出口效果图

A线全长1 348m,隧道底面高程202.1～235.8m,里程桩号AK12+759～AK14+107,最大曲线半径4 000m,坡度2.5%下坡;B线全长1 395m,隧道底面高程201.4～236.1m,里程桩号BK12+745～BK14+140,最大曲线半径3 000m,坡度2.5%下坡。

隧道基本情况统计表　　表 1-2

序　号	隧道名称		起讫桩号	长度(m)	隧道类型
1	潭柘寺隧道	A线	AK12+759～AK14+107	1 348	分离式复合衬砌隧道
2	潭柘寺隧道	B线	BK12+745～BK14+140	1 395	分离式复合衬砌隧道

潭柘寺隧道属长隧道，内设有2个人行横通道，1个车行横通道。采用钻爆法施工，进出口洞门形式采用削竹式。

二、隧道结构设计参数

潭柘寺隧道为双向四车道隧道，为一级公路山岭隧道，设计速度为60km/h，隧道净宽11.55m，即3.5×2(行车道)+0.75×2(检修道)+0.5m(左侧向宽度)+0.05m(建筑限界间隙)+2.5m(连续停车带)，限高5.0m，如图1-3所示。隧道路面横坡为2%。隧道纵面线形设计综合考虑了进出口地形、地质条件和通风排水、施工及隧道两端的接线条件，也考虑了隧道进口的行车视距。经综合比较，决定采用2.5%的单向下坡。隧道设计荷载为公路Ⅰ级。交通工程沿线设施为A级。

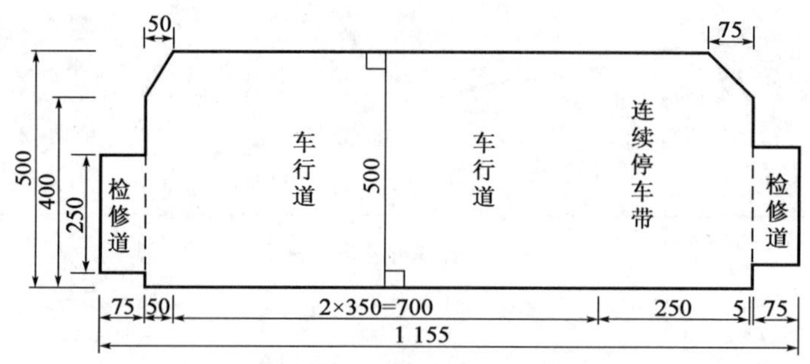

图1-3　隧道建筑界限设计图(尺寸单位:cm)

三、工程地质与水文地质

(一)地形、地貌和地物

潭柘寺隧道场地地处北京市门头沟区永定镇与潭柘寺镇交界处，隧道入口位于潭柘寺镇潭柘寺以东约150m处，隧道出口位于永定镇苛萝坨村西。

潭柘寺隧道为越岭岩质隧道，主要为变质长石石英砂岩及硬绿泥石石英千枚岩。场地地形起伏大，隧道进口处最低高程约为210m，山脊最高处高程为375m，相对高差大165m，整体为构造低山剥蚀地貌。

隧道西洞口至K13+100m处，微地貌类型为山前台地，场地内多为垒砌梯田，在A线南侧有一冲沟，冲沟内覆盖1～3m覆盖层。

隧道东洞位于苛萝坨村西南部，微地貌类型为沟谷地貌，场地内两侧为低山，中间冲沟部位为垒砌梯田，冲沟内覆盖层厚度由上到下逐渐变厚，厚度2.0～11.0m。

(二)气象条件

潭柘寺场地位于门头沟区，该区属中纬度大陆性季风气候，春季干旱多风，夏季受大陆低

压和太平洋高压控制，炎热多雨，秋季凉爽湿润，昼暖夜凉，温差大；冬季寒冷干燥，多西北风，受西伯利亚、蒙古高压控制，四季分明，干湿冷暖变化明显。极端最低温度－19.5℃，极端最高气温40.2℃，年平均气温11.7℃。春季60天，夏季76天，秋季60天，冬季169天，冬季漫长是境内气候的一大特征。春秋季节，境内风霜频繁，年平均风速为2.7m/s，8级以上大风21次，年平均无霜期200天左右，而且该地区的日照时数较多，年平均日照在2 470h左右。由于受不稳定的中纬度大气环流和季风的影响，降水量年际变化每年平均降水量约600mm。

(三)工程地质

1.地层及岩性

根据区域地质资料及本次勘探揭示的地层较复杂，山地斜坡、坡脚及冲沟谷底表层主要有第四系坡洪积、坡残积的亚黏土、碎石混卵石、块石组成，现自地表叙述。

1)第四系坡洪积、坡残积层

(1)亚黏土：黄褐～灰褐～灰黑色，含30%～45%非均匀分布的砂、碎石、块石、见亚砂土夹层，含有机制，为硬塑状态，厚度1.0～5.0m，普遍分布在山体表面。

(2)碎石土：杂色，主要由变质长石石英砂岩、石英岩为主要组成，次棱角状，最大粒径18cm，一般粒径4～6cm，含30%～40%的亚黏土、砂，密实且湿，分布较普遍。

(3)块石土：杂色，主要由变质长石石英砂岩、石英岩为主要组成，次棱角状，最大粒径120cm，一般粒径4～6cm，含30%的亚黏土、砂，厚度5m，密实且湿。

2)二～三叠系(P～T)基岩(区域变质岩，原岩可能为一套泥质、砂质沉积岩变质而成)

(1)强风化变质长石石英砂岩：灰白色～灰褐色，由石英、长石、绢云母组成，石英、长石含量大于55%，且石英含量大于长石。长石表面风化变质绢云母化，绢云母部分有风化现象。岩石风化严重，变质较浅。原岩可能为泥质胶结的长石石英砂岩。节理裂隙较发育，金刚石钻头可以钻进。饱和单轴抗压强度σ值为15MPa，软化系数K_{pc}值为0.50，属易软化的软岩。

(2)煤线：黑色，含碎石、炭质砂岩薄夹层，主要为劣质煤，厚度2.60～13.50m，硬塑状态。

(3)中风化变质砂岩：灰白色～灰褐色，由石英、长石、绢云母组成，石英、长石含量大于55%，且石英含量大于长石。长石表面风化变质为绢云母化，绢云母部分有风化现象。岩石风化较严重，变质较浅。原岩可能为泥质胶结的长石石英砂岩。节理裂隙不太发育，金刚石钻头可以钻进。饱和单轴抗压强度σ值为22MPa，软化系数K_{pc}值为0.50，属软化的较软岩。

(4)微风化变质长石石英砂岩：灰白色，由石英、长石、绢云母组成，石英、长石含量大于60%，且石英含量大于长石。长石表面风化变质绢云母化，绢云母部分有风化现象。岩石风化较严重，变质较浅。原岩可能为泥质胶结的长石石英砂岩。节理裂隙不太发育，金刚石钻头可以钻进。

(5)强风化硬绿泥石石英千枚岩：浅灰色，主要矿物为绢云母、石英、硬绿泥石等。绢云母含量大于60%，部分绢云母已风化为黏土。石英含量10%～15%，硬绿泥石含量大于10%，呈放射状，千枚状构造，岩石表面有丝绢光泽，属浅变质岩。节理裂隙发育，金刚石钻头能钻进。

(6)中风化硬绿泥石石英千枚岩：浅灰色，主要矿物为绢云母、石英、硬绿泥石等。绢云母含量大于60%，部分绢云母已风化为黏土。石英含量10%～15%，硬绿泥石含量小于10%，呈放射状，全铁化保持假象，具有变异砂状结构及胶结方式，千枚状构造，岩石表面有丝绢光泽，属浅变质岩。节理裂隙不太发育，金刚石钻头能钻进。饱和单轴抗压强度 σ 值为 22MPa，软化系数 K_{pc} 值为 0.642，属易软化的软岩。

(7)微风化硬绿泥石石英千枚岩：浅灰色，主要矿物为绢云母、石英、硬绿泥石等。绢云母含量大于 60%，部分绢云母已风化为黏土。石英含量 10%～15%，硬绿泥石含量小于 10%，呈放射状，千枚状构造，岩石表面有丝绢光泽，属浅变质岩。节理裂隙不太发育，金刚石钻头能钻进。饱和单轴抗压强度 σ 值为 15MPa，软化系数 K_{pc} 值为 0.340，属易软化的软岩。

(8)变质泥岩：棕红色～紫红色，泥质结构，层状构造，主要矿物成分为黏土矿物，中风化，岩体属于软岩～极软岩，岩心呈土状，合金钻头钻进速度快。

场地各底层容许承载力如表 1-3 所示。

场地各底层容许承载力　　表 1-3

地层名称及编号	容许承载力[σ](kPa)	地层名称及编号	容许承载力[σ](kPa)
亚黏土	350	微风化变质长石石英砂岩	800
碎石土	400	强风化硬绿泥石石英千枚岩	400
块石土	600	中风化硬绿泥石石英千枚岩	600
煤线	350	微风化硬绿泥石石英千枚岩	800
强风化变质长石石英砂岩	400	变质泥岩	350
中风化变质长石石英砂岩	600		

2. 地质构造

1)区域地质构造位置

潭柘寺隧道场地大地构造位置处于中朝准地台(Ⅰ)、燕山台褶带($Ⅱ_1$)、西山迭坳褶($Ⅲ_5$)、门头沟迭陷褶($Ⅳ_{11}$)之东南隅。按其地质构造变动、变质作用可划分为印支前期、后吕梁-印支、燕山、喜马拉雅等四个旋回及前长城期地槽、后吕梁-印支期准地台盖层、燕山-喜马拉雅期濒太平洋大陆边缘活动带三个发展阶段。

2)褶皱及断裂构造

(1)褶皱。区域内背斜、向斜较发育，总体呈东西向展布。经地质测绘及高密度电阻率法测试未发现大的明显的褶皱构造。

(2)断裂构造。区域内无大的断裂通过，距场区较近且影响较大的断裂为永定河隐伏断裂和八宝山推覆断裂。

永定河隐伏断裂位于隧道场址东侧约 5km，八宝山断裂位于场地东北约 9km，即上述两断裂距本隧道场址约在 5km 之外，自中更新世及第三系以来均无明显的活动迹象，即为“死断层”。经地质测绘和钻探揭露及高密度电阻率法测试均未发现隧道场址处有断裂存在。综上所述，本隧道场址为处于相对稳定的构造单元。

(3)岩层产状。经地质调查及探井、探槽揭示，场地岩层产状与隧道轴线走向夹角大多为 19°～60°，对隧道影响较小。个别岩层与隧道轴线夹角为 6°，但倾角达 37°，因而对隧道稳定性影响较小。

(4)节理裂隙。裂隙间距 0.20～0.30m。隧道轴线走向近东西。第一组节理走向与隧道轴线夹角较大，达 80°以上，对围岩质量影响极小；第二组节理走向与隧道轴线夹角 15°～62°，对围岩质量有一定影响。

经过地质测绘调查及高密度电阻率法测试，场区未发现明显的构造破碎带，是较为稳定的场址。

(四)水文地质条件

场区周围无明显河流，地下水受大气降水，地表水渗入，灌溉水回灌，其他不同层地下水之间的补给，场区内雨水一部分渗入地下变为地下径流，一部分沿山坡流入低洼处(冲沟)。根据场地周围调查及钻探揭露情况，隧道底板高程以上无地下水，通过对潭柘寺民用机井调查，机井中的水位埋深在井口以下150m左右(机井口高程约219m，低于隧道进口高程约20m)，相当于高程约70.00m。

场地节理裂隙发育至较发育，钻探用水、雨水或地表水沿裂隙下渗遇到较完整岩体阻隔时，局部可能形成涌水(细小水流状)或局部赋存裂隙水，但总体水量小。

(五)不良地质及特殊性岩土

通过对隧道周围调查，只在隧道进口处西北角约100m处发现废弃的潭柘寺煤矿，该煤矿井口已被封堵。经过对当地村民了解，该煤矿井井口朝向东北并向背延续，延续的长度约200m，并不会对本隧道产生影响。根据现场钻探资料、高密度电阻率法测得视电阻率无明显异常及对场地采空区的调查，在隧道位置未发现采空区。隧道西洞口附近存在煤层，煤层与硬塑状态的亚黏土性质类似。

根据区域地质资料、108国道(松树岭隧道—石门营)改建工程地质灾害评估报告及场区工程地质测绘情况，场区现况边坡(包括隧道进出口)处于自然稳定状态，局部沿乡村路旁的边坡陡峭。因岩性较破碎会有危险掉落而要采取一定整治措施。在雨季，部分冲沟内可能会有碎石、泥沙被冲下山谷，但不会形成较大规模冲刷物，对周围环境无影响，但要采取保护现有植被措施，在隧道洞口两侧应设置排水沟。对隧道进出口施工弃渣要及时清运，以免对周围环境产生不利影响。

(六)地震

场区位于燕山地震带与华北平原中部地震带的交汇区域，且紧邻汾渭地震带和深大断裂地震带，是个多震区，历史上曾遭受过多次强烈地震的破坏和影响，其中以1679年马坊地震和1730年西郊地震的影响最大。自有史记载以来，北京地区曾遭受有感地震592次(到1957年3月4日止)，至今利用仪器记录地震(ML≥3.5)多达几千次。1976年唐山大地震，对场区内震害程度较轻，未出现沙土液化现象，房屋破坏也相对较轻。

根据《中国地震震动参数区划图》(GB 18306—2001)，场地抗震设防烈度为Ⅶ度，地震动峰值加速度为0.15g，设计地震分组为第一组。标准冻结深度为1m。

(七)隧道工程地质评价

1.岩体风化程度

根据地址调查、钻探资料、钻孔波速测试、点载荷试验、高密度电阻率法勘探原位测试及室内岩石试验等综合分析确定岩体的风化程度。

1)第四系覆盖层为坡洪积、坡残积呈硬塑状态的亚黏土,厚度1.0～4.0m;呈密实状态的块石,厚度5.0m。在场地沟谷处及洞口段第四系覆盖层厚度较大。其纵波波速为250～600m/s。第四系覆盖层以下为二叠至三叠系(P～T)变质岩。

根据上述资料,将场地岩体划分为强风化、中风化、微风化三个等级。

2)强风化变质长石石英砂岩,岩体纵波波速 V_P 平均值约为1 406m/s,岩石纵波波速 V_P 平均值约为2 172m/s。完整性指标 $K_r=0.42$,岩体较破碎。饱和单轴抗压强度 σ_{cw} 平均值为15MPa,根据点荷载试验计算饱和单轴抗压强度 R_c 平均值为18.9MPa,属软岩至较软岩。软化系数 K_{pc} 平均值为0.50,属于易软化岩石。饱水系数 K_w 平均值为0.92,为不耐冻岩石。

3)中风化变质长石石英砂岩,岩体纵波波速 V_P 平均值为2 437m/s,岩石纵波波速 V_P 平均值为2 623m/s。完整性指标 $K_r=0.86$,岩体完整。饱和单轴抗压强度 σ_{cw} 平均值为21.70MPa,根据点荷载试验计算饱和单轴抗压强度 R_c 平均值为20.30MPa,属较软岩。软化系数 K_{pc} 平均值为0.50,属于易软化岩石。饱水系数 K_w 平均值为0.96,为不耐冻岩石。

4)煤线,与硬塑状态的亚黏土性质类似。

5)中风化硬绿泥石石英千枚岩,岩体纵波波速 V_P 平均值为2 389m/s,岩石纵波波速 V_P 平均值为2 463m/s。完整性指标 $K_r=0.94$,岩体完整。饱和单轴抗压强度 σ_{cw} 平均值为13.0MPa,根据点荷载试验计算饱和单轴抗压强度 R_c 平均值为17.6MPa,属软岩至较软岩。软化系数 K_{pc} 平均值为0.61,属于易软化岩石。饱水系数 K_w 平均值为0.96,为不耐冻岩石。

6)微风化硬绿泥石石英千枚岩,岩体纵波波速 V_P 值为2 265m/s,岩石纵波波速 V_P 值为2 307m/s。完整性指标 $K_r=0.96$,岩体完整。饱和单轴抗压强度 σ_{cw} 为17.3MPa,根据点荷载试验计算饱和单轴抗压强度 R_c 平均值为24.7MPa,为软岩。软化系数 K_{pc} 平均值为0.32,属易软化岩石。饱水系数 K_w 平均值为0.97,为不耐冻岩石。

2. 洞室围岩级别

根据钻探、野外视察、孔内原位测试、室内岩石试验资料及地质测绘和物探成果将隧道A、B线围岩分别分为三个区段评价,如图1-4和图1-5所示。

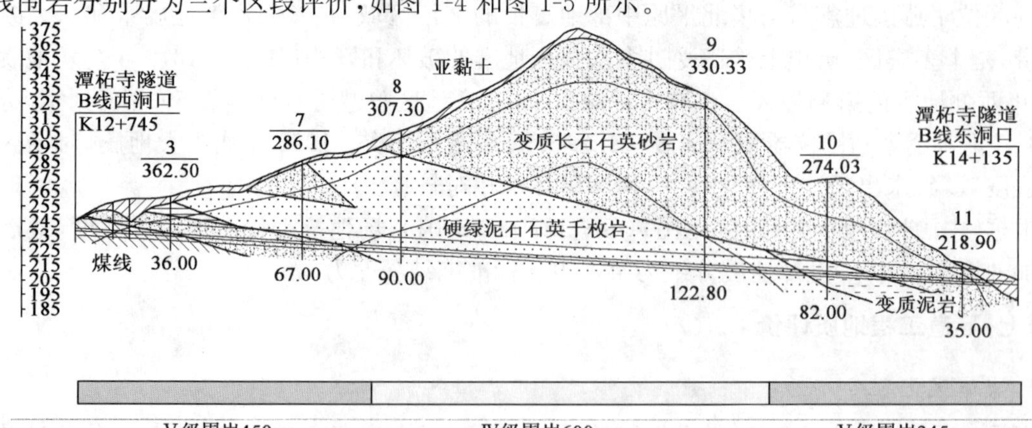

图1-4 潭柘寺隧道B线纵断图

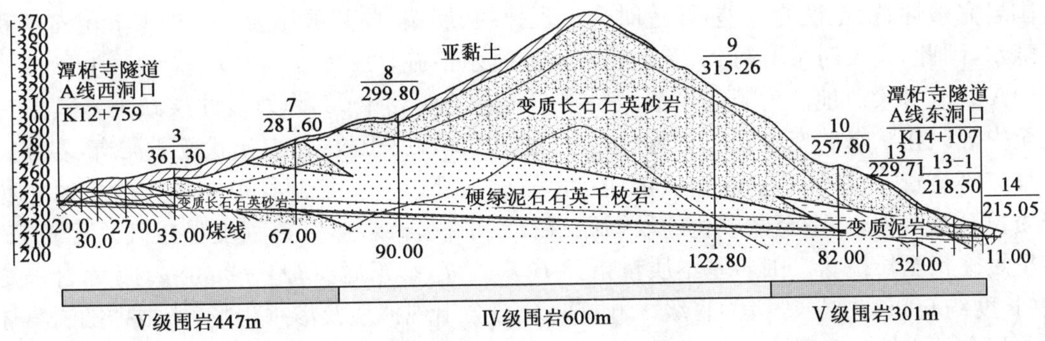

图 1-5 潭柘寺隧道 A 线纵断图

1)B 线进口段。根据 1 号、2 号、3 号、7 号孔揭示地层情况：地表为第四系坡洪积的亚黏土、碎石土、碎石混卵石，其下为强风化至中风化的变质长石石英砂岩、硬绿泥石石英千枚岩，上述岩层均夹煤线(相当于硬状态的亚黏土)或变质泥岩等软岩至极软岩。岩体完整程度呈极破碎至较破碎，岩芯呈碎块状至短柱状，局部岩芯呈土状，节理裂隙发育。围岩基本质量指标 $BQ<280$，围岩基本质量指标修正值[BQ]<239，综合确定 B 线出口段(长约 450m)围岩等级为Ⅴ级。围岩完整性、稳定性均较差。开挖时会出现掉块、崩塌，局部可能会存在少量上层滞水或基岩裂隙水，因此，应及时采取衬砌、支护和一定的排水措施。

2)B 线洞身段。根据 8 号、9 号、10 号和 T4 探井等勘探点所揭露的地层情况：地表为第四系覆盖层硬塑状态的亚黏土(部分地段此层缺失)，其下为强风化至中等风化状态的变质长石石英砂岩和硬绿泥石石英千枚岩，夹土状变质泥岩，岩体完整程度呈破碎至较完整，岩芯呈碎块状至柱状。隧道顶部以上 3 倍洞径范围内均为中风化状态的变质长石石英砂岩、中至微风化的硬绿泥石石英千枚岩，岩体完整程度呈较破碎至较完整，岩芯呈短柱状至长柱状。围岩基本质量指标 $BQ=297$，修正后[BQ]$=253\sim257$，综合确定洞身段(长度约 600m)围岩等级为Ⅳ级。开挖时局部会出现掉块及渗水现象，应根据围岩具体情况采取相应的支护衬砌及一定排水措施。

3)B 线出口段。根据 9 号、10 号、11 号、12 号和探井 T4 等勘探点所揭露的地层情况：大部分地段地表为一层厚约 0.5～2.5m 的呈硬塑状态的亚黏土和稍密状态的素填土，其下为强风化至中风化状态的变质长石石英砂岩，夹变质泥岩，节理裂隙发育，岩体完整程度呈极破碎至较破碎，岩芯呈碎块状，局部呈土状。围岩基本质量指标 $BQ<281$，围岩基本质量指标修正值[BQ]<226，综合确定 B 线隧道出口段(长约 340m)围岩为Ⅴ级。围岩完整性及稳定性均较差，局部地段也可能存在少量上层滞水或基岩裂隙水，开挖时会出现掉块、崩塌等，应及时进行衬砌、支护和临时排水措施。

4)A 线进口段。根据 4-1 号、4 号、5 号、6 号、7 号钻孔所揭示的地层情况：地表为第四系覆盖层，其厚度为 3～9m，岩性为硬塑状态的亚黏土、中密状态的碎石混卵石、块石，其下为强风化状态的变质长石石英砂岩、硬绿泥石石英千枚岩，且均夹劣质煤线，岩体完整程度呈极破碎至破碎，岩芯呈碎块状至短柱状，部分呈土状。根据 6 号钻孔中深度 9～10m 所取岩样试验，可知该段基岩为软岩(饱和单轴抗压强度仅为 6.23MPa)。围岩基本质量指标 $BQ<287$，围岩基本质量指标修正值[BQ]<232，综合考虑 A 线隧道进口段(长约 447m)围岩级别为Ⅴ

级。围岩完整性、稳定性均较差，开挖时会出现掉块、崩塌、局部可能会存在少量上层滞水和基岩裂隙水，因此，应及时采取衬砌、支护及一定的排水措施。

5)A线洞身段。地表为第四系覆盖层硬塑状态的亚黏土(部分地段此层缺失)，其下为强风化至中等风化状态的变质长石石英砂岩和硬绿泥石石英千枚岩，夹土状变质泥岩，岩体完整程度呈破碎至较完整，岩芯呈碎块状至柱状。隧道顶部以上三倍洞径范围内均为中风化状态的变质长石石英砂岩、中至微风化的硬绿泥石石英千枚岩，岩体完整程度呈较破碎至较完整，岩芯呈短柱状至长柱状。围岩基本质量指标 $BQ=297$，修正后 $[BQ]=253\sim257$，综合确定洞身段(长度约600m)围岩等级为Ⅳ级。开挖时局部会出现掉块及渗水现场，应根据围岩具体情况采取相应的支护衬砌及一定排水措施。

6)A段出口段。根据10号、13号、13-1号、14号等钻孔揭示的地层：地表为厚度约0.5～6.0m的素填土，硬塑状态的亚黏土及呈中密、潮湿状态的碎石块石土，其下为强风化状态的变质长石石英和变质泥岩，节理裂隙发育，岩体完整程度呈极破碎至破碎，岩芯呈碎块状、土状。围岩基本质量指标 $BQ<279$，围岩基本质量指标修正值 $[BQ]>224$，综合考虑该线出口段(长约301m)围岩等级为Ⅴ级。围岩完整性、稳定性均较差，局部地段可能会存在少量上层滞水及基岩裂隙水，开挖时会出现掉块、崩塌等，应及时进行衬砌、支护和临时性排水措施。

第五节　潭柘寺隧道工程承包模式

设计-施工总承包(DB总承包)模式是广义工程总承包模式的一种，是指工程总承包企业按照合同约定，承担工程项目的设计和施工，并对承包工程的质量、安全、工期、造价全面负责。根据发包时所包括的内容不同，DB模式可细分为施工图设计—施工、初步设计—施工图设计—施工、方案设计—施工图设计—施工等几种类型。

北京市公路桥梁建设集团有限公司承揽108国道改建工程项目采用的DB总承包模式，即承包人在初步设计的基础上进行施工图设计和施工。

一、DB模式的特点

DB模式是将设计和施工融合的一种工程发承包方式，具有以下几个方面的特点：

1)业主只和设计—施工总承包人签订合同，使得工程出现质量事故责任明确。

2)业主可以比较早地进行招标，确定总承包人，能够边设计、边施工，项目就可在较短的时间内完成。

3)减少业主多头管理的负担。

4)由于往往采用固定总价合同，有助于业主掌握相对确定的工程总造价。

5)使承包人在设计时，会很自然考虑到建设项目的可施工性。

6)总承包人在保证工程项目功能的前提下，发挥自己的技术优势和集成化管理优势，降低工程成本，提高劳动生产率。

7)增加了设计—施工总承包人的风险，索赔的机会相应降低，同时业主承担的风险也相应减少。

8)业主对设计和施工的控制性相对传统模式会减小。

9)招标与评标相对传统模式复杂得多,这要求业主在前期筹划阶段要做好充分的准备。

DB 模式对发包人的管理水平及协调能力要求极高,需要发包方人员具有极强的项目监督能力;同时也要求承包人经济技术力量雄厚、抗风险能力强,并能提供综合设计和施工管理与实施工作。

二、DB 模式适用的范围

一般来说,在满足下列条件的项目中,DB 模式可以较好地发挥优势:

1)能够比较清晰地定义发包人的功能需求和有关技术标准,使承包人能准确地理解。

2)项目通常包括交通设施项目、市政基础设施和房屋建筑项目,它们都有较为详尽的国家、行业标准和技术规程。

3)由于承包人自己负责工程的设计和施工,可施工性能充分在其设计中加以考虑,从而避免传统模式下对设计的"可施工性"研究不够的问题。

三、DB 模式工程造价的构成

在工程建设中存在着两种不同的有关工程造价的定义,一般将完成一个工程建设项目所需费用的总和所对应的工程造价的构成称为建设项目总投资构成;而将发包工程的承包价格所对应的工程造价的构成称为建筑安装工程费用组成。建筑安装工程费用亦称为建筑安装工程造价。在 DB 模式下,由于承包范围扩大,会大量出现费用"转移"的现象。例如,在 DB 模式项目中,DB 承包人需要完成部分甚至全部设计工作,勘察设计费成为 DB 项目承包造价的一部分。因此,随着建筑市场承包范围不断扩大,工程承包形式不断演变,工程造价的两种区别将越来越小。

由于工程造价的构成是由发包范围确定的,DB 项目承包造价大体上是建造费用、工程建设其他费用和税金的总和。建造费用由建筑安装工程费用和设备购置费用两部分组成;工程建设其他费用,是指从工程筹建起到工程竣工验收交付使用止的整个建设期间,除建筑安装工程费用和设备及工、器具购置费用以外的,为保证工程建设顺利完成和交付使用后能够正常发挥效用而发生的各项费用。工程建设其他费用,大体可分为三类:第一类指土地使用费;第二类指与工程建设有关的其他费用;第三类指与未来企业生产经营有关的其他费用。

四、影响 DB 模式承包造价的因素

(一)项目融资方式

我国工程项目建设通常采用的是发包人投融资、承包人负责工程施工并获取利润的方式。如果发包人缺少足够的建设资金,或当项目的预期投资收益率大于融资利率时,承包人会很自然地将项目融资纳入到 DB 承包人的承包范围以内,国际工程承包市场中的 DBF 模式,而这种模式可以看成是 DB 总承包的变异或延伸。在深圳地铁 5 号线中 DB 模式与承包人的 BT 融资结合在一起,促进了 DB 模式的实施,成为深圳特色的 DBF 模式。当发包人需 DB 承包人

提供融资服务时，项目的承包造价中应包含相应融资成本。对于发包人而言，DB 承包人的资金成本可以看作是其建设期的利息支出。

DBF 项目与一般的 DB 项目的不同之处在于，承包人在项目设计和施工过程中负责项目的融资，而发包人不作资金投入，但该融资活动的资金成本最终由发包人支付。采用 DBF 模式的项目，一般承包人的融资额巨大，需承担较大的风险。因此，承包人应对项目的资金成本予以详细分析。

一般来说，除自有资金投入以外，DBF 项目的大部分资金需要承包人通过金融机构贷款或其他融资渠道获得。承包人的融资结构与投入形式不同，资金成本不一样。

(二)设计的可施工性

美国建筑业协会(CII)将可施工性研究定义为将施工知识和经验最佳地应用到项目的策划、设计、采购和现场操作中，以实现项目的总体目标，亦即在使最终的建筑能满足所有既定目标的前提下，设计使得施工更加容易的程度。有关的研究文献和资料指出，实施可施工性研究可节省工程成本 6%～10%，减少施工作业时间 8.7%～34.3%。

改进设计的可施工性而带来的生产率的提高是 DB 承包人测算成本、投标报价应考虑的一个重要的变量。若承包人在设计阶段充分考虑了可施工性的问题，将有利于降低成本，提高报价的竞争力。DB 模式将设计工作纳入到承包范围以内，给承包人开展设计的可施工性研究提供了便利，提高设计的可施工性成为了承包人降低成本的一个重要途径。

(三)分包策略

通常 DB 项目完全由一个承包人独自完成是非常困难或者是不可能的，很多情况下设计往往采取分包的形式。DB 承包人必须选择适合的专业分包人和劳务分包，分包方式的不同对项目承包造价有着重要影响。

在选择分包人时，承包人必须考虑分包人的合同履行能力。分包人应首先具有足够的技术能力与资源完成分包项目的各项工作，对分包项目具有足够的管理协调能力，有足够的流动资金可供完成分包项目之用。分包企业良好的财务状况是其快速组织工作的有力支撑。

第二章　隧道安全施工信息系统

第一节　隧道围岩等级分类

一、隧道围岩分级的意义

隧道围岩是由土体或岩体构成，如表 2-1 所示。土体由岩石经历物理、化学、生物风化作用以及剥蚀、搬运、沉积作用交错复杂的自然环境中所生成的各类沉积物。

围 岩 类 型　　表 2-1

岩体	整体或巨块状、大块状、碎石状、土石状
土体	松散状、松软状

注：有的分类将碎石状、土石状列入土体中。

岩体是指在工程地质中，把工程作用范围内具有一定的岩石成分、结构特征及赋存于某种地质环境中的地质体。岩体是在内部的联结力较弱的层理、片理和节理、断层等切割下，具有明显的不连续性。这是岩体的重要特点，使岩体结构的力学效应减弱和消失。使岩体强度远远低于岩石强度，岩体变形远远大于岩石本身，岩体的渗透性远远大于岩石的渗透性。

围岩分级的意义是为了对隧道及地下建筑工程周围的地层进行工程地质的客观评价，判断隧道的稳定性，确定支护的荷载和设计参数，确定施工方法，选择钻孔和开挖等施工机械，以及确定施工定额和预算等。其最终目的都是为了保证隧道安全施工和运营，实现各自的经济效益和社会效益。

二、隧道围岩分级的发展进程

隧道及地下工程围岩分级是在长期实践的基础上发展起来的，并与地质科学、岩土工程和量测技术的发展密切相关。初期的围岩分类多以单一的岩石强度作为分类指标。例如 1949 年以前，中国采用的坚石、次坚石、软石、硬土、普通土和松软土的分类法，以及中华人民共和国成立后广泛应用的“f”值分类法（即普罗托季亚科诺夫分类法，1907 年）。这类方法在选择钻孔机械，确定掘进机类型，尤其是确定松散围岩的地压值等方面仍有一定意义，但在评价坑道或洞体稳定性方面是不充分的。

1970 年后，以岩体为对象的分类方法获得了迅速发展。如泰尔扎吉分类法（1974 年）、巴顿分类法（1974 年）、别尼亚夫斯基分类法（1974 年）、法国隧道协会（AFTES）分类法（1975 年），以及中国铁路隧道围岩分类（1975 年）和水工隧洞围岩分类（1983 年）等。这些分类法多数是根据经验的定性分类，但由于反映了围岩的地质构造特征、围岩的结构面状态、风化状况、地下水情况以及洞室埋深等,因此在评价坑道或洞体稳定性、确定支护结构参数和选择施工方法等方面得到了广泛的应用。

近期的围岩分类中,引进了岩体力学的基本概念和数理统计方法,如考虑初始应力场、坑道周边位移值以及量测信息等,使围岩分类逐渐从定性分类向定量分类方向发展。如拉布采维茨—帕赫分类(1974 年)、日本地质学会的新奥法围岩分类(1979 年)、奥地利阿尔贝格隧道的围岩分类(1979 年)、前苏联顿巴斯矿区的围岩分类(1979 年)等。围岩分类的重要发展是把量测信息引进到分类之中,即根据量测的初期位移速度,拱顶下沉和洞体水平向的收敛、变形等进行分类。这也为隧道及地下工程的信息设计和施工打下了基础。到目前为止,已经提出的和正在应用的围岩分类有 50 多种,但其中绝大多数仍处于定性描述或经验判别的阶段,尚需进一步研究和完善。

三、隧道围岩分级的影响因素

在围岩分类中,最有影响的要素有:①围岩的构造。指围岩被各种地质结构面切割的程度以及被切割的岩块的尺寸和组合形态,在分类中它是一个起主导作用的因素。②原岩或岩体的物理力学性质。包括单轴或三轴强度和变形特性,如抗压强度、抗剪强度以及弹性模量或变形模量等。一般地说,在完整岩体中,原岩的指标是基本的;在非完整(裂隙)岩体中,岩体的指标是主要的。③地下水。地下水的水量和水压等对分类有重大影响,尤其是对软岩和破碎、松散围岩,它们导致岩质软化、降低强度。在有软弱结构面的围岩中,地下水会冲走充填物或使夹层液化等。因而在一些分类法中,都考虑了定性或定量的影响。④围岩的初应力场。在现代围岩分类中,尤其是对于深埋隧道和软弱围岩而言,这一要素占有重要的地位。初应力场通常以上覆岩(土)体的重力来决定,并视为静水应力场;也可通过实地量测大致判定原岩应力场的大小及其方向。

四、隧道围岩分级的因素指标及其选择

围岩分级的指标,主要考虑影响围岩稳定性的因素或其组合的因素,大体有以下几种:

1. 单一的岩性指标

一般有岩石的抗压和抗拉强度、弹性模量等物理力学参数,岩石的抗钻性、抗爆性等工程指标。在一些特定的分级中,如确定钻眼功效、炸药消耗量等,土石方工程中划分岩石的软硬、开挖的难易,均可采用岩石的单一岩性指标进行分级。一般多采用岩石的单轴饱和极限抗压强度作为基本的分级指标,具有试验简单、数据可靠的优点。但单一岩性指标只能表达岩体特征的一个方面,用来作为分级的唯一指标是不合适的。如老黄土地层,在无水的条件下,强度虽然低,但稳定性却很高。

2. 单一的综合岩性指标

以单一指标反映岩体的综合因素。这些指标有:

1)岩体的弹性波传播速度。弹性波传播速度与岩体的强度和完整性成正比,其指标反映了岩石的力学性质和岩体的破碎程度的综合因素。

2)岩石质量指标(*RQD*)。所谓岩石质量指标是指钻探时岩心复原率,或称为岩芯采取

率。钻探时岩芯的采取率、岩芯的平均和最大长度是受岩体原始的裂隙、硬度、均质性的影响的,岩体质量的好坏主要取决于岩芯采取长度小于10cm以下的细小岩块所占的比例。因此,岩芯采取率是以单位长度钻孔中10cm以上的岩芯占有的比例来判断的。它是综合反映岩石的强度和岩石的破碎程度的指标。即

$$RQD(\%) = 10\text{cm 以上岩芯累计长度} \times 100 \tag{2-1}$$

岩石质量指标分级认为: $RQD>90\%$ 为优质;

$75\%<RQD<90\%$ 为良好;

$50\%<RQD<75\%$ 为好;

$25\%<RQD<50\%$ 为差;

$RQD<25\%$ 为很差。

3)围岩的自稳时间。隧道开挖后,围岩通常都有一段暂时稳定的时间,不同的地质环境,自稳时间是不同的,劳费(H. Lauffer)认为隧道围岩的自稳时间 t_s 可用式(2-2)表示:

$$t_s = \text{常数} \times L - (1 + a) \tag{2-2}$$

式中:L——隧道未支护地段的长度;

a——视围岩情况在0~1范围变化,好的岩体可取 $a=0$;极差的取 $a=1$。

劳费(H. Lauffer)根据围岩的自稳时间和未支护地段的长度,将围岩分为稳定的、易掉块的、极易掉块的、破碎的、很破碎的、有压力的、有很大压力的七级。具体的取值标准可参考有关专著。

单一综合岩性指标一般与地质勘察技术的水平有关,因此其应用受到一定的限制。

3. 复合指标

它是一种用两个或两个以上的岩性指标或综合岩性指标所表示的复合性指标。具有代表性的复合指标分级是巴顿(N. Barton)等人提出的岩体质量 Q 指标,Q 综合表达了岩体质量的6个地质参数,如式(2-3)所示。

$$Q = \left(\frac{RQD}{J_h}\right)\cdot\left(\frac{J_r}{J_a}\right)\cdot\left(\frac{J_w}{SRF}\right) \tag{2-3}$$

式中:RQD——岩石质量指标,其取值方法见式(2-1);

J_h——节理组数目,岩体愈破碎,J_h 取值愈大,可参考下列经验数值:没有或很少节理,$J_h=0.5\sim1.0$;两个节理组时,$J_h=4$;破碎岩体时,$J_h=20$;

J_r——节理粗糙度,节理愈光滑,J_r 取值愈小,可参考下列经验数值:不连续节理,$J_r=4$;平整光滑节理,$J_r=0.5$;

J_a——节理蚀变值,蚀变愈严重,J_a 取值愈大,可参考下列经验数值:节理面紧密结合,节理中填充物坚硬不软化,$J_a=0.75$;节理中填充物是膨胀性黏土,如蒙脱土,$J_a=8\sim12$;

J_w——节理含水折减系数,节理渗水量愈大,水压愈高,J_w 取值愈小,可参考下列经验数值:微量渗水,水压<0.1MPa,$J_w=1.0$;渗水量大,水压特别高,持续时间长,$J_w=0.1\sim0.05$;

SRF——应力折减系数,围岩初始应力愈高,SRF 取值愈大。可参考下列经验数值:脆

性而坚硬、有严重岩爆现象的岩石，$SRF=10\sim20$；坚硬、有单一剪切带的岩石，$SRF=2.5$。

以上 6 个参数的详细说明和取值标准可参考有关专著。这六个地质参数表达了岩体的岩块大小$\left(\frac{RQD}{J_h}\right)$、岩块的抗剪强度$\left(\frac{J_r}{J_a}\right)$、作用应力$\left(\frac{J_w}{SRF}\right)$。因此，岩体质量 Q 实际上是岩块尺寸、抗剪强度、作用应力的复合指标。根据不同的 Q 值，岩体质量评为九级，如表 2-2 所示。

岩体质量评估 表 2-2

岩体质量	特别好	极好	良好	好	中等	不良	坏	极坏	特别坏
Q	400～1 000	100～400	40～100	10～40	4～10	1～4	0.1～1	0.001～0.1	0.001～0.01

复合指标是考虑多种因素的影响，对判断隧道围岩的稳定性是比较合理可靠的，它可以根据工程对象的要求，选择不同的指标。但是，复合指标的定量数值，一般是通过试验、现场实测或凭经验确定的，带有较大的主观因素。

通过以上分析，对隧道围岩的分级，首先应考虑选择的围岩稳定性有重大影响的主要因素，如岩石强度、岩体的完整性、地下水、地应力、结构面产状以及它们的组合关系作为分级指标；其次选择测试设备比较简单、人为因素小、科学性较强的定量指标；在考虑分级指标要有一定的综合性，如复合指标等。总之，应有足够的实测资料为基础，能全面反映围岩的工程性质。

五、隧道围岩施工分级方法

隧道围岩施工分级是隧道工程中的重要研究内容，合理的岩体质量分级，对于客观反映岩体的固有属性、深入认识岩体力学特性和合理选取参数、制定岩体工程设计和施工方案，以及采取合理的工程处理措施是十分重要的。

施工阶段围岩分级的评定因素采用围岩坚硬程度、围岩完整性程度、和地下水状态三项因素，细分为 13 个子因素，如图 2-1 所示。

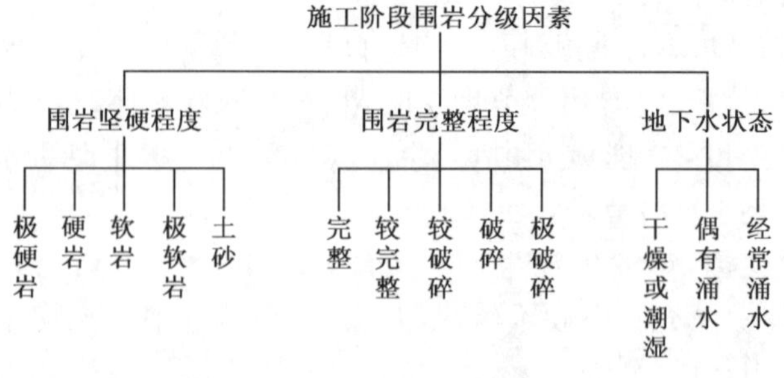

图 2-1 施工阶段围岩分级的评定因素

(一)隧道围岩基本分级

在三个因素中，最困难的是围岩完整性程度的评定，研究的重点是如何根据掌子面的地质数据评价围岩的完整程度。由于隧道开挖，掌子面的地质状态暴露无遗，为评定掌子面的稳定提供了充分的基础。根据对国内外施工阶段围岩分级的调查，应采用多种方法对围岩完整程度进行分级，采用定性和定量相结合的方法，如可以采用图 2-2 的指标。

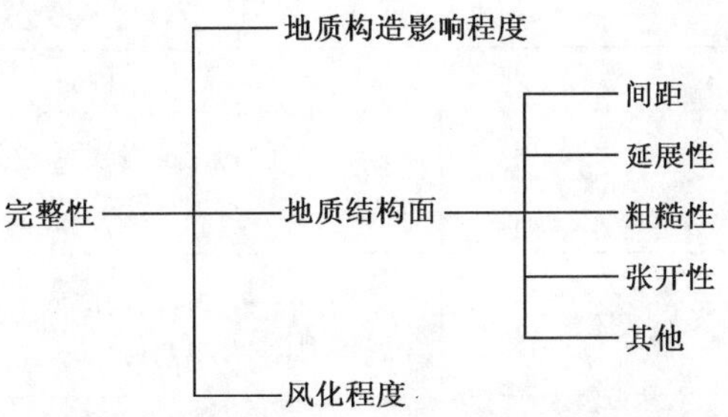

图 2-2　施工阶段围岩分级完整程度的分级指标

(二)隧道围岩施工基本分级修正

围岩级别应在围岩基本分级的基础上，结合隧道工程的特点，考虑软弱结构面产状、地下水状态、初始地应力状态等必要的因素进行修正。

第二节　隧道施工围岩等级判定方法

一、隧道勘察阶段围岩等级的判别方法

隧道开挖中的爆破设计和围岩支护设计依据来源于地质测绘、钻探、物探、室内实验测试等勘察资料。

(一)岩石坚硬程度划分

围岩等级按岩石坚硬程度进行划分，如表 2-3 所示。

按岩石坚硬程度划分等级　　表 2-3

岩石类别		单轴饱和抗压强度 R_c(MPa)	代表性岩石
硬质岩	硬质岩	＞60	未风化或微风化的花岗岩、片麻岩、闪长岩、石英岩、玄武岩等岩浆岩；硅质灰岩、钙质胶结的砾岩及砂岩等
	硬岩	30～60	弱风化的极硬岩；未风化或微风化的熔结凝灰岩、白云岩、大理岩、板岩、灰岩等变质岩
软质岩	较软岩	15～30	强风化的极硬岩；弱风化的硬岩；未风化或微风化的云母片岩、千枚岩、砂质泥岩、钙泥质胶结的粉砂岩和砾岩、泥灰岩、泥岩、凝灰岩等沉积岩
	软岩	5～15	强风化的极硬岩；弱风化至强风化的硬岩；弱风化的较软岩；未风化或微风化的泥质岩类；泥岩、煤、泥质胶结的砂岩和砾岩等
	极软岩	＜5	全风化的各类岩石和成岩作用差的岩石

(二)岩体完整程度划分

围岩等级按完整程度进行划分，如表 2-4 所示。

按岩石完整程度分类 表 2-4

完整程度	结构面特性	结构类型	岩体完整性指数(K_V)
完整	结构面 1～2 组,以构造型节理或层面为主,密闭型	巨块状整体结构	K_V>0.75
较完整	结构面 1～2 组,以构造型节理、层面为主,裂隙多呈密闭型,少有填充物	块状结构	0.75≥K_V>0.55
较破碎	结构面一般为 3 组,以节理及风化裂隙为主,在断层附近受构造裂影响较大,裂隙以微张型和张开性为主,多有填充物	层状结构,块石碎石结构	0.55≥K_V>0.35
破碎	结构面一般大于 3 组,以风化型裂隙为主,在断层附近受构造裂影响较大,裂隙宽度以张开型为主,多有填充物	碎石角砾状结构	0.35≥K_V>0.15
极破碎	结构面杂乱无序,在断层附近受断层作用影响较大,宽张裂隙全为泥质或泥夹岩屑充填,填充物厚度大	散体状结构	K_V≤0.15

(三)围岩基本分级

围岩基本分级按岩石坚硬程度和完整程度进行划分,如表 2-5 所示。

围岩基本分级 表 2-5

级别	岩体特征	土体特征	围岩弹性纵波速度(km/s)
Ⅰ	极硬岩,岩体完整		>4.5
Ⅱ	极硬岩,岩体较完整;硬岩,岩体完整		3.5～4.5
Ⅲ	极硬岩,岩体较破碎;硬岩或软硬岩互层,岩体较完整;较软岩,岩体完整		2.5～4.0
Ⅳ	极硬岩,岩体破碎;硬岩,岩体较破碎或破碎,较软岩或软硬岩互层,且以软岩为主,岩体较完整或较破碎;较软岩,岩体完整或较完整	具压密或成岩作用的黏性土、粉土及砂类土,一般钙质、铁质胶结的碎(卵)石土、大块石土、黄土(Q1/Q2)	1.5～3.0
Ⅴ	较软岩,岩体破至极破碎,全部极软岩和全部极碎岩(包括受构造影响严重的破碎带)	一般第四系坚硬、硬塑黏性土,稍密及以上、稍湿、潮湿的碎(卵)石土、圆砾土、角砾土、粉土及黄土(Q3、Q4)	1.0～2.0
Ⅵ	受构造影响很严重呈碎石、角砾及粉末、泥土状的断层带	软塑性黏土,饱和的粉土砂类等	<1.0(饱和状态的土<1.5)

(四)围岩级别修正

1. 基于地下水状态的修正

(1)地下水状态的影响等级,如表 2-6 所示。

地下水状态的影响等级　　表 2-6

级　别	状　态	渗水量(L/s. 10m)
Ⅰ	干燥或湿润	<0.01
Ⅱ	偶有渗水	0.01～0.25
Ⅲ	经常渗水	0.25～1.25

(2)基于地下水状态的修正

对于地下水状态的影响等级为Ⅱ和Ⅲ级的,隧道围岩施工基本分级Ⅲ级及以下的降一级使用,如表 2-7 所示。

考虑地下水影响的围岩基本分级修正　　表 2-7

地下水	围岩级别					
	Ⅰ	Ⅱ	Ⅲ	Ⅳ	Ⅴ	Ⅵ
Ⅰ	Ⅰ	Ⅱ	Ⅲ	Ⅳ	Ⅴ	
Ⅱ	Ⅰ	Ⅱ	Ⅳ	Ⅴ	Ⅵ	
Ⅲ	Ⅱ	Ⅲ	Ⅳ	Ⅴ	Ⅵ	

2. 基于初始地应力状态的修正

(1)初始地应力状况的分类,如表 2-8 所示。

初始地应力状况分类　　表 2-8

初始地应力状况	主要现象	评估基准$\left(\frac{R_c}{\sigma_{max}}\right)$
极高应力	硬质岩:开挖过程中有岩爆发生,有岩块弹出,洞壁岩体发生剥离,新生裂缝多,成洞性差	<4
	软质岩:岩芯常有饼化现象,开挖过程中洞壁岩体有剥离,位移极为显著,甚至发生大位移,持续时间长,不易成洞	
高应力	硬质岩:开挖过程中可能有岩爆发生,洞壁岩体有掉块和剥离现象,新生裂缝多,成洞性差	4～7
	软质岩:岩芯常有饼化现象,开挖过程中洞壁岩位移极为显著,持续时间长,不易成洞	

注:R_c 为岩石单轴饱和抗压强度,MPa;σ_{max}为最大地应力值,MPa。

(2)初始地应力影响修正

对于初始地应力状态影响的,隧道围岩施工基本分级修正为降一级使用,如表 2-9 所示。

考虑初始地应力影响的围岩基本分级修正　　表 2-9

	Ⅰ	Ⅱ	Ⅲ	Ⅳ	Ⅴ
极高应力	Ⅰ	Ⅱ	Ⅲ或Ⅳ①	Ⅴ	Ⅵ
高应力	Ⅰ	Ⅱ	Ⅲ	Ⅳ或Ⅴ②	Ⅵ

注：①围岩岩体为较破碎的极硬岩、较完整的硬岩时定为Ⅲ级；围岩岩体为完整的较软岩、较完整的软硬互层时定为Ⅳ级。

②围岩岩体为破碎的极硬岩、较破碎及破碎的硬岩时定为Ⅳ级；围岩岩体为完整的较软岩、较完整和较破碎的较软岩时定为Ⅴ级。

综合以上考虑因素，公路隧道施工围岩分级具体见附录。

二、施工阶段围岩快速分级

隧道施工阶段围岩分级是在分析既有地质资料的基础上，通过对开挖工作面的地质调查、物探、超前地质钻探、超前导坑和室内实验等手段，掌握工作面前方的工程地质与水文地质条件及不良地质体的工程性质、位置、产状、规模等信息，并进行围岩级别的分析判断。

1)地质调查法包括隧道地表补充地质调查、洞内开挖工作面地质素描和洞身地质素描、地层分界及构造现象和地表相关性分析、地质作图等。

2)超前钻探包括超前地质钻探、加深炮孔探测及孔内摄影。

3)物探法包括弹性波反射法(地震波反射法、水平声波剖面法、负视速度法和陆地声呐法等)、电磁波反射法(地质雷达探测)、红外探测和高分辨率直流电法等。

4)超前导坑预报法包括平行超前导坑发、正洞超前导坑法等。

5)超前地质预报可采用长距离预报、中长距离预报和短距离预报，预报长度的划分和预报方法的选择可执行以下规定。

(1)长距离预报：预报长度超过 100m 以上。可采用地质调查法、地震波反射法及 100m 以上的超前钻探法。

(2)中长距离预报：预报长度 30～100m。可采用地质调查法、弹性波反射法及 30～100m 的超前钻探法。

(3)短距离预报：预报长度 30m 以内。可采用地质调查法、弹性波反射法、电磁波反射法、红外探测及小于 30m 的超前钻探法等。

隧道超前地质预报设计前，应根据隧道的工程地质与水文地质条件、地质因素对隧道施工影响程度及诱发环境问题的程度等，对隧道分段进行地质复杂程度分级。隧道复杂程度分为复杂、较复杂、中等复杂和简单四级。

隧道超前地质预报应根据不同的地质复杂程度分级，针对不同类型的地质问题，选择不同的方法和手段进行，并贯穿于隧道施工全过程。

三、潭柘寺隧道施工阶段围岩分级

潭柘寺隧道主要运用了 USEP 地震法超前地质预报进行修正。

(一)USEP 超前地质预报测线布置

预报仪器采用北京市市政工程研究院研制的 USEP21 地下工程开挖前方地震预报系统，

掌子面 USEP21 地震预报测试现场布置示意图如图 2-3 所示。

（二）SEP 超前地质预报检测原理

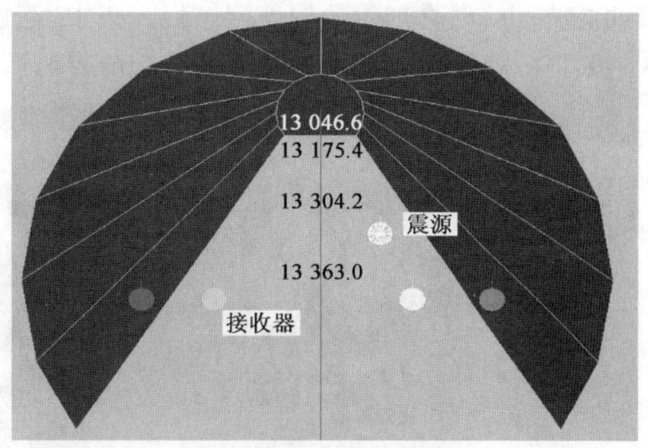

图 2-3　A 线 AK13＋363 掌子面 USEP21 地震预报测试现场布置示意图

USEP21 系统是利用地震波的回波原理，人工制造一系列有规则排列的轻微震源，形成一个地震源断面，同时三维空间地震波接收器在计算机的监控下采集这些震源所发出地震波沿隧道前方及四周区域传播而遭遇不良地质体（如地层层面、节理面，特别是断层破碎带界面和溶洞、暗河等）被反射返回的地震波数据。这些回波信号的传播速度、延迟时间、波形、强度和方向是与相应的不良地质体的性质和分布状况紧密相关的，在一定间隔距离内连续多次采用上述方法，可以得到前方地层的地质力学参数，如杨氏模量和泊松比等。现场工程技术人员结合相关的地质资料可以预知前方及周围地质变化状况。

（三）潭柘寺隧道地质预报的结果分析

1. 以里程 AK13＋477 掌子面 USEP 地震超前地质预报为例

采用 USEP21 仪器进行地震波数据采集，本次激发 3～4 个接收器置于隧道掌子面下方，接收器位置里程 AK13＋363，掌子面位置里程 AK13＋363，震源点在掌子面上方，采集的 USEP 数据通过 USEPwin2.1 软件进行处理，获得 P 波、SH 波、SV 波的时间剖面、深度偏移剖面和反射层提取等一系列成果，在成果解释中，以球面扩散→平均均衡→频谱分析→带通滤波→绕射叠加的三维空间资料 P 波为主对岩体进行划分，结合 S 波资料对地质现象进行解释，解释中遵循以下准则：①正反射界面表明进入硬岩层，负反射界面表明进入软岩层（本次处理中红色代表正反射，蓝色代表负反射）；②若 S 波反射较 P 波强，则表明岩层饱含水；③$\frac{V_P}{V_S}$增加或泊松比突然增大，常常由于流体的存在而引起。

根据以上准则，解释成果如表 2-10 所示。

掌子面 AK13＋477 前方 100m 岩体性质预报　　表 2-10

序　号	里　程	长度（m）	推断结果
1	AK13＋477～AK13＋453	24	本段围岩岩体性质变化不大，局部有硬块、裂隙发育、整体性及稳定性差、开挖时易掉块、崩塌
2	AK13＋453～AK13＋417	36	本段围岩整体上略有增强，区段内局部有软化，掌子面软硬不均、裂隙发育，开挖时易掉块、崩塌
3	AK13＋417～AK13＋377	40	本段岩体强度较前段增强，围岩性质相对稳定，局部有软化，整体性及稳定性相对较好，在开挖过程中注意及时支护

注：上表推断的围岩软硬情况，是根据地震波反射确定的，与隧道工程中岩石等级划分的硬质、软质岩石不一定成对应关系。

图 2-4～图 2-6 列出了多震源叠加后的三维空间反射断面，上图经过球面扩散、波幅均衡、带通滤波和绕射叠加等数据处理过程。图中，蓝色代表进入岩性较弱岩体，红色代表进入岩性较强岩体。由图可直观地看出隧道开挖前方的岩性变化情况。

图 2-4　USEP21 的波场反射界面三维成果图

图 2-5　USEP21 波场反射抽取的主要反射界面三维成果图

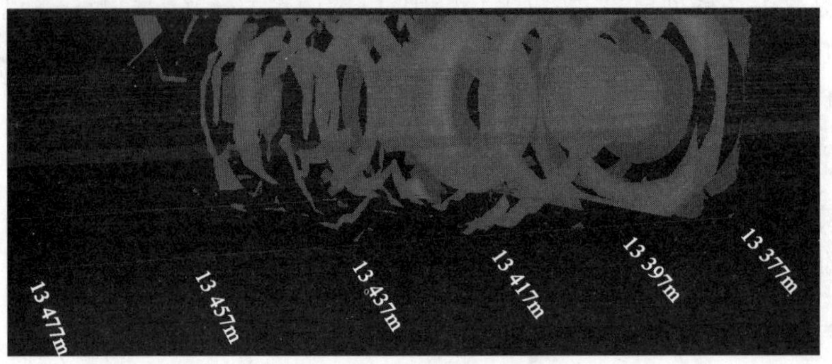

图 2-6　USEP21 波场进一步抽取主要反射界面三维成果图

2. 结论及建议

隧道掌子面前方 100m 均处于深埋段，据前方探测：该段围岩在开挖约 24m 后将逐渐转好，岩体的整体性、稳定性会略好，但岩体强度不高。因此在施工时特别注意“短进尺、弱爆破、及时支护、早成环、加强监测”。

1)AK13＋477～AK13＋453(24m)段围岩与掌子面相近，鉴于岩体裂隙、节理发育，岩体整体性及稳定性较差、易掉块、塌落。建议本段开挖后应及时支护。

2)AK13+453～AK13+417(36m)段岩体较前段略有增强，但局部有软化段，整体软硬不均、稳定性仍较差，局部区段构造裂隙发育，施工时应引起注意。建议本段开挖时应及时支护、尽可能减小扰动。

3)AK13+417～AK13+377(40m)段岩体强度较前段继续变强，裂隙仍发育。建议按开挖面的实际情况，合理考虑围岩支护类型。

4)由于物探方法的间接性、多解性以及所提供参数的单一性，使得对某些灾害体的性质预测会有缺欠，使用资料时应引起注意。

(四)潭柘寺隧道围岩修正情况

1.围岩及支护结构观察内容

开挖面每次进尺后，在锚喷覆盖之前，及时描述掘进面及附近周边围岩的自稳能力，围岩节理裂隙发育程度及其方向，开挖工作面的稳定状态，顶板有无塌塌，涌水量大小，水压以及出水位置等，底板有无隆起现象；地质及岩质情况，校核围岩分类；对开挖后已支护地段围岩的观察内容，包括锚杆被拉断或垫板脱离围岩现象，喷混凝土有无裂隙、剥落和剪切破坏，钢拱架有无被压坏变形情况，锚杆注浆和喷射混凝土施工质量是否符合规定的要求；观察应当引起注意的破坏，如拱顶混凝土喷层因受弯曲压缩的影响而出现的裂隙，以及各种危险的征兆，如拱顶混凝土喷层出现有对称性局部的崩落和侧墙位移等。

潭柘寺隧道监控量测工作始终按照上述内容对围岩及支护进行观察、记录，具体围岩描述表及地质素描、照片，如表2-11所示。

潭柘寺隧道地质素描及实拍记录　　表2-11

素　　描	实拍照片
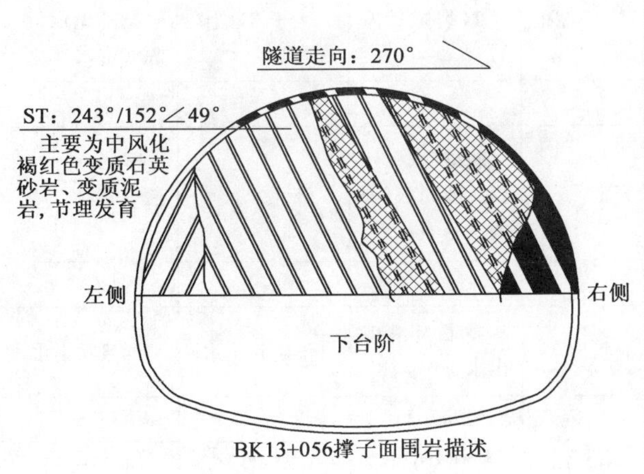 BK13+056撑子面围岩描述	 BK13+056上台阶
施工监测情况描述	从BK13+021、BK13+039、BK13+054三个监测断面来看，隧道开挖过程中，初支结构拱顶沉降速率平缓，围岩周边收敛位移速率呈稳定趋势。截至2009年9月6日，BK12+939～BK12+054段，初期支护拱顶沉降累计值最大为−24mm，最小值为−3mm。BK13+039水平收敛值最大为−70.69mm。BK13+054水平收敛值最大为−0.11mm

2. 围岩级别确定内容

围岩级别确定内容包括：岩石名称、结构、颜色；岩体层理、片理、节理、裂隙、断层等各种软弱面的产状、宽度、延伸情况、连续性、间距等；岩石各结构面的成因类型、力学性质、充填物成分及泥化、软化情况；岩脉穿插情况及其与围岩接触关系，软硬及破碎程度，围岩的自稳时间与自稳性；岩体的风化程度、特征、抗风化能力；地下水的类型、出露位置、水量及对喷锚支护的影响；溶洞、黄土、流沙、瓦斯地层等特殊地质条件的描述；喷层开裂、起鼓、剥离情况的描述，具体记录如表 2-12 所示。

潭柘寺隧道围岩级别和支护参数记录表 表 2-12

<table>
<tr><td>隧道名称</td><td>南村联隧道 B 线</td><td>桩号</td><td>BK13＋027</td><td>断面尺寸（宽×高）</td><td></td><td>拱顶高程(m)</td><td></td><td>埋深(m)</td><td>37</td></tr>
<tr><td>地层特性</td><td>中风化褐红色变质长石石英砂岩，变质泥岩，节理发育</td><td>设计围岩级别</td><td>V</td><td>层理产状</td><td>248°/158° ∠57°</td><td>岩体纵波速度(km/s)</td><td colspan="3">3.5</td></tr>
<tr><td rowspan="15">隧道工程地质条件</td><td rowspan="2">岩石坚硬程度</td><td colspan="2">极硬岩（锤击声清脆，有回弹）</td><td>硬岩（锤击声较清脆，轻微回弹）</td><td>较软岩（锤击声沉闷，无回弹）</td><td>较软岩（锤击声哑，有凹痕，易击碎）</td><td colspan="3">极软岩（锤击声哑，凹痕较深，手易捏碎）</td></tr>
<tr><td colspan="2"></td><td></td><td></td><td>√</td><td colspan="3"></td></tr>
<tr><td rowspan="2">岩体结构类型</td><td colspan="2">巨整体状或巨厚层状</td><td>块状或厚层状</td><td>碎裂状或镶嵌碎裂状</td><td>碎石角砾状</td><td colspan="3">松散状</td></tr>
<tr><td colspan="2"></td><td></td><td>√</td><td></td><td colspan="3"></td></tr>
<tr><td rowspan="2">岩石结构面裂隙组数</td><td colspan="2">1～2（裂隙不甚发育）</td><td>2～3（裂隙稍发育）</td><td>3（裂隙较发育）</td><td>大于 3（裂隙发育）</td><td colspan="3">杂乱无章（裂隙非常发育）</td></tr>
<tr><td colspan="2"></td><td></td><td>√</td><td></td><td colspan="3"></td></tr>
<tr><td rowspan="2">岩石完整程度</td><td colspan="2">完整</td><td>较完整</td><td>较破碎（极硬岩），较完整（硬岩及软岩）</td><td>破碎</td><td colspan="3">极破碎</td></tr>
<tr><td colspan="2"></td><td></td><td>√</td><td></td><td colspan="3"></td></tr>
<tr><td rowspan="2">地下水涌水情况</td><td colspan="2">无水</td><td>点滴状出水</td><td>点滴及淋雨出水</td><td>淋雨状出水</td><td colspan="3">涌泉状出水</td></tr>
<tr><td colspan="2">√</td><td></td><td></td><td></td><td colspan="3"></td></tr>
<tr><td rowspan="2">岩体完整性系数 K_y</td><td colspan="2">大于 0.75</td><td>0.55～0.75</td><td>0.35～0.55</td><td>0.15～0.35</td><td colspan="3">小于 0.15</td></tr>
<tr><td colspan="2"></td><td></td><td>√</td><td></td><td colspan="3"></td></tr>
<tr><td rowspan="2">围岩基本质量指标修正值[BQ]</td><td colspan="2">大于 550</td><td>451～550</td><td>351～450</td><td>251～350</td><td colspan="3">小于 250</td></tr>
<tr><td colspan="2"></td><td></td><td></td><td>√</td><td colspan="3"></td></tr>
<tr><td>其他（如不良地质）</td><td colspan="8"></td></tr>
</table>

续上表

<table>
<tr><td>隧道名称</td><td>南村联隧道B线</td><td>桩号</td><td>BK13+027</td><td colspan="2">断面尺寸（宽×高）=</td><td></td><td colspan="2">拱顶高程（m）</td><td></td><td>埋深（m）</td><td>37</td></tr>
<tr><td rowspan="2">实际围岩级别</td><td>Ⅰ</td><td colspan="2">Ⅱ</td><td colspan="2">Ⅲ</td><td>Ⅳ</td><td colspan="2">Ⅴ</td><td colspan="3">Ⅵ</td></tr>
<tr><td></td><td colspan="2"></td><td colspan="2"></td><td></td><td colspan="2">√</td><td colspan="3"></td></tr>
<tr><td>洞内及洞外观察情况描述</td><td colspan="11">中风化褐红色变质长石石英砂岩，劣质煤层，节理发育</td></tr>
<tr><td>施工方法，主要支护措施及参数</td><td colspan="11">H20 型钢拱架，间距 0.75～0.80m，双层钢筋网片</td></tr>
</table>

每次爆破后进行观测及开挖面地质素描的记录，建立隧道开挖面的地质档案，用数码相机记录真实的围岩出露状态及支护情况，并每周上报。

3. 潭柘寺隧道围岩类型变更

变更对比表如表 2-13 所示。

潭柘寺隧道围岩变更对比表　　表 2-13

潭柘寺隧道		Ⅳ		$Ⅳ_3$		Ⅴ		明洞		合计
		长度（m）	比例（%）	长度（m）	比例（%）	长度（m）	比例（%）	进口	出口	
A线	原设计	600	46.6	-	-	688	53.4	30	30	1 348
	实际	252	19.6	289	22.4	739	57.4	30	38	1 348
B线	原设计	600	45.2	-	-	727	54.8	30	38	1 395
	实际	273.5	20.6	95.5	7.2	958	72.2	30	38	1 395

第三节　隧道风险分析与监控量测

一、隧道主要风险源分析

（一）风险源分析

根据工程实际情况进行了风险源分析，如表 2-14 所示。

潭柘寺隧道风险源统计表　　表 2-14

主体或附属	施工方法	风险工程分类	里程范围	风险基本状况描述	风险分级	风险应对措施及应急措施
主体隧道工程	钻爆法	自身风险	主体隧道	穿越粉强风化变质长石石英砂岩，强风化硬绿泥石石英千枚岩，煤泥煤线，围岩节理裂隙发育	Ⅱ级	①采用钻爆法，施工过程中优化爆破参数，控制爆破进尺； ②对于节理裂隙发育部位，强化超前预注浆，控制掌子面与封闭成环的距离； ③对于煤泥煤线软弱围岩，采取型钢拱架支护，并缩小拱架的间距，加强初期支护的背后注浆

续上表

主体或附属	施工方法	风险工程分类		里 程 范 围	风险基本状况描述	风险分级	风险应对措施及应急措施
主体隧道工程	钻爆法	环境风险	与既有的挖煤巷道相交会	AK12＋981～AK12＋995	与既有的挖煤巷道相交会，巷道木支护腐朽易滑塌	Ⅰ级	①施工前进行挖煤巷道的超前地质雷达探测，探明巷道的走向； ②强化超前注浆预支护，保证巷道及隧道掌子面的稳定； ③加强初期支护背后压浆，必要时进行二次注浆； ④加强监测，根据数据及时调整步距
明洞	明挖法	自身风险		AK12＋759～AK12＋789 AK14＋069～AK14＋107 BK12＋745～BK12＋775 BK14＋102～BK14＋140	明洞开挖深度较大，开挖后的边坡节理裂隙发育，可能发生滑塌	Ⅱ级	①做好边坡的修坡工作，防止危石伤人； ②做好边坡防护，打锚杆挂钢筋网片喷射混凝土防护； ③做好洞顶截、排水系统，防止雨水冲毁边坡； ④施工时做好边坡的监测
人洞及车洞	钻爆法	自身风险		AK13＋231 人洞 AK13＋426 车洞 AK13＋684 人洞	破坏已施作好的初期支护，受力形式发生变化	Ⅱ级	①采取振动较小的破碎锤进行人洞和车洞洞门的初期支护的破碎； ②人洞、车洞的内部采取弱爆破，减少对围岩的扰动； ③人洞车洞两边主体的隧道二衬施作只留一板 7～8m 的二衬，待人洞、车洞进尺一段后，浇筑两边的主体隧道二衬； ④监控量测，掌握隧道的变形情况

(二)各类施工风险级别的管理及上报程序

1. 施工风险级别的划分

根据工程实际情况进行了风险级别划分，如表 2-15 所示。

施工风险级别划分表 表 2-15

序 号	风险级别	风险上报层级	处理方案制定	抢险机构人员	抢险监督人员
1	二级	项目经理部、项目部上级单位、监理驻地办、项目管理处	项目经理部	施工队	项目经理、总工、监理驻地办
2	一级	项目经理部、项目部上级单位、总监办、设计单位、项目管理处、地铁公司	施工、设计、监理和业主共同制定	经理部	项目经理、总工、监理驻地办、总监
3	特级	项目经理部、项目部上级单位、总监办、设计单位、项目管理处、地铁公司、安全监督站、其他相关部门	施工、设计、监理和业主共同制定	经理部及社会救援	项目经理、总工、监理驻地办、总监

2. 各类风险源发生上报程序框图

1)2 级风险事件上报程序如图 2-7 所示。

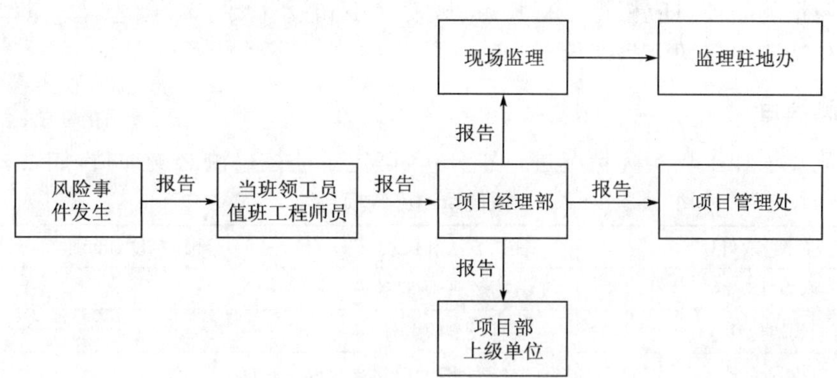

图 2-7 2 级风险事件上报程序框图

2)1 级风险事件上报程序见图如图 2-8 所示。

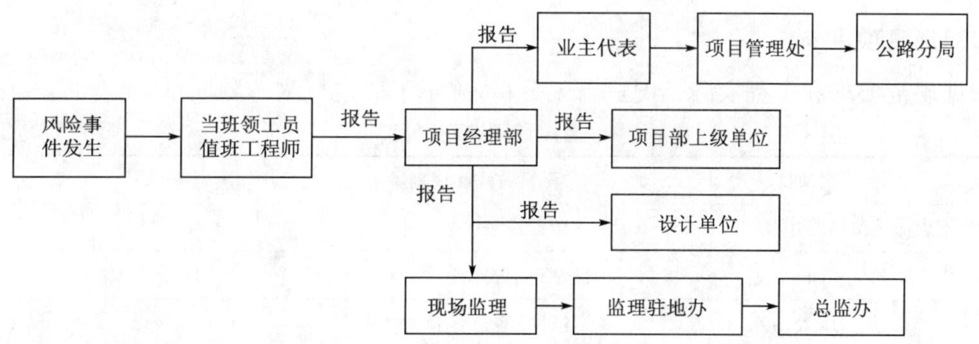

图 2-8 1 级风险事件上报程序框图

3)特级风险事件上报程序如图 2-9 所示。

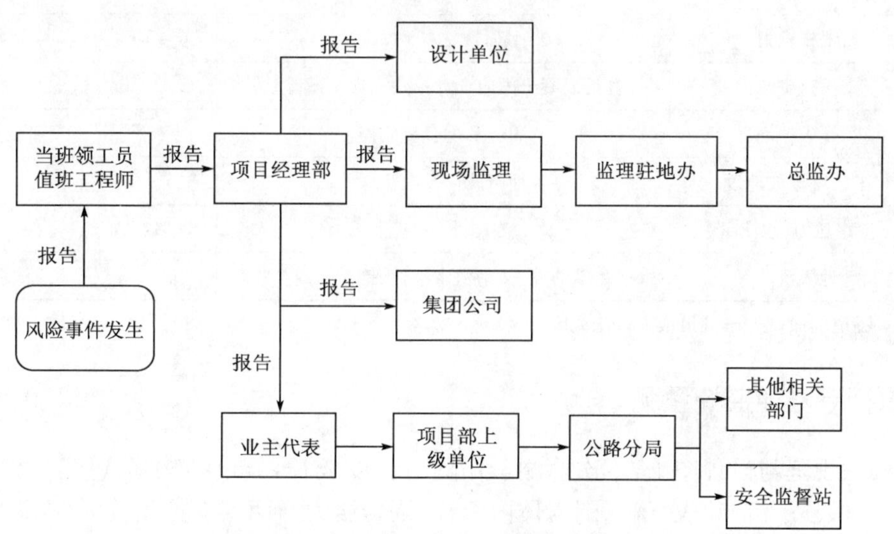

图 2-9 特级风险事件上报程序框图

二、隧道量测种类与方法介绍

隧道监控量测的项目应根据工程特点、规模大小和设计要求综合选定。量测项目一般分为必测项目和选测项目两大类。

(一)必测项目

根据规范要求和工程实际情况进行了分析,确定了监控量测必测项目,如表2-16所示。

监控量测必测项目　　表2-16

序　号	监 测 项 目	测试方法和仪表	测试精度(mm)	备　　注
1	洞内外观察	现场观察、地质罗盘等	-	-
2	周边位移	各种类型收敛计	0.1	-
3	拱顶下沉	水准测量的方法,精密水准仪、钢挂尺或全站仪	1	-
4	地表沉降	水准测量的方法,精密水准仪、铟钢尺或全站仪	0.5	隧道浅埋段,$H \leqslant 2B$

注:H—隧道埋深;B—隧道最大开挖宽度。

(二)选测项目

根据规范要求和工程实际情况进行了分析,确定了监控量测选测项目,如表2-17所示。

监控量测选测项目　　表2-17

序　号	监控量测项目	测试方法和仪表	测试精度	备　　注
1	围岩体内位移(洞内设点)	单点或多点位移计	0.1mm	-
2	围岩体内位移(洞外设点)	地面钻孔中安设各类位移计	0.1mm	-
3	围岩压力	各种类型岩土压力盒	0.01MPa	-
4	两层支护间压力	压力盒	0.01MPa	-
5	钢架内力及外力	支柱压力计或其他测力计	0.1MPa	-
6	锚杆轴力	钢筋计、锚杆测力计	0.1MPa	-
7	支护衬砌应力	各类混凝土内应变计及表面应力解除法	0.01MPa	-
8	爆破振动	测震及配套传感器	-	临近建筑物
9	围岩弹性波速度	各种声波仪及配套探头	-	-
10	渗水压力、水流量	渗压计、流量计	0.01MPa	-
11	地表沉降	水准测量的方法,精密水准仪、铟钢尺或全站仪	0.5mm	隧道浅埋段,$H \leqslant 2B$

注:H——隧道埋深;B——隧道最大开挖宽度。

三、潭柘寺隧道监控量测

参考相关规范与设计图纸,本次监测工作隧道长度较长,隧道结构形式多,监测工作包括了周边位移、拱顶下沉、地表下沉、围岩体内位移、围岩压力与两层支护间压力、支护状况观察、钢支撑内力及外力、锚杆轴力和地质超前预报等九项内容,如表2-18所示。

潭柘寺隧道监控量测项目　　表 2-18

<table>
<tr><th colspan="2" rowspan="2">项 目 名 称</th><th rowspan="2">方法及工具</th><th rowspan="2">布　置</th><th colspan="4">量测间隔时间</th></tr>
<tr><th>1～15 天</th><th>16 天～1 个月</th><th>1～3 个月</th><th>3 个月以上</th></tr>
<tr><td rowspan="4">必测项目</td><td>地质和初期支护观察</td><td>岩性、结构面产状及支护裂隙观察，地质罗盘</td><td>全长度开挖后及初期支护后进行</td><td colspan="4">每次爆破后进行</td></tr>
<tr><td>周边位移</td><td>收敛计</td><td>每 30m 一个断面，每断面 2 对测点</td><td>1～2 次/天</td><td>1～2 次/2 天</td><td>1～2 次/周</td><td>1～3 次/月</td></tr>
<tr><td>拱顶下沉</td><td>全站仪</td><td>每 30m 一个断面，每断面 3 个测点</td><td>1～2 次/天</td><td>1 次/2 天</td><td>1～2 次/周</td><td>1～3 次/月</td></tr>
<tr><td>地表下沉</td><td>全站仪</td><td>每 30m 一个断面，每断面 7 个测点，每个隧道两个断面</td><td colspan="4">开挖面距量测断面前后＜2B 时，1～2 次/天；
开挖面距量测断面前后＜5B 时，1 次/2 天；
开挖面距量测断面前后＞5B 时，1 次/周。</td></tr>
<tr><td rowspan="4">选测项目</td><td>锚杆内力及抗拔力</td><td>电测锚杆、锚杆拉拔器</td><td>必要时选测</td><td colspan="4"></td></tr>
<tr><td>围岩内位移（洞内设点）</td><td>洞内钻孔中安设单点或多点式位移计</td><td colspan="5">每代表地段 1 个断面，每断面 5 个测点</td></tr>
<tr><td>围岩压力</td><td>压力盒</td><td>每代表地段 2 个断面，每断面 15 个测点</td><td>1～2 次/天</td><td>1 次/2 天</td><td>1～2 次/周</td><td>1～3 次/月</td></tr>
<tr><td>钢支撑内力及外力</td><td>支柱压力计或其他测力计</td><td>每 50 榀钢支撑一对测力计</td><td>1～2 次/天</td><td>1 次/2 天</td><td>1～2 次/周</td><td>1～3 次/月</td></tr>
</table>

(一)周边位移及拱顶下沉

拱顶下沉的量测目的是：监视隧道拱顶的绝对下沉量，掌握断面的变行动态，判断支护结构的稳定性。净空变化量测的目的是：根据收敛位移量、收敛速度、断面的变形形态，判断围岩的稳定性、支护的设计(施工)是否妥当，确定衬砌的浇注时间。

1. 测点布置

拱顶下沉测点和净空变化测点应布置在同一里程断面上，如图 2-10 所示。测点根据施工情况进行合理布置，并能反映围岩、支护稳定状态，以指导施工。

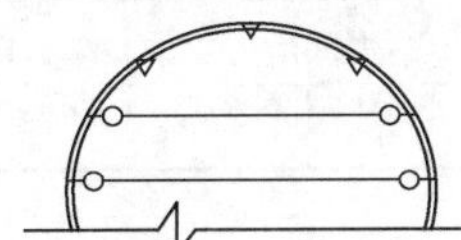

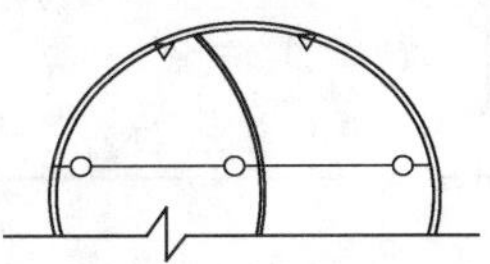

图 2-10　监控量测测点布置

▿-拱顶下沉测点；◦-周边位移测点

水平相对净空变化量测线的布置应根据施工方法、地质条件、量测断面所在位置、隧道埋置深度等条件确定。拱顶下沉测点原则上布置在拱顶轴线附近，当跨度较大或拱部采用分部开挖时,应在拱部增设测点。

当采用台阶开挖方式时:净空变化量测在拱腰和边墙部位各设一条水平测线,拱顶下沉测点设在拱顶轴线附近。

当采用CD法施工时,净空变化量测每分部一条水平测线,拱顶轴线左右两侧各设一拱顶下沉测点。

2. 量测方法

隧道周边位移采用接触量测和非接触量测两种方法。其中接触量测主要用收敛计进行,非接触量测采用全站仪进行。

用收敛计进行隧道周边位移量测方法相对比较简单,即通过布设于隧道洞室周边上两固定点,每次测出两点的净长 L,求出两次量测的增量(或减量)ΔL,即为此处周边位移值。读数时应读3次,然后取平均值。

当隧道分部开挖时,由于开挖高度和宽度都很大,给监控量测工作带来很大难度的情况下,采用全站仪配合反射膜片的非接触量测方法观测周边位移和拱顶下沉。与传统的接触量测的主要区别在于,非接触量测的测点采用一种膜片式回复反射器作为测点靶标。这种具有反射性能的膜片,大小可以任意剪裁,价格低廉,可以粘贴在隧道测点的预埋件上,在开挖附近的反射膜片应采取一定的保护措施,避免施工时放射膜片表面被覆盖或污染,同时应保证预埋件不被碰歪和碰掉。测量周期内必须保证后视基准点固定不动,并定期进行校核,以保证测量精度。与传统接触式监控量测方法比较,该方法能够获取测点更全面的三维坐标数据,有利于结合现行的数值计算方法进行监控量测信息的反馈,同时具有快速、省力、数据处理自动化程度高等特点。

3. 量测频率

周边位移量测和拱顶下沉量测的频率主要根据位移速度和量测断面距离开挖面距离确定。选择量测频率出现较大差异时,应按量测频率较高的作为实施的量测频率,施工状况发生变化时应增加量测频率。量测作业应持续到变形基本稳定2～3周后结束,如表2-19所示。

量 测 频 率 表2-19

按位移速度		按距离开挖面距离	
移动速度(mm/d)	监测频率	量测断面距离开挖面距离(m)	监测频率
≥5	2～3次/d	(0～1)B	2次/d
1～5	1次/d	(1～2)B	1次/d
0.5～1	1次/(2～3)d	(2～5)B	1次/(2～3)d
0.2～0.5	1次/3d	>5B	1次/(3～7)d
<0.2	1次/(3～7)d		

(二)地表沉降

1. 测点布置

地表沉降量测在隧道浅埋($H\leqslant 2B$)地段为必测项目,其他地段根据设计要求进行。其测点的横向布置范围在隧道中线两侧不小于 $H+B$,地表有控制性建(构)筑物时,应适当加宽;

布置间距 2～5m,当地表有控制性建(构)筑物时,应适当加密,如图 2-11 所示。布置应与拱顶下沉及周边收敛测量的测点在同一断面内。

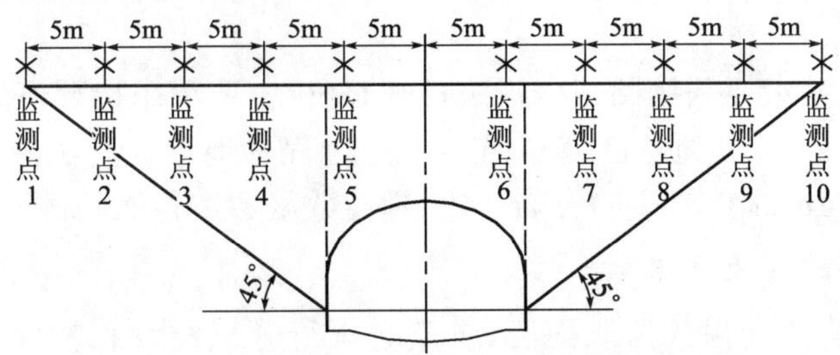

图 2-11　潭柘寺隧道地表下沉量测侧线布置

测点埋设时,在地表钻(或挖)20～50cm 深的孔,竖直放入 ϕ22mm 左右的钢筋,钢筋和孔壁之间可填充水泥砂浆,钢筋头打磨圆滑,露出地面 1cm 左右,并用红油漆标记,作为测点。

地表沉降点应在开挖前布设在与洞内量测点相同的里程断面上。地表沉降测点纵向间距如表 2-20 所示。

地表沉降测点纵向间距　　表 2-20

隧道埋深 H(m)	量测断面间距(m)	备　注
$2B<H<2.5B$	20～50	
$B<H\leqslant 2B$	10～20	
$H\leqslant B$	10	

注:B——隧道最大开挖宽度。

2. 量测频率

地表下沉量应从开挖工作面前方、隧道埋深与开挖高度之和处开始,直到衬砌结构封闭,下沉基本停止时为止。量测频率与拱顶下沉和周边位移量测频率相同,初始读数应在开挖后 12h 内完成。

四、潭柘寺隧道监测结果的分析及数据应用

(一)量测数据的处理

1. 量测数据处理的目的

由于现场量测所得的原始数据,不可避免地具有一定的离散性,其中包含着测量误差甚至测试错误。因此必须进行整理和数学处理才能加以利用,数学处理的目的是:

1)将同一测量断面的各种量测数据进行分析对比、相互印证,以确认量测结果的可靠性。

2)探求围岩变形或支护系统的受力随时间变化、空间分布规律,判定围岩和支护体系稳定状态。

2. 数据分析、处理的主要内容

1)根据量测值绘制时态曲线。

2)选择回归曲线,预测最终值,并与控制基准进行比较。

3)对支护及围岩状态、工法、工序进行评价。

4)及时反馈评价结论,并提出相应工程对策建议。

3. 数据分析、处理的方法

量测数据分析、处理主要采用回归分析法,回归分析主要采用指数模型、对数模型、双曲线模型和分段经验公式等。由于地下工程(隧道)开挖过程中地表纵向沉降、拱顶下沉及净空变化等位移受开挖工作面的时空效应的影响,多采用指数函数进行回归分析。

4. 数据分析、处理的实施步骤

1)数据整理。①监控量测数据取得后,应及时进行分析校对和整理,并注明量测开始时间、开挖方法、各部施工工序,特别是开挖掌子面距量测点的距离等信息;②每次观测后,应立即对数据进行校核,发现异常应及时补测;③每次观测后应及时对观测数据进行整理,包括观测数据计算、填表制图、误差处理等。

2)数据的曲线拟合。在取得一定监测数据后,应绘制位移或应力时态变化曲线图,然后寻找一种能够较好反映数据变化规律和趋势的函数关系式,对下一阶段的监测数据进行预测,防患于未然。

3)插值法。通过已测数据的分析,预测未来某天的量测数据。

4)计算沉降及收敛变形的速度、加速度曲线,进行稳定性判断,确定管理等级。

(二)量测数据的应用

1. 监测控制基准

对上节中提到的净空收敛和拱顶下沉日变化量、变化速率及累计变化量,根据规范、围岩级别以及之前监控量测观测数据制定本隧道监测标准:

1)日变化量及变化速率监测标准。①当周边收敛和拱顶沉降速率小于 1~2mm 时,则认为围岩位移达到基本稳定,归为Ⅲ级标准;②当周边收敛和拱顶沉降速率大于 5mm 时,则表明围岩位移不稳定,应加强观测,归为Ⅱ级标准;③当周边收敛和拱顶沉降速率大于 10mm 时,应报警,并立即采取加固措施,定位Ⅰ级标准。

2)累计变化量监测标准,如表 2-21 所示。

监测管理表 表 2-21

管理等级	管理位移	施工状态
Ⅲ	$U_0 < \frac{U_n}{3}$	可正常施工
Ⅱ	$\frac{U_n}{3} \leqslant U_0 \leqslant \frac{2U_n}{3}$	应注意,并根据变化速率加强监测
Ⅰ	$U_0 > \frac{2U_n}{3}$	应采取加强支护等措施

注:U_0——累计变形量;U_n——预留变形量 12cm。

2. 监测信息反馈流程

按上节所述监控管理等级,隧道监控共分三个级别:Ⅰ级、Ⅱ级、Ⅲ级,信息流程传递、工程安全性评价流程,如图 2-12 所示。

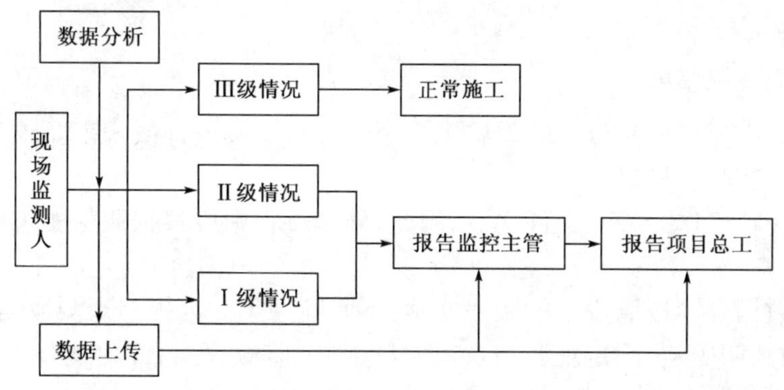

a)监测数据信息传递流程

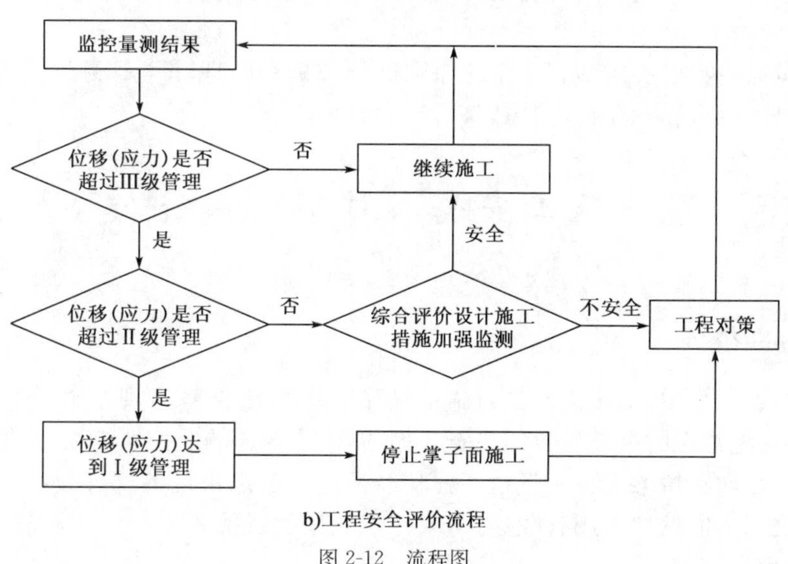

b)工程安全评价流程

图2-12　流程图

3. 监测信息反馈流程

对应于管理等级，施工应对措施如表2-22所示。

工程安全评价分级及相应对策　　表2-22

管理等级	应对措施
Ⅲ	正常施工
Ⅱ	综合评价设计施工措施，加强监控量测，必要时采取相应工程对策，包括加强超前支护，缩短台阶开挖长度，调整初期支护强度、刚度等
Ⅰ	暂停施工，加强初期支护，项目部讨论加固处理对策

由于Ⅰ级监测等级状态下隧道施工存在较大风险，在施工现场工程师接到监测预警时，可立即根据现场情况采取以下几种应急措施：

1)架设临时竖撑，采用应急物资工字钢对初支拱架进行临时支护。

2)初支背后注浆。

3)增加锁脚锚杆。

4)增设套环。

(三)监控量测注意事项

1)监控量测的主要目的是保证隧道施工安全,因此,应按设计或规范要求及时进行信息反馈,以便及时采取工程应对措施。

2)监控量测资料已作为竣工文件之一,因此,施工过程中应根据业主要求,加强资料收集、整理工作。

3)监控量测数据必须按照规定的频率连续、不间断采集。为提高观测数据的准确性,减少误差,监测务必做到四固定:固定观测与录入人员、固定监测仪器、固定测量方式与线路、固定测量水准基点和工作基点,使监测工作在基本相同的情况下完成。

4)监控量测时与录入人员应有高度的责任感,实事求是地开展工作,严禁弄虚作假,确保数据的真实性。

5)对监控量测的数据要按"四及时"的原则进行分析和处理,即"观测数据及时录入,监测及时预分析,对异常数据应及时查找原因,对异常监测点及时复测"。

第四节　隧道施工安全人员定位系统与预警系统

一、视频监控系统

公路隧道施工工程中,掌子面与二衬施工是移动的施工环境,且现场照明差、粉尘高、大型施工车辆多,存在经常性的爆破导致的飞石与振动,使得普通的监控系统无法满足工程监控与人员管理的要求。而且桥梁工程和隧道工程却经常位于远离市区的郊外或大山之中,施工现场与管理部门之间的通信如采用有线连接,或施工现场就近接入 Internet,往往存在着成本高昂、操作困难的现实难题。

随着 WiFi/CDMA/EDGE/3G 等移动通信技术和 H.264 高压缩比视频压缩技术的迅猛发展,结合无线通信技术和视频压缩技术,对公路工程施工现场采用无线监控的解决方案。该方案有着性价比高、灵活性高、扩展性强和维护简单等优点,被越来越多的道路工程公司接纳和采用。

(一)视频监控系统设计原则及依据

1.设计原则

1)标准化。本方案采用的产品均严格遵循国际通用编解码算法和网络传输标准协议,可实现在网络系统上的图像传输和共享。

2)稳定性。本方案采用的核心设备均采用嵌入式操作系统,具有任务单一、响应实时的特点,避免了 Windows 等 PC 操作系统启动缓慢、安装配置复杂、不易维护、不能长时间稳定工作的弊病。有效地避免集中式工作带来的高负荷和不稳定,在工作状态下可以对各视频服务器进行维护、检修、升级,而不会影响整个系统。

主要设备均采用了硬件看门狗设置,并具备远程重起功能,保证了系统的长期稳定运行。

3)安全性。嵌入式操作系统完全避免了病毒及其他非法手段的入侵,极大地提高了系统的安全性。

系统应用软件具有高级用户权限管理模式,避免了超越权限范围的监看、控制、设置,有效避免了非法操作。

4)可扩展性。本方案采用积木式设计,可以提供更灵活的系统组合,用户可根据需求灵活配置硬件数量。当本系统需要变更监控点位、网络客户端数量时,只需增加相应独立的设备即可融入现有系统。

5)易用性。因为主要硬件均采用嵌入式设备,可以即插即用。任意开关机、意外掉电都不会影响系统正常运行。软件采用了人机界面良好的图形化界面,用户安装相应软件后就可实现智能控制,管理、操作、配置、检索都相当简便。

6)先进性。本系统采用的相关技术与产品均为目前主流应用技术,并保有升级空间,保护用户投资的长期有效。

7)经济性。本系统充分利用现有的网络资源、兼容多种网络协议,满足用户需求,无须重新布线等投入。

2. 设计依据

本方案的设计根据甲方常规要求,并符合以下设计规范要求:

《民用建筑电气设计规范》,《建筑及建筑群综合布线系统工程设计规范》,《建筑及建筑群综合布线系统工程施工及验收规范》,《屏蔽双绞线系统现场测试传输性能规范》,《电气装置安装工程施工及验收规范》,《闭路电视监控系统工程规范》,《10BASE—T,100BASE—TX标准》,《中华人民共和国通信行业标准》,《视频安防监控系统技术要求》,《安全防范系统验收规则》,《计算机网络实时监控系统》。

(二)系统架构设计

对于整个公路现场施工监控系统,如图2-13所示。

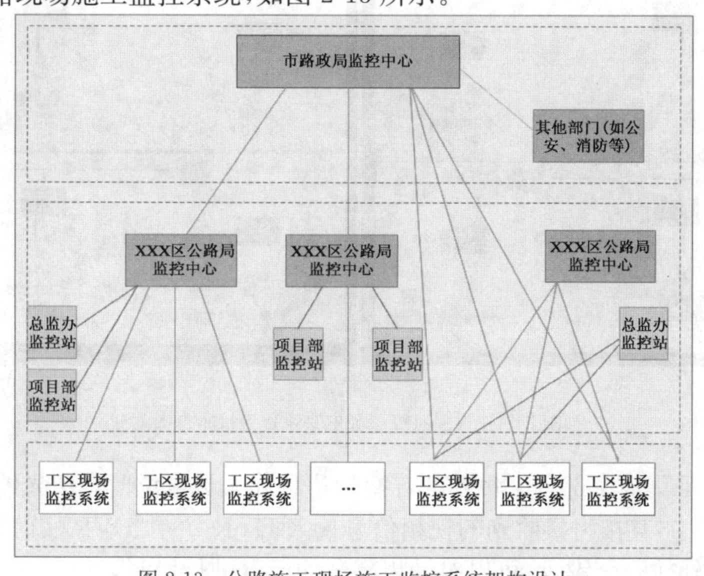

图2-13　公路施工现场施工监控系统架构设计

在图 2-13 中，整个公路施工现场监控系统，可分为三个层次：现场监控系统、公路分局监控系统和市路政局监控系统。

系统中主要设备的连接如图 2-14 所示。

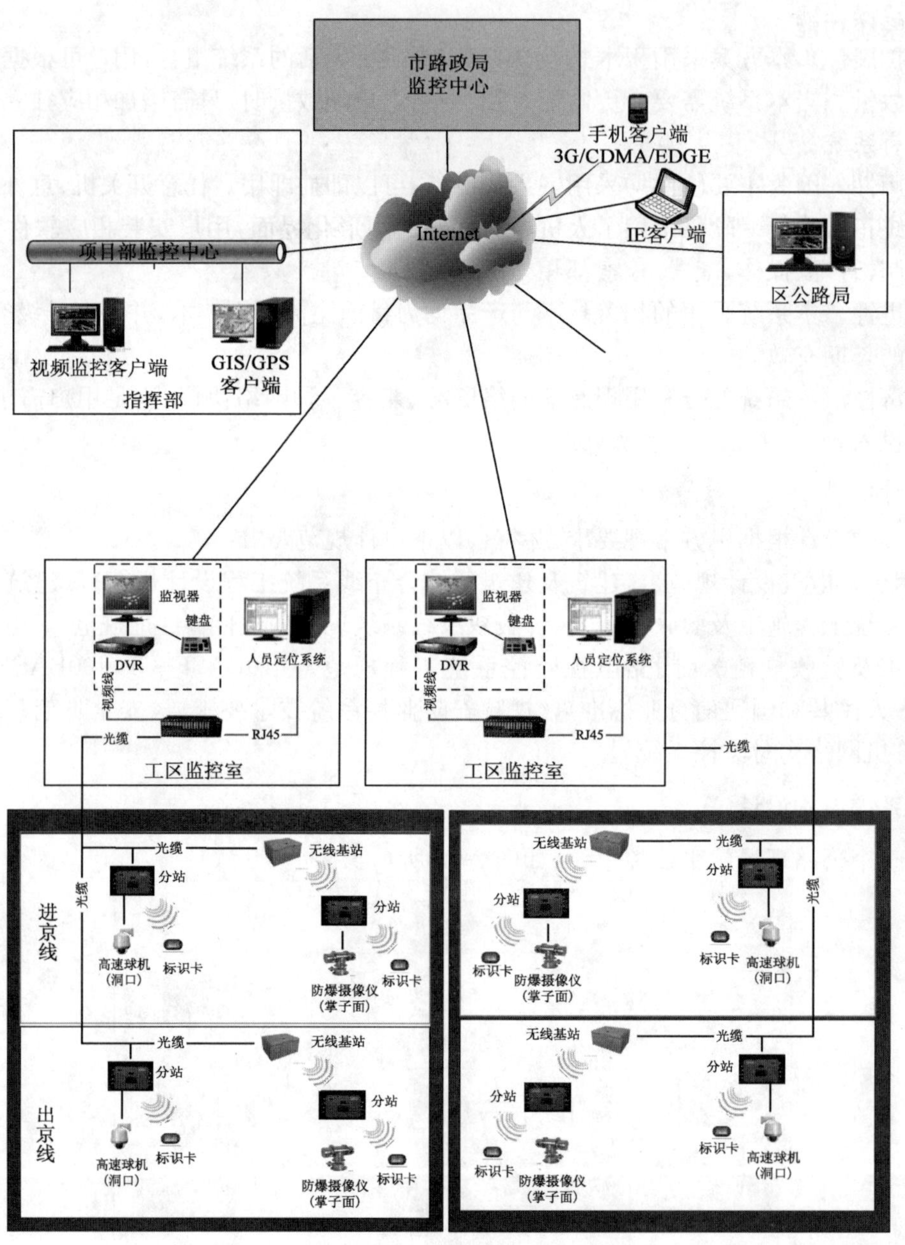

图 2-14 视频监控系统主要设备连接示意图

在图 2-14 中，采集前端部分采集到的音视频信息和人员定位信息用光缆传输到工区监控室。在工区监控室中，直接将接收到的视频信号接入 DVR，并在 DVR 实时显示和存储；工区监控室中 DVR 再外接一个键盘，可以对采集部分的云台进行控制。

今后，工区监控室对采集到的视频除了本地进行显示和存储外，还可以用宽带专线方式传送给区公路分局的监控中心。区公路分局可以对收到视频流解码显示、存储或再次转发给市路政局的监控中心，对收到人员位置信息在GIS软件中直接地显示出来。

(三)系统功能

1. 工区/项目部实时本地视频监控和录像功能

在工区子系统中，由于配置了DVR，可以实时显示各施工现场的画面。监控前端配置了高端摄像机，DVR显示的图像画面流畅、清晰和逼真，对重要场点进行实时远程监控，可进行多画面分割和单画面放大显示，达到对整个建筑工地进行全方位视频监控，如图2-15所示。

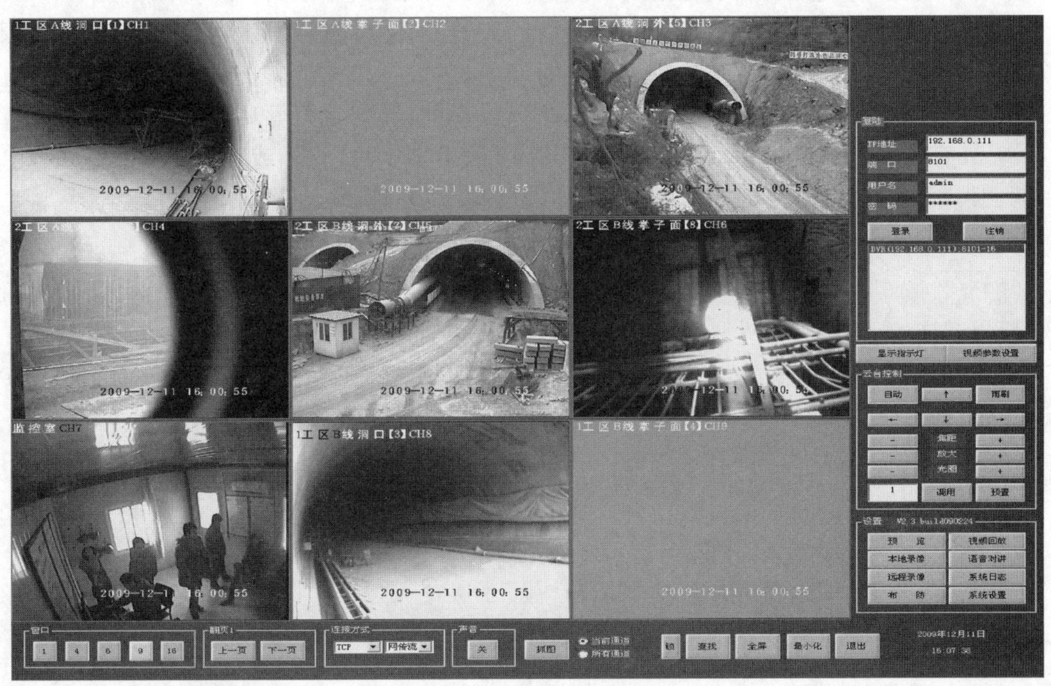

图2-15 潭柘寺隧道视频监控

同时，DVR可以根据需要设置各种录像策略（如定时录像、告警录像等），将接收到的音视频数据存储到硬盘中，在需要事后追溯时，可以对录像数据进行回放。

2. 区公路分局远程视频监控功能扩展

由于前端采集到的音视频数据通过网通或歌华的宽带专线转发到Internet，区公路分局可以接收，解码并直接显示，也可以根据实际需要进行录像。

由于在分局架设了天界视频监控管理平台软件，项目部管理处和108国道项目指挥部可以通过天界平台的客户端软件远程查看传到分局的任一路数据，也可以对分局的录像数据进行回放，回放时支持快播、慢播、跳播等功能。

3. 区公路局的电视墙扩展功能

在区分局中，可以根据需要增设电视墙，以更直观方便显示图像，每一个监视器可以根据客户要求显示一路画面或者多路画面。系统可通过硬件解码器或万能解码卡来直接连接电视墙的显示器。

4. 区公路局人员定位管理功能

在本系统中，在施工现场配置了 RFID 人员定位读卡器，读卡器通过采集佩带在施工人员身上的 RFID 识别卡，再将这些信息通过网络传输到隧道口值班室，项目部与市/区公路分局可通过互联网以 Web 方式实时查看隧道内人员数量与分布状况。

系统采用 2.4GHz 有源识别方案，进出隧道的工作人员无需有“刷卡”的动作即可被读卡器主动识别，避免遗忘现象。

系统具有携卡人员或设备进入隧道总数及明细、出/入时刻、工作时间等显示、打印、查询功能，并具有超时人员总数及人员、超员人员总数及人员报警、显示、打印、查询功能。

系统具有特种人员进入隧道总数及人员、出/入时刻、工作时间显示、打印、查询功能，具有工作异常人员总数及人员、出/入时刻及工作时间等显示、打印、查询、报警等功能。

系统具有携卡人员或设备活动路线显示、打印、查询、异常报警等功能。

系统具有携卡人员或设备卡号、姓名、身份证号、出生年月、职务或工种、所在区队班组、主要工作地点、每月进入隧道次数、时间、每天情况等显示、打印、查询等功能。

5. 完善的权限管理功能

在整个监控系统中，使用的用户对象较多，包括市路政局、区公路分局、总监办、项目部的各级领导、系统管理人员、操作人员，各类人员所应分配的权限大不一样。

在天界视频管理系统有完善的权限管理功能，可以根据需要创建各种类别的角色，角色的任一项权限都可以配置，针对不同的账号则与分配相匹配的角色。

6. 红外夜视功能

系统中隧道内配置的摄像机具备红外或激光夜视功能，即使在零照度的场景下，系统仍然可以清晰监控 30～50m 范围的场景。

7. 扩音对讲功能

系统中配置有扩音对讲功能，方便施工现场的管理与通信。

8. GIS 地图管理功能

系统具备 GIS 地图管理功能，可以精确显示各监控点的位置，并从地图中直接点击进入监控视频画面。

9. PDA/手机移动终端支持功能

系统支持 PDA/手机移动终端浏览监控视频功能，方便管理者在移动场景下对现场的监控。

10. 电源续航功能

系统配置的每个监控点均配置有后备蓄电池，确保系统在断电或灾害情况下 2h 以上的工作时间。隧道口值班室与区公路局监控中心均配置 UPS 电源。

11. 应急救援功能

系统可以实时显示、存储隧道内人员总数，掌子面与二衬工作人员数量。

系统可以给出超员、超时告警。

在放炮开始前，可以查看掌子面现场有无遗漏通知人员。

工作人员佩带的标识卡为有源标识卡，在塌方等灾害发生后，管理人员可以掌握隧道内人员的总数与分布，在救援时可探测被困人员的具体位置。

12. 远程告警扩展功能

系统可扩展入侵告警、烟雾告警等远程告警功能，并可将告警信息通知到隧道口值班室、项目部或以短信方式通知相关人员。

(四)视频监控系统设计

1. 系统组成

系统分为108国道隧道项目与隧道工程两个项目，系统由以下部分组成：

1)前端系统：由隧道口全方位球机、隧道内防爆红外摄像机、人员定位读头、现场数字硬盘录像机、监视器、人员管理计算机和UPS等设备组成。

2)通信传输系统：由隧道内无线传输网络、隧道口到项目部的无线传输网络和有线网络组成。

3)监控平台系统：主要由视频平台管理系统、存储服务器NVR、人员管理服务器、现场DVR硬盘录像机等设备组成。

4)用户监控：本地、移动或者远程系统监控客户端。

2. 中心与监控点布置

1)隧道共设4条线路。

2)每条隧道在入口、掌子面布置监控点，掌子面布置无线移动监控点，总计4个有线监控点，4个无线移动监控点。

3)在各标段值班室布置：监视器、数字硬盘录像机、人员管理计算机1台、运营商宽带网络接入设备、UPS电源、扩音对讲设备。

3. 信号传输

1)隧道内信号传输：隧道口安装无线中继分站；掌子面安装无线分站，使用WiFi无线传输。

2)施工现场至监控中心传输(扩展)：①有线：歌华、联通的光缆接入公网；②无线：通过CDMA网络或3G网络接入公网。

3)区公路局、108指挥部等通过宽带接入公网(扩展)。

4)个人与移动用户通过ADSL或3G/GPRS接入公网(扩展)。

4. 设备安装

1)隧道口。立杆或墙面安装，潭柘寺隧道隧道口采用的是墙面安装，如图2-16所示。

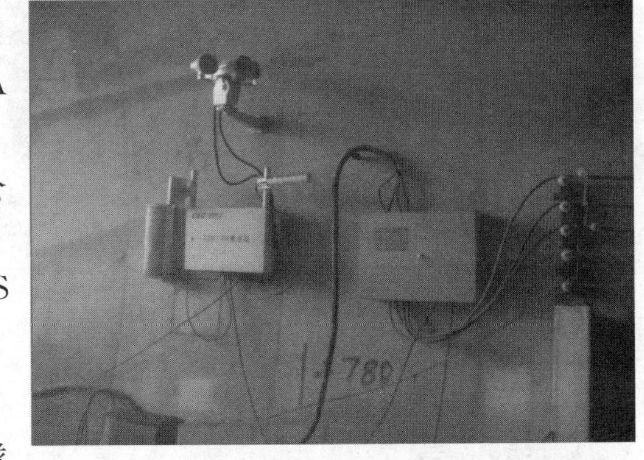

图2-16　潭柘寺隧道口视频监控设备墙面安装

2)掌子面。设计专用支架,以方便移动且不影响正常施工。潭柘寺隧道掌子面设备安装在绑扎钢筋台车上。掌子面采用防爆型摄像设备,如图 2-17 和图 2-18 所示。

图 2-17　潭柘寺隧道掌子面防爆型视频监控设备

图 2-18　潭柘寺隧道掌子面视频监控设备

二、潭柘寺隧道 GIS 人员定位系统

(一)人员定位系统简介

人员定位系统主要用于监测隧道洞内人数、人员位置以及人员进出井时间;对超时、超员、工作路径异常等信息产生告警;查询隧道洞内当前和历史的人员信息等,以保证隧道洞内人员的安全,在发生灾难时,可帮助了解隧道洞内人员情况、指导隧道洞内人员安全撤离。人员定位系统主界面视图如图 2-19 所示。

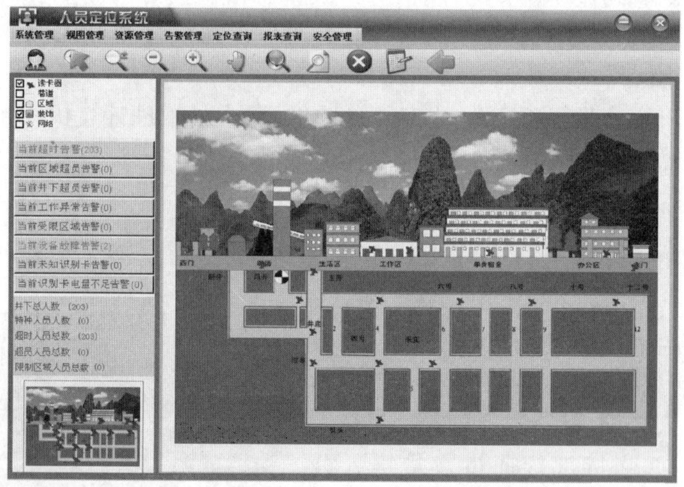

图 2-19　人员定位系统主界面视图

(二)人员定位功能

人员定位系统主要有以下功能特性。

1. 系统管理

提供对保留记录时间设置,还有数据备份与恢复以及退出功能。

2. 视图管理

提供对选择、自由缩放、缩小、放大、移动、全图，还有对地图对象的添加、编辑和保存当前地图以及人员监控和实施人员信息的显示。

3. 资源管理

提供对部门管理、班组管理、识别卡管理、人员管理、读卡器管理、区域管理以及区域下读卡器查询功能。

4. 告警管理

提供对参数设置、区域告警参数设置、工作路径设置；对当前超时、区域超员、隧道洞内超员、工作异常、受限区域、设备故障、未知识别卡以及识别卡电量不足告警信息的查询；还有对历史超时、区域超员、隧道洞内超员、工作异常、设备故障、未知识别卡以及识别卡电量不足告警的查询。

5. 定位查询

提供对路径查询、进洞总人数信息查询、人员位置查询、当前异常位置人员查询、区域人员信息查询、读卡器人员信息查询以及对人员历史位置查询、读卡器历史人员进出查询和区域历史人员进出查询功能。

6. 报表查询

提供人员历史进洞统计，个人历史进洞详细信息查询，人员上下班考勤统计，人员综合考勤统计等功能。

7. 安全管理

提供修改密码、用户管理和日志管理功能。

(三)人员定位软件特点

1)基于 GIS 技术的地理信息显示、查询系统。

2)井上、井下定位一体化管理。

3)识别距离远。

4)极高的防冲突性。

5)高度的识别可靠性。

6)快速的识别速度。

7)超低功耗，标识卡在不更换电池的情况下可连续正常工作 3 年以上。

(四)软件功能

1. 监测功能

1)系统具有携卡人员或设备出/入井时刻、出/入重点区域时刻、出/入限制区域时刻等监测功能。识别卡如图 2-20 所示。

图 2-20　工作人员进洞卡

2)系统具有识别携卡人员或设备出入巷道分支方向等功能。

3)系统能对乘坐电机车等各种运输工具的携卡人员或设备进行准确识别。

4)系统能识别多个同时进入识别区域的标识卡。

5)系统能通过监测标识卡的序列号与电池状态。

2. 管理功能

系统具有携卡人员或设备进入井总数及明细、出/入井时刻、工作时间等显示、打印、查询功能,并具有超时人员总数及人员、超员人员总数及人员报警、显示、打印、查询功能。

系统具有携卡人员或设备出/入重点区域总数及人员设备、出/入重点区域时刻、工作时间等显示、打印、查询功能,并具有超时人员总数及人员、超员人员总数及人员报警、显示、打印、查询功能。

系统具有携卡人员或设备出/入限制区域总数及人员、出/入限制区域时刻、滞留时间等显示、打印、查询、报警等功能。

系统具有特种作业人员等进入井、进入重点区域总数及人员、出/入时刻、工作时间显示、打印、查询功能,具有工作异常人员总数及人员、出/入时刻及工作时间等显示、打印、查询、报警等功能。

系统具有携卡人员或设备活动路线显示、打印、查询、异常报警等功能。

系统具有携卡人员或设备卡号、姓名、身份证号、出生年月、职务或工种、所在区队班组、主要工作地点、每月进入井次数、时间、每天情况等显示、打印、查询等功能。

系统具有按部门、地域、时间、分站、人员等分类查询、显示、打印等功能。如图 2-21～图 2-23 所示。

3. 存储功能

具有存储功能,存储内容包括:出/入时刻;出/入重点区域时刻;出/入限制区域时刻;进入识别区域时刻;出/入巷道分支时刻及方向;超员总数、起止时刻及人员;超时人员总数、起止时刻及人员;工作异常人员总数、起止时刻及人员;卡号、姓名、身份证号、出生年月、职务或工种、所在区队班组、主要工作地点等。

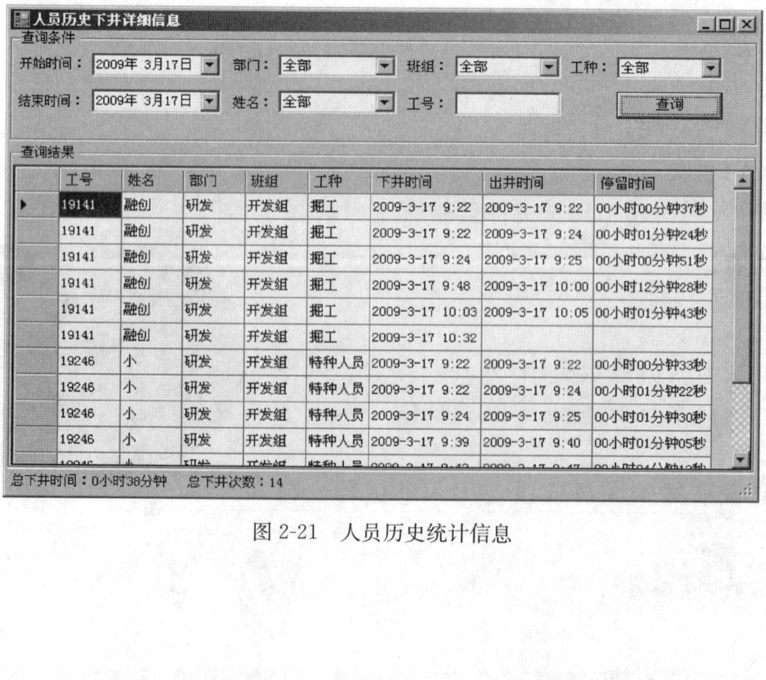
人员历史下井详细信息
查询条件
开始时间：2009年 3月17日
部门：全部
班组：全部
工种：全部
结束时间：2009年 3月17日
姓名：全部
工号：
查询
查询结果
工号 姓名 部门 班组 工种 下井时间 出井时间 停留时间
19141 融创 研发 开发組 掘工 2009-3-17 9:22 2009-3-17 9:22 00小时00分钟37秒
19141 融创 研发 开发組 掘工 2009-3-17 9:22 2009-3-17 9:24 00小时01分钟24秒
19141 融创 研发 开发組 掘工 2009-3-17 9:24 2009-3-17 9:25 00小时00分钟51秒
19141 融创 研发 开发組 掘工 2009-3-17 9:48 2009-3-17 10:00 00小时12分钟28秒
19141 融创 研发 开发組 掘工 2009-3-17 10:03 2009-3-17 10:05 00小时01分钟43秒
19141 融创 研发 开发組 掘工 2009-3-17 10:32
19246 小 研发 开发組 特种人员 2009-3-17 9:22 2009-3-17 9:22 00小时00分钟33秒
19246 小 研发 开发組 特种人员 2009-3-17 9:22 2009-3-17 9:24 00小时01分钟22秒
19246 小 研发 开发組 特种人员 2009-3-17 9:24 2009-3-17 9:25 00小时01分钟30秒
19246 小 研发 开发組 特种人员 2009-3-17 9:39 2009-3-17 9:40 00小时01分钟05秒
总下井时间：0小时38分钟
总下井次数：14

图 2-21　人员历史统计信息

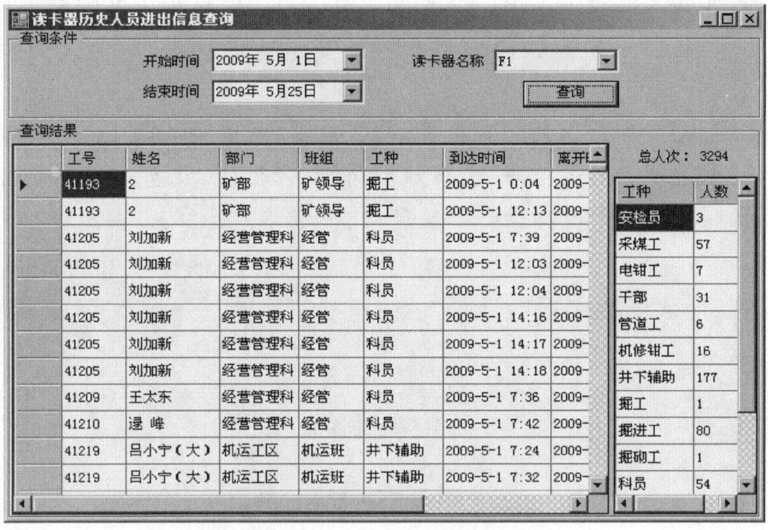
读卡器历史人员进出信息查询

查询条件

开始时间 2009年 5月 1日　读卡器名称 F1

结束时间 2009年 5月25日　查询

查询结果

工号	姓名	部门	班组	工种	到达时间	离开时间
41193	2	矿部	矿领导	掘工	2009-5-1 0:04	2009-
41193	2	矿部	矿领导	掘工	2009-5-1 12:13	2009-
41205	刘加新	经营管理科	经管	科员	2009-5-1 7:39	2009-
41205	刘加新	经营管理科	经管	科员	2009-5-1 12:03	2009-
41205	刘加新	经营管理科	经管	科员	2009-5-1 12:04	2009-
41205	刘加新	经营管理科	经管	科员	2009-5-1 14:16	2009-
41205	刘加新	经营管理科	经管	科员	2009-5-1 14:17	2009-
41205	刘加新	经营管理科	经管	科员	2009-5-1 14:18	2009-
41209	王太东	经营管理科	经管	科员	2009-5-1 7:36	2009-
41210	逯 峰	经营管理科	经管	科员	2009-5-1 7:42	2009-
41219	吕小宁(大)	机运工区	机运班	井下辅助	2009-5-1 7:24	2009-
41219	吕小宁(大)	机运工区	机运班	井下辅助	2009-5-1 7:32	2009-

总人次：3294

工种	人数
安检员	3
采煤工	57
电钳工	7
干部	31
管道工	6
机修钳工	16
井下辅助	177
掘工	1
掘进工	80
掘砌工	1
科员	54

图 2-22　历史人员进出信息查询

人员历史位置信息查询

查询条件

开始时间：2009年 3月17日　部门：全部　班组：全部　工种：全部

结束时间：2009年 3月17日　姓名：小　工号：　查询

查询结果

工号	姓名	部门	班组	工种	所在位置	所在区域	到达时间	离开时间	停留时间
19246	小	研发	开发组	特种人员	井口	井口	2009-3-17 4:56	2009-3-17 9:22	4小时25分钟27秒
19246	小	研发	开发组	特种人员	井下	井下	2009-3-17 9:22	2009-3-17 9:22	00小时00分钟49秒
19246	小	研发	开发组	特种人员	井口	井口	2009-3-17 9:22	2009-3-17 9:23	00小时00分钟35秒
19246	小	研发	开发组	特种人员	井下	井下	2009-3-17 9:24	2009-3-17 9:24	00小时00分钟35秒
19246	小	研发	开发组	特种人员	井口	井口	2009-3-17 9:24	2009-3-17 9:48	0小时24分钟41秒
19246	小	研发	开发组	特种人员	井下	井下	2009-3-17 9:48	2009-3-17 9:48	00小时00分钟28秒
19246	小	研发	开发组	特种人员	井口	井口	2009-3-17 9:48	2009-3-17 10:02	00小时13分钟43秒
19246	小	研发	开发组	特种人员	井下	井下	2009-3-17 9:59	2009-3-17 10:00	0小时0分钟55秒
19246	小	研发	开发组	特种人员	井口	井口	2009-3-17 10:03	2009-3-17 10:32	0小时29分钟18秒
19246	小	研发	开发组	特种人员	井下	井下	2009-3-17 10:32	2009-3-17 10:46	00小时13分钟17秒

图 2-23　历史人员历史位置信息查询

4.查询功能

具有查询功能，查询类别如下：按人员查询；按时间查询；按地域查询；按识别区查询；按超时报警查询；按超员报警查询；按限制区域报警查询；按工作异常报警查询；按人员分类查询；按部门查询；按工种查询等。

具有防止修改实时数据和历史数据等存储内容(参数设置及页面编辑除外)功能。系统具有数据存储功能：分站具有数据存储功能。当系统通信中断时，分站存储标识卡卡号和时刻；系统通信正常时，上传至中心站。

三、隧道视频监控及人员定位系统的意义

安全重于泰山，随着社会的不断进步，国家对安全生产的要求也越来越高。在事故多发的

路桥、隧道施工中，如何管理是施工单位关心的头等大事。90%以上的安全事故是源于管理疏漏，除了制度上的完善以外，先进的科学手段对于安全辅助管理，避免人为因素的疏漏至关重要。

将监控与人员管理技术引入公路施工管理，成为管理、监督与施工单位的首选。潭柘寺隧道采用的视频监控系统和人员定位系统，有效地对洞内作业人员进行管理，保证施工人员的人身安全，以及材料、设备等财产的保全。

第三章　隧道爆破开挖技术

岩石隧道开挖方法有传统的钻爆法和机械开挖隧道掘进机法。钻爆法又称矿山法，是以钻孔和爆破破碎岩石为主要工序的隧道断面开挖的施工方法，钻爆法对地质条件适应性强，开挖成本低，特别适于坚硬岩石隧道、破碎岩体隧道及大量中短隧道施工，是隧道开挖最常用的施工方法。尽管岩石掘进机已经在国内外很多长大隧道中获得了应用，但在今后相当长的一段时间里，钻爆法仍将是岩石隧道掘进的主要手段，特别是在坚硬岩石隧道、破碎岩石隧道和中、短隧道的掘进施工中。

第一节　隧道围岩等级与开挖方法

根据隧道围岩分级，一般 II 级以上围岩岩石稳定采用全断面开挖方法。

III 级围岩岩石也比较稳定，所以一般根据实际地质情况选用全断面法如图 3-1 所示；个别大断面或者局部围岩较破碎的情况下会采取上下台阶法进行施工如图 3-2 所示。

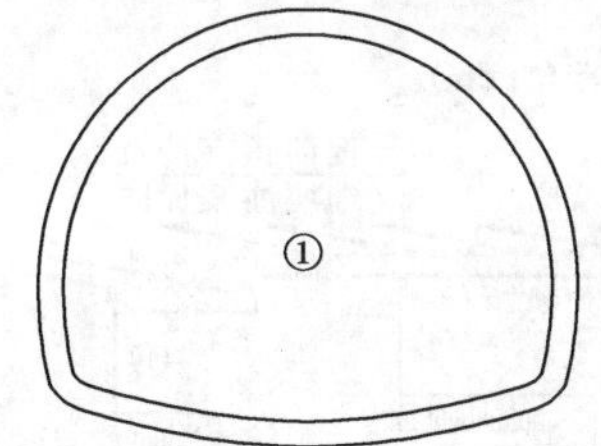

图 3-1　全断面开挖(①为施工顺序号，其他余同)

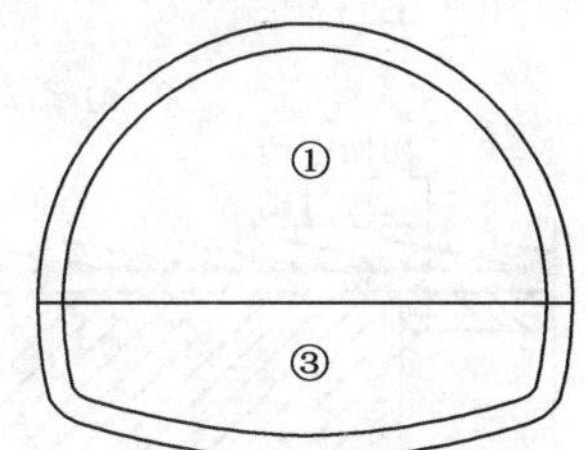

图 3-2　上下台阶法开挖

IV 级、V 级围岩较三级围岩稳定性差，岩石较破碎，所以一般根据实际工程地质情况可以选用上下台阶法、两台阶预留核心土法、CD 法或者 CRD 法进行施工，如图 3-3 和图 3-4 所示。其中 CRD 法比 CD 法多了临时仰拱，且步步支撑，其他类似。

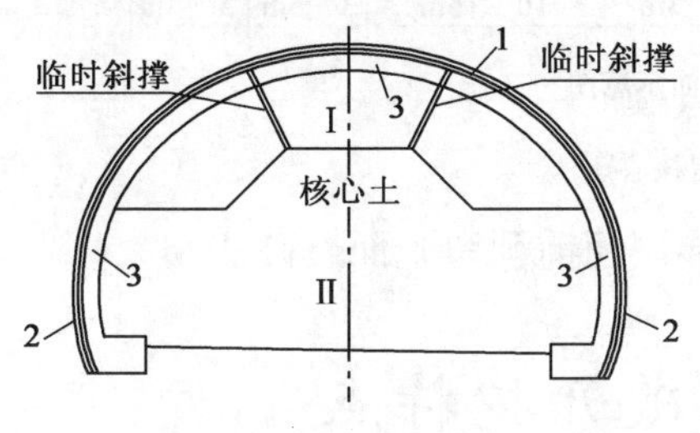

a)预留核心土两台阶法施工示意图

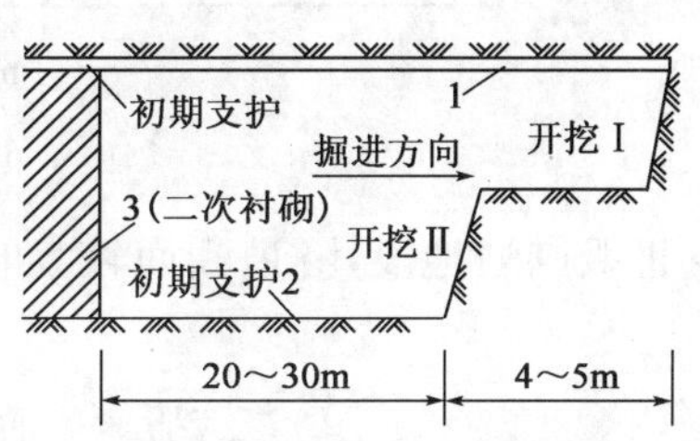

b)施工步序示意图

图 3-3　两台阶预留核心土法

I-环形拱部开挖；II-上台阶核心土及下台阶开挖；1-环形拱部(I 部)初期支护；2-上台阶核心土及下台阶(II 部)初期支护；3-二次衬砌(各步骤进尺步距根据现场情况调整)

Ⅴ级、Ⅵ级围岩稳定性更差，岩石更破碎，所以一般根据实际工程地质情况可以选用CD法、CRD法、双侧壁导坑法或者三台阶预留核心土法进行施工，如图3-5和图3-6所示。

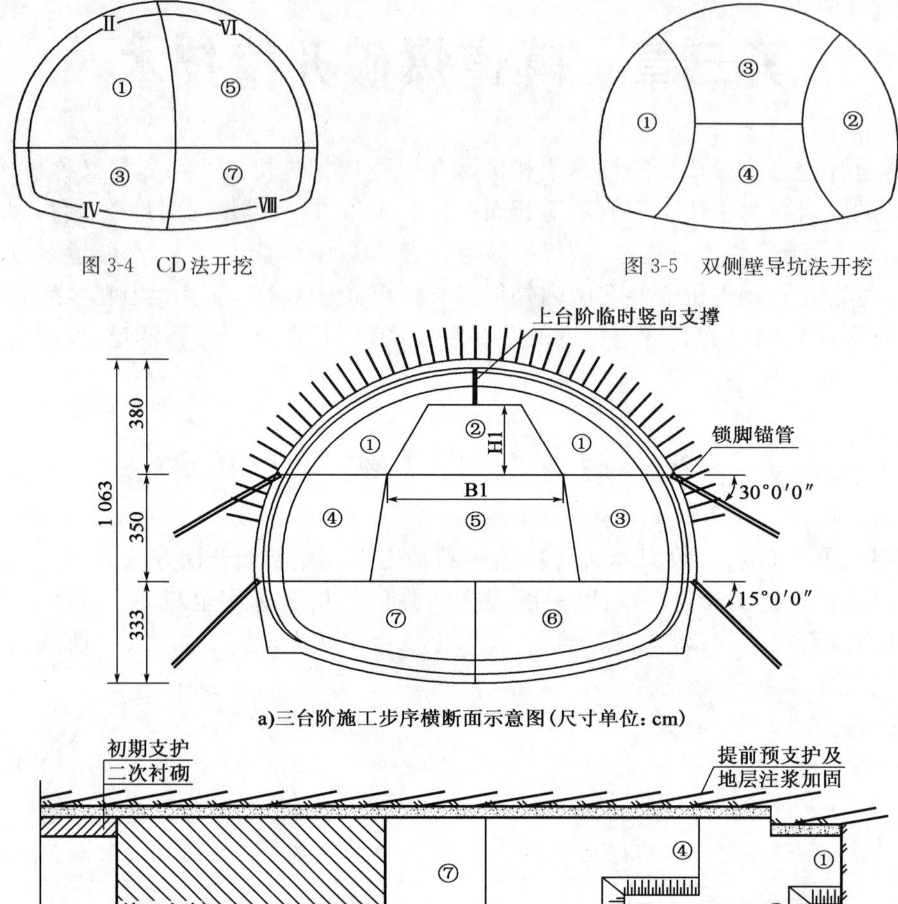

图3-4　CD法开挖

图3-5　双侧壁导坑法开挖

a)三台阶施工步序横断面示意图(尺寸单位：cm)

b)施工步序平面示意图

图3-6　三台阶预留核心土法

在Ⅱ、Ⅲ级围岩地段，隧道断面较大时采用中导洞超前预留光面爆破法。

第二节　隧道爆破开挖特点

钻爆法开挖隧道的缺点是劳动强度大，施工环境较差，但随着岩石爆破技术的进步和机械化程度的提高，钻爆法的优势必将得到进一步的发挥。

公路隧道爆破与矿山巷道掘进爆破原则基本相同，但其具有以下特点：

1）隧道断面尺寸大，其高度和跨度一般超过 6.0m 左右，高速公路隧道跨度以大断面和超大断面为主，爆破中更加重视对围岩保护。表 3-1 为国际隧道协会对隧道断面的划分。

国际隧道协会对隧道断面的划分 表 3-1

划　分	断面积(m^2)	划　分	断面积(m^2)
超小断面	<3.0	大断面	50.0～100.0
小断面	3.0～10.0	超大断面	>100.0
中等断面	10.0～50.0		

2）隧道地质条件复杂，尤其浅埋隧道（埋深小于 2.0 倍隧道跨度）岩石风化破碎，受地表水、裂隙水影响较大，岩石节理、裂隙、软弱夹层等直接影响钻孔和爆破效果。

3）隧道服务年限长，造价昂贵，运营中应减少维修，避免中断交通，施工中必须保证良好的质量。

4）隧道爆破钻孔质量和精度要求高，孔位、方向和深度要准确，使爆破断面达到设计标准，超、欠挖在允许范围之内，确保隧道方向的准确性。

隧道爆破是在只有一个临空面的条件下进行，具有不同于其他爆破的特点：

1）掘进断面大，一次爆破量大。

2）地质条件变化大，隧道的入口段多为破碎的全风化岩石，尤其是浅埋深隧道可能整个隧道均处于风化围岩之中，岩石的节理、软弱夹层、断层破碎带和涌水等对爆破影响大，而且原始地应力变化也较大。

3）隧道施工施工设备大、重型相对较多，隧道内施工场地相对狭小，作业受到较多的限制。因此，隧道爆破除了要求循环进尺、炮孔利用率、炸药消耗等指标外，对岩石破碎块度、爆堆形状、抛掷距离、隧道围岩稳定性影响、周边成形和爆破振动控制等具有更高的要求。

按照炮孔作用的不同，将其划分为掏槽孔、辅助孔、掘进孔、底板孔和周边孔，如图 3-7 所示。

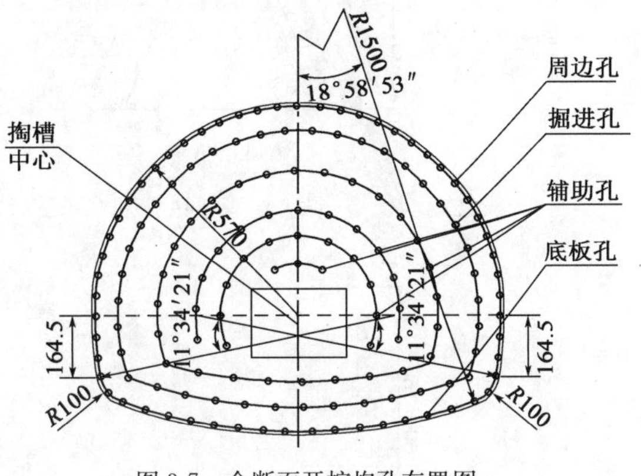

图 3-7　全断面开挖炮孔布置图

第三节　隧道爆破掏槽形式

一、楔形掏槽

隧道爆破常用掏槽形式主要有楔形掏槽和直孔掏槽，其中楔形掏槽是公路隧道爆破主要掏槽形式，主要有单级和多级复式楔形掏槽。循环进尺较大时宜采用多级复式楔形掏槽，如二级复式楔形掏槽、三级复式楔形掏槽和多级复式楔形，如图 3-8～图 3-10 所示。楔形掏槽形式的选取与隧道断面、循环进尺和岩石硬度及炸药有关，根据经验和工程类比确定。楔形掏槽关键技术如下：

1)楔形掏槽孔倾斜角度与岩性和隧道断面有关，一般为60°～75°，上下排距为40～90cm。

2)大断面隧道采用楔形掏槽时，应尽量加大第一级掏槽孔之间的水平距离，缩小掏槽角。

3)楔形掏槽炮孔深度大于2.5m时，底部1/3炮孔长度加强装药或装高威力炸药。

4)填塞长度一般为炮孔长度20%，但不少于40cm。

5)楔形掏槽应使用毫秒延时爆破，每级掏槽孔尽量同时起爆，各级之间时差以50ms为宜。

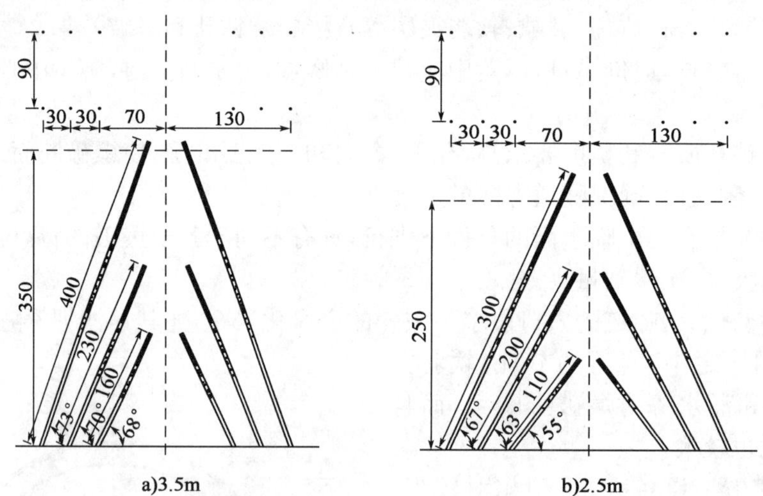

图3-8 不同循环进尺下三级复式楔形掏槽布孔(尺寸单位:cm)

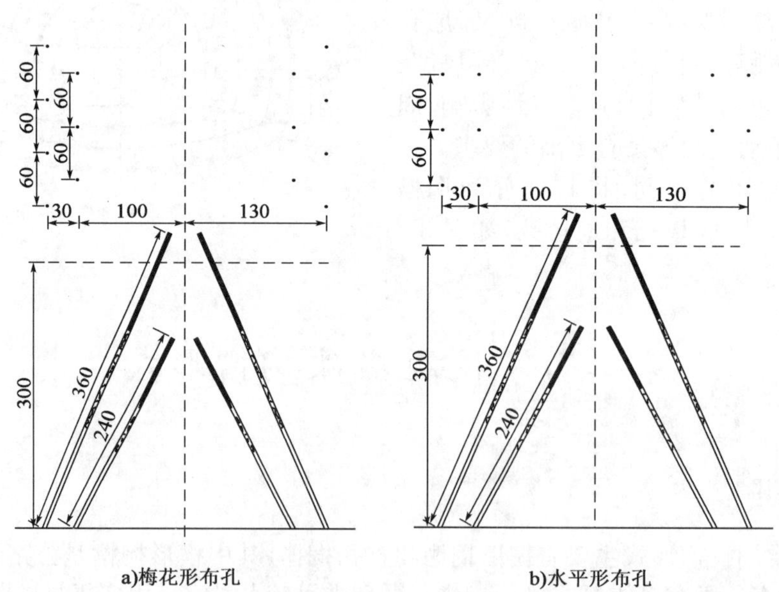

图3-9 二级复式楔形掏槽布孔(尺寸单位:cm)

二、直孔掏槽

直孔掏槽是由彼此距离很近，垂直于开挖面且相互平行的若干炮孔组成，其中布设一个或几个不装药的空孔作为装药孔的临空面，当空孔直径与装药孔相同时称为小直径中空直孔掏槽，或简称直孔掏槽。大直径中空直孔掏槽的中心中空直孔 75～120mm，一般 1 个空孔，根据条件也有时采用 2～4 个空孔。深孔大直径中空直孔掏槽基本类型有菱形掏槽、对称掏槽及螺旋掏槽，如图 3-11～图 3-13 所示。

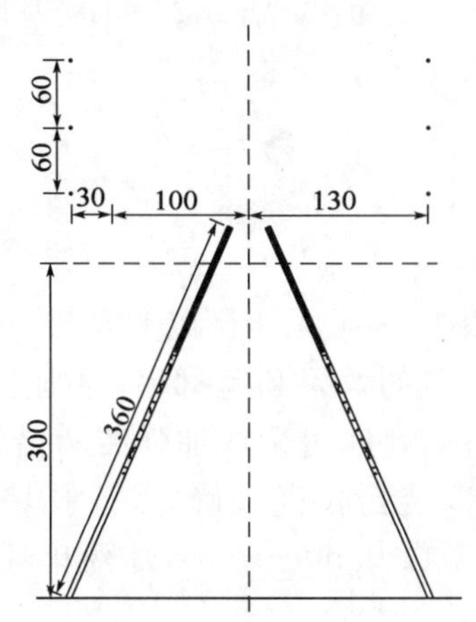

图 3-10 一级楔形掏槽布孔(尺寸单位:cm)

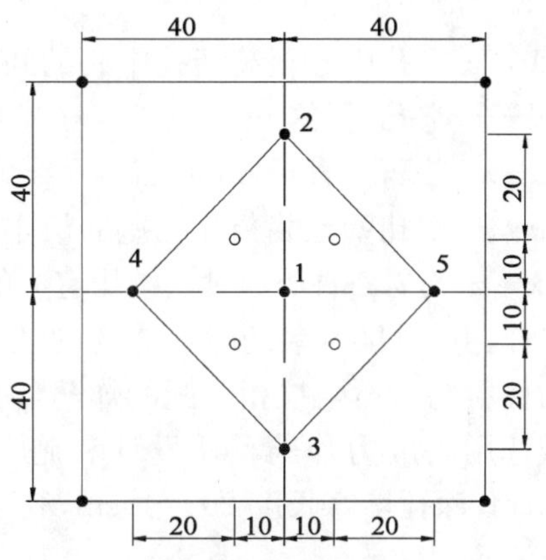

图 3-11 五梅花中空直眼掏槽(尺寸单位:cm)

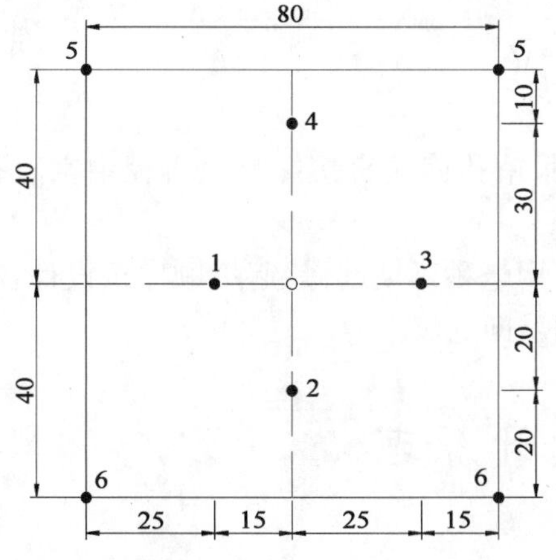

图 3-12 螺旋形直眼掏槽布孔(尺寸单位:cm)

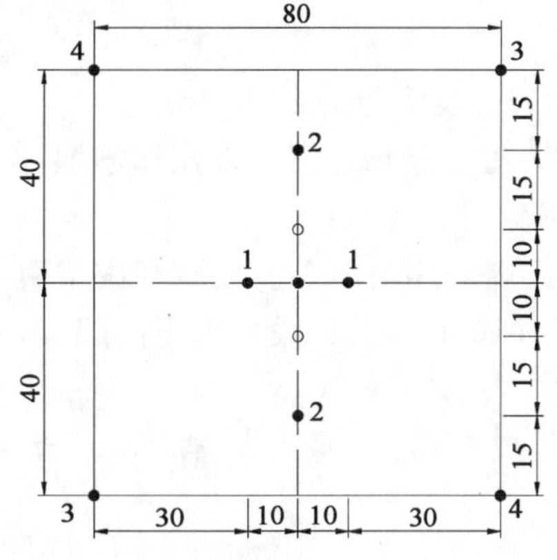

图 3-13 菱形直眼掏槽布孔(尺寸单位:cm)

掏槽爆破目的是在开挖面上形成槽腔(自由面)，使其余炮孔能向槽腔顺利爆破。槽腔能否形成是掏槽爆破设计和施工的关键，直孔掏槽在设计时应考虑以下影响因素：

1)岩石的特性和岩层结构的影响。岩石的特性主要是指岩石的可爆性，要判定岩石属塑性岩石还是脆性岩石，一般塑性岩石较脆性岩石掏槽困难。岩层结构是指层理、断层、裂隙、软弱夹层等地质构造。岩石的特性及构造是影响掏槽爆破的最主要因素。一般来说，脆性岩石且完整性好的岩石，有利于大直径中空直孔掏槽爆破成功。

2)空孔直径和数量。空孔是掏槽爆破中为装药孔预先设置的自由面，给装药孔爆破后岩石破碎和膨胀岩体提供空间。空孔直径大小和数量空间既要满足岩块移动需要，同时满足岩石膨胀余量的要求。隧道施工空孔直径主要受钻孔设备的限制，一般空孔直径为75～100mm，空孔个数2～4个。

3)掏槽孔与空孔的距离。在考虑碎石完全抛出的条件下，装药孔至空孔距离的计算参考公式为

$$A = a + \frac{\phi + d}{2} \tag{3-1}$$

$$a = \frac{\pi}{\lambda}\left(\frac{\phi^2 + d^2}{\phi + d}\right) \tag{3-2}$$

式中：A——空孔中心至装药孔中心的间距，mm；

ϕ——空孔直径，mm；

d——装药孔直径，mm；

a——空孔壁至装药孔孔壁的最小距离，mm；

λ——与岩石种类、岩性、结构有关的系数(中硬以下取1.4～1.9；中硬以上取1.9～2.2)。

4)炸药的性能与装药量。炸药的性质直接影响掏槽爆破的效果和抛掷率，原则上应选用炸药的性质与岩石阻抗相匹配的炸药，为克服孔底夹制作用，孔底可采取加强装药措施，耦合装药或选用高威力炸药。在设计和施工中，装药量基本以装药长度来确定，浅孔堵塞长度10～20cm，深孔堵塞长度20～40cm，其余全部装药，装药系数0.90～0.95，炸药单耗(1.2～1.8)kg/m^3。

兰格福斯提出的装药量计算公式如下：

$$q_1 = 1.5 \times 10^{-3}\left(\frac{A}{\phi}\right)^{\frac{3}{2}} \times \left(A - \frac{\phi}{2}\right) \tag{3-3}$$

式中：q_1——线装药密度，kg/m。

5)钻孔偏差允许值。直孔掏槽炮孔必须互相平列，钻孔偏差直接影响大直径中空直孔掏槽的成败。

6)起爆顺序与时差。大直径中空直孔掏槽必须采用毫秒延期起爆，起爆顺序按设计，起爆时差50～100ms，第一段采用正向起爆，其余均应采用反向起爆。

第四节　爆破设计原理

一、周边孔光面爆破

(一)影响隧道光面爆破的因素

1.地质条件影响

地质条件是影响光面、预裂爆破效应最主要因素。岩石特性、岩石的地质结构、岩石的风化程度直接影响光面、预裂爆破效果。一般硬岩、中硬岩、岩石完整性较好的岩体有利于光面、预裂爆破，宜采用中深孔光面、预裂爆破。当地质复杂，裂隙发育和风化程度较严重部位应适

当缩小孔距，减小线装药密度，这样有利于光面形成，即使没有留下半孔，但对围岩扰动也较小。

2. 钻孔精度的影响

钻孔精度主要体现两方面内容：①尽量克服开孔误差、钻孔角度误差、测量放线误差、严格控制钻孔外插角度和外插量，保证轮廓面平整成型；②确定孔距 E 和光爆层厚度 W 的关系，以保证光面效果，一般取 $E=0.8W$。

3. 爆破技术和施工工艺

爆破技术和施工工艺包括：①选择低密度、低爆速的专用光面爆破炸药；②采用不耦合装药，不耦合系数取 $1.25 \leqslant D \leqslant 2.0$ 范围内；③线装药密度合理，防止过大或过小；④不耦合间隔装药采用导爆索连接，防止装药太集中，确保填塞质量；⑤光面一般采用齐发爆破，需要控制爆破振动时，齐发数量不应小于 5 发，延期时间小于 25ms 为宜。

（二）光面爆破参数

光面爆破主要参数有：炮孔间距 E、光爆层厚度 W、周边孔的密集系数 m、不耦合系数 D 和线装药密度 q_1。一般取：$E=(8 \sim 18)D$ 或 $E=(0.5 \sim 0.7)m$；$W=(10 \sim 12)D$ 或 $W=(0.6 \sim 0.8)m$；$m=\dfrac{E}{W}$ 或 $m=0.7 \sim 1.0$；$D=1.25 \sim 2.0$；$q_1=0.1 \sim 0.2\text{kg/m}$。

光面爆破参数通常根据工程具体条件，利用类似工程数据，对照综合考虑确定，通过现场试爆，不断调整和完善以获得较好爆破效果。

影响周边孔爆破参数的因素主要有：①地质条件；②炸药种类；③开挖断面大小及形状；④钻孔机具设备；⑤开挖方法。

二、炸药单耗与药量计算

隧道掘进爆破过程中，炸药单耗 q 是一个重要爆破参数，其大小直接影响爆破效果，对凿岩和装岩工作量、炮孔利用率、隧道轮廓的平整度和围岩的稳定性等都有较大的影响。隧道掘进的炸药单耗 q 值由掘进断面面积和岩石普氏系数 f 确定，其对应关系如表 3-2 所示。

公路隧道掘进的炸药单耗表（单位：kg/m^3）　　表 3-2

掘进断面面积（m^2）	岩石坚固系数 f									
	≤2	2～3	3～4	4～6	6～8	8～10	10～12	12～14	14～15	15～20
＜6	0.82	1.05	1.28	1.50	1.83	2.15	2.40	2.64	2.79	2.93
6～8	0.68	0.89	1.09	1.28	1.59	1.89	2.11	2.33	2.46	2.59
8～10	0.58	0.78	0.95	1.12	1.41	1.69	1.87	2.04	2.18	2.32
10～12	0.56	0.72	0.87	1.01	1.26	1.51	1.71	1.90	2.00	2.10
12～15	0.51	0.66	0.79	0.92	1.14	1.36	1.57	1.78	1.88	1.97
15～20	0.50	0.64	0.77	0.90	1.11	1.31	1.49	1.67	1.76	1.85
＞20	0.46	0.60	0.73	0.86	1.06	1.26	1.44	1.62	1.71	1.80

表中数据是按 2 号岩石硝铵炸药给出，若采用其他品种炸药，则须按其爆力值加以修正，即乘以 2 号岩石硝铵炸药的爆力与换用炸药的爆力之比值。炸药单耗按式(3-4)计算：

$$q=\left(\frac{e_0}{e_x}\right)\cdot q_0 \tag{3-4}$$

式中：q——设计中的实际单耗，kg/m^3；

q_0——采用 2 号岩石硝铵炸药的实际单耗，kg/m^3；

e_0——2 号岩石硝铵炸药的爆力值，mL；

e_x——采用其他类型炸药的爆力值，mL。

炸药单耗 q 确定后，各个部位炮孔装药量 Q_i 按式(3-5)计算：

$$Q_i=q\cdot a\cdot W\cdot L\cdot \lambda \tag{3-5}$$

式中：Q_i——单孔装药量，kg；

q——隧道爆破炸药单耗，kg/m^3；

a——炮孔间距，m；

W——最小抵抗线(炮孔排距)，m；

L——炮孔平均深度，m；

λ——炮孔所在部位系数，按表 3-3 选取。

炮孔部位系数 表 3-3

岩石软硬程度	掏槽孔	辅助孔	掘进孔	周边孔	底板孔
软岩	2～3	1.5～2	1	0.5～0.8	1.5～2
中硬岩	2	1.2	0.95	0.85	1.1
硬岩	1.5	1.2	0.9	0.85	1.1

三、循环进尺

隧道掘进的循环进尺主要受钻孔设备能力、工程进度要求和岩石特性等的影响，需要综合考虑确定，从经济效益考虑，循环进尺宜取大值，但还要综合考虑钻孔机械的最大钻进深度，钻孔的效率与之配套装运机械设备的装运能力，岩体所能承受的爆破地震动强度，循环作业能力等因素。

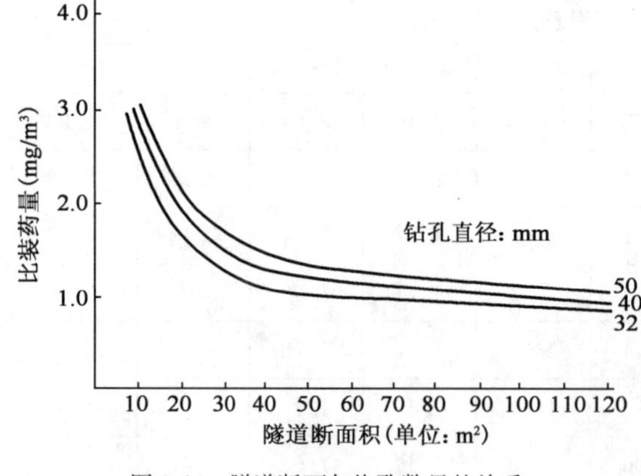

图 3-14 隧道断面与炮孔数目的关系

四、炮孔直径和炮孔数目

隧道全断面深孔爆破，断面较大，只要掏槽设计合理，掏槽爆破成功，其他炮孔的爆破类似于露天深孔爆破，因此可以采用较大炮孔直径，以减少炮孔数目及钻孔工作量。一般地，炮孔直径越大，钻孔数量越小，岩碴块度也相对大一些，如图 3-14 所示。

五、炮孔布置

隧道掘进炮孔布置原则如表 3-4 所示。

炮孔布置原则 表 3-4

序号	炮孔名称	布置位置	布置原则
1	掏槽孔	隧道中心,偏下	为了便于装运,爆后找顶及喷混凝土等作业,要求碴堆集中。为此掏槽区应布置横断面中下方
2	周边孔	沿隧道周边轮廓线布置	隧道光面爆破,孔距 E 和光爆层厚度 W 的关系以保证光面效果,一般取 $E=0.8W$
3	底板孔	底板及底板附近	二台孔、底板孔要克服先爆炮孔产生的岩碴增加的负荷,因此也应适当加密。他们的间距或抵抗线一般为掘进孔的 80%左右
4	崩落孔	掏槽孔与周边孔之间	崩落孔一般均匀布置,可采用线性布置形式,也可采用环形布置形式。一般情况下,抵抗线小于同排炮孔间距,常为炮孔间距的 80%~100%。目前国内也有采用大孔距小抵抗线的线性布置形式,孔间距为抵抗线 1.5~2 倍

六、装药结构

隧道掘进爆破有正向和反向起爆,研究表明:掏槽孔的首段应该采用正向装药起爆,其他孔采用反方向装药起爆。当隧道周边采用预裂爆破时,周边孔应该采用即发雷管正向起爆,其他与光面爆破相同。

从减振观点来看,每段起爆间隔时差应大于 50ms,但每段起爆间隔时间又不宜过长,间隔时间过长,能量不能互相作用,后段爆破不能起补充前段爆破的破碎作用和抛掷作用。大瑶山隧道的经验:掏槽爆破段间隔时间为 50~75ms,后续炮孔逐段安排,段间隔时间大的达到 200~300ms。

当爆破对隧道周围设施有影响时,按受影响设施的最大允许振动速度值确定最大一段允许炸药量:

$$Q_m = R^3 (V_m/K)^{3/\alpha} \tag{3-6}$$

式中:Q_m——最大一段允许炸药量,kg;

V_m——受影响设施的允许振速,cm/s;

R——受影响设施与爆破点的距离,m;

K、α——系数。

七、起爆顺序

为了减小对围岩不必要的破坏,同一段号起爆的总药量要小于计算的最大单段允许用药量;此外,周边孔爆破和底板孔爆破的质点速度最大,有必要将周边孔和底板孔分为几个段位来爆破；正确的爆破顺序应为先掏槽，而后扩槽孔、掘进孔、底板孔，最后周边孔光面爆破。预裂爆破周边孔在掏槽爆破之前起爆，其他炮孔仍按上述顺序进行。

第五节　潭柘寺隧道爆破设计与钻爆施工

一、三台阶留核心土法爆破设计

潭柘寺 A、B线V级围岩按埋深分为浅埋段和深埋段，洞身开挖均采用三台阶留核心土法。

(一)炮孔布置

1. 左断面上台阶开挖

1)1/2 面积①开挖

开挖宽度为 6.40m，开挖高度为 3.80m，开挖面积为 12.42m^2。

2)爆破参数

开挖掏槽方式为四空孔十字形平行直眼掏槽，掏槽孔深度 1m，周边眼及辅助眼孔深 0.8m，掏槽孔、辅助孔和底部周边孔均为连续装药，光爆层周边孔爆破采用间隔装药。微差非电雷管及塑料导爆管连成爆破网络，电雷管起爆。1/2 面积①部开挖共钻孔 48 个，一次循环装药 11.2kg，预计循环进尺 0.75m，炮孔利用系数 90%，单位耗药量 1.2kg/m^3，其钻孔布置如图 3-15 所示。

2. 左断面上台阶核心土开挖

1)1/2 面积②开挖

开挖宽度为 3.08m，开挖高度为 1.90m，开挖面积为 4.98m^2。

2)爆破参数

周边眼及辅助眼孔深 0.8m，辅助孔和底部周边孔均为连续装药，光爆层周边孔爆破采用间隔装药。微差非电雷管及塑料导爆管连成爆破网络，电雷管起爆。1/2 面积⑥部开挖共钻孔 10 个，一次循环装药 2.24kg，预计循环进尺 0.75m，炮孔利用系数 90%，单位耗药量 0.62kg/m^3，其钻孔布置如图 3-16 所示。

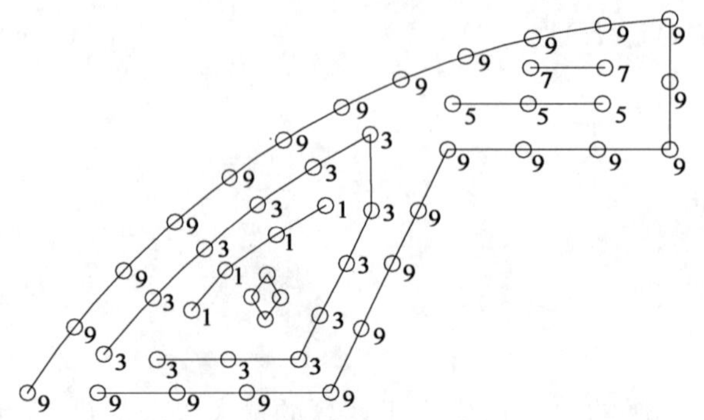

图 3-15　1/2 面积①部开挖

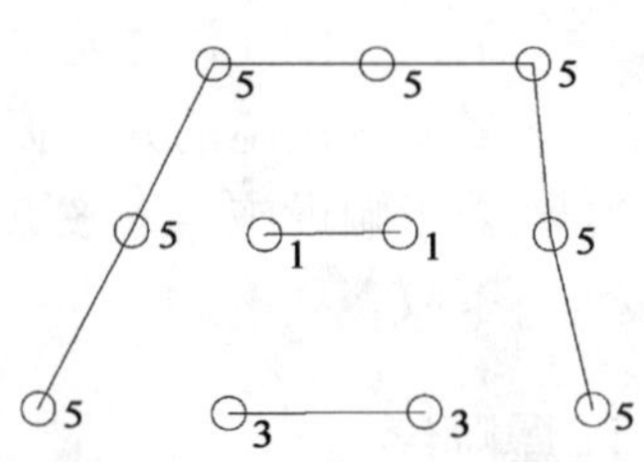

图 3-16　1/2 面积②部开挖

3. 左断面中台阶开挖

1)④开挖

开挖宽度为3.21m，开挖高度为2.9m，开挖面积为10.68m^2。

2)爆破参数

周边眼及辅助眼孔深0.8m，辅助孔和底部周边孔均为连续装药，光爆层周边孔爆破采用间隔装药。微差非电雷管及塑料导爆管连成爆破网络，电雷管起爆。④部开挖共钻孔21个，一次循环装药4.806kg，预计循环进尺0.75m，炮孔利用系数90%，单位耗药量0.6kg/m^3，其钻孔布置如图3-17所示。

4. 左断面中台阶核心土开挖

1)1/2面积⑤开挖

开挖宽度为3.89m，开挖高度为2.91m，开挖面积为9.32m^2。

2)爆破参数

辅助孔和底部周边孔均为连续装药，光爆层周边孔爆破采用间隔装药。微差非电雷管及塑料导爆管连成爆破网络，电雷管起爆。1/2面积⑤部开挖共钻孔18个，一次循环装药4.194kg，预计循环进尺0.75m，炮孔利用系数90%，单位耗药量0.6kg/m^3，其钻孔布置如图3-18所示。

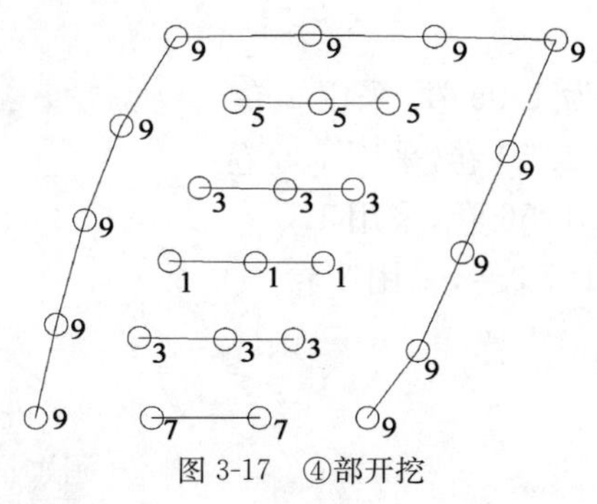

图3-17　④部开挖

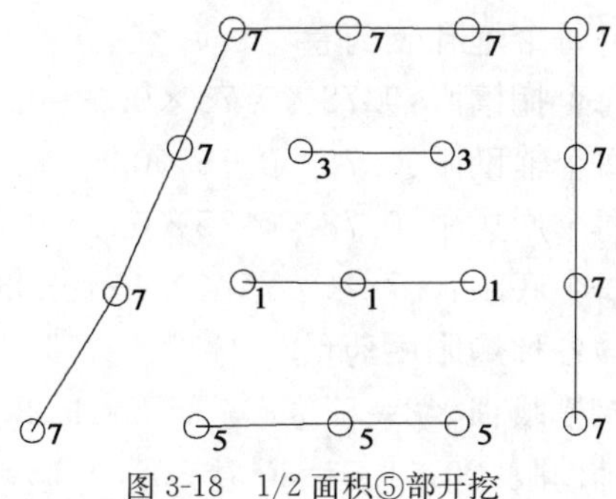

图3-18　1/2面积⑤部开挖

5. 左断面下台阶开挖

1)⑦开挖

开挖宽度为4.17m，开挖高度为2.9m，开挖面积为10.05m^2。

2)爆破参数

周边眼及辅助眼孔深0.8m，辅助孔和底部周边孔均为连续装药，光爆层周边孔爆破采用间隔装药。微差非电雷管及塑料导爆管连成爆破网络，电雷管起爆。⑦开挖部共钻孔18个，一次循环装药4.52kg，预计循环进尺0.75m，炮孔利用系数90%，单位耗药量0.6kg/m^3，其钻孔布置如图3-19所示。

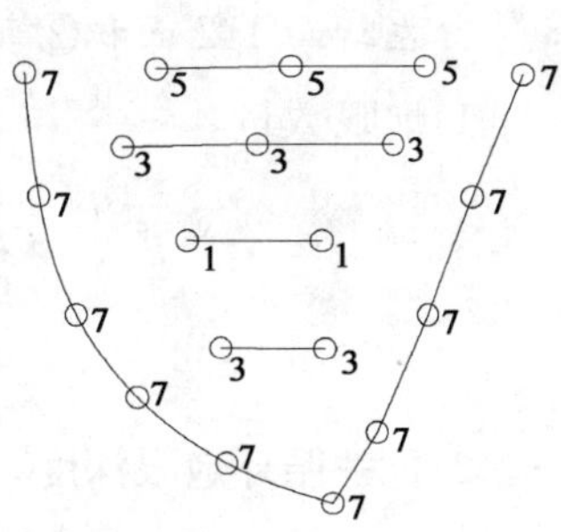

图3-19　⑦部开挖

(二)炮孔数量、直径、深度和药量计算

1. 左断面1/2面积①部开挖

拟采用2号铵梯岩石炸药，药卷型号：$\phi32\times200mm\times0.15kg$。

1)炮眼数量

$$N=\frac{qs}{\tau\gamma}\quad q=1.2\text{kg/m}^3\quad s=12.42\text{m}^2\quad \tau=0.4\quad \gamma=0.78$$

$$N=\frac{1.2\times12.42}{0.4\times0.78}=48\text{个}$$

2)掏槽眼类型

平行十字掏槽眼。

3)每一循环炮眼深度

$$l=0.75/0.9=0.83\text{m}\approx0.85\text{m}$$

每一循环进尺深度

$$L=0.75\text{m}l_{掏}=0.85\text{m}+0.1\text{m}=0.95\text{m}\quad l_{辅、周边}=0.85\text{m}$$

4)各炮眼长度

$$L_{掏}=l_{掏}=0.95\text{m}\quad L_{辅}=l_{辅}=0.85\text{m}$$

$$L_{周边}=\sqrt{0.85^2+0.15^2}=0.86\text{m}$$

5)每一循环装药量 Q 及药量分配

$$Q=qV=1.2\text{kg/m}^3\times12.42\text{m}^2\times0.75\text{m}=11.178\text{kg}$$

药卷:11.178/0.15=75 卷

6)每个炮孔装药卷

每个掏槽眼:0.78×0.75×0.5=0.292 5kg,折合为 1.95 卷,采用 2 卷

每个辅助眼:0.78×0.75×0.4=0.234kg,折合为 1.56 卷,采用 1.5 卷

每个周边眼:0.78×0.75×0.4=0.234kg,折合为 1.56 卷,采用 1.5 卷

每个底眼:0.78×0.75×0.45=0.263kg,折合为 1.76 卷,采用 2 卷

7)各种炮眼用药量

掏槽眼:4×2=8 卷 8×0.15=1.2kg

辅助眼:20×1.5=30 卷 30×0.15=4.5kg

周边眼:21×1.5=31.5 卷 31.5×0.15=4.725kg

底眼:3×2=6 卷 6×0.15=0.9kg

合计:75 卷,等于设计 75 卷;总量 11.325kg,约等于设计 11.178kg

2. 左断面 1/2 面积②部开挖

1)炮眼数量

$$N=\frac{qs}{\tau\gamma}\quad q=0.6\text{kg/m}^3\quad s=4.98\text{m}^2\quad \tau=0.4\quad \gamma=0.78$$

$$N=\frac{0.6\times4.98}{0.4\times0.78}=10\text{个}$$

2)每一循环炮眼深度

$$l=0.75/0.9=0.83\text{m}\approx0.85\text{m}$$

每一循环进尺深度

$$L=0.75\text{m}$$

$$l_{掏} = 0.85\text{m} + 0.1\text{m} = 0.95\text{m} \quad l_{辅、周边} = 0.85\text{m}$$

3)各炮眼长度

$$L_{掏} = l_{掏} = 0.95\text{m} \quad L_{辅} = l_{辅} = 0.85\text{m}$$

$$L_{周边} = \sqrt{0.85^2 + 0.15^2} = 0.86\text{m}$$

4)每一循环装药量 Q,及药量分配

$$Q = qV = 0.6\text{kg/m}^3 \times 4.98\text{m}^2 \times 0.75\text{m} = 2.241\text{kg}$$

药卷:2.241/0.15=15 卷

5)每个炮空装药量

每个辅助眼:0.78×0.75×0.4=0.234kg,折合为 1.56 卷,采用 1.5 卷

每个周边眼:0.78×0.75×0.4=0.234kg,折合为 1.56 卷,采用 1.5 卷

6)各种炮眼用药量:

辅助眼:2×1.5=3 卷 3×0.15=0.45kg

周边眼:8×1.5=12 卷 12×0.15=1.8kg

合计:15 卷,等于设计 15 卷;总量 2.25kg,约小于设计 2.241kg

3. 左断面④部开挖

1)炮眼数量为 21

2)辅助眼:8×1.5=12 卷 12×0.15=1.8kg

3)周边眼:10×1.5=15 卷 15×0.15=2.25kg

4)底眼:3×2=6 卷 6×0.15=0.9kg

合计:33 卷,等于设计 35 卷;总量 4.95kg,约等于设计 4.806kg

4. 左断面 1/2⑤部开挖

1)炮眼数量为 18

2)辅助眼:5×1.5=7.5 卷 7.5×0.15=1.125kg

3)周边眼:13×1.5=19.5 卷 19.5×0.15=2.925kg

合计:27 卷,小于设计 28 卷;总量 4.05kg,约小于设计 4.194kg

5. 左断面⑦部开挖

1)炮眼数量为 20

2)辅助眼:7×1.5=10.5 卷 10.5×0.15=1.575kg

3)周边眼:13×1.5=19.5 卷 19.5×0.15=2.925kg

合计:30 卷,小于设计 30 卷;总量 4.5kg,约小于设计 4.52kg

右断面与左断面一致。

二、两台阶留核心土法爆破设计

潭柘寺隧道 B 线Ⅳ级围岩,洞身开挖采用预留核心土上下台阶法进行施工,并及时施工初期支护及临时支护工程。

(一)断面上半部开挖

1. 断面上部开挖断面

开挖宽度为 13.87m,开挖高度为 6.56m。

2. 爆破参数

开挖掏槽方式为斜眼掏槽,掏槽孔深度 1.6m,周边眼及辅助眼孔深 1.2m,掏槽孔、辅助孔和底部周边孔均为连续装药,光爆层周边孔爆破采用间隔装药。微差非电雷管及塑料导爆管连成爆破网络,电雷管起爆。上部开挖共钻孔 149 个,一次循环装药 36kg,预计循环进尺 1m,炮孔利用系数 85%,单位耗药量 1kg/m³,其钻孔布置如图 3-20 所示,其设计参数如表 3-5 所示。

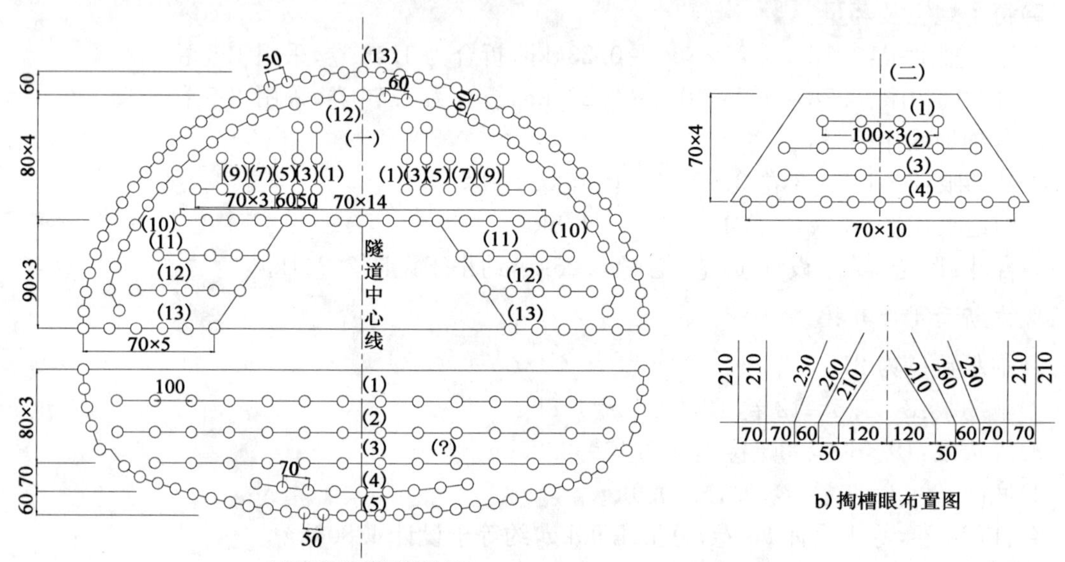

图 3-20　两台阶留核心土法炮孔布置图(尺寸单位:mm)

注:本图适用于Ⅳ级围岩开挖钻爆

两台阶留核心土爆破设计参数表　　表 3-5

上半部爆破设计参数						
段　号	炮眼名称	炮孔深度(m)	孔数(个)	单孔装药量(kg)	段装药量(kg)	附　注
1	掏槽眼	1.2	6	0.31	1.9	主要指标:①每循环进尺 1m;②炮眼利用系数 85%
3	掏槽眼	1.6	6	0.31	1.9	
5	扩槽眼	1.3	4	0.31	1.2	
7	掘进眼	1.2	4	0.26	1.0	
9	掘进眼	1.2	6	0.26	1.6	
10	掘进眼	1.2	15	0.26	3.9	
11	掘进眼	1.2	10	0.26	2.6	
12	内圈眼	1.2	33	0.21	6.9	
	掘进眼	1.2	10	0.26	2.6	
13	周边眼	1.2	45	0.21	9.4	
	底眼	1.2	10	0.31	3.1	
	合计		149		36	

续上表

核心土爆破设计参数

段　　号	炮眼名称	炮孔深度(m)	孔数(个)	单孔装药量(kg)	段装药量(kg)	附　　注
1	掘进眼	1.2	4	0.30	1.2	主要指标： ①每循环进尺1.0m； ②炮眼利用系数85%
2	掘进眼	1.2	6	0.30	1.8	
3	掘进眼	1.2	6	0.30	1.8	
4	底眼	1.2	11	0.36	4.0	
	合计		27		8.8	

下半部爆破设计参数

段　　号	炮眼名称	炮孔深度(m)	孔数(个)	单孔装药量(kg)	段装药量(kg)	附　　注
1	掘进眼	1.2	14	0.30	4.2	主要指标： ①每循环进尺1.0m； ②炮眼利用系数85%
2	掘进眼	1.2	14	0.30	4.2	
3	掘进眼	1.2	12	0.30	3.6	
4	掘进眼	1.2	9	0.30	2.7	
5	底眼	1.2	37	0.36	13.3	
	合计		86		28	

(二)核心土开挖

1.核心土断面开挖断面

开挖宽度为7m，开挖高度为2.8m。

2.爆破参数

辅助眼孔深1.2m，微差非电雷管及塑料导爆管连成爆破网络，电雷管起爆。核心土开挖共钻孔27个，一次循环装药8.8kg，预计循环进尺1m，炮孔利用系数85%，单位耗药量1kg/m^3。

(三)断面下半部开挖

1.断面下半部开挖断面

开挖宽度为13.87m，开挖高度为3.7m。

2.爆破参数

辅助眼、底眼孔深1.2m，微差非电雷管及塑料导爆管连成爆破网络，电雷管起爆。核心土开挖共钻孔86个，一次循环装药28kg，预计循环进尺1m，炮孔利用系数85%，单位耗药量1kg/m^3。

三、中隔壁台阶法爆破设计

潭柘寺隧道变更设计前，洞口加强段和Ⅴ级围岩采用CD法进行施工，开挖爆破时，由于岩层比较破碎且跨度又大，分部开挖应采用弱爆破。塑料导爆管非电起爆系统毫秒微差有序起爆。中隔壁法开挖钻爆设计如图3-21所示，其设计参数如表3-6所示。

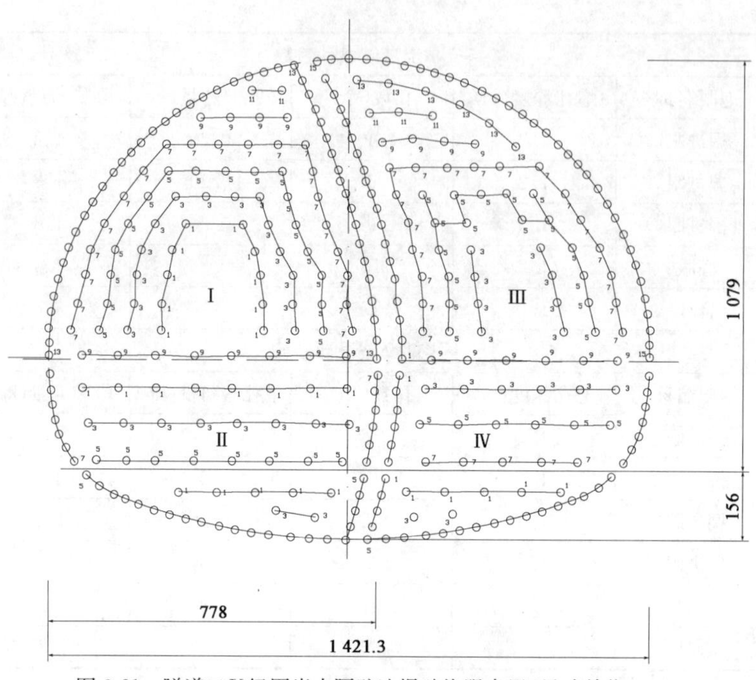

图 3-21　隧道口Ⅴ级围岩中隔壁法爆破炮眼布置(尺寸单位:cm)

中隔壁台阶法炮眼装药参数表

表 3-6

序　号	炮眼分类	炮眼数(个)	雷管段数(段)	炮眼长度(cm)	炮眼装药量			备　注
					每孔药卷数(卷)	单孔装药量(kg)	合计药量(kg)	
一	上 1/2							
1	掏槽眼	10	1	130	4	0.8	8	①每循环进尺 0.75m;②炮眼利用系数 85%
2	扩槽眼	14	3	125	3	0.6	8.2	
3	掘进眼	17—20	5—7	100	2	0.4	14.8	
4	辅助眼	4—2	9—11	100	2	0.4	2.4	
5	周边眼	45	13	100	0.5	0.1	4.5	
6	底板眼	8	9	120	3	0.6	4.8	
二	中 1/2							
1	掘进眼	8	1	120	3	0.6	4.8	
2	掘进眼	8	3	120	3	0.6	4.8	
3	掘进眼	8	5	120	4	0.8	6.4	
4	周边眼	13	7	120	0.5	0.1	1.3	
三	下 1/2							
1	掘进眼	1	1	120	3	0.6	4.8	
2	掘进眼	3	2	120	3	0.6	4.8	
3	周边眼	5	21	120	0.5	0.1	0.5	

四、爆破工艺及技术要点

(一)爆破施工工艺

施工顺序:施工放样→画出隧道中线和轮廓线→精确布眼→钻眼→装药→连线→引爆。具体光面爆破施工工艺框图如图 3-22 所示。

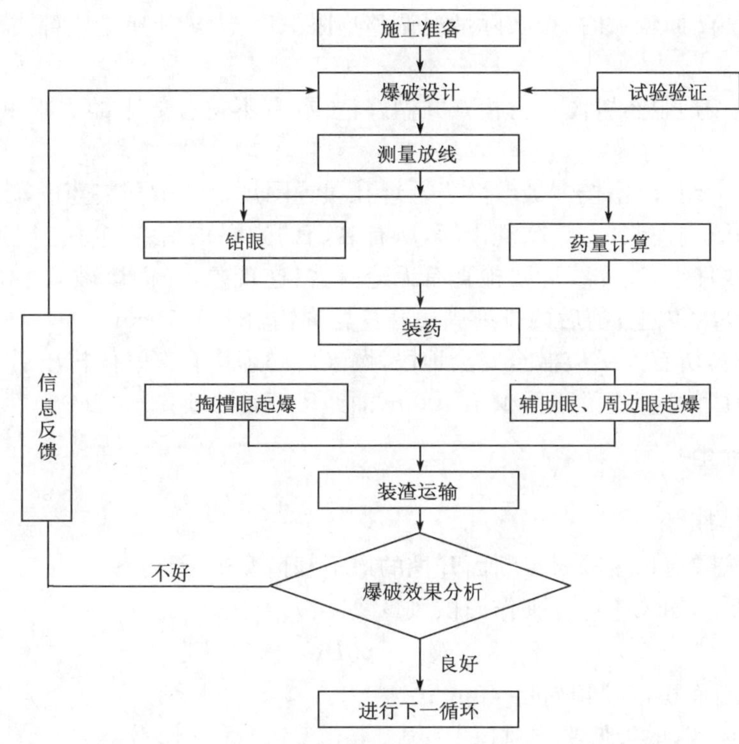

图 3-22 光面爆破施工工艺框图

(二)技术要求

1)根据围岩特点合理选择周边眼间距和周边眼最小抵抗线。周边眼间距比一般爆破的间距小。调整间距与抵抗线比值。

2)严格控制周边眼装药量,使药量沿炮眼全长合理分布并合理选择炸药品种和装药结构。

周边眼采用小直径药卷和低爆速炸药,可借助导爆索来实现空气间隔装药;底板眼(低温度,高爆力)选用高爆力炸药,可以克服上覆石碴的压制和起到翻碴的作用。

3)采用周边眼同时起爆

要求采用毫秒雷管微差顺序起爆,使周边眼爆破时产生临空面。光面爆破分区起爆顺序:掏槽眼→铺助眼→周边眼→底板眼;铺助眼应由里向外逐层起爆,爆破后尽量接近开挖面形状。

4)严格掌握钻眼作业,使三种炮眼的位置及方向准确无误,对于周边眼、辅助眼、掏槽眼的间距、行距要求如下:

(1)周边眼。沿隧道设计轮廓线间距误差不大于 5cm;周边眼外斜率不大于 5cm/m;周边眼与内圈眼距离误差不大于5cm，炮眼深度超过2.5m时，内圈炮眼与周边眼宜采用相同的斜率。

(2)辅助眼。眼口排距、行距误差均不得大于5cm。

(3)掏槽眼。眼口间距误差和眼底间距误差不得大于5cm。

5)装药前应将炮眼内泥浆、石屑吹洗干净。已装药的炮眼及时用炮泥堵塞密封。周边眼的堵塞长度不宜小于20cm。

6)当开挖面凹凸面较大时，按实际情况调整炮眼深度，力求所有炮眼(除掏槽眼外)眼底在统一垂直面上。

7)钻眼完毕，按炮眼布置图进行检查并做好记录，有不符合要求的炮眼重钻，经检查合格后才能装药爆破。

8)装药分片、分组，严格按爆破参数表及炮孔布置图规定的单孔装药量、雷管段别“对号入座”。装药前将炮眼内泥浆、石粉吹洗干净，所有装药的炮眼均堵塞炮泥。周边眼的炮泥长度不小于20cm，连线仔细，连完线后要检查有无遗漏、错连现象，光面爆破效果力求达到周边眼炮痕保留率达到90%以上，前后两排炮周边开挖轮廓错台小于10cm。

9)进行爆破时，所有人员应撤至安全地段，爆破后必须待有害气体排出后方可进至开挖面工作，有效安全地段为：直线段不得少于100m，曲线段不得少于75m。

(三)通风与除尘

1.施工通风设计

本设计计算按隧道Ⅳ级围岩半断面开挖的最不利情况进行计算。

1)按允许最低平均风速计算工作面供风量

$$Q_1 = 60BV$$

式中：B——隧道断面积，正洞取$B=40\text{m}^2$；

V——平均风速，取最低平均风速$V=0.15\text{m/s}$。

由此得$Q_1=60BV=60\times40\times0.15=360\text{m}^3/\text{min}$

2)按洞内同时工作的最多人数计算

$$Q_2 = qmk$$

式中：q——每人每分钟呼吸所需空气量，取$q=3\text{m}^3/\text{min}$；

m——同时工作人数，正洞取$m=100$人；

k——风量备用系数，取$k=1.15$。

由此得　$Q_2=qmk=3\times100\times1.15=345\text{m}^3/\text{min}$

3)按照爆破后稀释一氧化碳至许可最高浓度计算，采用压入式通风，工作面需要风量

$$Q_3 = \frac{7.8}{t}\sqrt[3]{GB^2L^2}$$

式中：t——通风时间，最不利取$t=60\text{min}$；

G——同时爆破炸药用量，按Ⅳ级围岩考虑，每循环最大进尺取2.5m，取0.35kg/m^3，则$G=40\times2.5\times0.35=35\text{kg}$；

B——隧道断面积，正洞取 $B=40\text{m}^2$；

L——独头压入式通风长度，最长取 1 000m。

则采用压入式通风时，工作面最大需要风量

$$Q_3 = \frac{7.8}{t}\sqrt[3]{GB^2L^2} = 497\text{m}^3/\text{min}$$

按上述三种情况计算后，取最大值作为选择风机依据，并要求通风机提供的风量为

$$Q = P_C \cdot Q_{max}$$

式中：P_C——风管漏风系数，

$$P_C=1/[(1-\beta)^{L/100}]=1.13(\beta=0.017, L=1\,000\text{m})$$

由此得
$$Q=P_C \cdot Q_{max}=1.13\times497=562\text{m}^3/\text{min}$$

由上述计算为依据，工作面选用风机为 2 台 SDF(B)2＊110 型通风机。

2.除尘

1)钻孔除尘（主要施工方法为洒水及喷雾处理）

采用湿式凿岩作业，严禁打干钻，以降低钻机钻孔产生的粉尘。

2)爆破除尘，喷雾降尘

利用安装在距工作面 15m 处的鸭嘴喷雾器，在爆破后打开阀门，通过高压风将水喷出，形成雾状，把粉尘凝聚落到地面。

3)出碴防尘

出碴前用水枪对掘进工作面自里向外逐步洗刷隧洞洞顶及两侧。装碴时向碴堆不断洒水，直到石碴湿透。

第四章　不良地质段开挖与支护技术

第一节　潭柘寺隧道不良地质概述

隧道施工中,常见的不良地质情况有:洞口段的塌方,洞身段的涌水,隧道内的软岩内鼓,片帮掉块,深埋隧道还可能发生岩爆;在煤系地层中还可能有瓦斯涌出。潭柘寺隧道在实际开挖中,出现的主要不良地质有软弱破碎围岩、煤系地层、与挖煤巷道交会、隧道初期支护侵限、中台阶出现较大的渗水及洞口段的塌方。

潭柘寺隧道施工中遇到的不良地质情况时,遵循以下的原则:

1)充分利用各种手段和方法,尽可能准确掌握不良地质的情况。

2)根据掌握的不良地质情况,制定相应的施工方案和处理措施。

3)随着施工揭露地质,并根据施工安全性和支护措施的效果,及时修正设计,保证施工安全和隧道质量。

潭柘寺隧道地质条件复杂,图4-1列出了潭柘寺隧道一些比较典型的情况。该图中标出了潭柘寺隧道三次塌方侵限,施工中出现空洞,隧道与遗留年代久远的挖煤巷道交会,及隧道在开挖过程中台阶出现较大的渗水等不良地质情况发生的时间和位置。本章后面的部分将对典型的不良地质情况做详细的阐述。

第二节　隧道洞口边仰坡防护技术

洞口土石方开挖前,先清除边坡上的树木、竹子、浮土、危石,作好边仰坡的截排水天沟、侧边沟,形成畅通的洞口排水系统,将地表水、边仰坡积水引离洞口,避免地表水冲刷而造成边坡失稳。

一、修坡

洞口边、仰坡应及时修整到位。洞口边、仰坡按设计坡度,自上而下分层进行刷坡和喷护,开挖一层喷护一层,分层高度以2m为宜。清表后根据实际情况,对于土质和破碎的岩石边坡采用挖掘机开挖配合人工刷坡;石质边坡以松动控制爆破为主,坡面部位采用光面爆破,以保持坡面平顺完整和减少对围岩的扰动,局部爆破困难地段采用人工风镐刷坡。

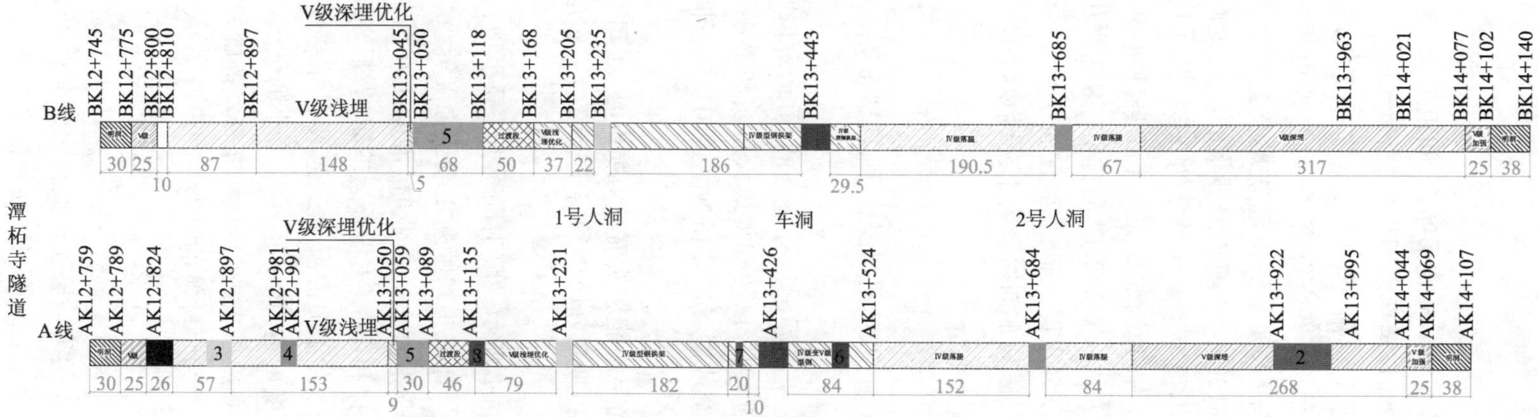

谭柘寺隧道

B线 BK12+745 BK12+775 BK12+800 BK12+810 BK12+897 V级浅埋 V级深埋优化 BK13+045 BK13+050 BK13+118 BK13+168 BK13+205 BK13+235 BK13+443 BK13+685 BK13+963 BK14+021 BK14+077 BK14+102 BK14+140

30 25 10 87 148 5 68 50 37 22 186 29.5 190.5 67 317 25 38

1号人洞　车洞　2号人洞

A线 AK12+759 AK12+789 AK12+824 AK12+897 AK12+981 AK12+991 V级浅埋 V级深埋优化 AK13+050 AK13+059 AK13+089 AK13+135 AK13+231 AK13+426 AK13+524 AK13+684 AK13+922 AK13+995 AK14+044 AK14+069 AK14+107

30 25 26 57 153 9 30 46 79 182 20 10 84 152 84 268 25 38

谭柘寺隧道不良地质发生时间、位置				
序号	时　间	桩　号	事　件	图　标
1	2008-12-3	AK12+824	A线CD法施工，Ⅲ部塌方，继而带动Ⅰ部塌方，拱顶埋深7m，浅埋隧道	
2	2009-6-3	AK13+920-982	AK13+920-982 段侵限、格栅变形、拱顶掉块侵限达30cm	
3	2009-3-22	AK12+876-897	A线塌方，拱顶埋深13.87m，浅埋隧道	
4	2009-8-5	AK12+981-995	A线出现挖煤巷道	
5	2009-10-26	AK13+059-089 BK13+050-118	B线塌方,继而带动A线塌方	
6	2010-8-21	BK13+481	出现煤线，BK13+481掌子面出现滑塌出现5m(环向)×1.5m(纵向)×1.3m(高)空洞	
7	2010-8-25	BK13+394	中台阶出现较大渗水流水	
8	2010-12-7	AK13+132-140	A线CD法Ⅲ部切入，最大切入60cm。施工至136部位出现较大空洞	

图4-1　谭柘寺隧道不良地质典型事件

二、锚杆及钢筋网片防护施工

边、仰坡防护砂浆锚杆采用ϕ22钢筋，长度3m，梅花形布设，间距1.2m×1.2m，钢筋网片采用ϕ6.5，网眼尺寸25cm×25cm，钢筋网与锚杆尾部采用焊接。

钻孔前根据设计要求定出孔位，做出标记。钻孔和安装均需垂直于坡面，孔径及深度符合设计的要求。钻孔完成后采用高压风清孔，检查符合要求后，即可进行注浆作业。注浆开始或中途暂停超过30分钟时，用水或稀水泥浆润滑灌浆罐及其管路。注浆孔口压力不得大于0.4MPa。注浆管插至距孔底5～10cm处，随水泥砂浆的注入缓慢匀速拔出，随即迅速将杆体插入，锚杆杆体插入孔内的长度不得短于设计长度的95%，若孔口无砂浆溢出，将锚杆拔出重新注浆。锚杆安设后不得随意敲击，其端部3天内不得悬挂重物。锚杆头与网片焊接以形成整体，具体施工部位按设计实施。锚杆支护采用人工YT28凿岩机钻孔，搅拌机拌制普通砂浆后进行灌注，其配合比(质量比)为水泥：砂：水宜为1：(1～1.5)：(0.45～0.5)，外加剂中速凝剂，掺量为水泥含量的4%，减水剂掺量为水泥含量的1%。注浆时注意随时排除孔中空气。

1.喷射混凝土工艺

喷混凝土班每班由4～5人组成，包括喷射手、喷射机操作手、拌料工等。喷射机数量以满足施工需求为宜。

施工时保证喷射速度适当，并调节水量，使混凝土具有适宜的稠度，并降低回弹量。使喷嘴与坡面保持适当距离，喷射角度尽可能接近90°，以使获得最大压实和最小回弹。正确地掌握喷射顺序，不使角隅处及钢筋背面出现蜂窝或砂囊。潭柘寺隧道洞口边、仰坡防护喷射混凝土设计厚度为10cm，强度等级C20。

当开始或停止喷射时给喷射手信号。当料不能从喷嘴均匀喷出时，通知喷射手停止作业，及时清除受喷面上的砂囊或下垂的混凝土，以便重新喷射混凝土。喷射工作结束时，认真清洗管道和机具。

湿喷法喷射混凝土施工工艺框图，如图4-2所示。喷射混凝土注意事项：

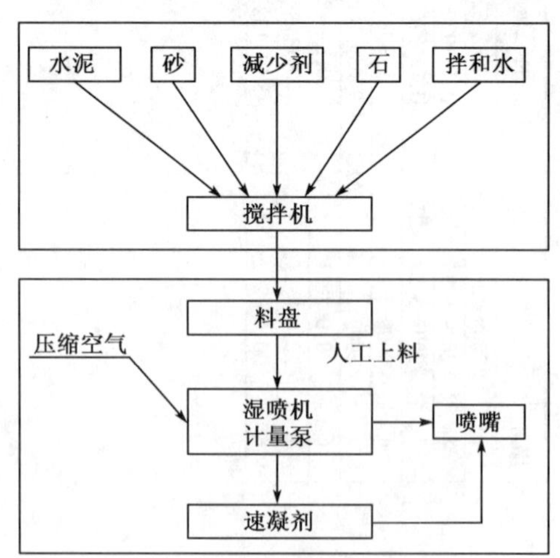

图4-2 湿喷法喷射混凝土施工工艺

①隧道口喷射混凝土强度等级为C20，采用湿喷机喷混凝土。作业时，混凝土在洞外由混凝土拌和站拌和，混凝土搅拌运输车送料，空压机供风。

②湿喷混凝土工艺具有黏结性能好，一次喷射厚度可达10cm，且回弹率小的优点，能够保证初期支护和施工支护的质量，充分发挥围岩的自承能力。

③原材料的选择：P.O42.5水泥；细度模数为2.5～3.0中砂，洁净质硬；粒径为5～10mm的碎石，级配良好。

④第一层喷植混合料加早强剂，作为坡面防护，厚度10cm；第二层喷植混合料以强制植生绿化为目标，厚度为10cm。

2. 锚杆施工

砂浆锚杆施工工艺流程为：钻孔→清孔→灌浆→插入杆体，具体如图 4-3 所示。锚杆预先在洞外按设计要求加工制作，施工时锚杆钻孔位置及孔深必须精确，除去油污、铁锈和杂质。先用 YT—28 凿岩机按设计要求钻凿锚杆孔眼，达到标准后用高压风清除孔内岩屑，然后将加工好的杆体插入，孔口用垫板固定，用注浆泵将砂浆注入孔口。待终凝后按规范要求抽样进行锚杆抗拔试验。

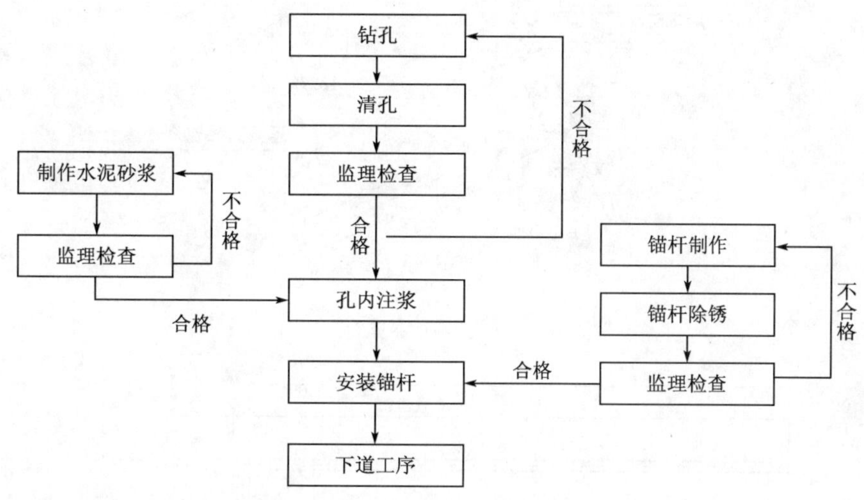

图 4-3　砂浆锚杆施工流程图

1)施工注意事项

(1)锚杆孔位与孔深必须精确，与设计及规范要求相符。

(2)杆体在使用前必须除去油污和铁锈，以保证锚杆施工质量。

(3)系统锚杆钻孔与岩面应垂直，如不垂直，安装锚杆时用垫板调整，使托板密贴岩面，锚杆外露长度按设计要求并做成弯钩状。

(4)锚杆原则上按设计图所示布置方式布设，锚杆孔确认所规定的孔数、位置、长度、方向及孔径。施工时在现场遇到局部节理、裂缝等情况而加以变更，长锚杆在靠近掌子面处无法垂直于隧道壁设置而变更布置方式，确认其与原定布置的作用相同。

(5)锚杆长度在保证设计的锚固长度外计入工作长度。锚杆施作后采用电弧焊将锚杆接头焊接在钢筋网片上，使其与网片连接成一整体，如图 4-4 所示。

(6)锚杆支架加工应符合图纸规定，并与锚杆焊接，锚头采用弯钩与镀锌铁丝网绑扎牢固，如图 4-5 所示。

2)检测标准

锚杆孔的孔径应符合设计要求，锚杆孔的深度偏差 ±50mm。锚杆孔位允许偏差 ±50mm，锚杆插入长度不得小于设计长度的 95%，且位于孔的中心。

3. 钢筋网施工

挂钢筋网在系统锚杆施作后安设，钢筋类型及网格间距按设计要求施作。钢筋网根据被支护岩面的实际起伏状况铺设，并在初喷混凝土后进行，与被支护岩面间隙约 3cm，钢筋网连接处，与锚杆连接用细铁丝绑扎后点焊在一起，使钢筋网在喷射时不易晃动。钢筋网安设时应注意：

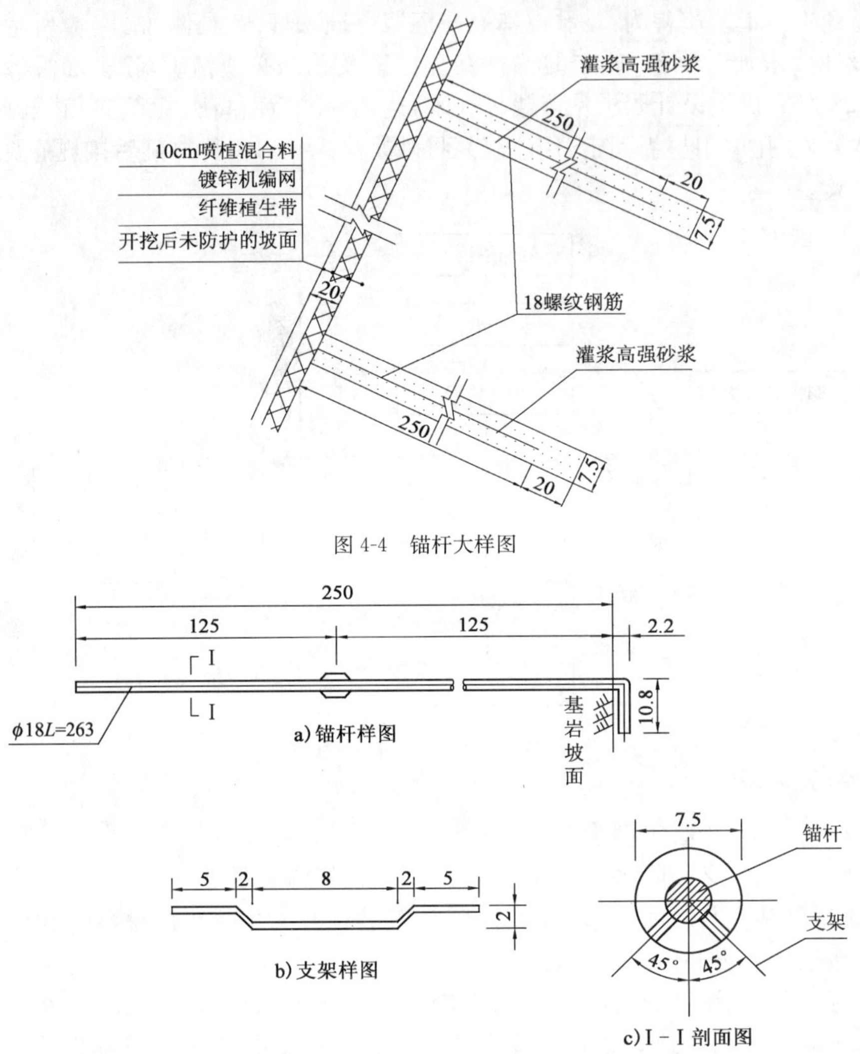

图 4-4　锚杆大样图

图 4-5　锚杆大样图(尺寸单位：cm)

(1)施作前，初喷 3～4cm 厚混凝土形成钢筋保护层。

(2)制作前进行校直、除锈及油污等，确保施工质量。

(3)钢筋网的搭接不小于一个网格，如图 4-6 所示。

挂设钢筋网片施工工艺，如图 4-7 所示。

三、注意事项

1)洞口开挖前应先进行地表固结注浆，并清除仰坡地表的危石，保证施工安全。

2)因雨天多，对洞口边仰坡的稳定不利。洞口开挖前应先施作洞顶截、排水系统，在挂口进洞后，及时浇筑洞口段二次衬砌、洞门墙和两侧翼墙(挡墙)，以确保洞口的安全，应尽量避开雨季施工。

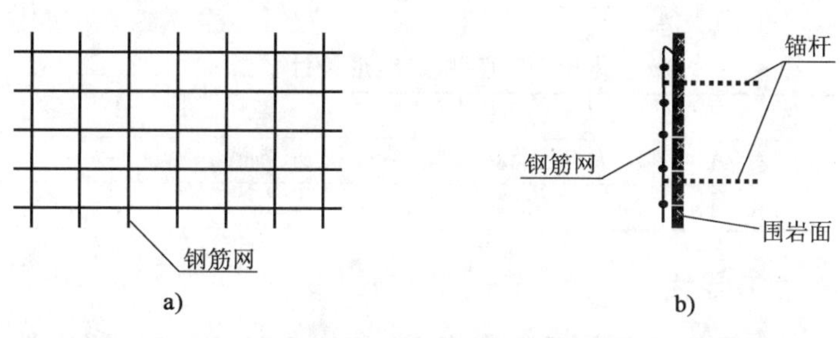

图 4-6　网片示意图

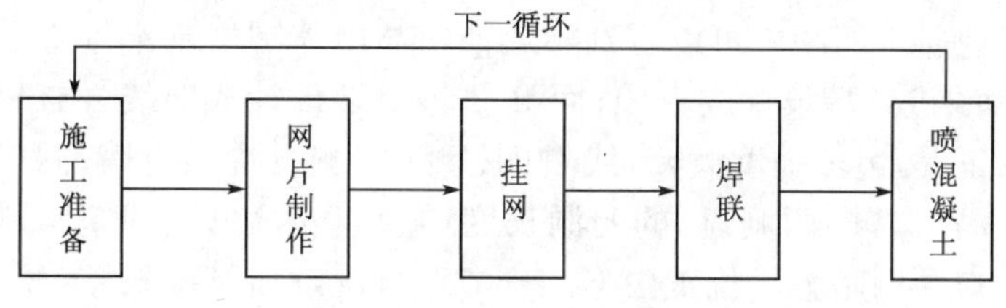

图 4-7　挂网工艺流程框图

第三节　洞口管棚的进洞施工技术

洞口施工向来是隧道工程施工中的一个难点，常有“进洞难”之说，尤其是浅埋软弱破碎围岩隧道，洞口施工更加困难。隧道进洞的设计与施工深受地形、地质、气象及隧道周边环境等因素的影响。一般而言，隧道洞口段覆盖较薄，多为松散的坡积层、堆积层土体，且常年受到风雨冷热等风化侵蚀作用，地质较为软弱，不易形成压力拱抵抗围岩压力。

为使洞口段受力条件好，应使隧道中线与地形等高线正交，洞口不应设在沟谷低洼和汇水沟处，隧道不要直穿鞍部、垭口。通常鞍部在地质上是薄弱点，断层破碎带、富水带，是不稳定的地层；沟谷地势狭窄，施工机械难以展开布置，施工条件差，且雨季防泥石流、防洪困难，还常有破碎围岩带，地下水也较丰富，对施工和运营不利。

潭柘寺隧道在特殊地形、地质条件下，采用的是超前大管棚支护技术进洞施工，取得了较好的效果。

一、潭柘寺隧道的线形、洞口位置及形式

(一)隧道平、纵线形设计

潭柘寺隧道地处北京市门头沟区永定镇与潭柘寺镇交界处，入口位于潭柘寺镇潭柘寺以东约 150m 处，出口位于永定镇苛萝坨村西；其为长隧道，结构形式为分离式复合衬砌隧道。在隧道轴线选择过程中充分考虑了隧道线形要求、两端接线条件、隧道洞口地形条件、隧址区环境条件、工程地质条件、营运管理设施场地及工程造价等诸多因素。

隧道纵断面设计综合考虑了隧道长度、主要施工方向、通风、排水、洞口位置以及隧道进、出口接线、环保等因素；隧道纵坡采用单向坡；潭柘寺隧道设置两处人行横通道、1 处车行横通

道。隧道平、纵线形设计如表 4-1 所示。

潭柘寺隧道平、纵线形设计要素　　表 4-1

隧道名称	起讫桩号(m)	总长度(m)	平曲线	纵坡
潭柘寺隧道 A 线	K12＋759～K14＋107	1 348	直＋曲(R=3 000m)＋直	－2.5%
潭柘寺隧道 B 线	K12＋745～K14＋140	1 395	曲(R=1 800m)＋直＋曲(R=4 000m)＋直	－2.5%

(二)隧道洞口位置及形式

根据隧道进、出口工程地质条件及地形条件，结合开挖边、仰坡稳定性及洞口防、排水需要，且尽量避免大挖大刷，破坏山体自身的稳定和平衡，本着“早进洞、晚出洞”的原则确定隧道洞口位置。从隧道地质平面图中可以看到隧道轴向与山体围岩基本垂直，有利于隧道开挖后围岩的稳定。将 A 线进口端设计成直线；而 B 线进口端设计成曲线，洞口位置向左稍偏。隧道出口与坡面基本正交，边坡坡度大，A 线右侧、B 线左侧设置挡土墙，洞口安全能得到保证。潭柘寺隧道 A、B 线进口(即西洞口)的明洞长度均为 30m，出口(即东洞口)的明洞长度均为 38m。其中 A 线出口原明暗分界位置(AK14＋077)现况地质情况较差，顶部覆盖层厚度不足(至套拱拱顶仅 2.2m)，不利于暗挖进洞施工。依据“潭柘寺隧道 A 线出口明暗挖位置调整专家咨询意见”，并根据现场地质地形条件，为保证安全对明暗挖分界位置进行调整，调整至 AK14＋069，暗挖段长度缩短 8m、明洞段增加 8m，本线隧道全长不变，如图 4-8 所示。

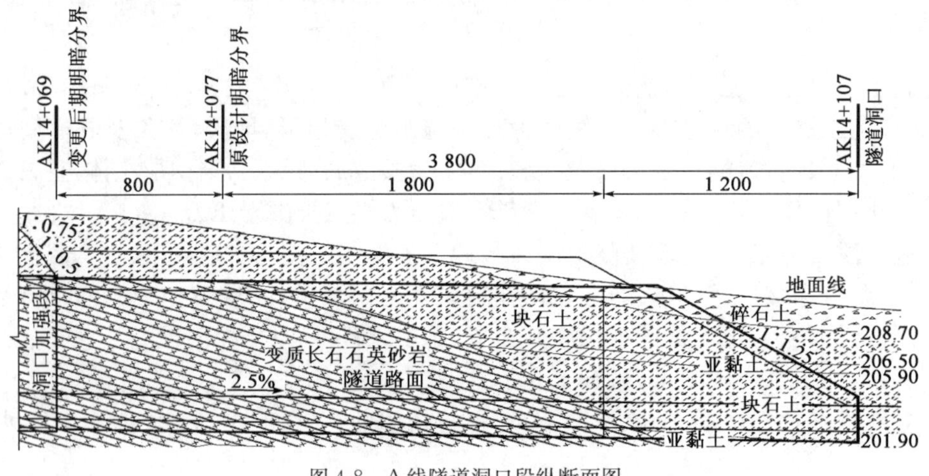

图 4-8　A 线隧道洞口段纵断面图

潭柘寺隧道的线路及洞门位置选择是成功的，洞口在施工过程中未发生大的塌方事件，刷坡后进洞也未遇到大的困难。

二、潭柘寺隧道进洞技术

隧道洞口进洞采用超前大管棚支护，此支护方式的效果在于：超前距离较大，能够形成纵向钢梁作用，可以有效地减小由于岩土体自重产生的侧向压力，稳定洞口前方地层；在钢管上预留注浆孔，管棚施工完成后，进行岩土体注浆，可以提高岩土体自身的稳定性，发挥自身的成拱作用，而且还能减小地下水对岩土体稳定性的影响。

潭柘寺隧道进洞技术工艺流程如下：

洞口排水系统→管棚施工放样→洞口开挖→施作套拱→工作平台搭设→钻具组合→钻机就位→开钻→清孔验孔→管棚管安装→安放钢筋笼→注浆。

(一)洞口排水系统

隧道洞口场地狭小，A、B线洞口均为Ⅴ级围岩，围岩完整性及稳定性较差，开挖时会出现掉块等现象。进洞按“先排水，再进洞，统筹安排，减少干扰”的原则进行。场区周围无明显河流，地下水受大气降水、地表水渗入、灌溉水回灌、其他不同层地下水之间的补给，场区内雨水一部分渗入地下变为地下径流，一部分沿山坡流入低洼处(冲沟)。场地地势稍低，因此我们加强了对洞口段沿山坡流入雨水的截流排水工作。本工程进洞时，已过雨季，大大减小了排水对施工的影响。

(二)管棚施工放样

钻孔前精确测定孔位，并对每个孔位进行编号，用颜色油漆在断坡上标记管棚孔口位置，如图4-9所示。

(三)洞口开挖

明洞开挖和边仰坡开挖同步进行，按照设计坡率对边仰坡进行刷坡，边开挖边防护，并配备专人密切注意观测原状土的动态，一旦出现滑塌趋势立即停止开挖，并对边坡进行防护。整个边坡坡度由专门技术管理人员用坡度尺控制。

图4-9　管棚施工放样

洞口位置工作平台开挖完成后，组织对套拱段进行开挖，开挖时注意分台阶开挖，先拱后墙、小断面开挖，预留核心土，并对边墙及拱脚进行加强支护，必要时加设锁脚锚杆进行锁脚固定，锁脚锚杆采用$\Phi22$钢筋，长度3.5m，用锚固剂锚固。

根据地质地形条件采用PC200反铲式挖掘机开挖，对大的孤石采用少量装药弱爆破拆成较小块度。由于洞口上方覆土层较薄，洞口开挖施工的同时，配备专人密切注意观测原状土的动态。

(四)施作套拱

洞口端用2m长套拱(C25混凝土)作为大管棚导向墙，大管棚套拱构造如图4-10所示。套拱开挖分两步开挖，套拱施工采用先拱后墙法，具体如下：

1)预留核心土。套拱在明暗分界线以外施作，紧贴洞口仰坡面。预留核心土顶面距套拱拱顶宜为1.5m高，顶面边缘距套拱水平距离宜为0.4～0.5m。

2)安装型钢拱架。在2m套拱内架立四榀I18型钢拱架(图4-11)(纵向间距0.50m)，27.718m工字钢分为6段，段与段之间采用螺栓连接，I18工字钢焊接在25cm×25cm×1cm钢板上，工字钢与工字钢间纵向采用$\Phi22$钢筋焊接成一个整体，环向间距1m，并在钢拱架内、外缘交错布置。

3)安装钻孔导向管。在钢拱架上安装$\Phi133$、长2m的导向管(图4-12)，导向管(即孔口管)沿拱圈环向布设 49 根,间距 45cm。孔口管采用 Φ22 钢筋焊接在工字钢上,方向与管棚位置方向一致,Φ22 钢筋与工字钢、孔口管相接处采用双面焊接,焊接宽度不小于 5d。

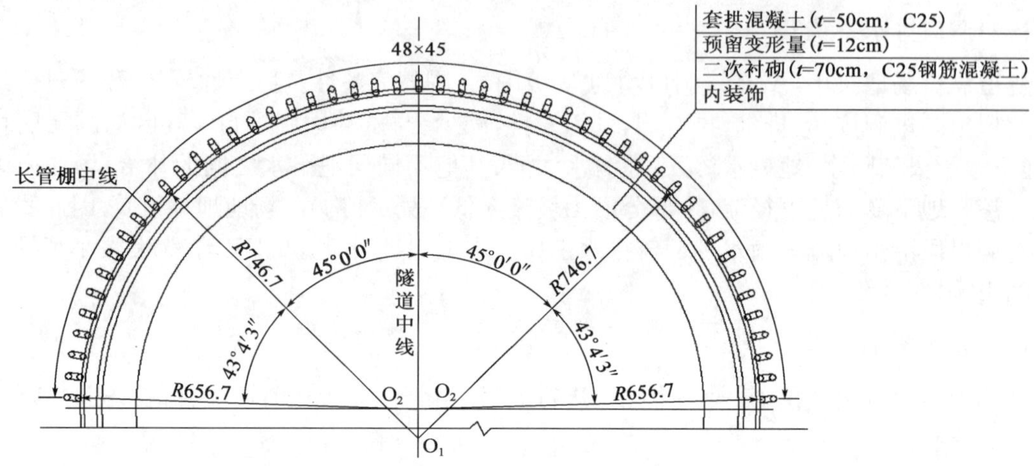

图 4-10　洞口段管棚构造图

图 4-11　型钢拱架加工

图 4-12　导向管安装

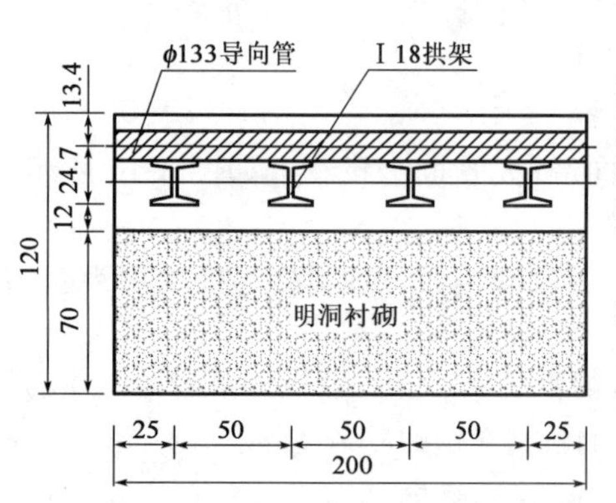

图 4-13　套拱纵剖面(尺寸单位:cm)

4)安装模板。在钢拱架架设及导向管安装之后进行内、外模安装。模板安装要紧密并且支撑牢固。

5)浇筑混凝土。然后浇筑 50cm 厚的 C25 混凝土包裹钢支撑和导向管,套拱纵剖面如图 4-13 所示。

(五)钻孔

1. 搭钻孔平台

钻机平台用钢管脚手架搭设,搭设平台应一次性搭好,顺序由下向上,由两边向中间,根据孔

位一次搭好；平台要支撑于稳固的地基上，脚手架连接要牢固、稳定；平台上满铺脚手板、设置踢脚板及标准防护栏杆。

2. 钻孔

1)钻机定位：钻机要求与已设定好的孔口管方向平行，必须精确核定钻机位置(图 4-14)。用经纬仪、挂线、钻杆导向相结合的方法，反复调整，确保钻机钻杆轴线与导向管轴线相吻合。

2)钻机开钻时，应低速低压，待成孔 5m 左右后可根据地质情况逐渐调整钻速及风压。

3)钻孔由 1～2 台钻机由高孔位向低孔位进行，并间隔钻孔；施钻时，钻机大臂必须顶紧在导向墙面上，以防止过大抖动影响施钻精度。

4)根据地质情况的变化，选择不同的钻头。当遇坚硬孤石不能钻进时，应采用冲击钻头把岩石击碎；当遇普通稍软岩石或土质时，则采用合金管钻进行钻进。

5)钻进过程中遇特殊复杂地层，如不能钻进或难以成孔时，可采用预注浆加固钻进成孔，必要时还可采用加长岩芯管(跟管钻进)的办法。

6)认真作好钻进过程的原始记录，及时对孔口岩屑进行地质判断、描述，作为洞身开挖时的地质预测预报参考资料，从而指导洞身开挖。

(六)清孔验孔

1. 用地质岩芯钻杆配合钻头进行反复扫孔，清除浮渣，确保孔径、孔深符合要求，防止堵孔，如图 4-15 所示。

图 4-14　钻孔图

图 4-15　验孔

2. 用经纬仪、测斜仪等检测孔深、倾角、外插角。

(七)安装管棚钢管

1)先钻大于管棚直径的引导孔，然后利用钻机的冲击和推力，将安有工作管头的管棚沿引导孔钻进，接长棚管，直至孔底。

2)管棚接长时先将第一根钢管顶入钻好的孔内，再逐根连接。事先需加工好连接丝扣。

3)接长管件应满足管棚受力要求，相邻管的接头应前后错开，避免接头在同一截面受力，采取奇数孔第一节长 4m，偶数孔第一节节长 6m，以后每节均为 6m 以此方法将相临管接头错开，直至设计管长。

4)顶管时，当第一节钢管推进孔外剩余 30～40cm 时，人工装上第二节钢管，钻机低速前进对准第一节钢管端部，严格控制角度，人工持钳进行钢管联接，使两节钢管在联接套处联成一体。钻机再以冲击压力和推进压力低速顶进钢管。

5)施工中的钢管在安装前必须逐孔逐根进行编号，按编号顺序接管推进、不得混接。大管棚钢管由机械顶进，钢管节段间用15cm丝扣连接，顶进时，节长采用4m、6m两种管节。编号为奇数的第一节管采用4m钢管，偶数的第一节钢管采用6m钢管。管棚顶到位后，钢管与导向管间隙用速凝水泥或其他材料封堵严密，以防浆液冒出。封堵时设置进浆孔和排气孔。相邻管棚接头必须错开。

6)顶管施工完毕后对每根管进行清孔处理，防止杂物堵塞在管内造成后续管棚注浆工作无法开展。

7)棚管顶进采用装载机、挖掘机和管棚机钻进相结合的工艺，如图4-16所示。管棚钢管安装完成后向管棚钢管内安放钢筋笼，并将钢筋笼与钢管焊接在一起。

(八)安放钢筋笼

1)钢筋笼的加工。钢筋笼最大直径比管棚钢管内径要小20～30cm。钢筋笼第一节前端焊成圆锥形。钢筋笼主筋焊固定环固定，固定环长度按设计，固定环间距宜为1.5m。钢筋笼接头钢筋的搭接长度为35d(d是钢筋直径)，钢筋笼接头35d范围内不设固定环，如图4-17所示。

图4-16　管棚顶管

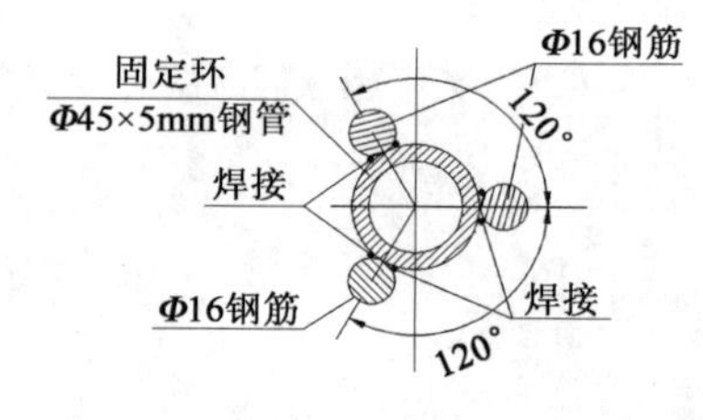

图4-17　长管棚钢筋笼构造图

2)待顶管完成后，安放钢筋笼，如图4-18所示。

(九)注浆

1)注浆浆液由ZJ—400高速制浆机拌制。管棚管内注浆材料应为M30(或以上标号)水泥浆。注浆的堵头安装如图4-19所示。

2)采用注浆机将水泥浆从孔口一次性注入管棚钢管内，为使管内浆液饱满密实，注浆时等排气孔有浆液流出时，再进行终压注浆。管棚注浆采用压力-注浆量双条件控制，注浆初压0.5～1.0MPa，直至达到设计注浆压力和设计注浆量时终止，然后关闭止浆阀门。

3)注浆量应满足设计要求，一般为钻孔圆柱体的1.5倍；若注浆量超限，而注浆压力未达到要求，应根据实际地层重新计算理论注浆量，调整浆液浓度继续注浆，确保钻孔周围岩体与钢管周围孔隙充填饱满。

4)注浆顺序根据降水漏斗原理，从拱脚开始由下而上、奇偶数分列，隔孔注浆，并且先注无水孔后注有水孔。

5)注浆异常现象的处理

(1)在注浆过程中,经常发生浆液从其他孔流出的现象,这种现象称为串浆。发生串浆时,在有多台注浆机的条件下应同时注浆;无条件时应将串浆孔及时堵塞,轮到该孔注浆时再拔下堵塞物,用铁丝或细钢筋将孔内杂物清除并用高压风或水冲洗,然后注浆。

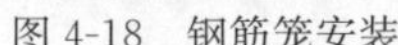

图4-18　钢筋笼安装

图4-19　堵头安装

(2)注浆过程中若注浆压力突然升高,应采取注入清水,待泵压正常时再进行注浆。

(3)若注浆量很大而压力长时间不升高,则应调整浆液浓度及配合比,缩短凝胶时间,进行小泵量低压力注浆或间歇式注浆。

第四节　软弱围岩开挖与支护技术

一、两台阶预留核心土法开挖与支护技术

预留核心土台阶法两步开挖技术,是在传统的正台阶法基础上改进,可根据实际情况调整台阶长度,并可在特殊情况下快速地架设临时支撑应对突发情况,同时能适应对开挖面稳定、地表沉降、洞周围岩位移等有较高要求的隧道施工技术。本技术适用于各种埋深的Ⅳ-Ⅴ级围岩隧道。

(一)工艺原理

1)采用预留核心土两台阶法施工大断面的隧道,其机理是将洞室断面分为上台阶环形拱部、上台阶核心土与下台阶。上台阶环形拱部导坑为Ⅰ部,上台阶核心土与下台阶则为Ⅱ部。由于上台阶核心土、下台阶支挡着开挖面,而且能及时施作拱部初期支护,开挖工作面稳定性好,且初期支护闭合时间短,施工安全有保障。预留核心土两台阶法施工示意如图4-20所示。

2)为减少该段二次衬砌仰拱开挖对初期支护拱脚基础的扰动,初期支护拱架接腿落底。根据现场围岩稳定情况调整台阶长度,因长台阶有利于维持开挖面的稳定,短台阶可以缩短支护闭合时间、改善初期支护的受力条件,有利于控制围岩变形,如图4-21所示。

3)以岩体力学理论为基础、监控量测为依据,采用新奥法原理和控制爆破技术,及时喷锚进行初期支护,针对围岩软弱的特点,经监控量测数据反馈,合理确定工序间的关系、施作时间以及台阶长度等。

4)利用监控位移反分析初支锚杆轴力、围岩应力、二衬接触应力的量测结果指导施工,其

实施方法为设计、施工和监测三位一体的动态模式。

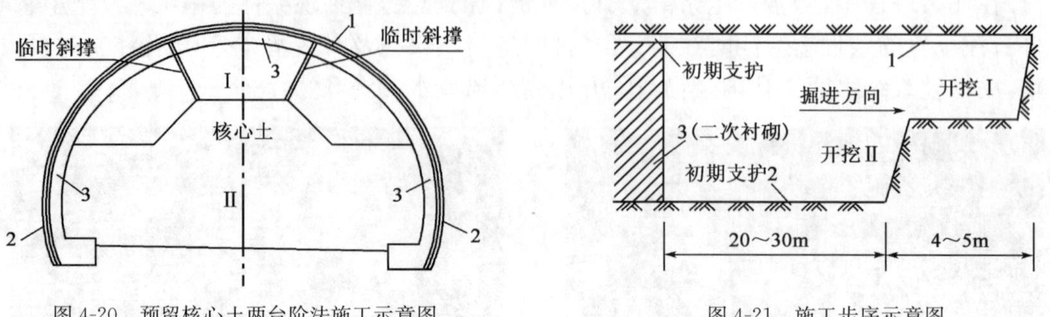

图 4-20　预留核心土两台阶法施工示意图

图 4-21　施工步序示意图

Ⅰ-环形拱部开挖；Ⅱ-上台阶核心土及下台阶开挖；1-环形拱部（Ⅰ部）初期支护；2-上台阶核心土及下台阶（Ⅱ部）初期支护；3-二次衬砌（各步骤进尺步距根据现场情况调整）

(二)工艺流程及操作要点

1. 工艺流程

其施工工艺流程如图 4-22 所示。

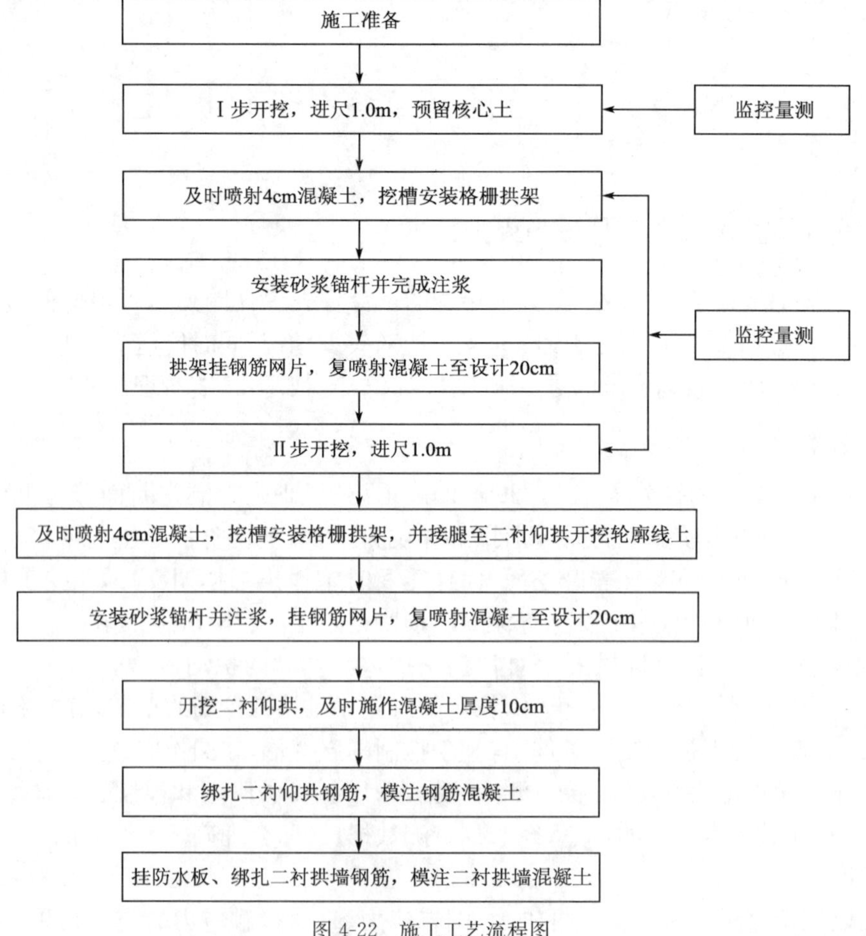

图 4-22　施工工艺流程图

2. 操作要点

1)施工准备

(1)熟悉设计图纸,制定详细的施工方案。

(2)地表布置监测桩点,并进行原始数据测量。

(3)分析洞内的地质情况,控制施工进度。

(4)组织准备施工队伍和设备,培训施工人员,组织所需的材料进场及复试,考察商用混凝土厂家并通过试验确定施工配合比。

2)开挖

(1)开挖顺序:Ⅰ步先行开挖,预留核心土,随即进行开挖Ⅱ部。Ⅰ部相对于Ⅱ部为短台阶,台阶纵向长一般不超过5m。

(2)Ⅰ部及Ⅱ部随挖随挂网喷锚,架设格栅。当掌子面围岩极易坍塌时,喷5～10cm厚混凝土临时封闭,核心土两侧加设14a工字钢支撑。封闭是否紧跟掌子面,应根据量测数据和对围岩的变化量测而确定。

(3)二衬仰拱底开挖采用半幅开挖,先开挖左半部,及时施作10cm厚C15素混凝土垫层,利用栈桥开挖右半部,然后先后整体浇筑仰拱衬砌和隧底填充。

开挖爆破时采用光面爆破。预留核心土两台阶法,施工步骤示意如图4-23所示。

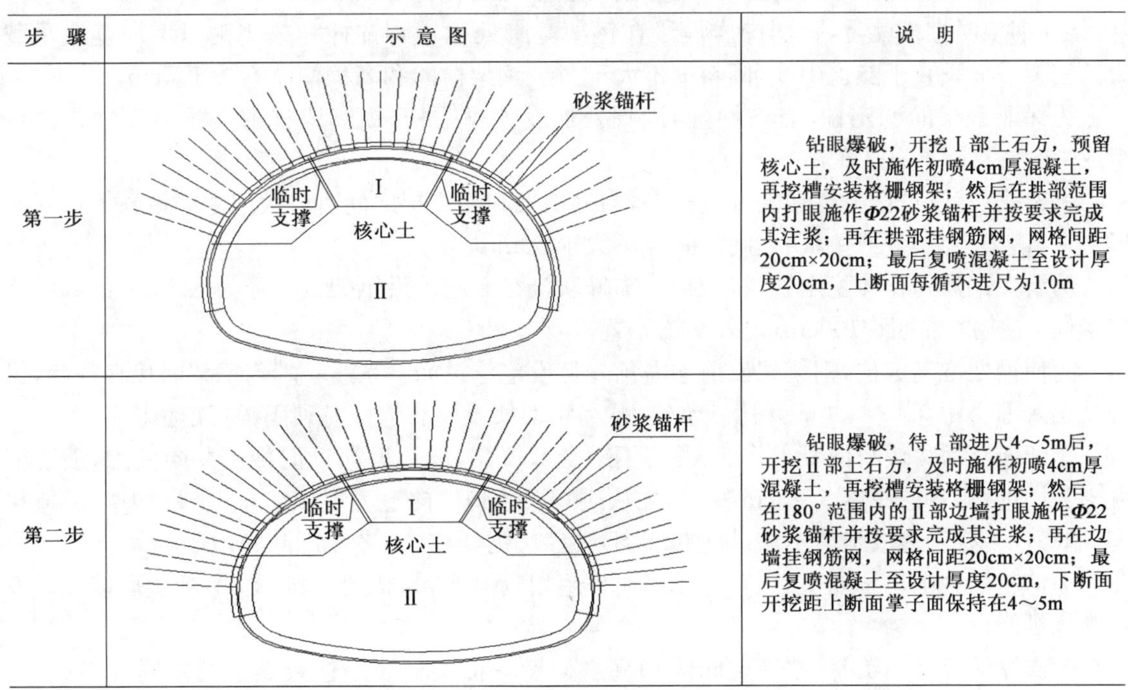

步　骤	示意图	说　明
第一步	砂浆锚杆；Ⅰ；临时支撑；临时支撑；核心土；Ⅱ	钻眼爆破，开挖Ⅰ部土石方，预留核心土，及时施作初喷4cm厚混凝土，再挖槽安装格栅钢架；然后在拱部范围内打眼施作Φ22砂浆锚杆并按要求完成其注浆；再在拱部挂钢筋网，网格间距20cm×20cm；最后复喷混凝土至设计厚度20cm，上断面每循环进尺为1.0m
第二步	砂浆锚杆；Ⅰ；临时支撑；临时支撑；核心土；Ⅱ	钻眼爆破，待Ⅰ部进尺4～5m后，开挖Ⅱ部土石方，及时施作初喷4cm厚混凝土，再挖槽安装格栅钢架；然后在180°范围内的Ⅱ部边墙打眼施作Φ22砂浆锚杆并按要求完成其注浆；再在边墙挂钢筋网，网格间距20cm×20cm；最后复喷混凝土至设计厚度20cm，下断面开挖距上断面掌子面保持在4～5m

图4-23　预留核心土两台阶法施工步骤图

3)洞身初期支护施工工艺

(1)初期支护采用网、锚、喷和格栅拱架支撑联合支护,能迅速控制或限制围岩松弛变形,充分发挥围岩自身承载能力。喷锚支护按先拱部后边墙的顺序实施。初期支护紧跟开挖及时施作，减少围岩暴露时间，尤其围岩自稳时间短的情况，应在围岩自稳时间内完成初期支护。

初期支护采用不设仰拱的结构形式，开挖后施作 10cm 厚 C15 素混凝土垫层。为减少该段二次衬砌仰拱开挖对初期支护拱脚基础的扰动，确保初期支护整体稳定，设计变更图纸，将初衬格栅拱架做调整，沿拱脚向下掏槽，将格栅拱架置于二衬仰拱开挖轮廓线上，打设锁脚锚杆并回填，保证进行仰拱施工时，初期支护拱脚稳定。

预留核心土两台阶法支护参数，如表 4-2 所示。

预留核心土两台阶法支护参数表

表 4-2

洞身部位	喷混凝土(cm)	锚杆			钢筋网 ϕ6.5/CRB550 间距(cm)	拱架	预留变形量(cm)
		类型	长度(m)	间距(m)			
边墙、拱部	20	砂浆锚杆	3	1×1(ϕ22) 全环 20 根(19 根)	20×20	1m/榀 (格栅钢架)	10
		锁脚锚杆	3.5	(ϕ22)每环左右拱脚、连接处各两根			

(2)为保证钢架能架设在稳固的地基上，施工中在钢架基脚部位预留 0.15～0.2m 原状地基，架立钢架时挖槽就位，软弱围岩地段在钢架基脚处设锁脚锚杆和垫槽钢以增加基底承载力。钢架平面垂直于隧道中线，倾斜度不大于 2°。钢架横向和高程偏差不大于 5cm。

为保证钢架的稳定性、有效性，两拱脚处加设锁脚锚杆，锁脚锚杆由 2 根 ϕ22 砂浆锚杆组成。

钢架按设计位置安设，在安设过程中，当钢拱架和初喷层之间有较大间隙时设鞍形或者楔形垫块，钢架与围岩(或垫块)之间的间隙不大于 50mm。

为增强钢架的整体稳定性，将钢架与锚杆联接在一起。沿钢架设直径为 ϕ22mm 的纵向连接钢筋，连接筋的间距 100cm，内外交错布置。

为使钢架准确定位，钢架架设前均需预先打设定位系筋。系筋一端与钢架联接在一起，另一端锚入围岩中 0.5～1.0m 并用砂浆锚固，当钢架架设处有锚杆时利用锚杆定位。

钢架架立后尽快喷混凝土作业，并将钢架全部覆盖，使钢架与喷混凝土共同受力，喷射混凝土分层进行，每层厚度 5～6cm 左右，先从拱脚或墙脚处向上喷射以防止上部喷射料虚掩拱脚(墙脚)不密实，造成强度不够，拱脚(墙脚)失稳。钢架施工工艺如图 4-24 所示。

为抑制松弛围岩早期变形，开挖后尽快采用相应强度和刚度的钢架支撑，架立后能立即发挥支撑机能。

钢支撑的标准施工是按“规定间隔和高度架设→接头安装→连接螺栓的紧固”的顺序进行，并要求使其在喷射作业中不产生移动。

(3)喷射混凝土采用干喷工艺。将骨料、水泥、外加剂和少量水按一定的比例搅拌均匀，然后装入喷射机，用压缩空气使干集料在软管内呈悬浮状态送到喷枪，再在喷嘴处与高水压混合，以较高速度喷射到岩面上。其使用的机械简单，机械清洗和故障处理较容易，水灰比的控制程度与喷射手的熟练程度有关。

①将满足要求的碎石、水泥、砂子、外加剂按配合比加入搅拌机，拌好的混凝土加入喷射机的料斗，根据喷射机的操作规程进行喷射，喷射施工工艺流程图，如图4-25所示。

②隧道口喷混凝土设计为C20，采用PZ—5型干喷机喷混凝土。作业时，混凝土在洞外由混凝土拌和站拌和，混凝土运输车向洞内送料，空压机供风。

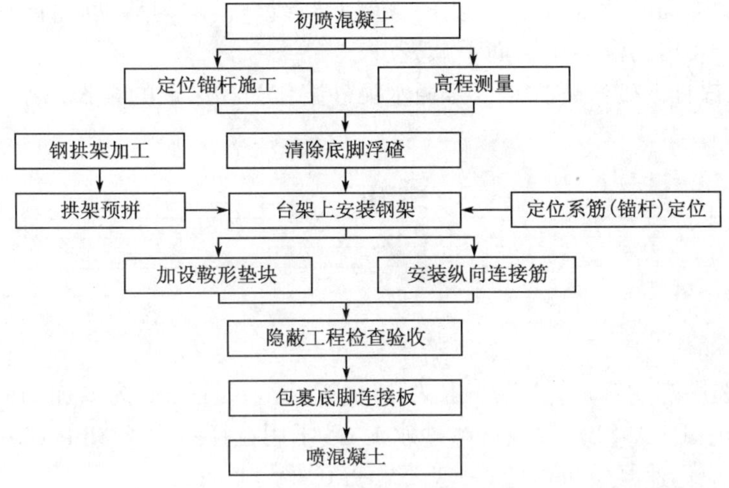

图4-24 钢架施工工艺图

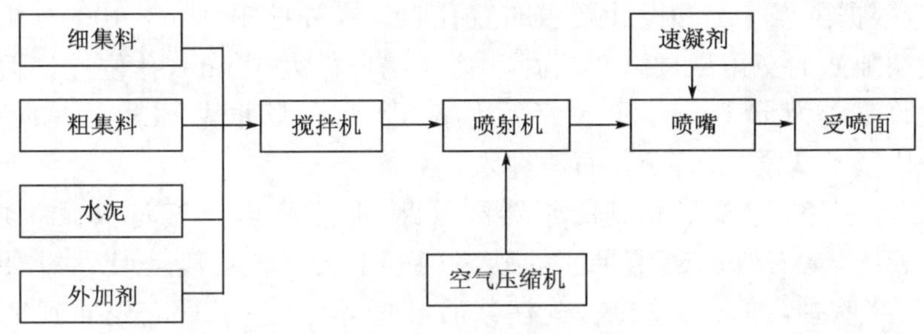

图4-25 喷射混凝土施工工艺流程图

原材料的选择：P.O42.5水泥；细度模数为2.5～3.0中砂，洁净质硬；粒径为5～10mm的碎石，级配良好；粉状速凝剂。

喷混凝土配合比为水泥∶砂∶碎石∶水＝1∶2.17∶2.35∶0.5，速凝剂的掺量为水泥用量的4%。

混凝土喷射机安装调试好后，在料斗上安装振动筛(筛孔10mm)，以避免超粒径骨料进入喷射机；用高压水将受喷面冲洗干净，而后即可开始喷射混凝土。送风后调整风压，使之控制在0.45～0.7MPa范围，若风压过小，粗骨料则冲不进砂浆层而脱落，风压过大将导致回弹量增大。因此，按混凝土回弹量小、表面湿润、易黏着力度来掌握。喷射压力与喷射机机械手调配适当。喷射分段、分片、分层，由下向上，从无水、少水向有水、多水地段集中，多水处安放导管将水排出。施喷时，喷头与受喷面基本垂直，距离保持0.6～1.2m，钢筋保护层厚度不得小于2cm。喷锚支护喷射混凝土，分初喷和复喷二次进行。初喷在开挖(或分部开挖)完成后立即进行，第一次喷混凝土厚4cm。复喷混凝土在锚杆、挂网和钢架安装后进行,先喷钢架与围岩之间空隙,后喷钢架之间,钢架被喷射混凝土所覆盖,保护层不得小于4cm。如有大凹坑,先找平。喷射回弹物不得重新用作喷射混凝土材料,新喷射的混凝土按规定洒水养生。

为提高工效和保证质量,喷射作业分片进行,按照先边墙后拱脚,最后喷射拱顶的顺序施喷。喷前先找平受喷面的凹处,再将喷头沿螺旋形路线缓慢均匀移动,每圈压前面半圈,绕圈直径约30cm,力求喷出的混凝土层面平顺光滑。

(4)打设砂浆锚杆。砂浆锚杆是以普通水泥砂浆作为黏结剂的全长黏结式锚杆,其构造如图4-26所示。

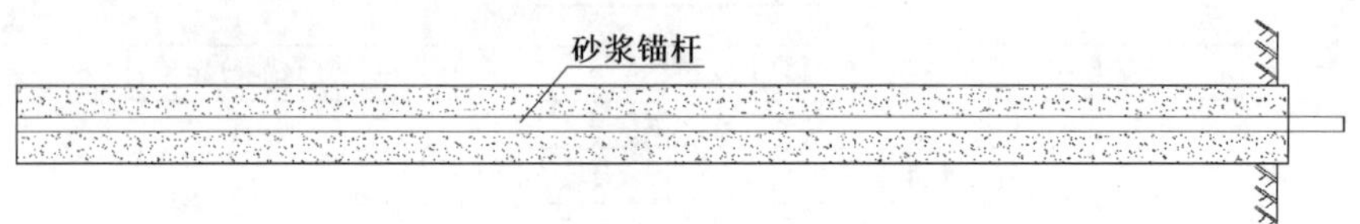

图4-26 砂浆锚杆

①杆体材料选用螺纹钢筋,直径一般为16～22mm,长度3m,为增加锚固力,杆体内端可劈口叉开;水泥选用P.O.42.5普通硅酸盐水泥;砂子用粒径不大于3mm的中粗砂,用前应过筛;速凝剂使用前应作速凝效果试验,一般要求初凝不大于5min。

②砂浆强度一般不低于M10,配合比要求为水泥:砂:水=1:(1～1.5):(0.45～0.5)。

③钻孔前应根据围岩状况和设计要求布置孔眼。锚杆按100cm×100cm梅花形布置,其与岩面、层面或裂隙面的交角尽量以90°为宜;孔径比杆径大15mm,孔位允许偏差为±(15～50)mm,孔深允许偏差为±50mm。孔钻好后用高压水将孔眼冲洗干净,若是向下钻孔还须用高压风吹净,并用塞子塞紧孔口,防止石渣掉入。

④注浆时以水引路,将砂浆充满注浆器和管路,并用高压空气将水泥砂浆由导管压入孔中。注浆过程中要始终保持器内足够的砂浆(1/4以上)。尤其是最后一根锚杆,防止高压风将钻孔中砂浆吹掉,并确保安全。先注浆后插杆体时,注浆管应先插到钻孔底,开始注浆后,徐徐均匀地将注浆管往外抽出,并始终保持注浆管口埋在砂浆内,以免浆中出现空洞。

杆体入孔内的长度不得短于设计长度的95%,实际黏结长度亦不应短于设计长度的95%。注浆是否饱满,可根据孔口是否有砂浆挤出判断。

二、中隔壁台阶法开挖与支护技术

本工程隧道开挖具有开挖断面较大、覆盖层薄、洞线短的特点,隧道洞口加强段和Ⅴ级围岩采用中隔壁台阶法开挖与支护技术进行施工,开挖施工顺序如图4-27和图4-28所示。

三、三台阶留核心土法开挖与支护技术

"三台阶七步预留核心土开挖法",是以弧形导坑开挖预留核心土为基本模式,分上、中、下三个台阶七个开挖面,各部位的开挖与支护沿隧道纵向错开、平行推进的隧道施工方法。该技术适用于新奥法指导施工的较大跨度、地下水较为丰富的软弱围岩隧道;亦适用于各种埋深的

Ⅳ-Ⅴ级围岩公路隧道和类似跨度与其他级别围岩的隧道工程，地下水丰富的Ⅴ级围岩隧道需要采取特殊的施工方法。

步　骤	示 意 图	说　明
第一步	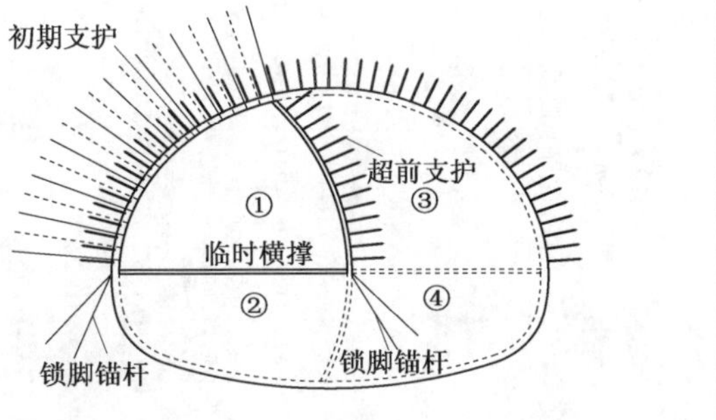 初期支护 超前支护 ① ③ 临时横撑 ② ④ 锁脚锚杆 锁脚锚杆	侧壁导坑法开挖。根据地质情况，首先施作拱部小导管，然后钻眼爆破，开挖①部土石方，及时施作初喷4cm厚混凝土，然后支护①部临时支护；再挖槽安装钢拱架或格栅钢架及临时钢支撑；然后在拱部范围内打眼施作ϕ25中空注浆锚杆并按要求完成其注浆；再在拱部挂钢筋网，网格间距20cm×20cm；打设锁脚锚管，最后复喷混凝土至设计厚度25cm
第二步	瓦斯隧道大陶槽钻爆设计 施工准备 进入煤层段 否 是 防突设计 石门揭煤 检测掌子面瓦斯浓 不合格 合格 钻孔 检测掌子面瓦斯浓 不合格 通风 合格 装药 检测掌子面瓦斯浓 不合格 合格 爆破	待①部进尺3～5m后，及时开挖②部土石方，并及时施作初喷4cm厚混凝土，然后进行②部临时支护和临时横撑，接着进行②部支护和ϕ25中空注浆锚杆并按要求完成其注浆；再挂钢筋网，网格间距20cm×20cm；最后复喷混凝土至设计厚度25cm
第三步	初期支护 ① ③ 45 临时横撑 ② ④ 锁脚锚杆 锁脚锚杆 锁脚锚杆	待②部进尺15～20m后，首先进行③部超前小导管支护，然后钻眼爆破进行开挖③部土石方，及时施作初喷4cm厚混凝土，再挖槽安装格栅钢架及临时钢支撑；接着进行拱部③部分范围内打眼施作ϕ25中空注浆锚杆并按要求完成其注浆；再在拱部挂钢筋网，网格间距20cm×20cm；打设锁脚锚管，最后复喷混凝土至设计厚度25cm
第四步	初期支护 ① ③ 45 临时横撑 ② ④ 锁脚锚杆 锁脚锚杆	待③部进尺3～5m后，及时开挖④部土石方，并及时施作初喷4cm厚混凝土，然后进行④部临时横撑施工，接着进行④部支护和ϕ25中空注浆锚杆并按要求完成其注浆；再挂钢筋网，网格间距20cm×20cm；最后复喷混凝土至设计厚度25cm

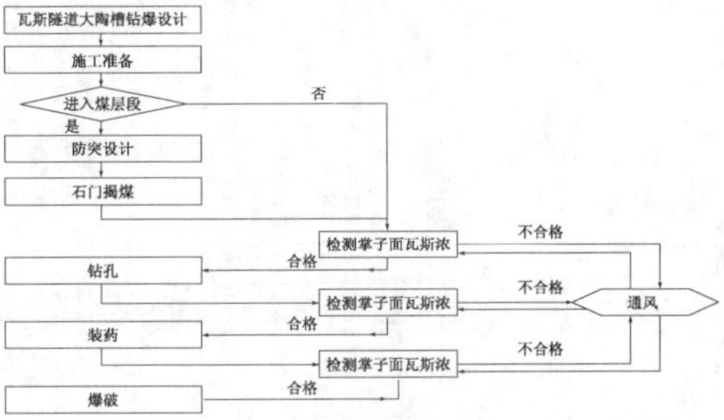

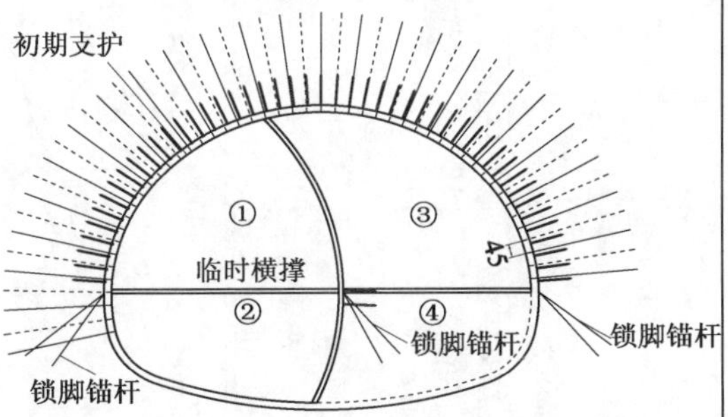

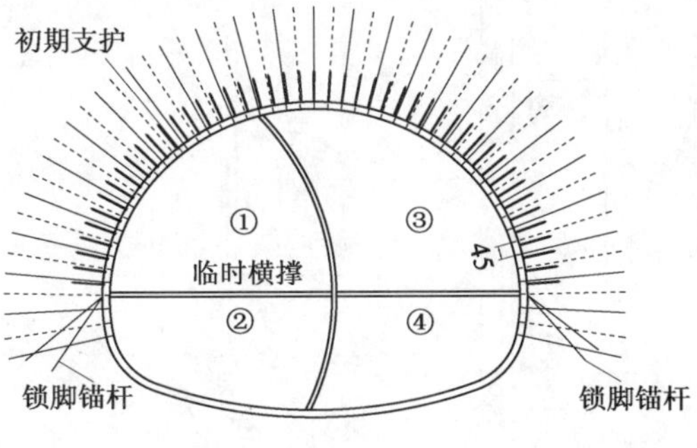

图 4-27　中隔壁台阶法开挖与支护法施工步骤

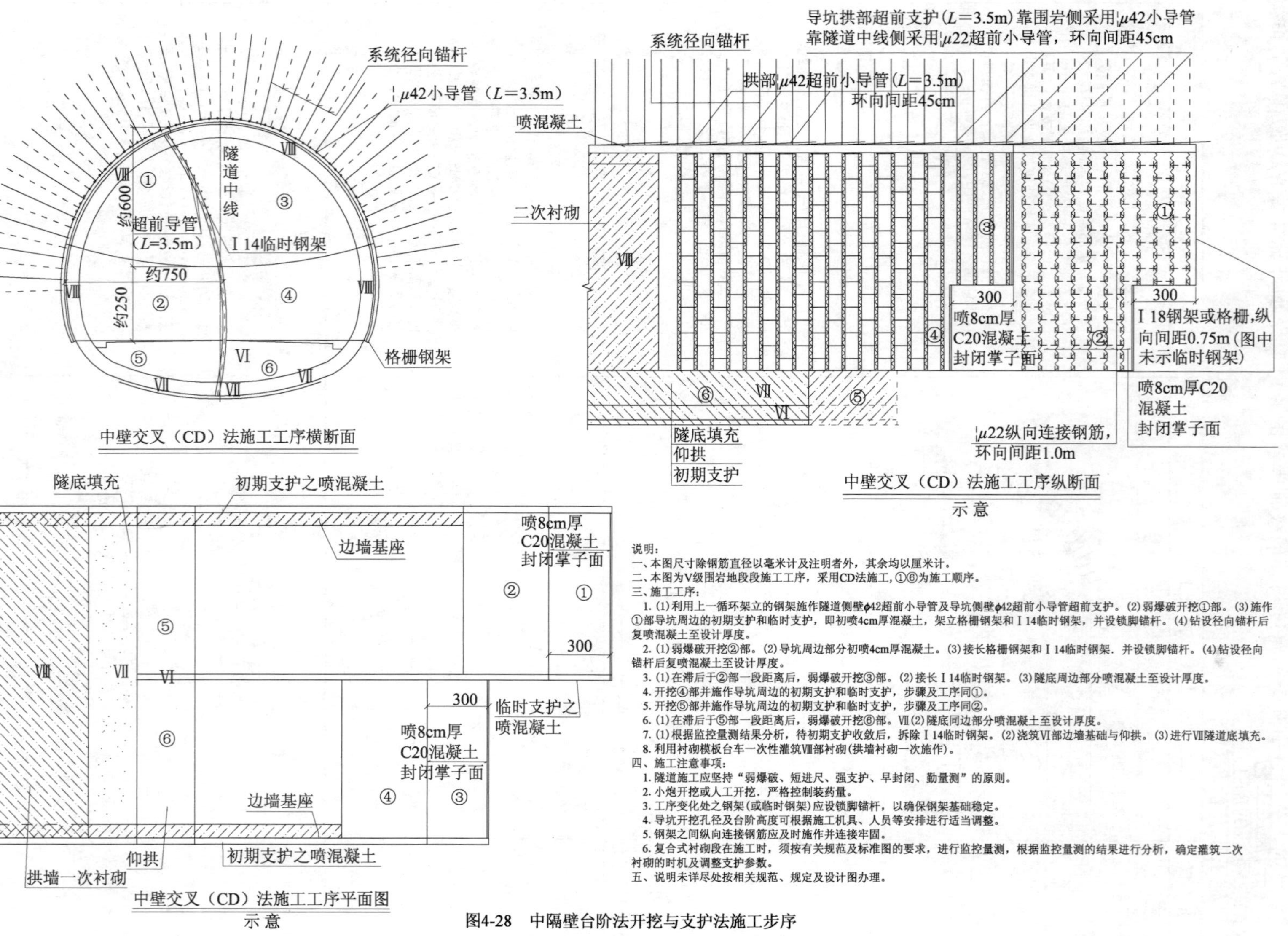

图4-28　中隔壁台阶法开挖与支护法施工步序

(一)施工工艺

施工工艺流程,如图 4-29 所示。

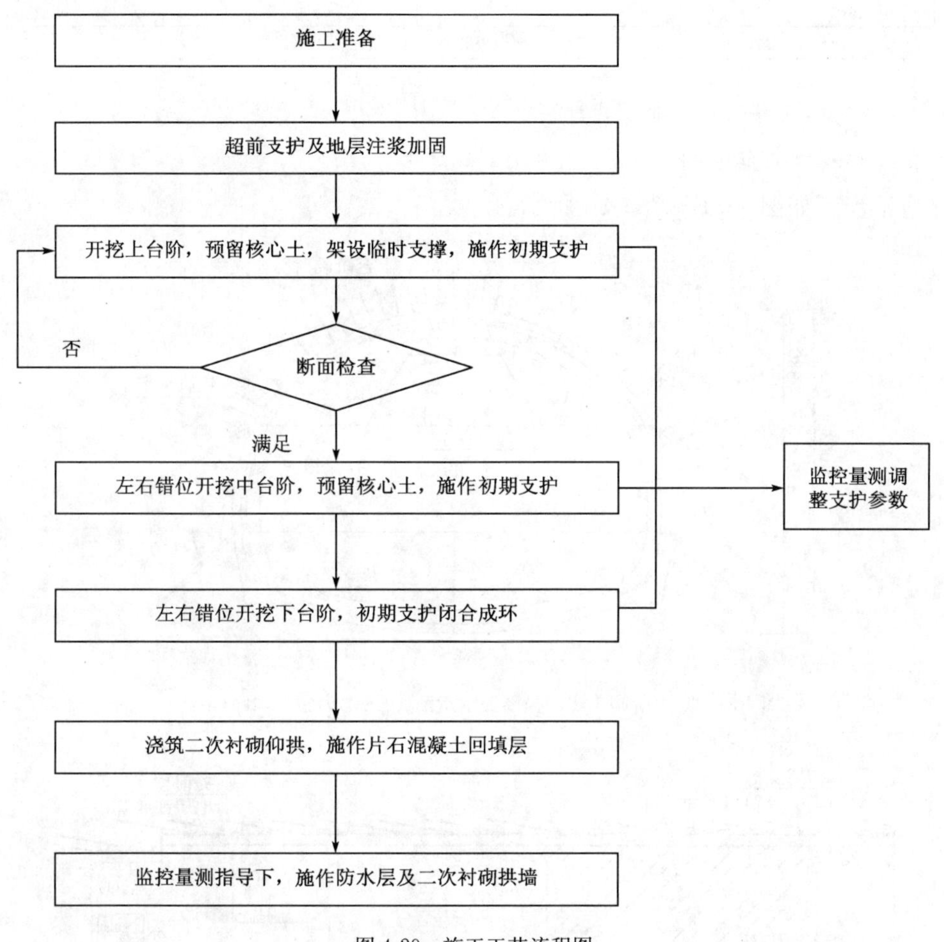

图 4-29 施工工艺流程图

(二)操作要点

1.施工准备

1)熟悉设计图纸,制定详细的施工方案。

2)地表布置监测桩点,并进行原始数据测量。

3)分析洞内的地质情况,控制施工进度。

4)准备施工队伍和设备,培训施工人员,组织所需的材料进场及复试,考察商品混凝土厂家并通过试验确定施工配合比。

5)做好技术交底工作。

2.超前支护

超前小导管直径 ϕ42,壁厚 3.5mm,长 3.5m,外插角 10°~30°,注 C30 水泥浆,端部 1m 以外,打设 ϕ8 注浆孔,间距 15cm,梅花形布置,如图 4-30 所示。在拱部 150°范围内打设。

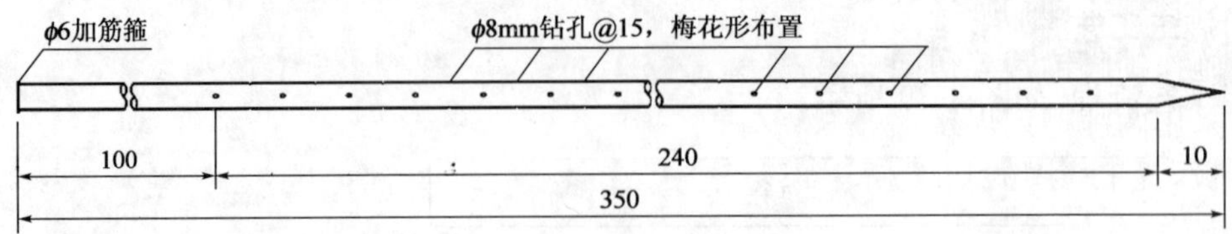

图 4-30　超前小导管示意图

3. 三台阶七步开挖法步骤

开挖施工步序如图 4-31～图 4-33 所示。

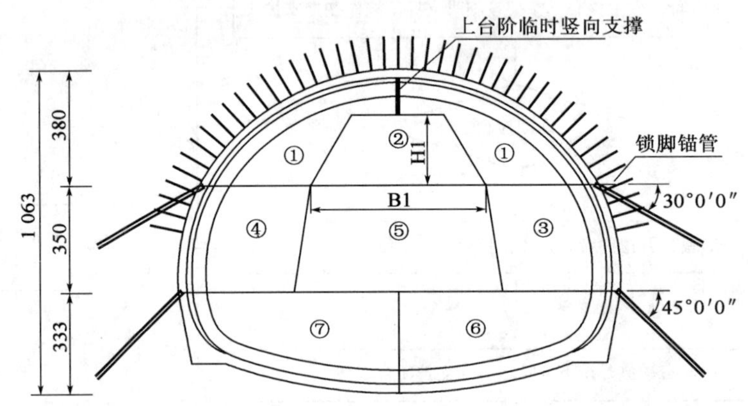

图 4-31　三台阶施工步序横断面示意图(①～⑦为施工顺序,余同)

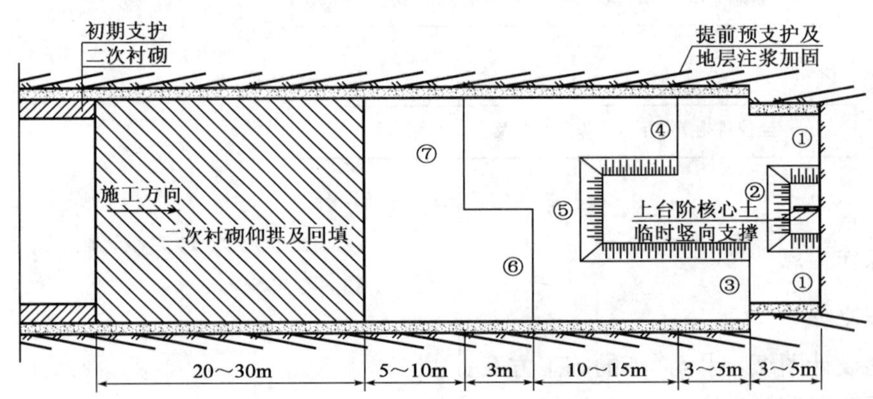

图 4-32　施工步序平面示意图

潭柘寺 A、B 线Ⅴ级围岩按埋深分为浅埋段和深埋段,洞身开挖均采用三台阶法,主要施工步序为:①→②→③→④→⑤→⑥→⑦,其中上台阶为①、②部,中台阶为③、④、⑤部,下台阶为⑥、⑦部。

1)上台阶。在拱部超前预支护及围岩加固后,沿隧道开挖轮廓线开挖上台阶弧形导坑①部,开挖高度为 3.8m,预留核心土;核心土高度 H1 宜为 2.0～2.5m,宽度 B1 宜为 4.2～6.4m;上台阶开挖依据开掌子面的围岩稳定性、初期支护强度确定开挖进尺,最大进尺不得超

过1.5m；开挖后立即初喷3～5cm混凝土封闭，并架设拱架（浅埋段为型钢拱架，深埋段为格栅拱架），施作锁脚锚管等初期支护工序，之后分层喷射混凝土至设计厚度；浅埋段上台阶竖向临时支撑采用两片槽钢焊接，纵向间距与初期支护型钢拱架相同，顶端与型钢拱架拴接，下部焊接平钢板，置于稳固的基层上，其长度根据现场需要确定，其两端应采用钢楔楔紧，必要时加设斜撑；施工中应注意对其保护。

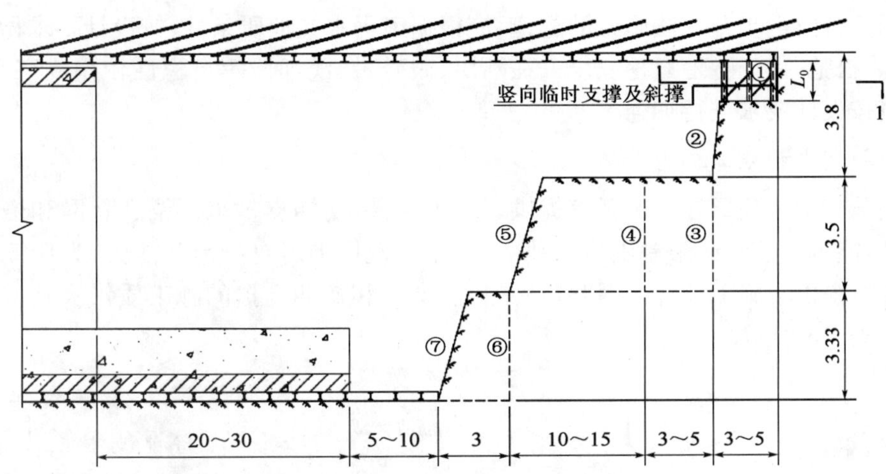

图4-33　施工步序纵断面示意及临时支撑布置图（尺寸单位：m）

深埋段临时支撑的设置以围岩稳定情况及现场监控量测数据为依据，必要时施作，现场材料应准备到位。

2）中台阶。中台阶开挖滞后3～5m，左右侧③、④部开挖相互错开3～5m。开挖高度3.5m，预留核心土部；每次开挖进尺和支护与上台阶相同；开挖后立即初喷3～5cm混凝土封闭，并架设拱架（浅埋段为型钢拱架，深埋段为格栅拱架），施作锁脚锚管，之后分层喷射混凝土至设计厚度。

3）下台阶。下台阶开挖滞后中台阶不超过15m，左、右侧⑥、⑦部开挖相互错开3～5m，开挖高度3.33m；每次开挖进尺和支护与中台阶相同，开挖后立即初喷3～5cm混凝土封闭，并架设拱架（浅埋段为型钢拱架，深埋段为格栅拱架），使初期支护尽快封闭成环，之后分层喷射混凝土至设计厚度。

4）施工中应尽量缩短下台阶⑥、⑦部作业时间，使初期支护尽早封闭成环。

5）初期支护封闭成环后，应立即施作仰拱混凝土及回填。

6）初期支拱架提前按照设计要求和开挖台阶分段现场加工成型，依掌子面围岩地质情况确定每次进尺和掘进速度，确定每次安装拱架的榀数。

7）预留核心土范围依开挖断面围岩稳定情况现场确定，以满足初期支护的施工空间要求为宜。

8）锁脚锚杆浅埋段采用ϕ50无缝钢管，壁厚4mm，长4m，每处拱脚设置两根，深埋段锁脚锚杆采用ϕ42无缝钢管，壁厚3.5mm，长3.5m，每处拱脚设置两根，其端部应于拱架焊接，采用C30水泥浆进行浇筑，以加固各分部开挖拱脚。

4. 三台阶七步开挖法施工注意事项

1)采用三台阶七步开挖法施工的隧道,应将超前地质预报纳入施工工序,并根据工程水文地质变化情况,及时调整各部台阶长度或施工方法,采取相应的技术措施,及尽量缩短下台阶⑥、⑦部作业时间,使初期支护尽早封闭成环,之后立即施作仰拱混凝土及回填,保证施工安全。

2)采用三台阶七步开挖法施工的隧道,应根据工程水文地质条件,按设计要求做好超前支护,防止围岩松弛,保证隧道开挖安全。在断层、破碎带、浅埋段等自稳性较差或富水地层中,超前支护应按设计要求进行加强。

5. 洞身初期支护施工工艺

拱部超前支护为环形导坑的开挖提供了施工条件,初期支护采用锚、喷、网和格栅拱架支撑联合支护,能迅速控制或限制围岩松弛变形,充分发挥围岩自身承载能力,为后续二次衬砌混凝土的浇筑提供了施工条件。因此,确保超前支护和初期支护的施工质量极其重要。具体支护参数如表 4-3 所示。

支 护 参 数 表 4-3

边墙、拱部	喷混凝土(cm)	锚杆			钢筋网 ϕ6.5 间距(cm)	拱架	超前支护	临时支护
		类型	长度(m)	间距(m)				
V级浅埋	28	中空锚杆	3.5	0.75×0.9(ϕ25)	20×20	0.75m/榀 I20b	ϕ42 小导管长3.5m,环向 45cm,纵向间距150cm,外插角 10°~30°	两片槽钢[20 组合焊接,纵向间距0.75m
		锁脚锚杆	4	ϕ50 钢管壁厚 4mm				
V级深埋	28	中空锚杆	3.5	0.75×0.9(ϕ25)	20×20	0.75m/榀格栅拱架	ϕ42 小导管长3.5m,环向 45cm,纵向间距150cm,外插角 10°~30°	必要时设置
		锁脚锚杆	3.5	ϕ42 钢管壁厚 3.5mm				

1)竖向临时支撑

竖向临时支撑在拱顶跨中布置,两端焊接连接钢板或架立钢板,顶端与初支型钢拱架采用螺栓连接,底部置于稳固的地基上,其两端应采用钢楔楔紧,必要时加设横向连接或斜撑。竖向临时支撑采用热轧普通槽钢[20 组合焊接,其长度依上台阶开挖高度及预留核心土高度确定;竖向临时支撑的横向连接及斜撑可采用热轧不等边角钢∟100×80×6 或 ϕ25 钢筋,如图 4-34 所示。

2)初期支护

(1)超前小导管。ϕ42 无缝钢管制作,管长 3.5m,搭接长度≥1.5m。导管加工在现场专业车间进行,先将导管一端做成尖形,另一端加焊 ϕ6 管箍,管身注浆孔梅花形布置,采用钻床成孔。小导管安设后,用塑胶泥封堵孔口,并喷射混凝土封闭工作面。采用注浆泵注浆,注浆管连接好后,将配制好的水泥浆液倒入注浆泵储浆筒内,水泥浆液浓度为 1∶0.75~1∶1 单液水泥浆,注浆压力 0.5~1.0MPa。

(2)中空注浆锚杆。中空注浆锚杆施工钻孔使用锚杆钻机或 YT-28 风动凿岩机钻孔,钻孔前根

据设计要求定出孔位，钻孔保持直线并与所在部位岩层结构面垂直，钻孔直径 ϕ50mm，钻孔深度大于锚杆设计长度 10cm。

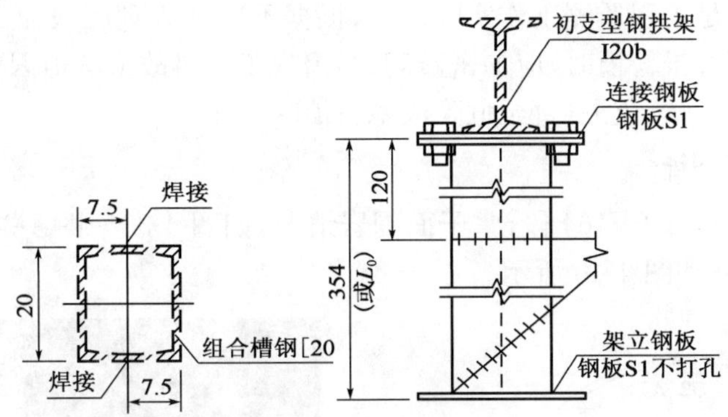

图 4-34　槽钢结构图

(3)钢筋网。挂钢筋网在系统锚杆施作后安设，钢筋类型及网格间距按设计要求施作。钢筋网根据被支护岩面的实际起伏形状铺设，并在初喷混凝土后进行，钢筋网与锚杆连接，采用整体焊接网片，使钢筋网在喷射时不晃动。施作前，初喷 3～5cm 厚混凝土形成钢筋保护层。钢筋网制作前对钢筋进行校直、除锈及油污等，确保施工质量。

(4)格栅拱架。格栅钢架在洞外按设计图纸制作"8"字筋，焊接于主筋内侧；最后焊接联接角钢。为保证钢架能架设在稳固的地基上，施工中在钢架基脚部位预留 0.15～0.2m 原地基，架立钢架时挖槽就位，软弱围岩地段在钢架基脚处设锁脚锚杆和垫槽钢以增加基底承载力。钢架平面垂直于隧道中线，倾斜度不大于 2°，钢架横向和高程偏差不大于 5cm。

为保证钢架的稳定性、有效性，两拱脚处和两边墙脚处加设锁脚导管，锁脚锚杆由 2 根 ϕ50 钢管组成。

钢架按设计位置安设，在安设过程中，当钢拱架和初喷层之间有较大间隙时设骑马垫块，钢架与围岩(或垫块)之间的间隙不大于 50mm。

为增强钢架的整体稳定性，将钢架与锚杆联接在一起。沿钢架设直径为 ϕ22mm 的纵向连接钢筋，连接筋的间距 100cm。

为使钢架准确定位，钢架架设前均需预先打设定位系筋。系筋一端与钢架联接在一起，另一端锚入围岩中 0.5～1.0m 并用砂浆锚固，当钢架架设处有锚杆时利用锚杆定位。

钢架架立后尽快喷混凝土作业，并将钢架全部覆盖，使钢架与喷混凝土共同受力，喷射混凝土分层进行，每层厚度 5～6cm 左右，先从拱脚或墙脚处向上喷射以防止上部喷射料虚掩拱脚(墙脚)不密实，造成强度不够，拱脚(墙脚)失稳。

隧道设计初期Ⅴ级围岩采用单侧壁导洞法开挖，Ⅳ级围岩采用上下台阶法开挖。在施工中，单侧壁施工相互影响较大，不适应该隧道的地质围岩，最后Ⅴ级围岩变更采用三台阶开挖。

(三)监控量测

1.测点布置及频率

1)洞内拱顶部位设置三个拱顶下沉测点，周边设置一组周边位移测点。每个断面设置 4

个监控点，3 个拱顶沉降，1 个收敛测点，每隔 10m 设一组测点，如图 4-35 所示。每天对拱顶沉降及水平收敛进行观测。

2）监测频率要满足工程监测工作实际需要，根据不同的管理等级而不同。当监测项目的累计变化值接近或超过报警值时，应加密监测；当出现工程事故或其他因素造成监测项目的变化速率加大，应按进行连续监测，直至危险或隐患消除为止。

2. 监控数据统计分析

1）AK13＋231～AK13＋164 段，掌子面围岩情况，如图 4-36～图 4-38 所示。不同断面累计变化情况，如图 4-39和图 4-40 所示。

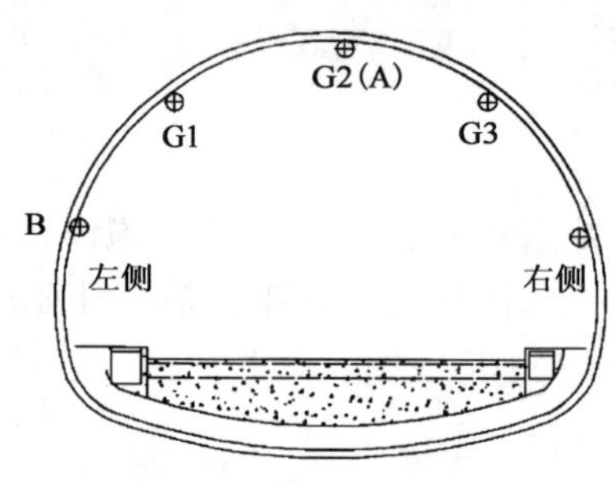

图 4-35　初期支护拱顶及收敛点布设示意图

图 4-36　AK13＋231 部位掌子面围岩情况

图 4-37　AK13＋220 部位掌子面围岩情况

图 4-38　AK13＋164 部位掌子面围岩情况

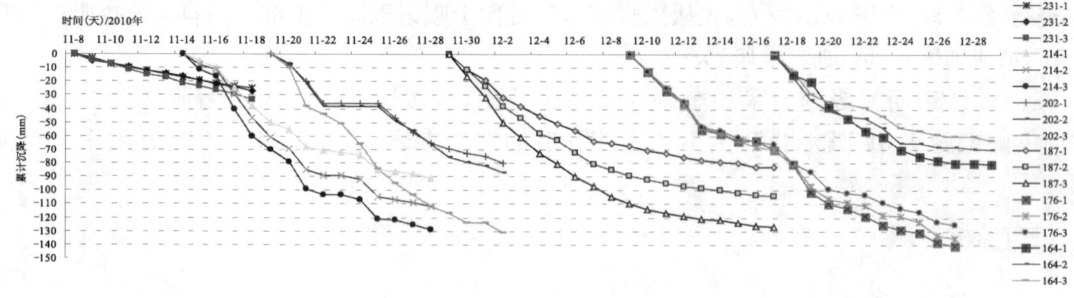

图 4-39　AK13＋231～AK13＋164 断面的累计沉降

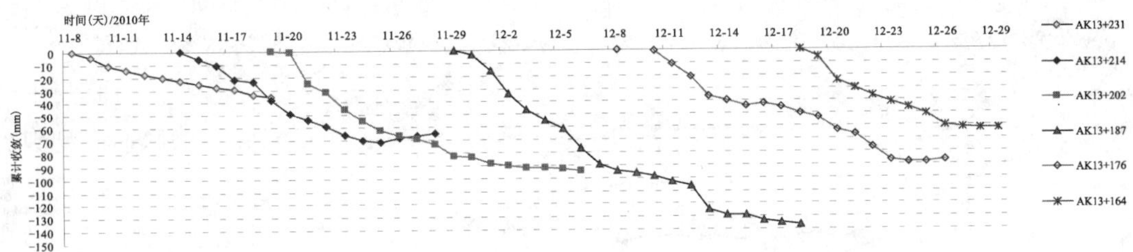

图 4-40　AK13＋231～AK13＋164 断面累计收敛

统计数据分析如下：

(1)AK13＋231～AK13＋164 区间内，AK13＋231 部位围岩强度较低，围岩较均匀，掌子面围岩干燥。爆破开挖后超挖较小。从监控数据看，沉降与水平收敛变形缓慢，围岩在初期支护的的作用下很快趋于稳定。最大累计沉降 3～4cm。

(2)AK13＋231～AK13＋176 之间围岩的含水量较大，施作完毕的初支表面有渗水。AK13＋214 断面的测点拱顶沉降变化明显。刚开始以 1cm/d 的速率变化，4～5 天后随着仰拱初支的封闭，以及二衬紧跟，拱顶沉降和水平收敛变化速率均有减缓的趋势。最终的累计沉降和收敛分别达到 15cm 和 6cm。该部位围岩开挖后以前期变形速率较快，累计沉降较大为主要特点。

(3)AK13＋164 部位掌子面围岩较 AK13＋231～AK13＋176 段有所改善，该部位围岩强度有所提高、整体性较高、含水量有所降低。随着仰拱初支的封闭及二衬紧跟，围岩沉降收敛变形在 6 天左右趋于稳定。该部位围岩前期变形较快，开始以 1cm/d 的速率变化，6 天左右围岩趋于稳定。前期变形较大较快仍是该类型围岩变形的主要特征。

2)BK13＋950～BK13＋790 段，掌子面围岩情况，如图 4-41～图 4-43 所示。不同断面累计变化情况，如图 4-44 和图 4-45 所示。

图 4-41　BK13＋890 部位掌子面围岩情况

图 4-42　BK13＋855 部位掌子面围岩情况

图 4-43　BK13＋805 部位掌子面围岩情况

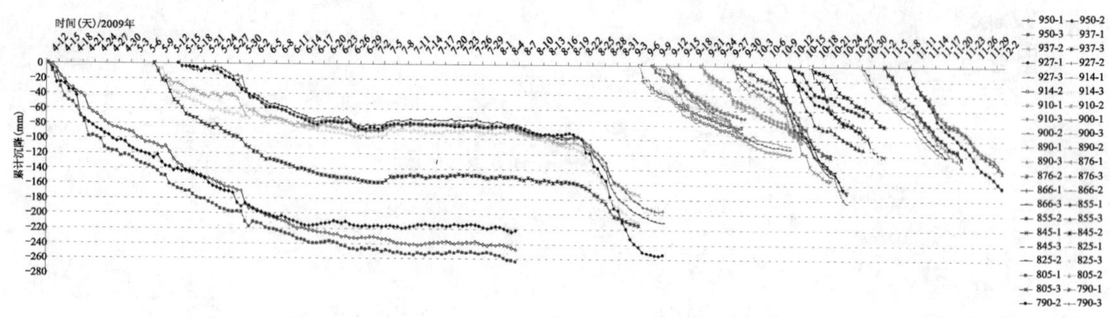

图 4-44 BK13+950～BK13+790 断面的累计沉降

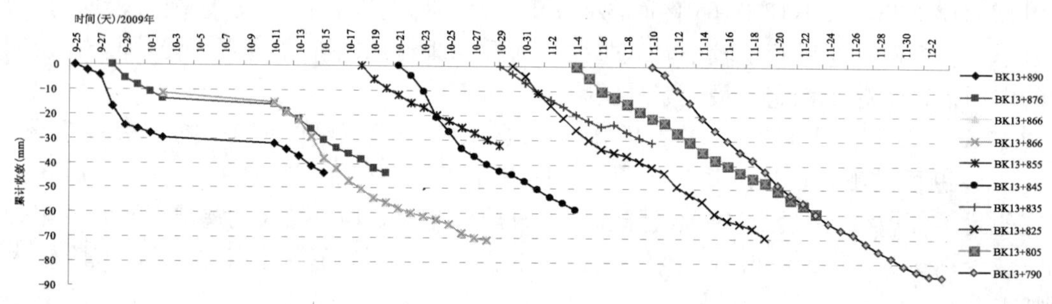

图 4-45 BK13+890～BK13+790 断面累计收敛

统计数据分析如下：

(1)BK13+950～BK13+927 区间内，该部位围岩强度较低，裂隙发育，围岩较破碎。从沉降曲线变化来看，该区段围岩初期以每天 9～10mm 的沉降速率在变化，最大的拱顶沉降超过了 26cm，围岩沉降曲线虽有收敛趋势，但每天变化的速率依旧相对较大。在二衬没有紧跟，BK13+937 和 BK13+927 断面的拱顶沉降在长期放置情况下再一次发生突变。此部位格栅拱架的初期支护强度和刚度不能满足围岩稳定的要求。结果初支变形过大，发生侵限，甚至初支表面出现裂缝，拱架钢筋发生弯曲等现象。

(2)BK13+890～BK13+876 区间内围岩强度较低，裂隙发育，在此部位出现偏右下方 45°方向的滑层。该部位前期沉降收敛变形较小。初期拱顶沉降以每天 5～6mm 的速率变化，收敛以每天 3～4mm 的速率变化，5～6 天围岩趋于稳定。

(3)BK13+866～BK13+835 区间内围岩强度较低，完整性较好，围岩比较均匀。此部位初期拱顶沉降以每天 4～5mm 的速率变化，收敛以每天 3～4mm 的速率变化，6～7 天围岩趋于稳定。最大累计沉降一般在 8～10cm，最大收敛变形一般在 4～6cm 范围内。

(4)BK13+825～BK13+790 区间内围岩强度较低，含夹层较多，掌子面易滑塌。此部位初期拱顶沉降以每天 9～10mm 的速率变化，收敛以每天 6～7mm 的速率变化，围岩沉降收敛变形较快，围岩不稳定。

(四)施工步序与监控数据变化研究

以 A 线一些断面对三台阶施工对拱顶沉降和水平收敛变化的影响进行研究。

1. AK13+214 断面数据分析

数据分析如图 4-46 和图 4-47 所示。

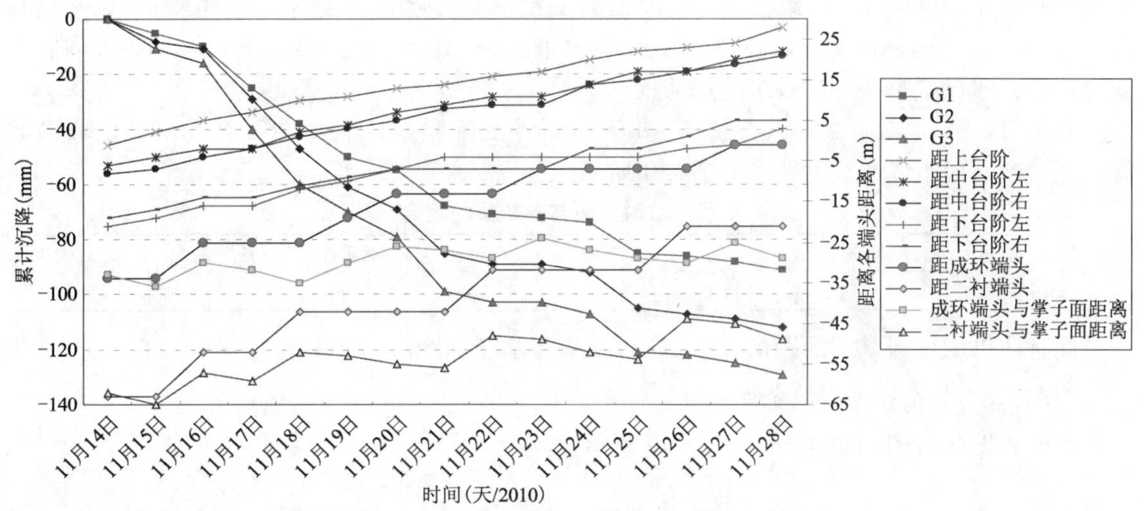

图 4-46　AK13+214 初支拱顶累计沉降图

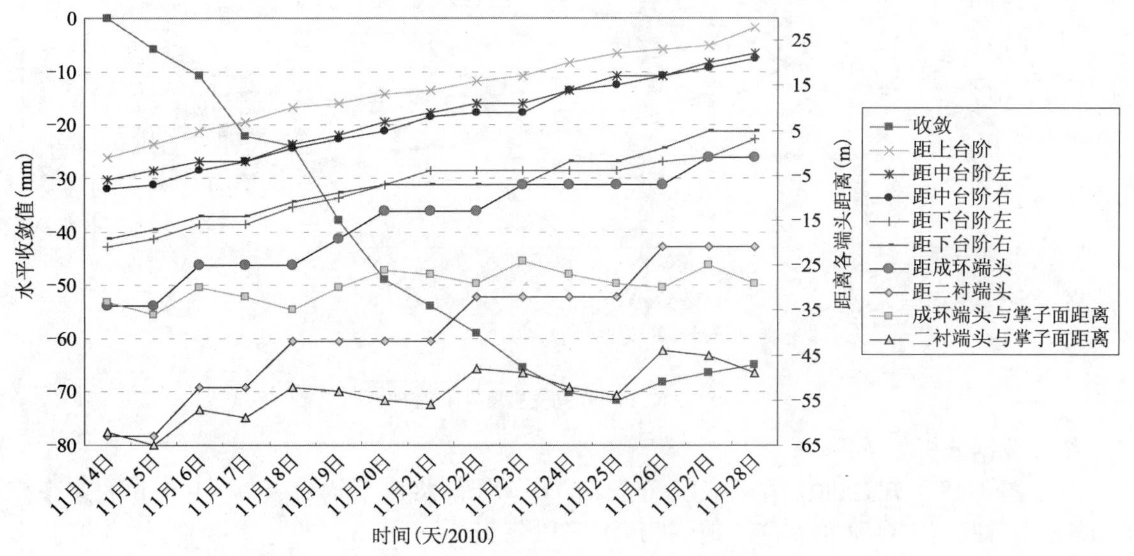

图 4-47　AK13+214 初支水平收敛图

注:施工方向是从隧道出口向进口方向,里程是不断减小的,故图表中距各端头的距离,负的表示端头在测点断面的后方,正的表示端头在测点断面的前方。

统计数据分析如下:

1)从图 4-46 可知,拱顶沉降在测点布置后 7～8 天内将以平均每天 10～12mm 的速率变化，围岩强度较低、裂隙发育，含水量较大是导致该部位围岩变形过快的主要原因。当该测点断面中台阶左右施工时，即距中台阶左右的距离为0的部位，拱顶沉降以每天13～22mm的速率变化，中台阶的施工是加剧该部位断面沉降变形的原因之一。

2）从图4-47知，水平收敛在当测点断面的中台阶左右施工时，收敛变形也较快，以平均每天11～13mm的速率在变形，此时断面距离掌子面10～13m。在测点布置后，6～8天内收敛变形速率有明显减小，9～10天后趋于稳定。

3）AK13+214断面在测点布置7～8天后累计沉降和累计收敛曲线有较明显的收敛趋势。此时该断面距各端头的距离如表4-4所示。

曲线收敛时断面与各端头的距离　　表4-4

AK13+214	上台阶	中左	中右	下左	下右	成环端头	二衬端头
距端头距离	16	11	9	−4	−7	−13	−32

此时仰拱成环与掌子面距离29m，二衬端头与掌子面距离为48m。

2. AK13+187 断面数据分析

断面数据分析图如图4-48和图4-49所示。

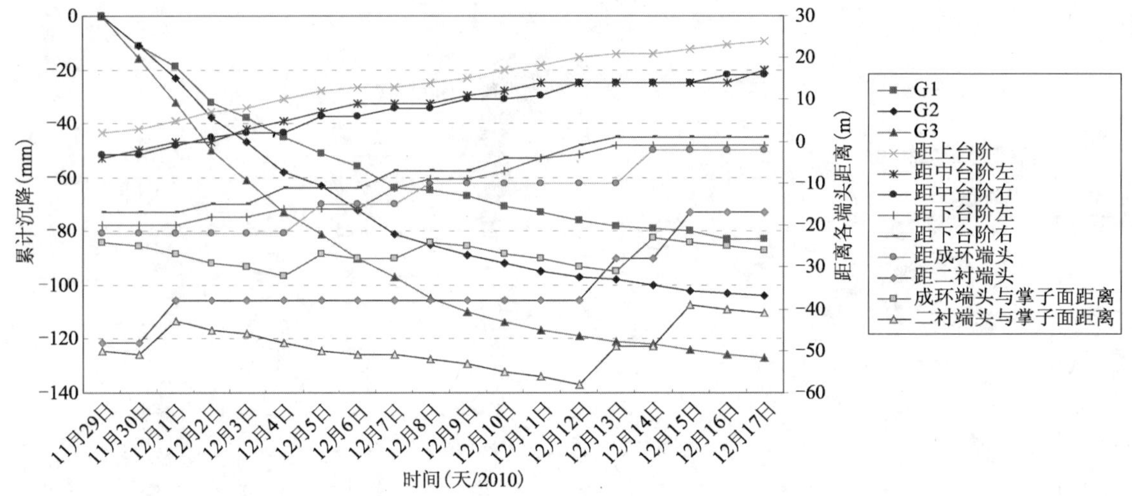

图4-48　AK13+187初支拱顶累计沉降图

统计数据分析如下：

1）由图4-48可知，拱顶沉降在测点布置后7～8天内将以平均每天9～10mm的速率变化，当该测点断面中台阶左右施工时，拱顶沉降以每天10～12mm的速率变化，拱顶沉降在7～8天后变形速率有较明显的减小，沉降曲线有收敛趋势。

2）由图4-49可知，水平收敛在当测点断面的中台阶左右施工时，收敛变形也较快，以平均每天11～13mm的速率在变形，此时断面距离掌子面10～13m。在测点布置后，6～8天内收敛变形速率有明显减小，9～10天后趋于稳定。

3）AK13+187断面在7～8天累计沉降和累计收敛曲线有较明显的收敛趋势。此时该断面距各端头的距离如表4-5所示。

曲线收敛时断面与各端头的距离　　表 4-5

AK13+187	上台阶	中左	中右	下左	下右	成环端头	二衬端头
距端头距离	14	9	8	−9	−7	−10	−38

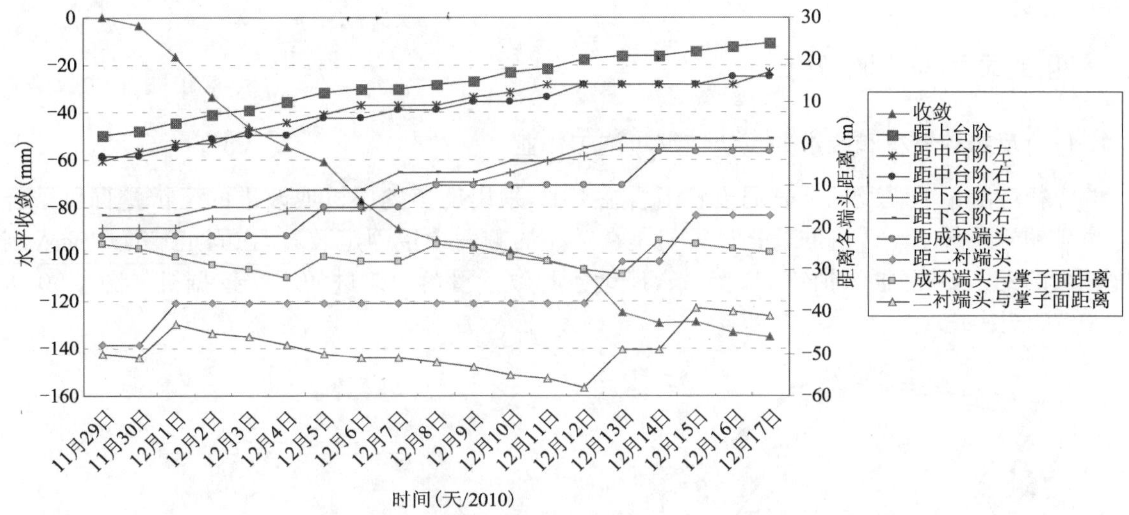

图 4-49　AK13+187 初支拱顶累计沉降图

此时仰拱成环与掌子面距离 24m，二衬端头与掌子面距离为 51m。

(五)软弱围岩爆破开挖与支护技术措施

通过对潭柘寺隧道的一些变形规律进行分析研究，再加上考虑地下工程的复杂性，本文仅从经验的角度给出以下结论：

1)控制爆破

潭柘寺隧道围岩较差，强度较低，节理裂隙发育，施工爆破震动所产生的围岩变形不可忽视。在软弱破碎围岩地带爆破震动会对离掌子面 20～25m 范围内的测点影响。对于围岩较差地带，爆破将产生大约 3～5mm 甚至更大的附加变形。采取短进尺以及“能挖不放炮，需放炮放小炮”的原则，有效地控制了爆破震动对围岩变形的影响。

2)控制步距

潭柘寺隧道按照设计要求二衬与掌子面最大的步距可为 68m。但实际施工监控数据显示，围岩在次步距下稳定较慢，变形发展速度较快。在不影响机械作业施工的情况下，施工中二衬与掌子面的步距控制在 45～50m 范围内以及封闭成环与掌子面距离控制在 20～25m 范围内，可有效地控制围岩变形。在软弱破碎围岩中，及时封闭成环与二衬紧跟可有效抑制围岩变形，确保施工安全。

3)中台阶左右错开施工

测点断面部位的中台阶施工中，拱顶沉降和水平收敛的变形速率较快。这与中台阶施工对围岩的多次扰动有很大关系。潭柘寺隧道Ⅴ级围岩三台阶施工中，中台阶的施工，将会给中台阶附近的测点产生大约 3～4mm 左右的附加变形。围岩越差，影响越明显。中台阶左右采取短进尺、弱爆破、错开施工则可降低中台阶施工对围岩的扰动。

4)封闭成环

潭柘寺隧道Ⅴ级围岩三台阶施工中,加快封闭成环可有效地控制围岩变形。在不影响机械的施工作业情况下,“快封闭”在此隧道中可以看作当封闭成环端头与掌子面的距离控制在25m以内。

四、软弱围岩机械开挖

(一)反铲挖掘机和改进的反铲挖掘机施工作业

潭柘寺隧道Ⅴ级及以下软弱破碎围岩施工中,采用反铲挖掘机或改进的反铲挖掘机结合弱爆破的施工技术。改进的反铲挖掘机是在铲斗的侧面焊接固定装置,在固定装置中插入刚度较大的钢条,然后插入销钉固定钢条,使钢条不致于滑落。改进的反铲挖掘机如图4-50所示,钢条如图4-51所示。

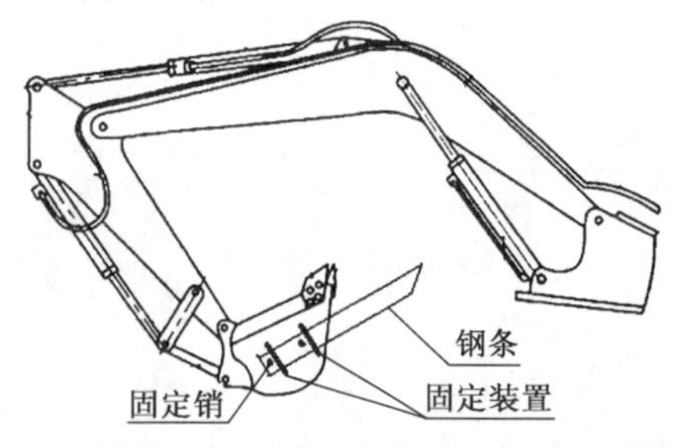

图4-50 改进后的反铲挖掘机

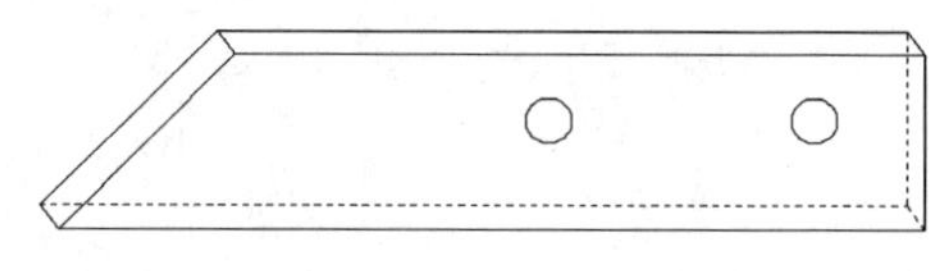

图4-51 钢条示意图

改进后的反铲挖机,钢条更易于划落隧道周边的围岩,保证预留核心土的稳定,提高反铲挖机的作业质量。潭柘寺隧道进口软弱破碎围岩段开挖采用的是厚3cm、宽30cm钢条改进后的反铲挖机。

施工顺序主要如下:①改进的反铲挖机开挖拱架所需的轮廓槽,同时预留核心土;②拔掉固定销,取下钢条,利用反铲挖机铲斗把划落碎渣铲离掌子面;③利用装载机、装运车清理碎渣;④架设型钢拱架,施作初期支护混凝土。

(二)改进的反铲挖掘机结合弱爆破施工技术

潭柘寺隧道在某些围岩较差的部位采用改进的反铲挖掘机结合弱爆破开挖技术,加快施工的进度,减小爆破对围岩的扰动。

施工顺序如下:①掌子面先采用弱爆破,对掌子面中部的岩体实行爆破作业,如图4-52所示;②使用改进后的反铲挖掘机对隧道的周边进行修理,直至架设拱架所需的轮廓;③取下固定销,拔出钢条,利用反铲挖机的铲斗清理碎渣;④使用装载机、装运车清理渣土;⑤架设拱架,施作初期支护。

图4-52 隧道掌子面掏槽眼部位弱爆破

第五节　潭柘寺隧道贯通开挖与支护技术

一、概述

在采用双向对挖隧道的施工中，特别是在软弱岩层、浅埋偏压段，围岩整体强度低、自稳能力差，隧道贯通时最后一次爆破施工，炮量变大，炸落的围岩体量也较大，并且整个贯通段支护材料强度尚处在上升阶段，常常容易引起隧道贯通段塌方，给隧道工程施工带来极大的安全隐患。

108 国道(潭柘寺—石门营段)改建工程潭柘寺隧道贯通施工，针对软弱围岩小净距隧道贯通段施工技术研究，通过有限元模拟，提出采用超前小导管，在隧道贯通体上方形成空间交叉的棚架结构，以增加隧道贯通段的围岩自稳能力的方案。在传统隧道贯通施工的基础上，提出了四台阶 CD 法并取消临时中隔壁落底技术，同时采取减振爆破设计，减少了对周边围岩的爆破振动，最终实现了隧道的安全贯通，为特殊地质条件下的隧道贯通施工积累了宝贵经验。

二、工程地质概况

108 国道(潭柘寺—石门营段)改建工程潭柘寺隧道为双线隧道，隧道施工采用双向对挖施工方式。预计 A 线隧道于 AK13＋110 处贯通，B 线隧道于 BK13＋181 处贯通，贯通段间距 71.0m，如图 4-53 所示。依据工程地质报告，隧道贯通段主要为强风化变质长石石英砂岩，节理较发育，岩体不完整，较破碎，围岩完整性及稳定性均较差，开挖时易出现掉块、崩塌现象，如图 4-54 和图 4-55 所示。

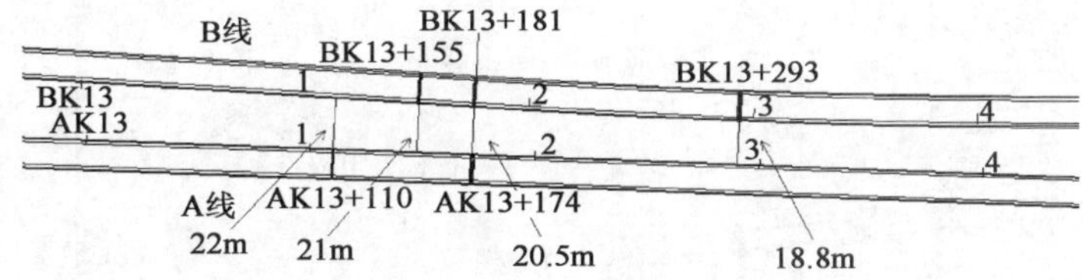

图 4-53　108 国道潭柘寺隧道 A、B 线贯通段平面位置示意图

三、施工技术

(一)技术特点

1)贯通段采用四台阶 CD 法，在单侧上台阶先行导洞，底部增设临时钢支撑，并喷混硬化，使 I 部初期支护封闭，提高支护整体承载力。

2)对初期支护型钢拱架进行改造，采用扩大拱脚的方式，增大拱架落地面积。同时取消了传统 CD 法最下级台阶的临时中隔壁，使下台阶仰拱部位一次开挖成型，加快了初支拱架的封闭速度，总体降低了围岩变形值。经现场监控量测统计，本段拱顶沉降及收敛累积值降低约 40%。

3)最后一次爆破的贯通体上方,从隧道两侧打设超前注浆小导管,形成交叉棚架,通过注浆,最终形成贯通体上方的保护壳体。

4)贯通体施工采用减振爆破工艺,在掏槽眼内增加减振爆破孔的布设,提高掏槽效果,减少对周边围岩的爆破振动扰动,确保施工安全。

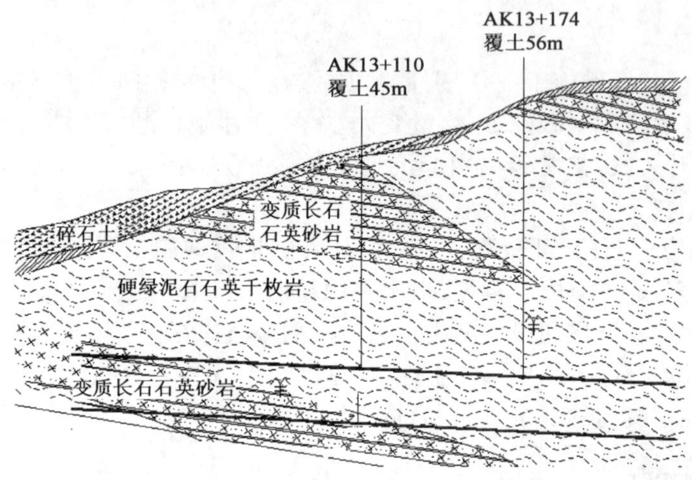

图 4-54　108 国道潭柘寺隧道 A 线地质纵断面图

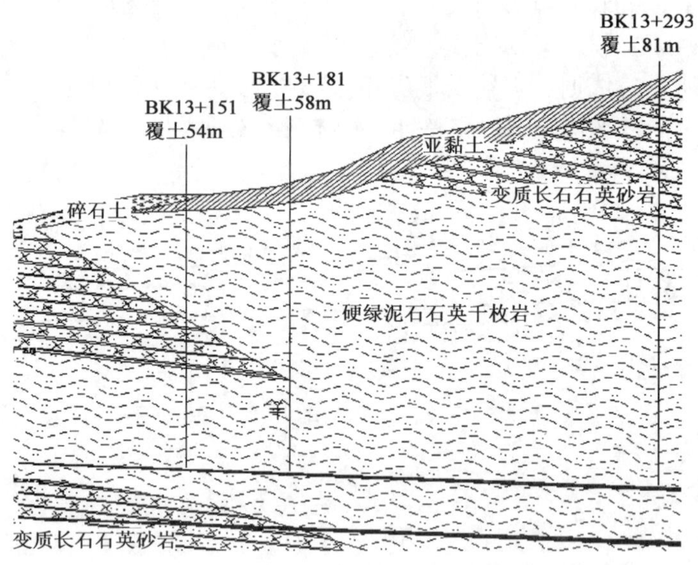

图 4-55　108 国道潭柘寺隧道 B 线地质纵断面图

(二)工艺原理

1)隧道贯通段剩余 30m 时,进出口两侧同时采用四台阶 CD 法,两侧对称开挖,以保证贯通时临时中隔壁顺接。

先开挖隧道一侧,施作径向锚杆、超前注浆小导管、锁脚锚管,以及临时中隔壁,然后施作另一侧。鉴于隧道围岩较差,将整个断面分为四台阶、8 块,先进行右侧 1、2、3 部开挖、支护,再进行左侧 4、5、6 部开挖、支护(隧道另一侧先开挖左侧)。为保证拱架落脚处牢固、稳定，打设锁脚锚管，并将型钢拱架根部加工为扩大拱脚的形式，这样能有效地限制拱顶沉降、收敛变形。待上部三台阶完成后，拆除临时中隔壁，分左、右幅进行仰拱部位的开挖、支护，取消了原 CD 法临时中隔壁的落底。具体施工断面如图 4-56 所示。

2)贯通段剩余 15m 时，单向施工，并施作 1 部临时横撑，封闭 1 部初支，并抵御侧压引起的收敛。

1 部(最先贯通的部位)增设 I20 型钢拱架临时横撑，喷混凝土 20cm，使 1 部初支拱架封闭成环，拱脚增设锁脚锚管，并完成注浆，如图 4-57 所示。

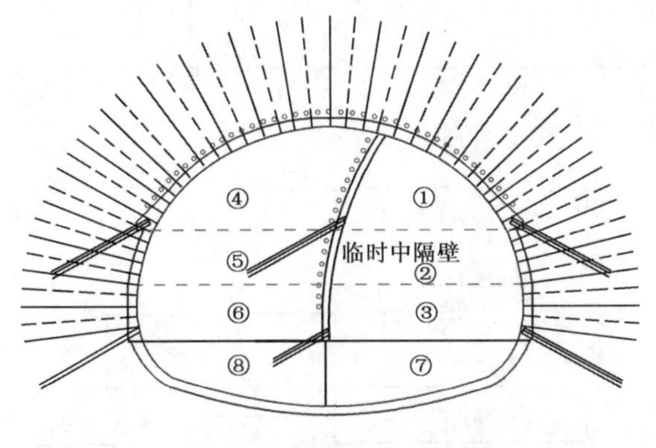

图 4-56　贯通段施工工序示意图

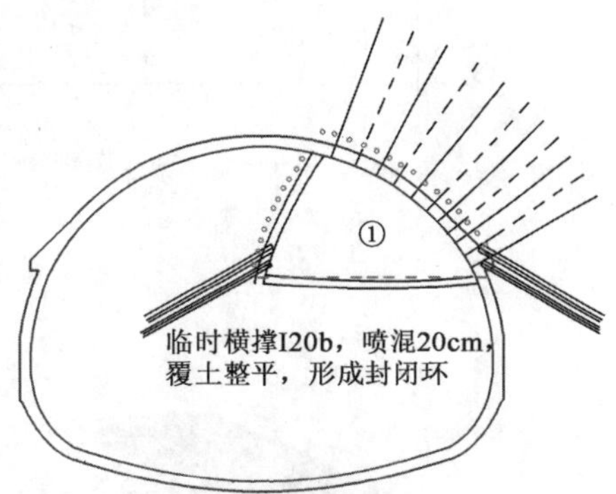

图 4-57　1 部增设横撑图

3)本段型钢拱架各台阶拱脚，进行扩大拱脚处理。在型钢侧面焊接垫板，增加拱架接地面积，减小拱架沉降、收敛变形，如图 4-58 所示。

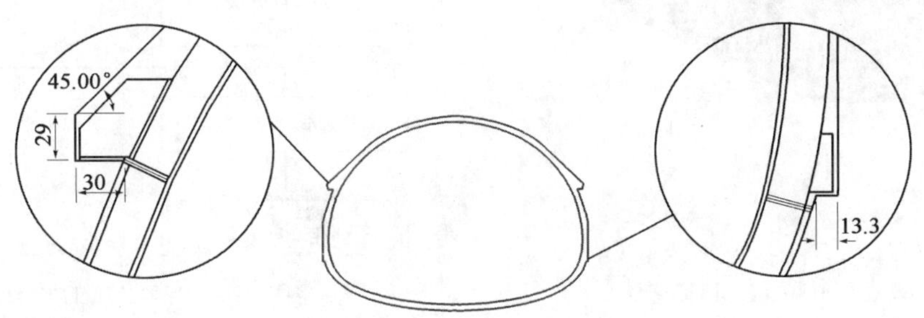

图 4-58　型钢拱架扩大拱脚设计示意图

4)贯通段采用超前小导管，在贯通体上方形成空间交叉的棚架作用，一能通过注浆改善贯通体上方的围岩性质，提高自稳性；二能起到棚架作用，防止落石及小范围松散体滑落；三能阻隔爆破振动，减小对贯通体上方围岩的扰动作用。如图 4-59 所示。

通过对该模型进行有限元分析，施作超前注浆小导管交叉管棚，能大大减少贯通体上方型钢拱架的弯矩，对于贯通段支护结构的受力有明显的降低，模型如图 4-60 所示。

(三)施工工艺及技术要点

1. 施工工艺

贯通段施工工艺流程如图 4-61 所示。

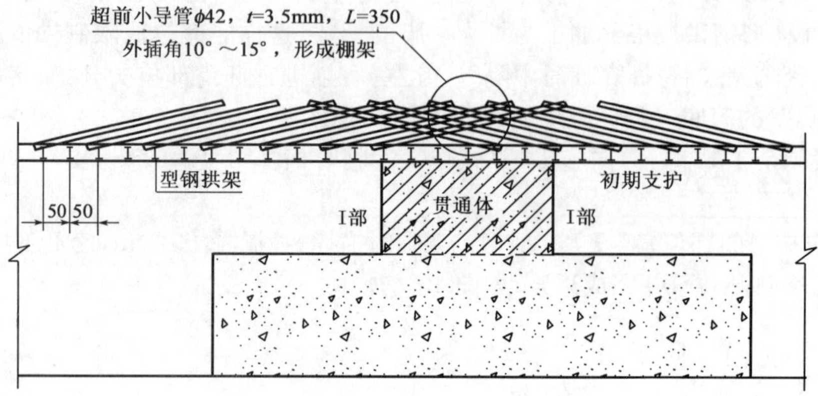

图 4-59　超前小导管交叉棚架示意图

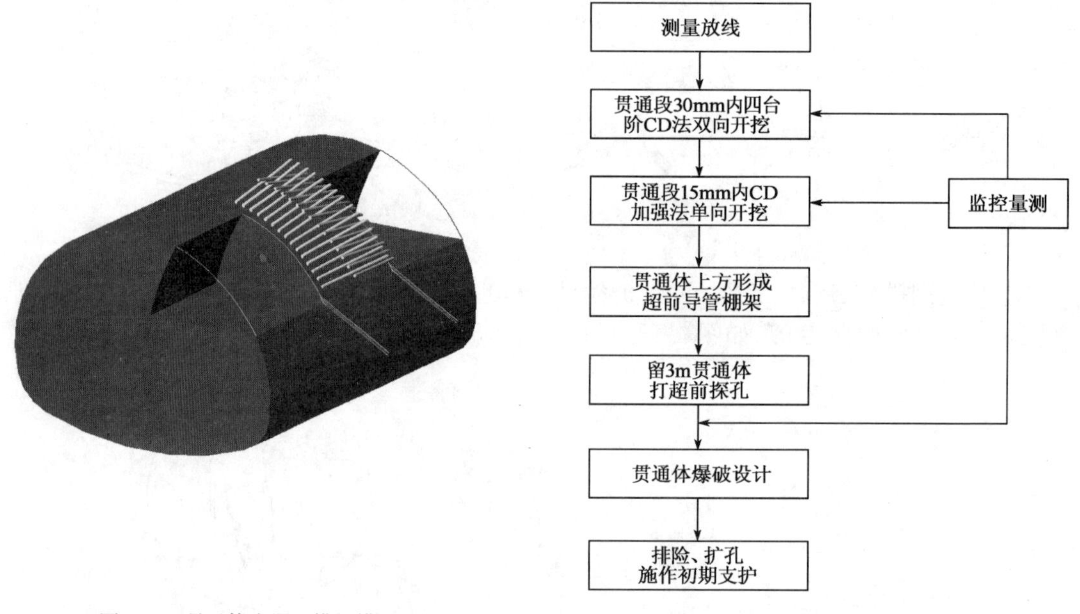

图 4-60　贯通体有限元模拟模型

图 4-61　贯通段施工工艺流程图

2. 技术要点

1)施工准备

(1)材料准备：主要包括工字钢、径向锚杆、中空注浆小导管、喷射混凝土、钢筋网片、纵向连接筋等支护材料。

(2)施工人员准备：主要包括现场配备开挖爆破班 4 人，隧道出渣班 5 人，支护施作班 4 人，拱架安装班 4 人，喷射混凝土班 3 人。

(3)机具、设备准备：主要包括电动空压机、手持式浅孔钻机、电焊机、自卸车辆、挖掘机、湿式喷射机、发电机、注浆机等。

2)超前注浆小导管施工

(1)超前小导管施工采用 YT28 型风动凿岩机按设计钻孔。小导管钻孔前，先进行孔位测

量放样，孔位测量做到位置准确，钻孔严格按放样进行，避免造成串孔，影响注浆效果。孔位外插角度要符合设计要求为10°～30°。

(2)超前注浆小导管参数为直径Φ42，壁厚3.5mm，长3.5m，外插角10°～30°。注C30水泥浆，端部1m以外，打设Φ8注浆孔，间距15cm，梅花形布置，如图4-62所示。

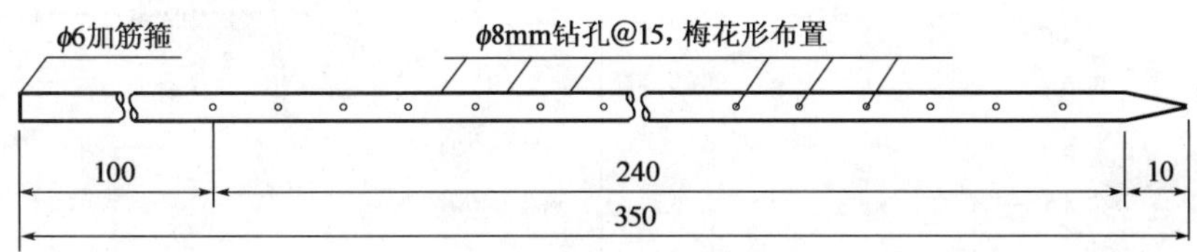

图4-62　超前小导管示意图

(3)小导管安设后，用塑胶泥封堵孔口，并喷射混凝土封闭工作面。采用注浆泵注浆，水泥浆液浓度为1∶0.75～1∶1单液水泥浆，注浆压力初始为0.5～1.0MPa，终压为1.5～2MPa。首先以初压注浆，然后在终压下进行注浆并保持1～2min终压再卸荷，保证注浆量及扩散半径满足设计要求，达到超前加固的目的。

(4)为保证超前小导管形成交叉棚架，要求贯通体在3m左右，超前导管搭接长度不小于1m。

3)贯通段四台阶CD法开挖、支护施工

(1)进行单侧①部开挖。首先施作①部超前注浆小导管。注浆强度达到设计标准后开挖①部土石方，每个步序的拱脚均为扩大拱脚。及时施作初喷4cm厚混凝土，支护①部临时支护，再安装型钢拱架，打设锁脚锚管，并注C30水泥浆。在①部拱部范围内打眼施作φ25中空注浆锚杆并注C30水泥浆，注浆初始压力0.5～1MPa，终止压力为1.5～2MPa。在拱部及临时中隔壁挂钢筋网，网格间距20cm×20cm。复喷C20混凝土至设计厚度32cm，临时中壁喷混厚20cm。

(2)按照图4-63所示施工工序，①部前进3～5m时，进行②、③部开挖、支护，②、③部形成3m的短台阶，能够保证中台阶接腿高度一次不会过长，而且接腿形成4个工作面，有利于隧道施工安全和施工进度。

(3)完成一侧的①、②、③部后，进行另一侧④、⑤、⑥部的施工，现场根据监控量测及偏压情况，调整左右侧台阶距离，一般控制在5～10m。

(4)待隧道监测周边位移及拱顶沉降稳定后，拆除临时中隔壁，一次拆除长度不应超过8m，施工仰拱拱架，封闭初期支护。

(5)贯通段15m内单方向开挖，开挖①部后，增设I20b型钢临时横撑，横撑加工成弧形，喷C20混凝土硬化，并用渣土掩埋，防止挖掘机碾压，破坏。

(6)隧道双向施工过程，要求进出口两侧紧密沟通，一侧放炮施工时，另一侧人员应停止作业，及时撤出洞内。

(7)两相邻隧道同侧的掌子面相距不小于$2D$，以减少相互影响。

(8)小净距隧道贯通时应错开贯通面，最好保证一侧隧道贯通面在另一侧隧道已施作完二衬的段落内。

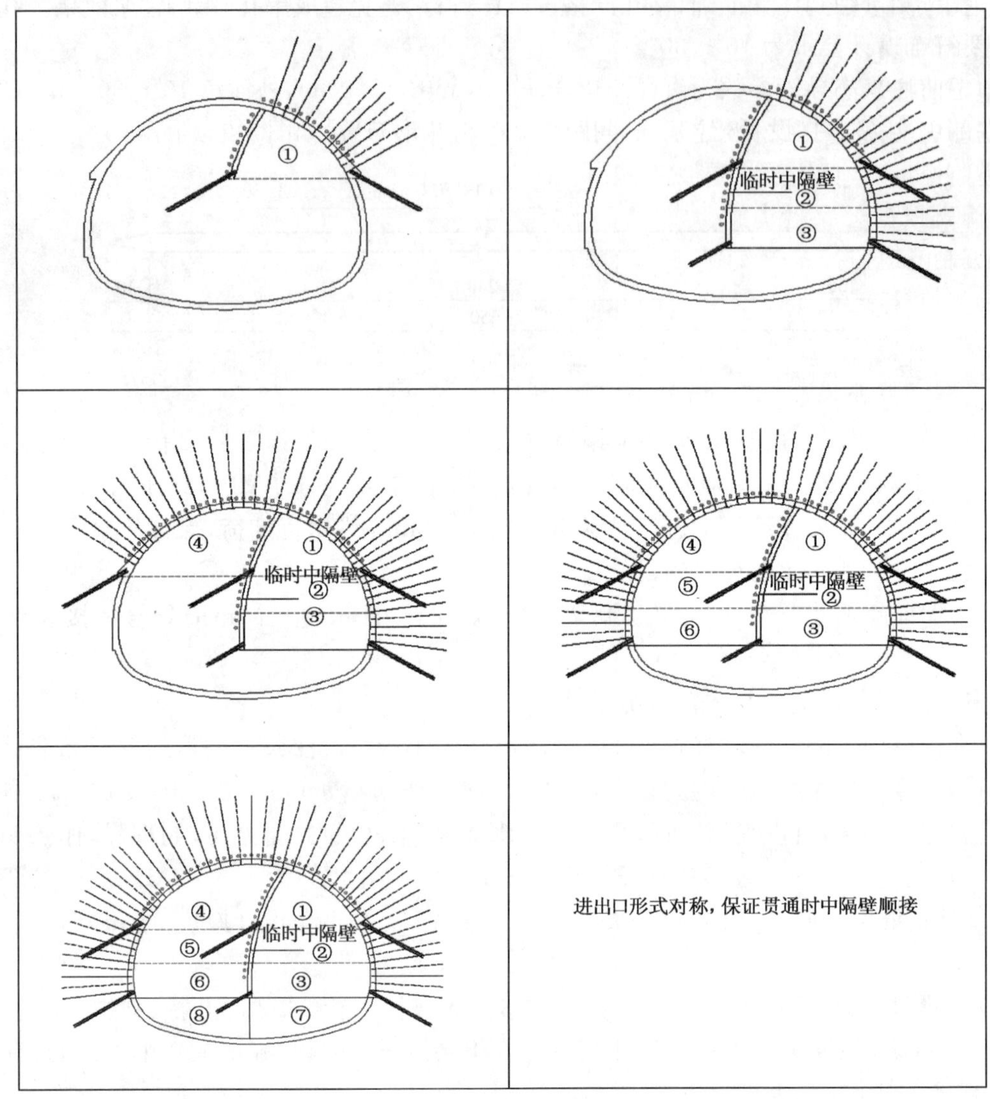

图 4-63 施工工序示意图

4)贯通体打设探孔

(1)①部开挖至剩余贯通体为 3m 左右，停止掌子面开挖，并将②、③部削成台阶，以便挖掘机爬行。

(2)采用潜孔钻机打超前探孔，量测贯通体实际厚度，根据贯通段围岩情况及实际体积进行爆破设计，保证一次爆破能使①部形成贯通孔，之后采用挖掘机排险，并进一步扩孔，及时支护型钢拱架。

5)减震爆破设计

根据爆破经验和工程类比方法，以炸药单耗、线装药密度、断面面积、炮孔间距为前提确定掌子面炮孔数目。以 108 国道潭柘寺隧道为例：取炸药单耗为 0.5～0.6kg/m^3，周边孔眼距为 40～50cm，线装药密度为 0.12～0.15kg/m，采用多炮眼、分散装药的原则，掌子面炮眼数目为

46 个(其中周边眼 15 个),断面面积约为 $18m^2$。其 1 导洞的炮孔布置设计如图 4-64 所示,装药量如表 4-6 所示。

6)施工监控量测

依据新奥法隧道开挖技术,要求在施工中必须进行隧道监控量测,具体要求如下:

(1)首先根据公路隧道施工技术规范及设计图纸要求,编制隧道监控量测专项方案,明确监控量测必测及选测项目,选定监测仪器,确定布点位置及监测频率,数据分析及信息反馈流程等。

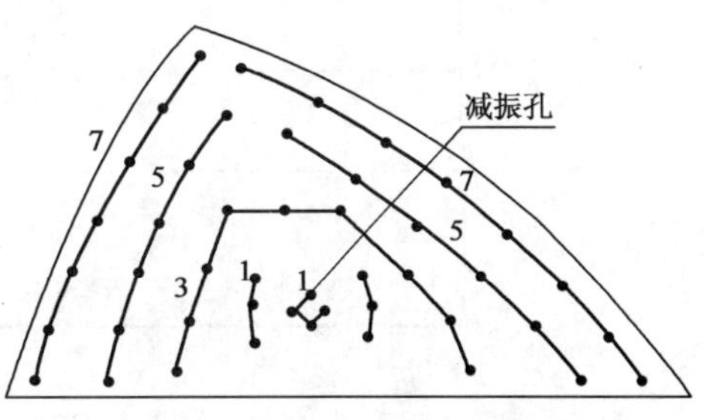

图 4-64　减振爆破炮孔布置图

(2)贯通段施工监测必测项目:地质和初期支护观察、周边位移、拱顶下沉、地表下沉(浅埋段)。

1 导洞各孔的装药量　　表 4-6

炮眼类型	炮眼数量	眼深(m)	单眼药量(kg)	段　位	每段药量(kg)
减振孔	4	0.3～0.5	0.1	1	0.4
掏槽眼	6	1	0.3	1	1.8
扩槽眼	9	0.8	0.3	3	2.7
辅助眼	12	0.8	0.2	3	2.4
周边眼	15	0.8	0.2	5	3
合计	46				10.3

(3)现场采用全站仪、反光靶标测点等仪器采集数据。每导洞一个断面布设 3 个拱顶沉降点,两组周边位移收敛点,纵向布点间距 3～5m,具体视现场监控量测情况而定。

(4)爆破开挖后 2h 内布点并采集初值,按照规范要求的频率进行数据采集。

(5)贯通段每次掌子面爆破施工,初值拱架接腿施工,临时中隔壁拆除施工,仰拱施工,均需要进行数据采集,并在围岩变形稳定的情况下进行施工。如数据变化量、变化速率增大,要结合现场施工情况及时分析,采取有针对性的处理措施,禁止在监测数据不利的情况下盲目追赶工期。

第六节　潭柘寺隧道与挖煤巷道交会施工技术

一、概述

潭柘寺隧道进口 A 线施工至 AK12＋981 部位时,隧道拱顶部位出现宽×高＝1.6m×1.8m的挖煤巷道。巷道与隧道纵向夹角约为 35°,由于挖煤巷道遗弃的年代久远,其中的木支撑已经腐朽,隧道在施工至该部位时,隧道出现了小范围的坍塌。在施工中,及时采取暂停掌子面的施工作业,封闭掌子面。挖煤巷道和隧道纵向位置示意图以及巷道与隧道相对位置横断面示意图如图 4-65 和图 4-66 所示。

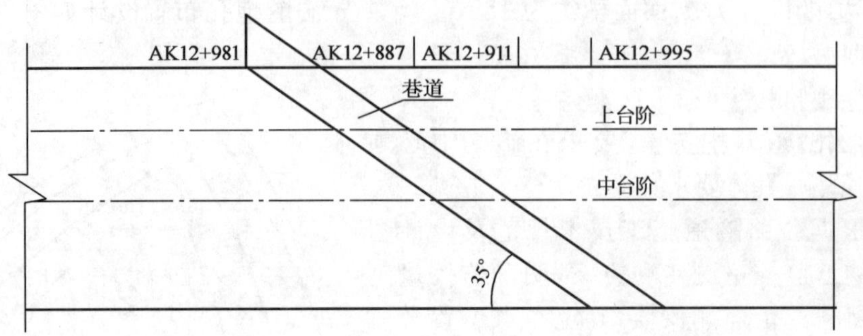

图 4-65　挖煤巷道和隧道纵向示意图

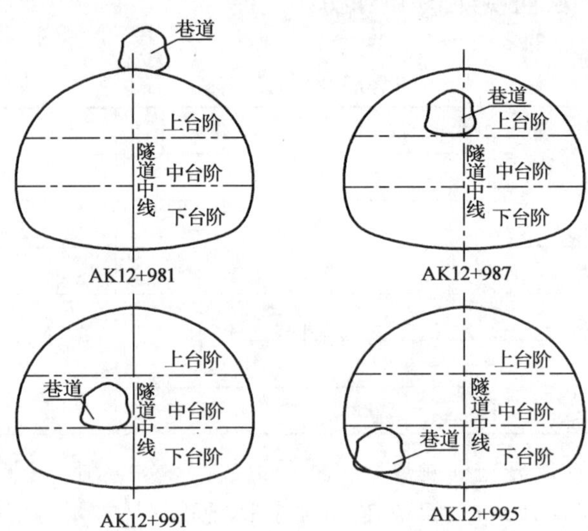

图 4-66　巷道与隧道相对位置横断面示意图

二、工程地质和水文地质

根据1号、2号、3号、7号孔揭露地层情况，前期地质勘探显示：地表为第四系坡洪积的亚黏土、碎石土、碎石混卵石，其下为强风化至中风化的变质长石石英砂岩、硬绿泥石石英千枚岩，上述岩层均夹煤线（相当于硬状态的亚黏土）或变质泥岩等软岩至极软岩（图4-67）。岩体完整程度呈极破碎至较破碎，岩芯呈碎块状至短柱状，局部岩芯呈土状，节理裂隙发育。围岩基本质量指标 BQ＜280，围岩基本质量指标修正值[BQ]＜239，综合确定B线出口段长约450m围岩等级为Ⅴ级。围岩完整性、稳定性均较差。开挖时会出现掉块、崩塌，局部可能会存在少量上层滞水或基岩裂隙水，因此，应及时采取衬砌、支护和一定的排水措施。

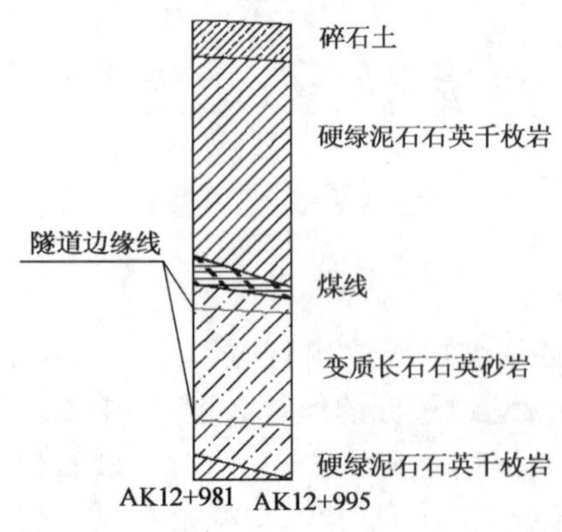

图 4-67　AK12＋981～AK12＋995 段围岩勘探情况

该部位隧道的埋深为25m左右，属于浅埋隧道。实际施工中围岩呈红褐色，围岩具有可塑性，围岩软弱破碎，不均匀，岩层夹杂煤线，如图4-68和图4-69所示。爆破开挖后的围岩呈土石夹杂状，含土量较大，遇水成泥巴状，强度较低。隧道开挖后易出现超挖现象，隧道开挖支护后，收敛变形较快，累计变形数据也较大。

图4-68　AK12+991部位巷道及周边围岩情况

图4-69　掌子面围岩情况

三、超前地质预报报告

潭柘寺隧道探明挖煤巷道的走向，以及周边是否有采空区尤为重要，施工中对掌子面用USEP21系统进行超前地质预报。

采用USEP21仪器进行地震波数据采集，本次激发3，4个接收器置于隧道掌子面下方，接收器位置里程AK12+987，掌子面位置里程AK12+987，震源点在掌子面上方，采集的USEP数据通过USEPwin2.1软件进行处理，获得P波、SH波、SV波的时间剖面、深度偏移剖面和反射层提取等一系列成果。预报分析结果如下：

岩体裂隙、节理发育，岩体整体性、稳定性仍较差、易掉块。建议本段开挖后应及时支护。

巷道与隧道走向基本一致，巷道与隧道交错后离开隧道。随着开挖的不断进行，巷道对隧道的影响越来越小。隧道周围较近范围内无挖煤的采空区，施工中注意及时的封闭成环和二次衬砌紧跟。

四、巷道在隧道拱顶部位处理方案

当挖煤巷道出现在拱顶部位时，已腐朽的巷道木支撑塌落下来。为了防止坍塌范围继续扩大，及时暂停掌子面的施工作业，制定了处理方案，如图4-70所示。具体施工步序如下：

1)暂停掌子面的施工，喷射C20素混凝土封闭巷道内壁，防止巷道内壁出现过大面积坍塌，影响隧道的稳定。必要时可以挂ϕ6钢筋网实施锚喷支护，如图4-71所示，厚度5～10cm，视具体情况可以加厚素喷混凝土的厚度。

2)待巷道坍腔暂时基本稳定时，及时架设上台阶I20b型钢拱架。为了加强初期支护，该部位型钢拱架纵向间距由原来75cm调整为每榀50cm，型钢拱架一直架设顶至掌子面，焊接Φ22纵向连接筋。纵向连接筋呈50cm×50cm梅花形型布置，内外交错焊接在型钢拱架上。

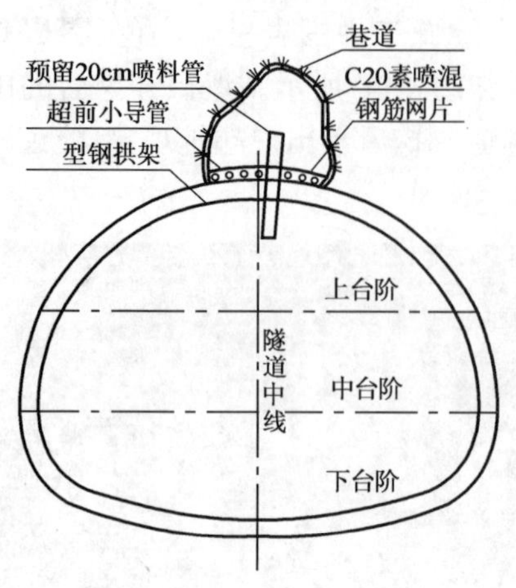

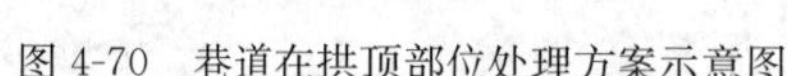
图 4-70　巷道在拱顶部位处理方案示意图

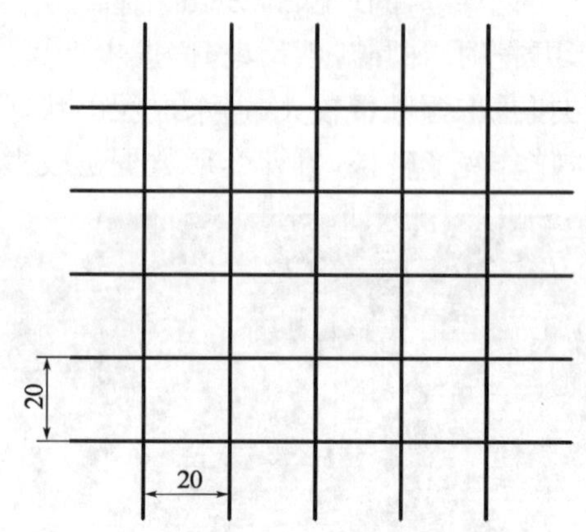

图 4-71　钢筋网片示意图

3）拱架设焊接牢固后，以型钢拱架为托架打设 $\phi42\times3.5$mm 超前小导管，小导管的环向间距为 40cm，小导管长度根据现场塌腔长度适当地加长。待小导管打设完成后，在小导管的上部铺设钢筋网片，网片、小导管和型钢拱架的连接部位可以采取点焊进行连接。铺设钢筋网片时，可以适当加密钢筋网片，以便于喷射混凝土易于形成壳体，封闭塌腔的洞口。

4）在钢筋网片焊接牢固后，预埋 $\phi200$mm 的塑料管作为后期的喷料管。塑料管用铁丝固定在型钢拱架之间，预留 20cm 超出初期支护的表面，以防喷混覆盖。喷混前，用塑料袋堵塞塑料管，防止喷混堵塞塑料管。待塑料管固定完毕后，喷射初期支护 C20 混凝土，在洞口部位形成壳体，封闭巷道，如图 4-72 所示。

5）待初期支护的强度达到 70%时，既可以向预留的塑料管中喷射干喷料，对空洞进行回填，将空洞回填密实，如图 4-73 所示。

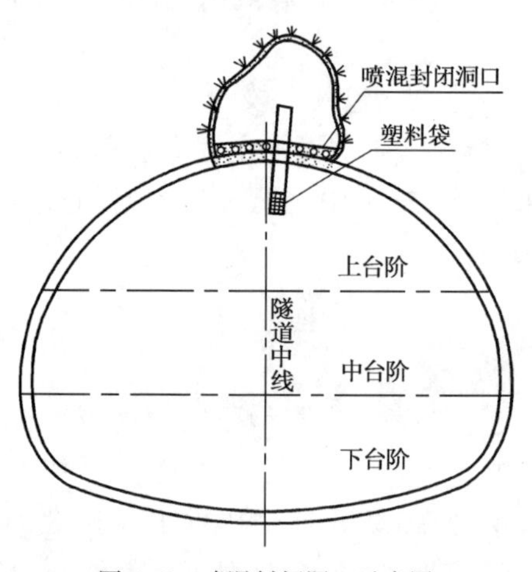

图 4-72　喷混封闭洞口示意图

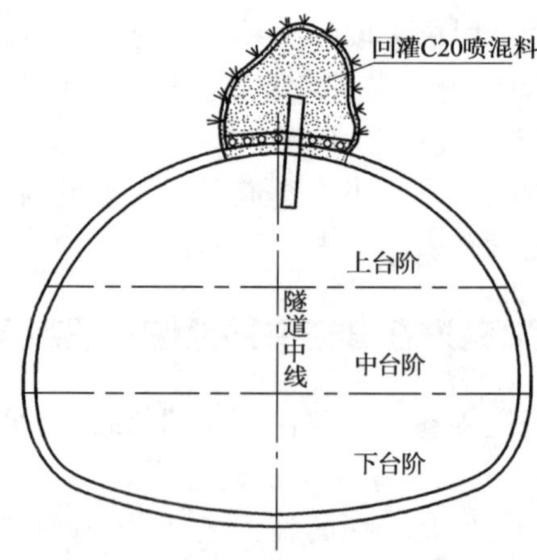

图 4-73　回灌 C20 喷混料后示意图

五、巷道在隧道上台阶掌子面和中台阶部位处理方案

当巷道在上台阶和中台阶出现时，由于对隧道外围的围岩受力形式影响较小，因此，在施工中主要注意以下几点：

1)挖煤巷道在上台阶时,为了防止巷道已腐朽的木支撑失稳,可向巷道内填碎石。上台阶环形开挖时,尽量少扰动巷道,并及时架设型钢拱架,喷射初期支护混凝土。掌子面围岩破碎部位可采取素喷混凝土稳定掌子面,必要时可挂网喷混。暂停掌子面施工,待该上台阶的初期支护施作完毕一段时间后,再开挖上台阶。

2)开挖中,采取弱爆破,预留巷道周围的围岩,防止爆破震动引起巷道失稳,影响隧道的安全。施工中每次爆破进尺一榀 75cm,并及时架设拱架,施作初期支护。

3)当巷道在隧道的中台阶时,由于上台阶的支护已基本完成,加上在开挖上台阶时,土石会填满巷道,因此开挖此时的隧道,相对比较安全,主要注意掌子面的爆破进尺不要太大。

4)该部分隧道应尽早做到早封闭,改善围岩的受力形式,控制围岩的收敛变形。

六、巷道在隧道下台阶处理方案

2009 年 8 月 17 日,当巷道在 AK12+995 下台阶出现时,巷道的内部灌满了常年累积的裂隙水。考虑到巷道对隧道受力有较大的影响,经过专家的论证列出比选方案,讨论决定采取最优化的方案。

1. 方案一

由于巷道内灌满了常年累积的裂隙水,为了能更好地灌注 C15 混凝土,并保证灌注质量,将巷道内部的裂隙水用水泵直接排出,然后灌注 C15 混凝土。灌注的混凝土要超出隧道底部开挖轮廓线一定的范围,同时为了保证安全应尽可能地多灌。

2. 方案二

巷道内灌满了常年累积的裂隙水,考虑到在排出巷道内的裂隙水时,由于巷道年代久远,巷道的支撑可能早已腐朽,当巷道内的裂隙水全部抽空后,巷道受力形式发生改变,巷道极有可能发生失稳现象,甚至影响隧道整体的安全。经研究决定,采取在水下灌注 C15 混凝土,同时溢出的水使用水泵抽出洞外,并保证灌注范围要超出隧道仰拱开挖轮廓线一定距离,同时要求灌注的混凝土对裂隙水进行封堵,有效利用巷道的水压力,维持巷道的稳定。

经过专家的讨论,决定采用第二种方案,如图 4-74 所示。2009 年 8 月 18 日上午对仰拱部

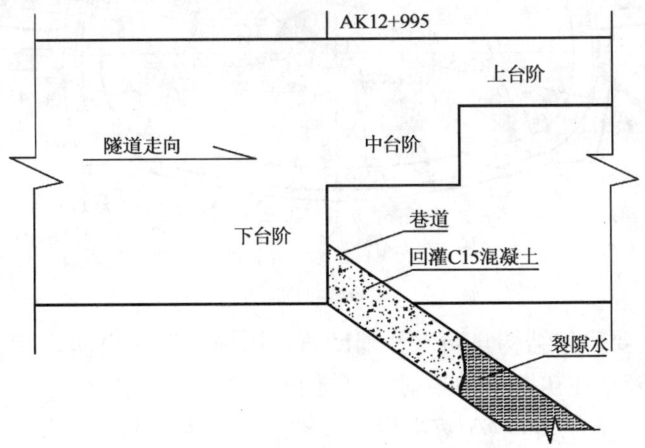

图 4-74 回灌混凝土封堵裂隙水示意图

位的巷道采取了灌注 C15 混凝土的施工作业。由于是水下的混凝土灌注，为了保证混凝土的灌注超出隧道轮廓线一定的距离，混凝土泵管要求埋入水中一定深度，同时随着灌注的不断进行，及时地拔出泵管，缩短泵管埋入的深度，防止因泵管埋入灌注混凝土过深而无法拔出。

该部位掌子面开挖后及时采取了封闭成环和二衬紧跟的措施，处理结果较好，未发生较大的安全隐患。

第七节　潭柘寺隧道侵限处理技术

潭柘寺隧道地质条件复杂，施工中曾多次出现侵限现象。潭柘寺隧道典型的侵限处理技术主要分为三台阶侵限和 CD 法侵限处理技术。本节将对这两种侵限处理技术进行归纳总结。

一、三台阶施工段侵限的处理技术

该隧道Ⅴ级围岩采用三台阶法施工，隧道采用复合衬砌Ⅴ级围岩深埋段初期支护为网喷混凝土与钢格栅联合支护，初衬结构厚 280mm，采用 C20 早强混凝土喷射。二衬结构厚 550mm，采用 C25 抗渗等级 S8 防水混凝土，复合式衬砌断面设计图如图 4-75 所示。

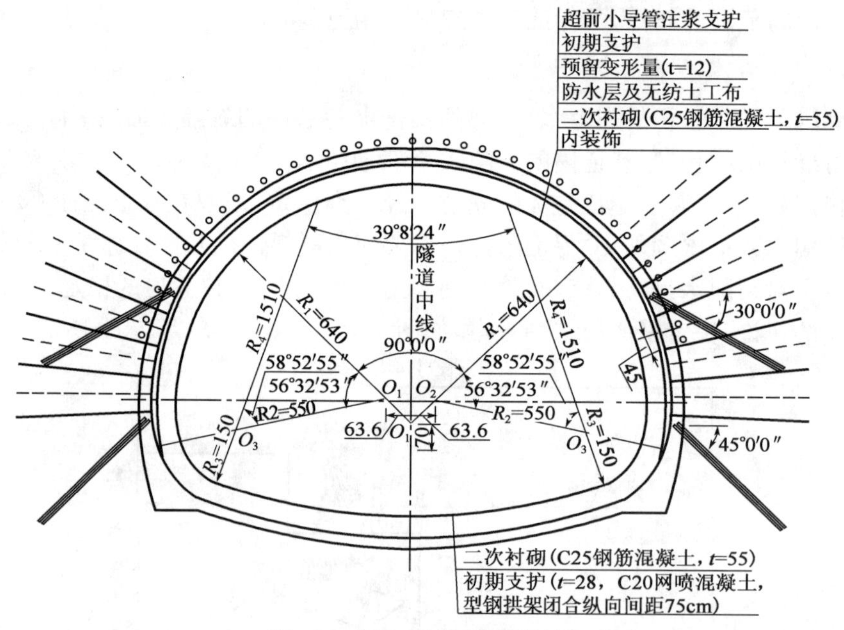

图 4-75　复合式衬砌断面设计图

暗挖结构防水主要采用结构自防水和辅助防水措施。结构自防水用 C25 抗渗等级 S8 的混凝土，辅助防水措施是在初期支护喷射混凝土和二次模筑防水混凝土之间设置夹层防水层，铺设厚度为 1.2mm 的厚合成 EVA 防水板。二衬混凝土采用泵送商品混凝土，支撑体系采用钢模板台车。

(一)初期支护侵限情况

由于该隧道地质情况复杂，围岩破碎，节理裂隙发育，A、B线隧道净距较小，山体对隧道存在偏压现象，导致隧道初期支护部分断面侵入二衬净空范围。A、B线侵限段相对位置如图4-76所示。A线侵限位于左侧，共28m，桩号为AK13＋950～AK13＋978；B线侵限位于右侧，共28m，桩号为BK13＋936～BK13＋964。代表断面图如图4-77所示。

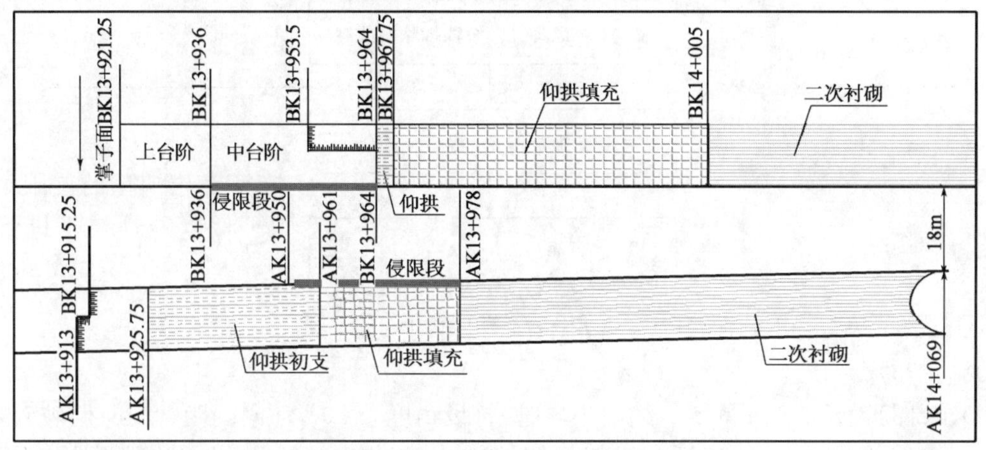

图4-76　A、B线侵限段相对位置示意图

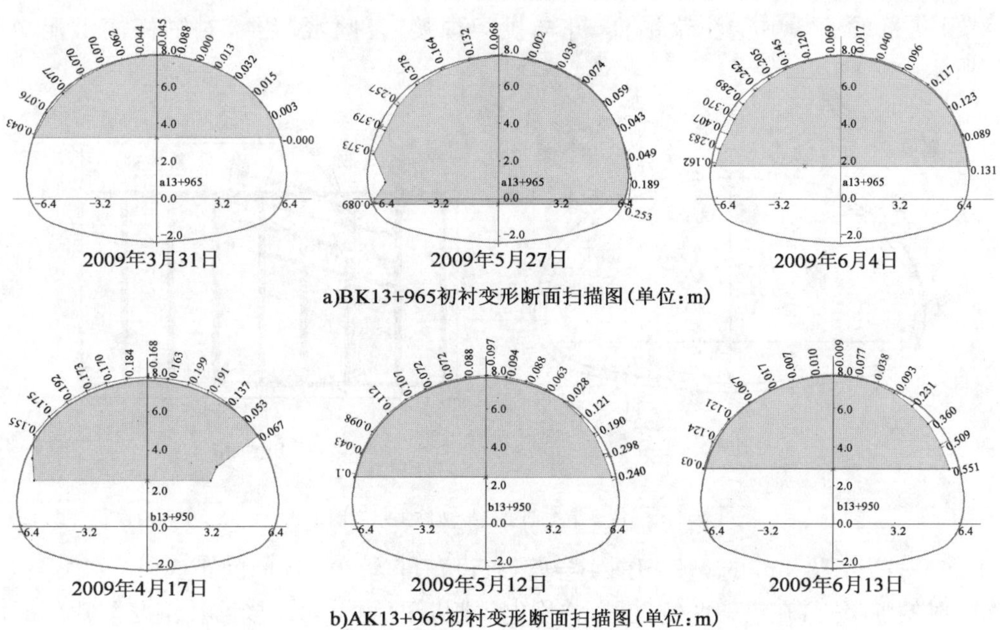

图4-77　隧道代表断面初衬变化轮廓图

(二)原因分析和处理

地质条件复杂，围岩节理、裂隙发育，强度较低是产生该部位侵限的最主要的原因。

1)三台阶侵限段换拱技术施工流程图如图4-78所示。

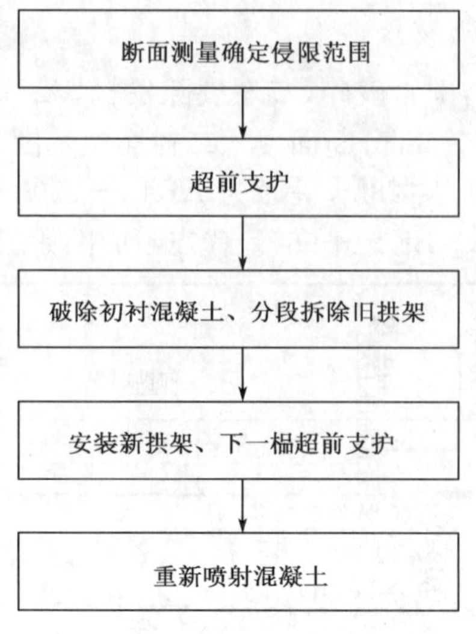

图 4-78　施工流程图

2)施工步序

(1)①部打设长 3.5m 的 $\phi42$ 超前小导管，打设角度为 20°，环向间距 30cm；用破碎锤破除①部表面喷射的混凝土，破碎锤在拱架两侧挖槽，并气焊割断两侧纵向连接筋及钢筋网片，2m1 段切断拱架；拆除①部旧拱架，将喷混清至设计断面后 2cm，初喷混凝土 2cm；安装①部新拱架，沿径向打设 $\phi25$ 中空注浆锚杆，并与拱架焊接，复喷混凝土，对锚杆注水泥净浆，如图 4-79所示。

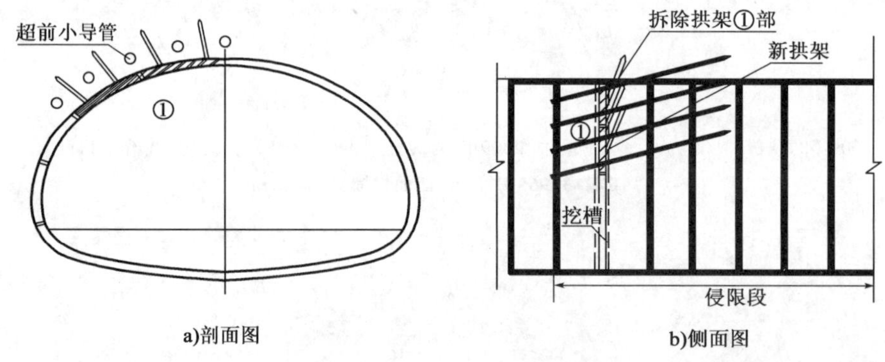

图 4-79　第 1 部更换拱架施工示意图

(2)②部打设长 3.5m 的 $\phi42$ 超前小导管，打设角度为 20°，环向间距 30cm；破碎锤破除②部表面喷射的混凝土，在拱架两侧挖槽，并用电焊割断两侧纵向连接筋及钢筋网片，2m 1 段切断拱架；拆除②部旧拱架，将围岩清至设计断面后 2cm，初喷混凝土 2cm；安装②部新拱架，并与①部拱架螺栓连接，沿径向打设 $\phi25$ 中空注浆锚杆，与拱架焊接，复喷混凝土，对锚杆注水泥净浆，如图 4-80 所示。

(3)按上述方法对下一榀拱架③、④部进行换拱，并打设长 2.7m 的 $\phi42$ 超前小导管，打设角度为 20°，环向间距 30cm。以后每榀拱架均打设短超前管，不再打设径向锚杆，如图 4-81 所示。

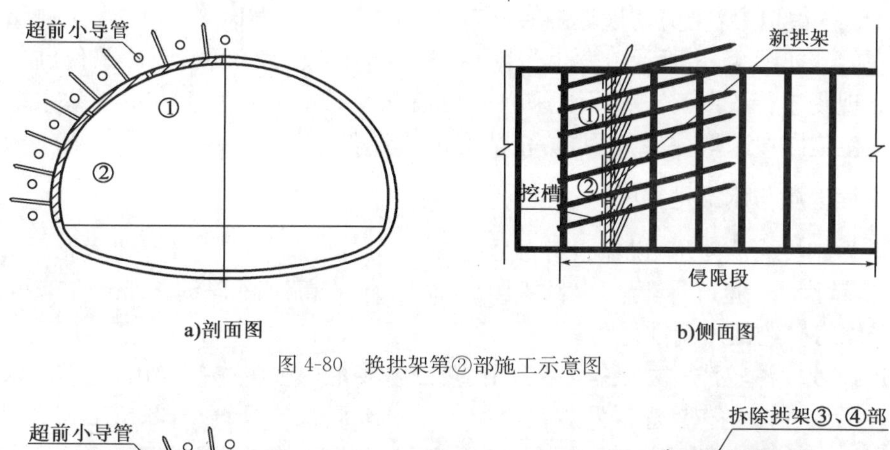

图 4-80　换拱架第②部施工示意图

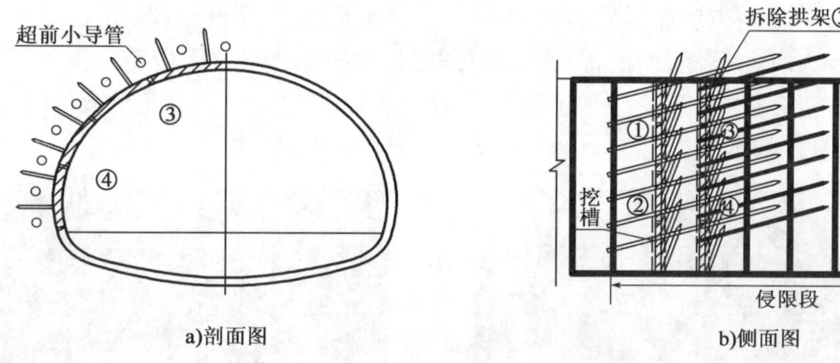

图 4-81　第③、④部更换拱架施工示意图

更换拱架后的照片如图 4-82 所示。该部位侵限段换拱处理后，及时采取仰拱封闭成环和二衬紧跟措施，实际的监控数据显示围岩稳定，处理效果较好。

a)

b)

图 4-82　更换拱架后的图片

二、CD 法施工段侵限处理技术

(一)概述

潭柘寺隧道进口端施工至 BK13＋132～BK13＋140 时，刚施作完毕的 CD 法Ⅲ部初期支

护在 BK13＋136 部位发生剪切破坏，随即带动 BK13＋132～BK13＋140 发生严重侵限，侵限最大值约 60cm，如图 4-83 所示。发生侵限后，建设单位、监理单位、设计单位、施工单位及专家组立即对现场进行查勘，分析原因，采取应急措施。对掌子面发生变形部位采取架设支撑，对后方未发生侵限段采取注浆加固，防止情况进一步恶化。

(二)工程地质与水文地质

该隧道为越岭岩质隧道，勘察设计显示主要为变质长石石英砂岩及硬绿泥石石英千枚岩。该场地地形起伏大，隧道最低高程约 210m，而山脊最高处高程约 375m，二者相对高差达 165m，其整体为构造低山剥蚀地貌。

隧道进口处埋深较浅，微地貌类型为山前台地，场地内多为垒砌梯田，高差较大，隧道存在偏压可能。沿线冲沟、陷穴、煤线及煤窑采空等不良地质现象发育。BK13＋132～BK13＋140 部位处在塌方影响段，围岩前期已被扰动。围岩强度较低，节理裂隙发育，围岩较破碎。岩性差异较大的岩石相互夹杂，开挖后掌子面极易发生坍塌。初期支护变形收敛速率较大，累计收敛沉降也较大，围岩基本情况如图 4-84 所示。

图 4-83　Ⅲ部初支侵限破坏情况

图 4-84　BK13＋132～BK13＋140 掌子面围岩情况

隧道场地地下水主要为基岩裂隙水，主要为大气降水、地表水渗入、灌溉水及其他各层基岩裂隙水之间进行补给，且排泄方式主要以地下渗流的方式向临近的沟谷、低地排泄。

(三)CD 法施工步序

潭柘寺隧道 B 线塌方段根据塌方前初支、仰拱以及填充的完成情况分为 A、B、C 三段处理类型。A 段为先前已施作完初支封闭、二衬仰拱、仰拱回填段；B 段为先前已施作完初支封闭段；C 段为先前未施作初支封闭以及未开挖的塌方影响段。BK13＋132～BK13＋140 处在 C 段，施工步序如下(图 4-85、图 4-86)：

第一步：在掌子面打设 ϕ42 长度 3m 呈 1m×1m 梅花形布置注浆小导管，注浆稳定掌子面。交替打设拱部 3m、5m 超前注浆小导管，打设中隔壁上部超前注浆小导管、①部 ϕ25 长度 4m 中空锚杆，注浆加固，待强度达到 75%以上时，开挖①部土体。开挖采用局部弱爆破，机械辅以人工开挖方式。架设 I25b 型钢拱架及中隔壁，间距 50cm。打设锁脚锚管，与型钢拱架焊接成一个整体，挂钢筋网，喷射初期支护，厚度为 32cm，然后注浆加固锁脚锚管。

第二步：待①部开挖 3～5m 时，开挖②部坍体。架设型钢拱架、中隔壁及临时横撑。打设中隔壁超前小导管、中空锚杆及锁脚锚管。挂钢筋网喷混，然后对小导管及中空系统锚管注浆。

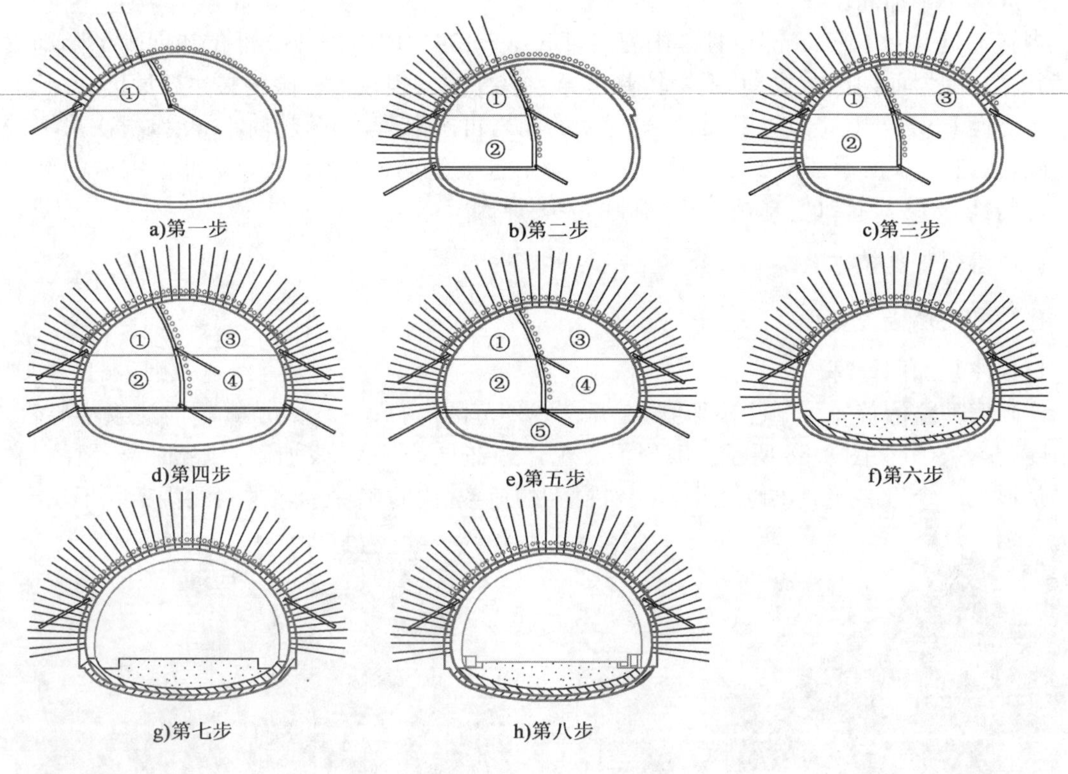

图 4-85　CD 法施工步序图

第三步：②部开挖 18m 以上时，开挖③部坍体，开挖预留核心土。打设超前注浆小导管、中空系统锚杆及相应锁脚。挂钢筋网喷混，然后对小导管及中空系统锚管注浆。

第四步：待③部开挖 3～5m 时，开挖④部坍体。架设型钢拱架及临时横撑，打设系统锚杆和锁脚。挂钢筋网喷混，然后对系统锚管及锁脚注浆。

第五步：待④部土体开挖 3～5m 时，开始开挖⑤部坍体，然后封闭初期支护。各部施工步序如图 4-86 所示。

第六步：拆除中隔壁及临时横撑。一次拆除长度不宜过长，拆除 7～8m 后应及时的施作二衬。在变形较大部位应减少一次拆除的长度。

第七步：施作二衬。C25 混凝土，厚度 55cm。

第八步：施作水沟及电缆槽等附属结构。

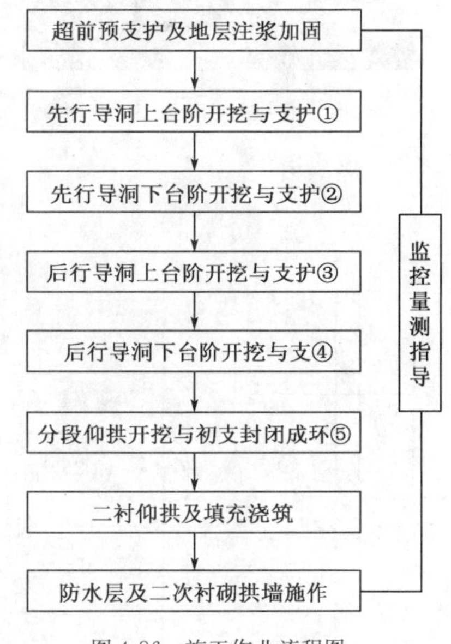

图 4-86　施工作业流程图

(四)侵限情况及原因分析

BK13＋132～BK13＋140 部位围岩强度较低，节理裂隙发育，夹层较多。围岩开挖后在 BK13＋136～BK13＋140 部位Ⅲ部很快塌落形成坍腔。随后采取了素喷坍腔，对塌落的坍腔空洞进行 C15 混凝土的回灌，同时打设注浆小导管对该部位空洞进行注浆加固。

当施工至BK13+136部位Ⅳ部围岩时，BK13+136～BK13+140部位初期支护随即发生剪切破坏。围岩前期已被扰动，围岩较差是导致该部位发生较大侵限的最主要原因。

当更换BK13+136部位拱架时，被扰动的围岩再次滑落，砸落超前小导管，再次形成较大的坍腔，如图4-87所示。前期处理回填的混凝土也被扰动，塌落下来。该部位围岩的塑性区较大，围岩已被多次扰动是形成二次坍腔的主要原因。

(五)侵限处理技术

1.侵限未塌方段处理

1)预注浆加固处理

侵限病害整治首先采用注浆加固，在开挖线外范围内打设3～5mϕ42超前注浆小导管，打设角度15°～30°，如图4-88所示。喷射混凝土，然后向小导管注浆加固侵限部位松散的围岩，主要是形成一个岩层承载拱以减小岩层对衬砌的荷载，同时确保拆除拱圈混凝土时不塌方。

图4-87 换拱时BK13+136～BK13+140的坍腔

图4-88 打设超前注浆小导管

2)爆破开挖

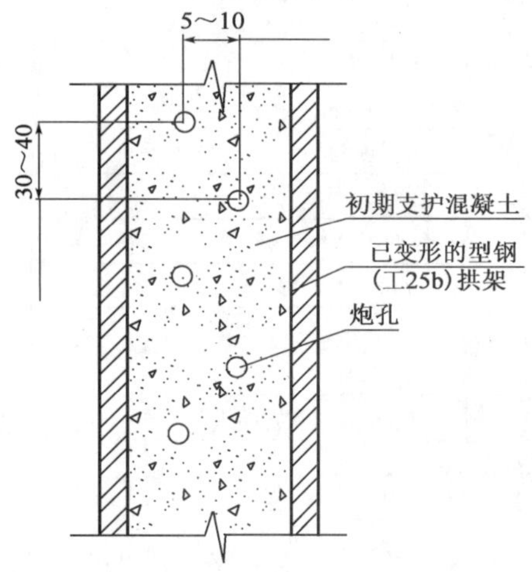

图4-89 破除拱架炮眼布置图

由于CD法施工空间狭小，破碎锤机械无法进入，但若采用人工使用风镐进行破除时，作业效率又太低，综合考虑这些原因，经过专家讨论决定采用爆破加人工破除的方式进行初期支护的破除。

拱架之间的炮眼布置成梅花形，炮眼之间的纵向间距为30～40cm，炮眼之间的水平距离为5～10cm，炮眼孔深约30cm。每次爆破拆除拱架长度一般控制不超过2m。炮眼的纵向和水平间距视拱架间的初期支护混凝土的破坏程度做适当的调整。当拱架间的初期支护破坏不是很严重，没有出现损坏现象时，应适当减小炮孔间纵向和水平的距离。每个炮孔通常情况下装半根乳化炸药0.15kg左右，根据具体情况可以适当增加炸药量。爆破孔眼布置如图4-89所示，实际装填炸药如

图 4-90所示。

从图 4-91 的爆破效果图来看，弱爆破在隧道侵限换拱的应用中效果显著，可以快速地破除已变形的初期支护混凝土，加快了换拱的过程。

图 4-90　装填完炸药炮孔实际布置图

图 4-91　爆破后的效果

3)拱架的安装

爆破开挖后，用氧气焊对拱架经行切割。拆除衬砌后，对围岩表面进行清理，及时架设 I25b 钢拱架。用 ϕ22 钢筋对工字钢拱架进行连接，钢筋环向间距为 50cm，打设锁脚锚管并与拱架焊接牢固，挂 ϕ6.5×@20cm×20cm 钢筋网，喷 C20 混凝土，厚 32cm。为了保证拱架安装后的稳定，该部位的拱架锁脚锚管加长到 4.5m，并在拱腰部位增加两排锁脚锚管，如图 4-92 所示。初期支护施作完毕后，对锁脚锚管及时地注 C30 水泥浆。拱架更换的顺序是先更换拱顶部位侵限拱架，后拱腰部位侵限拱架。

4)封闭成环和施作二衬

换拱后，应尽快完成该部位的封闭成环和二衬，以避免由于时间过长，初期支护再次出现侵限现象。

2. BK13+136～BK13+140 的坍腔处理技术

1)先对坍腔内壁加固处理

打设 ϕ42 长度 5m 的超前小导管，小导管的打设方向以及喷射的混凝土不能影响下一榀拱架的架设。考虑到小导管长度太长，容易造成超前小导管塌落，施工中采用钢管对超前小导管进行加固，挂钢筋网喷射混凝土，如图 4-93 所示。

2)爆破辅以人工开挖

爆破开挖方式见侵限部位的爆破开挖。该部位爆破开挖时注意爆破的药量应适量减小，炮眼间距加密，炮眼的深度应适量的减小。爆破后人工持风镐对岩面进行清理，架设拱架，焊接 ϕ22 纵向连接钢筋，挂 ϕ6.5×@20cm×20cm 钢筋网喷射初期支护混凝土。

3)架设拱架

拱架架设方式与上述拱架架设方式相同。

4)封闭成环和施作二衬

换拱后，应尽快完成该部位的封闭成环和二衬施作，以避免由于时间过长，初期支护再次出现侵限现象。

图 4-92　增设锁脚锚管布置情况

图 4-93　坍腔加固处理

(六)监控测量

侵限段洞内Ⅰ部及Ⅲ部拱顶处分别设置沉降观测点，在腰部与中隔壁左右各设置一组周边位移观测点。每个断面设置 4 个监控点，2 个拱顶沉降测点，2 个收敛测点。该部位 5m 设一组测点，如图 4-94 所示。每天对拱顶沉降及水平收敛进行观测。将量测结果及时绘制成变形曲线，对应变曲线进行线性回归，以判定最终变形值，再根据变形量及时调整开挖预留变形量和支护参数。根据该隧道量测结果，更换拱架段拱顶沉降和水平收敛每天 1～2mm 变化，累计沉降最大值在 40mm 左右，最大累计收敛也在 35cm 左右，该段的拱顶累计沉降和水平累计收敛如图 4-95 和图 4-96 所示。通过对监控数据的分析可知本节的侵限换拱技术是安全有效的。

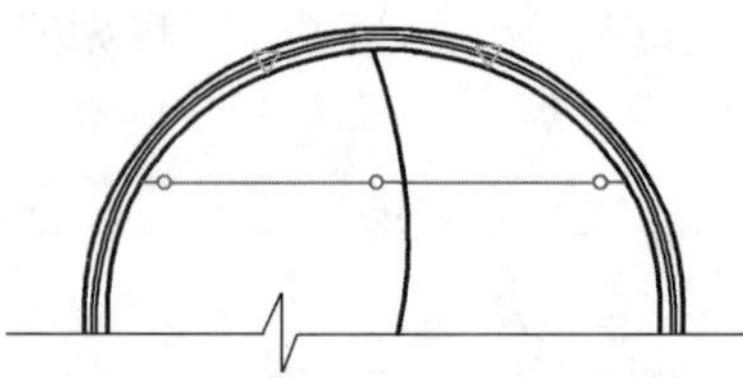

图 4-94　隧道坍方段测点布置示意图
▿-拱顶下沉测点；○-周边位移测点

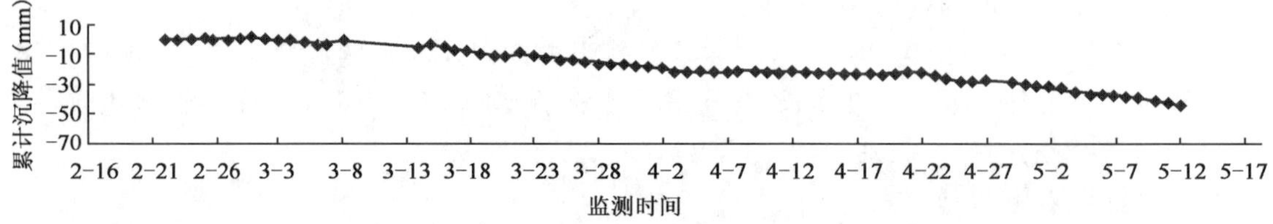

图 4-95　BK13＋138 累计沉降

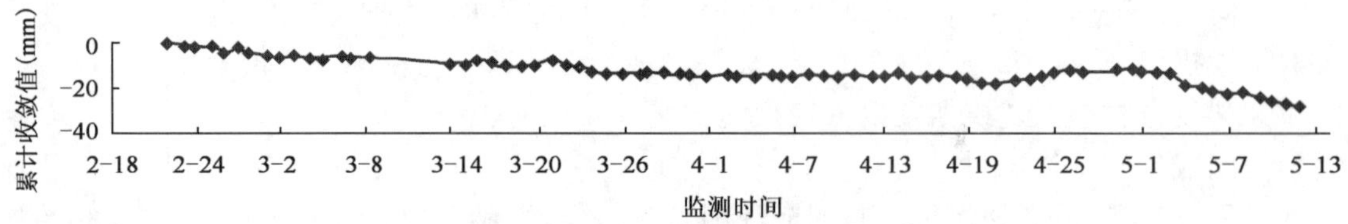

图 4-96　BK13＋138 累计收敛

第八节　潭柘寺隧道塌方处理技术

潭柘寺隧道B线BK13＋080～＋104段工程地质情况复杂，岩体内节理、裂隙发育，围岩分布有软硬交错。同时，存在煤层开挖巷道和空洞，地层曾多次扰动，开挖过程中空洞周边容易产生应力集中，从而导致偏压。根据地质资料，设计为Ⅴ级围岩和相应支护参数，采用三台阶的施工方法，并采用非爆破开挖方法，在正常情况下是可行的。根据预警也采取了相应的加固措施，但在该处特殊条件下未能有效控制山体变形发展，引起隧道塌方，如图4-97所示。

a)

b)

图4-97　塌方段的围岩情况

一、塌方应急处理措施

（一）塌方前监控量测和预处理措施

潭柘寺隧道B线BK13＋080～＋104出现塌方，随后带动A线塌方，隧道的变化情况主要分为两个阶段：

1. 第一阶段：10月16日～10月25日

第三方监控量测数据如表4-7和表4-8所示。

9月30日～10月15日BK13＋086测点监测数据　　表4-7

参数＼点位		G1	G2	G3
沉降	累计(mm)	5	11	16
	日平均(mm)	0.33	0.73	1.07
水平收敛	累计(mm)	48.82		
	日平均(mm)	3.25		

10月7日～10月15日 BK13+104测点监测数据 表4-8

参数 \ 点位		G1	G2	G3
沉降	累计(mm)	25	25	25
	日平均(mm)	2.78	2.78	2.78
水平收敛	累计(mm)	28.19		
	日平均(mm)	3.13		

从量测数据上看，拱顶沉降、水平收敛数据都不大，初支表面也无变形裂缝，但10月16日一天的拱顶下沉、水平收敛数据非常大，初支表面也出现裂缝，具体数据如表4-9和表4-10所示。

10月16日 BK13+086测点监测数据 表4-9

参数 \ 点位		G1	G2	G3
拱顶沉降	日平均(mm)	13	16	19
水平收敛	日平均(mm)	17.23mm		

10月16日 BK13+104测点监测数据 表4-10

参数 \ 点位		G1	G2	G3
拱顶沉降	日平均(mm)	33	41	54
水平收敛	日平均(mm)	50.03mm		

针对这一情况，第三方量测组发布010号预警公文，项目部也立即召开了工地会议，制定以下措施：①停止上台阶开挖作业；②抓紧下台阶封闭成环施工及仰拱、二衬施工；③将产生初支开裂的部位混凝土凿出，补喷后观察裂缝发展情况。

在采取以上措施后，10月16日～10月22日，根据第三方监控量测数据显示洞内情况趋于稳定；10月22日～10月25日，监控量测数据再次增大，第三方于10月26日发布011号预警公文。10月16日～10月25日施工完成情况如下：①下台阶施工13m，为BK13+091～+104；②仰拱施工三段，共计24m，为BK13+064～+080，BK13+096～104；③填充施工两段，共计16m，为BK13+064～+080；④二衬施工三段，共计31m，为BK13+019～+050。

2.第二阶段：10月26日

2010年10月26日上午项目部召开工地会议，制定以下措施：①增加BK13+104～+118段临时竖撑、斜撑；②抓紧施工BK13+080～+096段仰拱、填充，为跳空施工BK13+070～+080二衬创造条件；③待施工完BK13+080～+096仰拱填充后增加该段临时竖撑、斜撑；④加强洞内安全巡视值班制度，确保人员安全。

至10月26日15时，已完成BK13+104～+118段临时竖撑、斜撑；15时45分，在准备绑扎BK13+080～+087段仰拱钢筋时，洞内两侧边墙及拱顶多处出现掉块现象，现场值班人员指挥撤出机械人员；16时02分，BK13+050～+118出现坍塌，无人员伤亡，B线出现坍方后（图4-98），A线左侧边墙、拱顶出现贯通形裂缝，继而出现掉渣、掉块现象，现场值班人员立即停止施工，撤出人员机械；16 时 30 分，项目部领导、总监办领导均赶赴现场，对 A、B 洞口、洞外地表进行警戒；21 时 50 分，受 B 线影响，A 线 AK13＋059～＋089 发生坍塌，无人员伤亡，如图 4-99 所示。

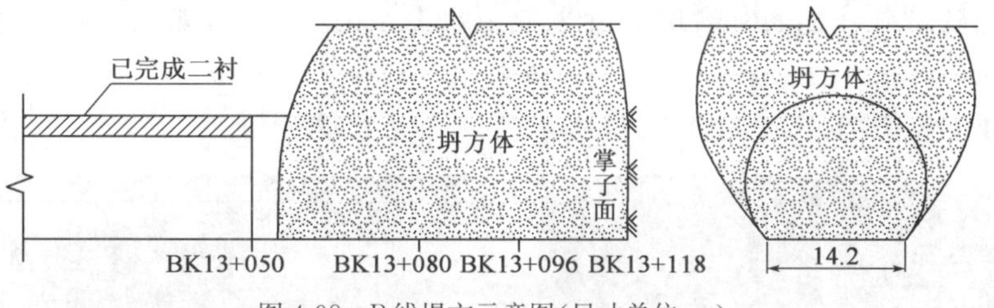

图 4-98　B 线塌方示意图（尺寸单位：m）

a)A线洞内情况

b)B线洞内情况

c)A洞隧道塌方冒顶冒顶

d)B线地表裂缝

图 4-99　A、B 线塌方后的洞内和地表情况

(二)应急措施

对 A、B 洞口、洞外塌方体影响范围内拉警戒线，派专人 24h 守候。洞外地表出现多条宽度不一的裂缝。B 线塌方体旁边约 50m 处有一条国防通信电缆和一根高压线杆，项目部及时通知了军队，并对高压线杆进行观测。紧急召开会议布置下一步的工作安排。

19 时，项目部召开紧急会议布置下一步的工作安排，即进行讲解事故发生经过，约勘察、设计、专家看现场，与军队密切配合等工作。

1)10 月 27 日上午集团领导与联合体各方及隧道专家共同踏勘现场、听取汇报并共同商讨初步抢险方案,制定初步抢险方案。

(1)10月27日下午完成BK13+040—BK13+050的二衬浇筑工作(临近塌方体位置)。

(2)A洞地面塌方采用C15混凝土回填。

2)10月29日对洞外地表开裂的裂缝采取了水泥浆灌注封闭,如图4-100所示。

3)10月30日安排施工人员对A、B洞靠近塌方体段的二衬采用临时竖撑、斜撑加固,如图4-101和图4-102所示。

图4-100 对裂缝进行水泥浆灌注

图4-101 进口A线二衬内架设临时竖撑、斜撑

4)业主、监理和政府部门来现场查看,在初步肯定监控系统发挥作用,施工单位应急处置得当的前提下,要求总承包方尽快拿出下一步处理方案,经由业主组织专家论证后实施,同时总结经验教训避免类似事故再次发生。

5)受西北地区军演的影响,军队要求在10月28日～11月4日期间停止一切地上施工,如图4-103所示。待复工后,完成A洞塌方体的回填工作。

图4-102 进口B线二衬内架设临时竖撑、斜撑

图4-103 地表设警戒线

二、塌方周围加固处治

(一)塌方处治方案比较

1. 双排小导管注浆系统

为了塌方体开挖安全,打设双排超前小导管与系统锚杆,联合组成周边围岩注浆加固体

系，如图 4-104 所示。

1)超前小导管均采用 $\phi42$ 壁厚 3.5mm 无缝钢管制成，分 3m 和 5m 长两种。3m 和 5m 小导管打设角度分别为 10°～15°与 15°～30°，如图 4-105 和图 4-106 所示。

2)小导管中注入 M30 水泥浆，注浆压力 0.5～1.0MPa，使隧道周围的塌体形成 4～5m 环形加固圈。

3)每榀交替打设，环向间距均为 40cm，打设范围均为拱顶 120°范围内。

4)待加固圈强度达 75%以上时再进行隧道的开挖，以保证施工安全。

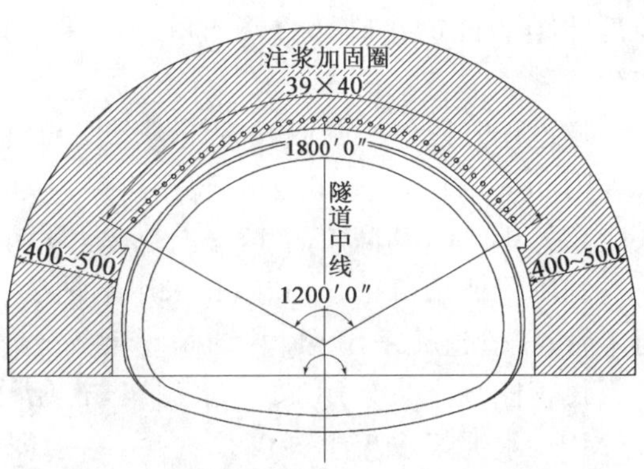

图 4-104　注浆形成加固圈横断面图(尺寸单位：cm)

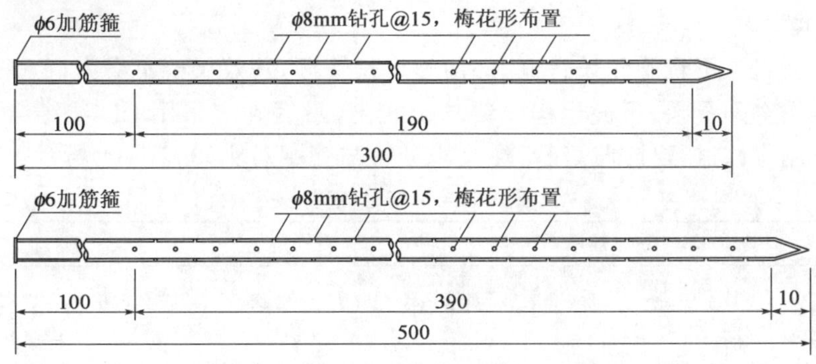

图 4-105　小导管大样图(尺寸单位：cm)

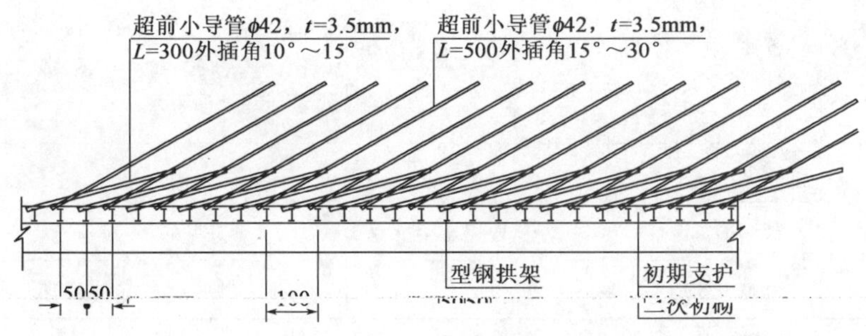

图 4-106　超前注浆小导管纵向布置图(尺寸单位：cm)

2. 大管棚方案

大管棚超前支护技术，是沿开挖轮廓周线钻设与隧道轴线平行的钻孔，而后插入大直径(一般为 $\phi108$mm)的钢管，并向管内注浆固结管周边的围岩，从而在预定范围内形成棚架的支护体系。

首先施作套拱混凝土，用套拱作为长管棚的导向墙，套拱内埋设 4 榀 I18 工字型钢支撑，间距 0.5m，拱架间用 $\phi22$ 钢筋连接；钢支撑与管棚导向钢管焊成整体。导向钢管采用 $\phi133\times4$m 钢管，施工中严格控制导向钢管安设的平面位置、倾角、外插角的准确度。施工前用全站仪在工字钢架上定出其平面位置;用水准尺配合坡度板设定导向钢管的倾角;用前后差距法设定孔口管的外插角。确保导向钢管牢固焊接在工字钢上,防止浇筑混凝土时产生位移。

隧道塌方段每个断面长管棚均采用49根长度为27m的ϕ108、壁厚6mm无缝钢管,每节长度为6m,以长15cm的公母丝扣连接。施工中分段安装,同一断面接头不大于50%,相临接头距离大于1m,其仰角为1°~3°。钢管环向间距为45cm。

利用管棚钻机钻孔,注浆孔采用干钻法成孔,利用高压水将孔内余碴清洗干净,以防塞管时卡管;钢管连接采用ϕ114,15cm长套管丝扣联接。

长管棚预注浆采用M30水泥浆,初始注浆压力为0.5~1.0MPa,终止注浆压力1.0~1.5MPa,水泥浆水灰比1:0.75~1:1。水泥为P.O.42.5普通硅酸盐水泥,外加剂采用膨胀剂,掺量为水泥用量的10%~12%。用注浆泵将浆液压入孔内,通过钢管壁注浆孔来加固地层并紧密填充管棚,增强管棚的刚度和强度。

3.最终方案的确定

由于塌方段较长,不宜施作长管棚,即使施作长管棚,其效果也不会太好,并且隧道的空间狭小,管棚的施作空间受限,机械化程度要求也较高,最后确定采用CD法结合双排小导管注浆技术方案,对塌方体进行处理。双排注浆小导管与管棚对比如表4-11所示。

双排小导管与管棚对比 表4-11

支护类型	双排小导管	长管棚
适用条件	砂土层、砂卵石层、断层破碎带、裂隙发育、软弱及破碎围岩	松软、软弱、砂砾地层或软岩、破碎地层,严格控制隧道地层沉降或浅埋隧道中
施工形式	双排小导管注浆,外插角外层比内层的大	长管棚注浆或加固型大管棚(内安设钢筋笼)
施工机械	常规钻具:YT28型手持风钻或螺旋型煤干钻、注浆泵SYB50/50-1	简易台车、特殊钻具:TU-100型或QHYD11型电动变速岩石钻、注浆泵、或52B16/36或GZ-AB型液压双液注浆泵
用钢量	较少	较多
钻孔耗时	12min×86/5=206.4min/m	180×36/25=259.2min/m
施工场地	对施工场地要求较低	占施工场地较大,需平整加固地基来安设钻机

(二)塌体后方加固

为避免情况进一步恶化,在A、B线的坍体掌子面用回填土进行回填阻挡,回填土的坡度为1:1.5,同时形成3m的开挖作业工作平台,如图4-107所示。A线未塌方段已完成初期支护部位架设I20b的斜撑、竖撑及水平撑进行加固。斜撑与竖撑成40°,纵向间距1.5m,纵向连接采用ϕ25连接筋内外交错与钢支撑焊接成一个整体,间距为1m×1m梅花形布置,如图4-108所示。

A洞与B洞相邻的初衬和二衬背后进行注浆加固。注浆孔采用YT—28风动凿岩机施钻,孔径为50~52mm,深度为打穿二次衬砌,钻入围岩壁100~300mm。钻孔后采用高压风

或高压水进行清孔，打设注浆管，然后压注水泥浆液。注浆材料采用水泥砂浆，水泥浆液浓度为1:0.75～1:1单液水泥浆。注浆压力0.5～1.0MPa，水灰比(重量比)为0.6∶1～1∶1，灰砂比(重量比)为1∶1～1∶2.5。

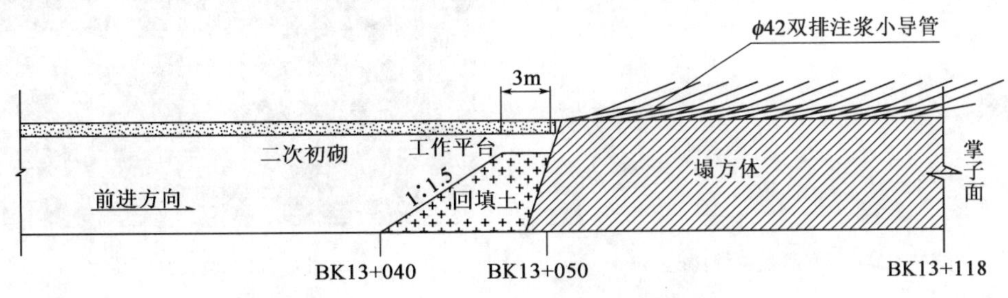

图4-107　回填土回填掌子面纵断面示意图

(三)地表处理方案

本着“治塌先治水”的指导思想，赶在雨季到来前及时地完成地表A线的塌方冒顶和地表裂缝的处理，为防止塌方带来的次生灾害起到了关键作用。

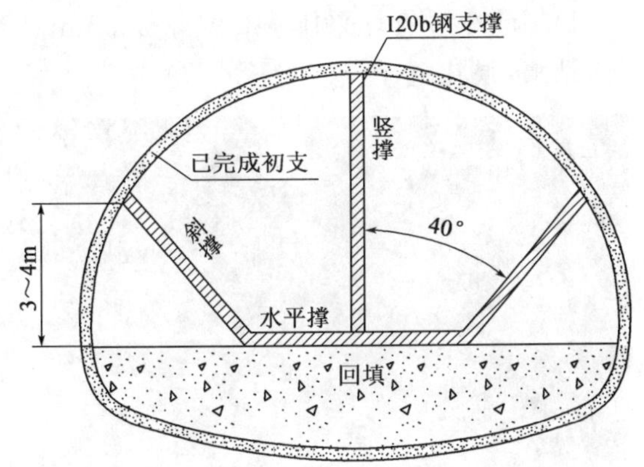

图4-108　未塌方段架设的钢支撑横断面示意图

1)A线冒顶空洞长约10m，宽11m，深7～8m。处理方式为泵送C15混凝土回填，回填厚度2～3m。待泵送的混凝土强度达到75%以上时再回填填土，回填的填土仍可以耕种，保证了土地的正常使用功能。

2)在地表空洞的四周设置截水沟，截水沟尺寸按照汇水面积的大小设计，顶部宽60cm，底部宽50cm，深50cm，形状如图4-109、图4-110所示。

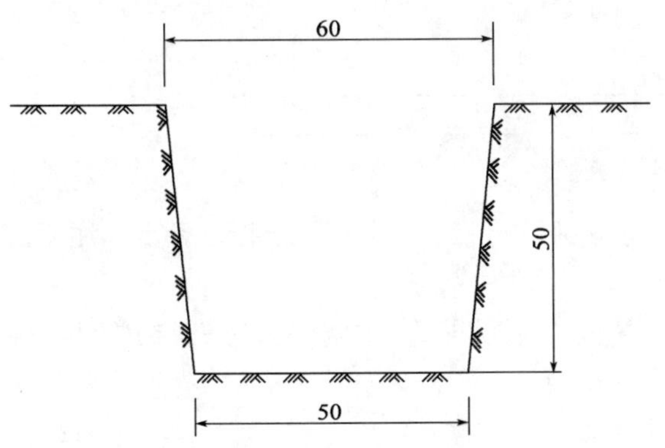

图4-109　截水沟横断面图(尺寸单位:cm)

图4-110　截水沟实际施作情况

3)地表最大的裂缝宽度达到17cm左右，如图4-111所示。处理主要采用黏土回填夯实，并做好裂缝处的排水，做到堵排相结合，如图4-112所示。结果显示治水效果显著，未发生地表雨水、雪水渗入塌体的现象。

图 4-111　塌方地表裂缝情况

图 4-112　地表黏土覆盖

(四)双排小导管注浆

1)超前小导管均采用 ϕ42 壁厚 3.5mm 无缝钢管制成,长为 3～5m。管壁每隔 10～20cm 交错钻眼,眼孔直径宜为 6～8cm。

图 4-113　双排注浆小导管打设情况

2)沿隧道纵向开挖轮廓线向外每榀交替打设 3m 和 5m,3m 和 5m 小导管,打设角度分别为 10°～15°与 15°～30°,如图 4-113 所示。

3)小导管注浆前,应对开挖掌子面喷射 5～10cm 混凝土。

4)先对较短的超前小导管注浆加固,然后对长的注浆小导管注浆加固。注浆后至开挖前的时间间隔,视浆液种类宜为 4～8h。开挖时应保留 1.5～2.0m 的止浆墙,防止下一次注浆时孔口跑浆。

在注浆时开启阀门,注浆完毕后将阀门关上,再将注浆泵上的注浆管拔出。注浆管如图 4-114 所示。

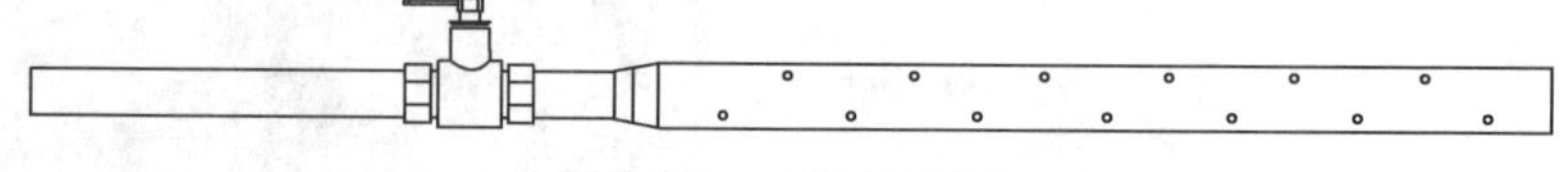

图 4-114　注浆管示意图

5)注浆过程中出现跑浆现象,应暂停一段时间,然后再进行注浆,保证注浆密实。注浆工艺流程图如图 4-115 所示。

主要注浆支护参数:双排注浆小导管、中隔壁超前注浆小导管、中空注浆锚杆、锁脚注浆锚管的规格尺寸和布置形式如表 4-12 所示。

主要注浆支护参数表　　表 4-12

支护名称	直径(mm)	壁厚(mm)	长度(m)	布置形式(cm)	打设角度(°)
3m 注浆小导管	ϕ42	3.5	5	环向间距 40cm,纵向间距 100cm	10°～15°
5m 注浆小导管	ϕ42	3.5	3	环向间距 40cm,纵向间距 100cm	15°～20°
中隔壁注浆小导管	ϕ42	3.5	3	环向间距 40cm,纵向间距 100cm	15°～25°

续上表

支护名称	直径(mm)	壁厚(mm)	长度(m)	布置形式(cm)	打设角度(°)
中空系统锚杆	φ25	-	4	拱顶90°,范围间距120cm,侧墙80cm 纵向间距50cm,梅花形布置	-
锁脚锚管	φ50	4	4	拱架每边打2根,与拱架焊接成整体	30°～45°

注:中空系统锚杆与锁脚锚管注M30水泥浆;超前小导管注M30水泥浆。

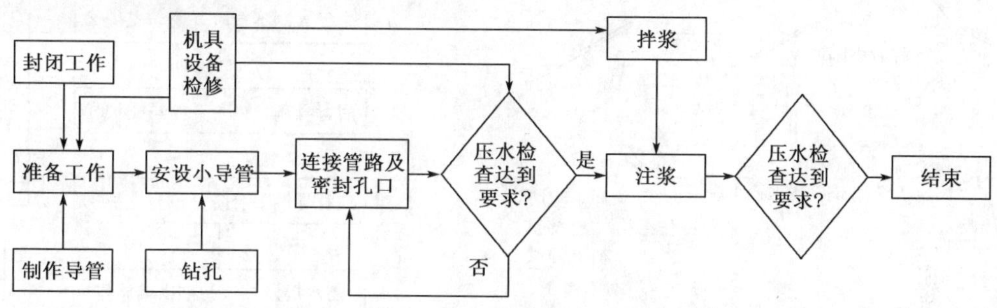

图4-115 超前小导管注浆工艺流程

中空系统锚杆与锁脚锚管注M30水泥浆,超前小导管注M30水泥浆。小导管注浆由注浆压力和流量两个条件来控制。注浆的压力一般控制在0.5～1.0MPa范围。注浆的材料、方式和注浆的压力在实际操作中将根据现场的实际情况进行调整;如发现漏注或者有空洞,及时地补注,保证承载圈形成。中空锚杆施工工艺如图4-116所示。

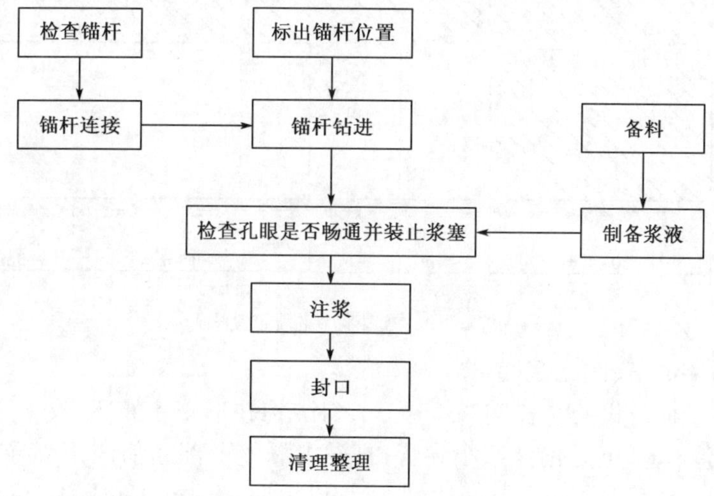

图4-116 中空锚杆施工工艺流程

(五)CD结合双排小导管施工步序

潭柘寺隧道B线塌方段根据塌方前初支、仰拱以及填充的完成情况分为A、B、C三段处理类型。A段为先前已施作完初支封闭、二衬仰拱、仰拱回填段;B段为先前已施作完初支封闭段;C段为先前未施作初支封闭以及未开挖的塌方影响段。

1. A 型处理方案施工步序

A 型处理方案施工步序如图 4-117～图 4-119 所示。

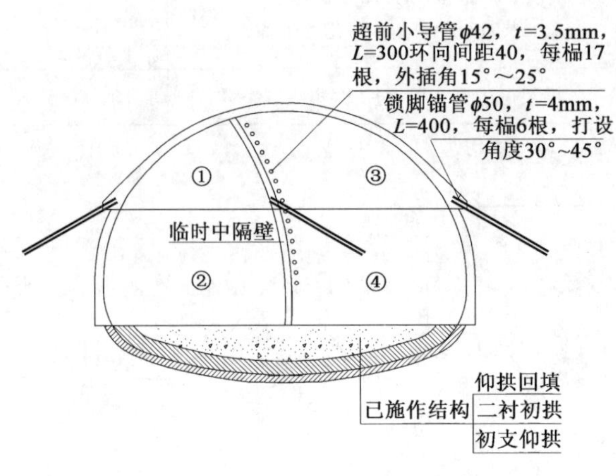

图 4-117 A 型施工步序横断面示意图

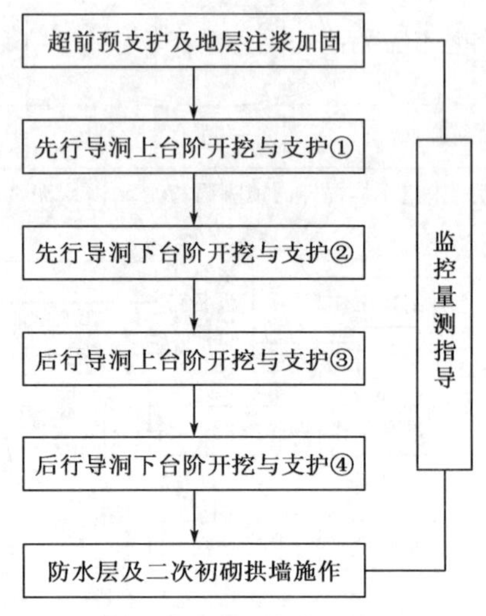

图 4-118 A 型施工作业流程图

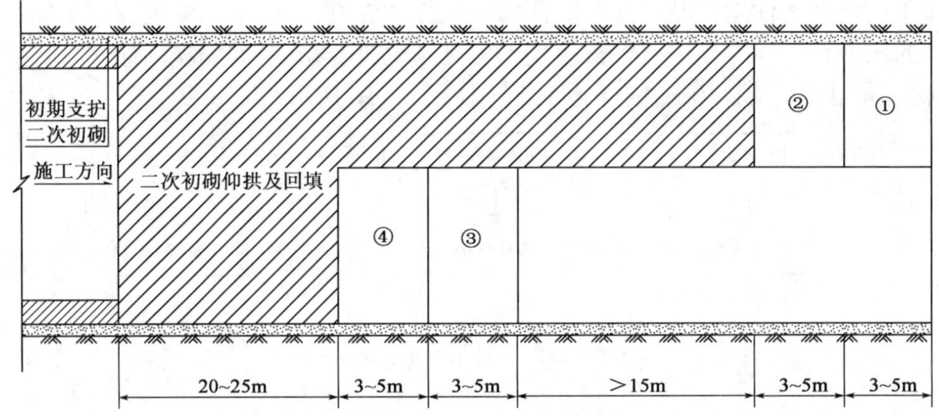

图 4-119 施工步序平面布置图

A 型/施工步序如下(图 4-120)：

第一步：在掌子面打设 ϕ42 长度 3m 呈 1m×1m 梅花形布置的注浆小导管，注浆稳定掌子面。交替打设拱部 3m、5m 超前注浆小导管，打设中隔壁上部超前注浆小导管、①部 ϕ25 长度 4m 中空系统锚杆。注浆加固，待强度达到 75%以上时，开挖①部土体。开挖采用局部弱爆破，机械辅以人工开挖方式。架设 I25b 型钢拱架及中隔壁，间距 50cm。打设锁脚锚管，与型钢拱架焊接成一个整体，挂钢筋网，喷射初期支护，厚度为 32cm，然后注浆加固锁脚锚管。

第二步：待①部开挖 3～5m 时，开挖②部坍体。架设型钢拱架、中隔壁及临时横撑。打设中隔壁超前小导管、中空系统锚杆及锁脚锚管。挂钢筋网喷混，然后对小导管及中空系统锚管注浆。

第三步：②部开挖 18m 以上时，开挖③部坍体，开挖预留核心土。打设超前注浆小导管、中空系统锚杆及相应锁脚。挂钢筋网喷混，然后对小导管及中空系统锚管注浆。

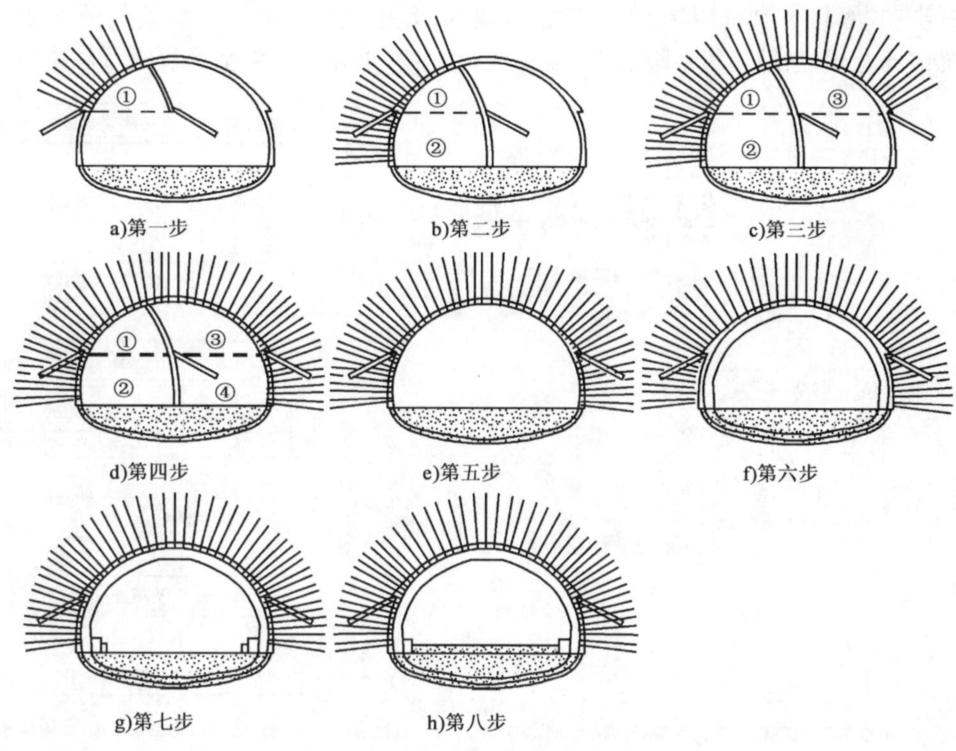

图 4-120　A 型施工步序图

第四步：待③部开挖 3～5m 时，开挖④部坍体。架设型钢拱架及临时横撑，打设系统锚杆和锁脚。挂钢筋网喷混，然后对系统锚管及锁脚注浆。

第五步：拆除中隔壁及临时横撑。一次拆除长度不宜过长，拆除 7～8m 后应及时的施作二衬。在变形较大部位应减少一次拆除的长度。

第六步：施作二衬。C25 混凝土，厚度 55cm。

第七步：施作水沟及电缆槽等附属结构。

第八步：施作 C40 混凝土路面。

2. B 型处理方案

B 型处理方案施工步序如图 4-121～图 4-124 所示。施工步序类似 A 型施工步序。

3. C 型处理方案

以 C 型的施工步序为例，施工步序如下(图 4-125)：

第一步：在掌子面打设 $\phi42$ 长度 3m 呈 1m×1m 梅花形布置注浆小导管，注浆稳定掌子面。交替打设拱部 3m、5m 超前注浆小导管，打设中隔壁上部超前注浆小导管、①部 $\phi25$ 长度 4m 中空系统锚杆。注浆加固，待强度达到 75%以上时，开挖 1 部土体。开挖采用局部弱爆破，机械辅以人工开挖方式。架设 I25b 型钢拱架及中隔壁，间距 50cm。打设锁脚锚管，与型钢拱架焊接成一个整体，挂钢筋网，喷射初期支护，厚度为 32cm，然后注浆加固锁脚锚管。

第二步：待①部开挖 3～5m 时，开挖②部塌体。架设型钢拱架、中隔壁及临时横撑。打设中隔壁超前小导管、中空系统锚杆及锁脚锚管。挂钢筋网喷混，然后对小导管及中空系统锚管注浆。

第三步:②部开挖 18m 以上时,开挖③部塌体,开挖预留核心土。打设超前注浆小导管、中空系统锚杆及相应锁脚。挂钢筋网喷混凝土,然后对小导管及中空系统锚管注浆。

超前小导管φ42,t=3.5mm,
L=300环向间距40,每榀17根,
外插角15°~25°
锁脚锚管φ50,t=4mm,
L=400,每榀6根,打设
角度30°~45°
①
③
临时中隔壁
②
临时横撑
④
⑤
超前注浆加固
⑤
已施作结构初支仰拱

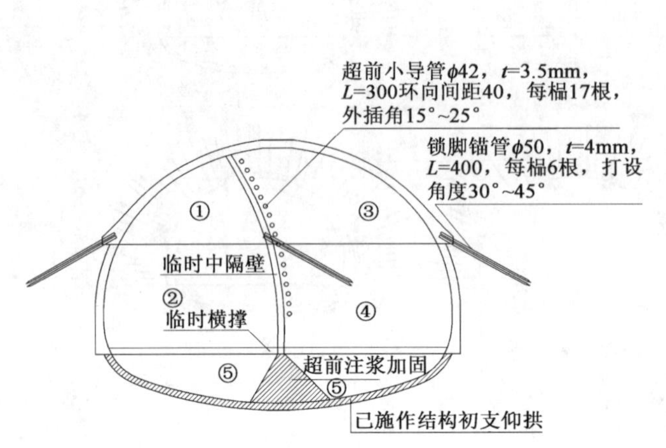

图 4-121　B 型施工步序横断面示意图

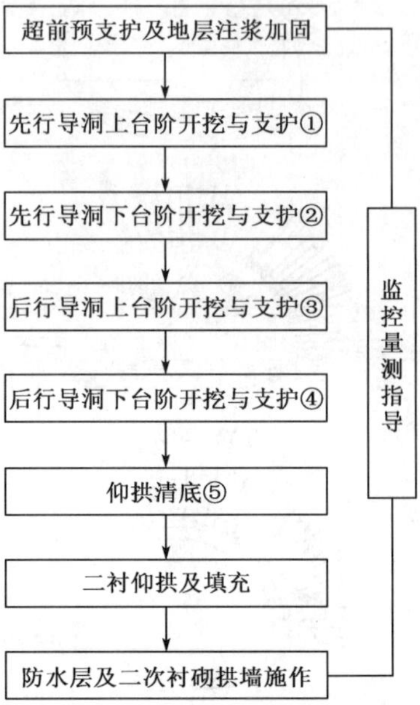

超前预支护及地层注浆加固
先行导洞上台阶开挖与支护①
先行导洞下台阶开挖与支护②
后行导洞上台阶开挖与支护③
后行导洞下台阶开挖与支护④
仰拱清底⑤
二衬仰拱及填充
防水层及二次衬砌拱墙施作
监控量测指导

图 4-122　B 型施工作业流程图

初期支护
二次衬砌
施工方向
二次衬砌仰拱及回填
②
①
④
③
20~25m
3~5m
3~5m
>15m
3~5m
3~5m

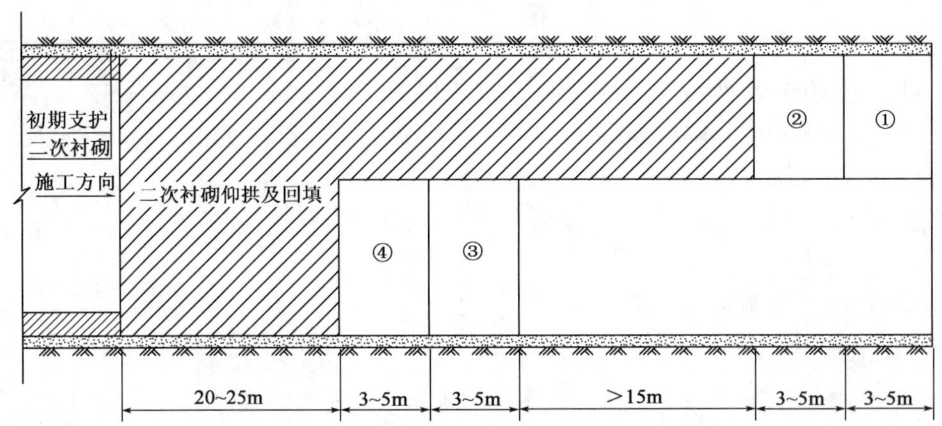

图 4-123　B 型施工步序平面布置图

第四步:待③部开挖 3～5m 时,开挖④部塌体。架设型钢拱架及临时横撑,打设系统锚杆和锁脚。挂钢筋网喷混凝土,然后对系统锚管及锁脚注浆。

第五步:待④部土体开挖 3～5m 时,开始开挖⑤部塌体,然后封闭初期支护。各部施工步序如图 4-126 所示。

第六步:拆除中隔壁及临时横撑。一次拆除长度不宜过长,拆除 7～8m 后应及时施作二衬。在变形较大部位应减少一次拆除的长度。

第七步:施作二衬。C25 混凝土,厚度 55cm。

第八步:施作水沟及电缆槽等附属结构。

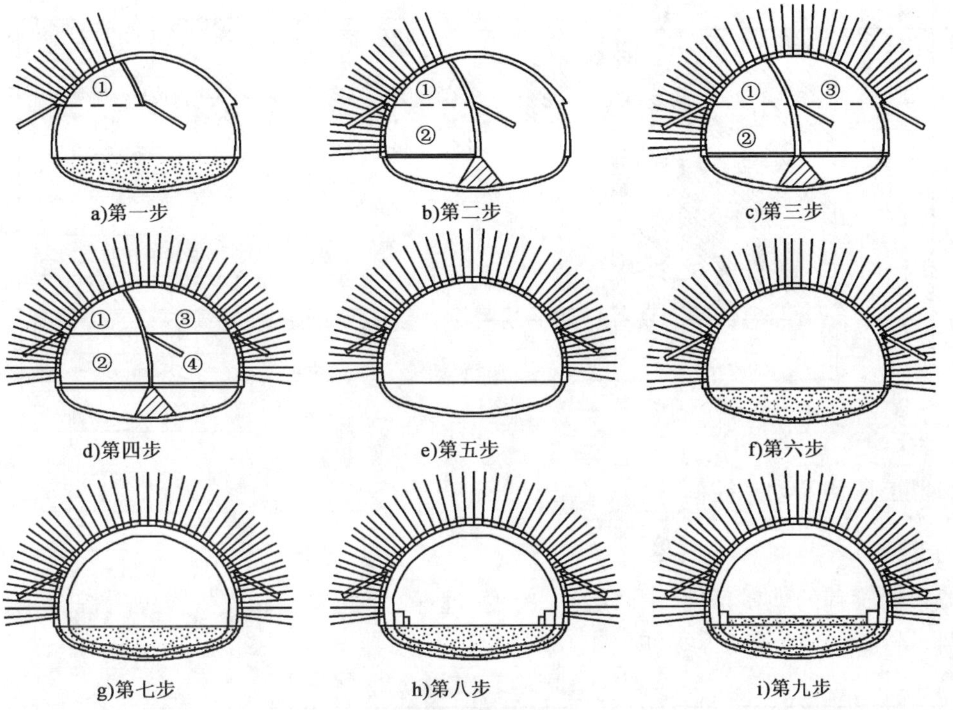

a)第一步　b)第二步　c)第三步

d)第四步　e)第五步　f)第六步

g)第七步　h)第八步　i)第九步

图 4-124　B 型施工步序图

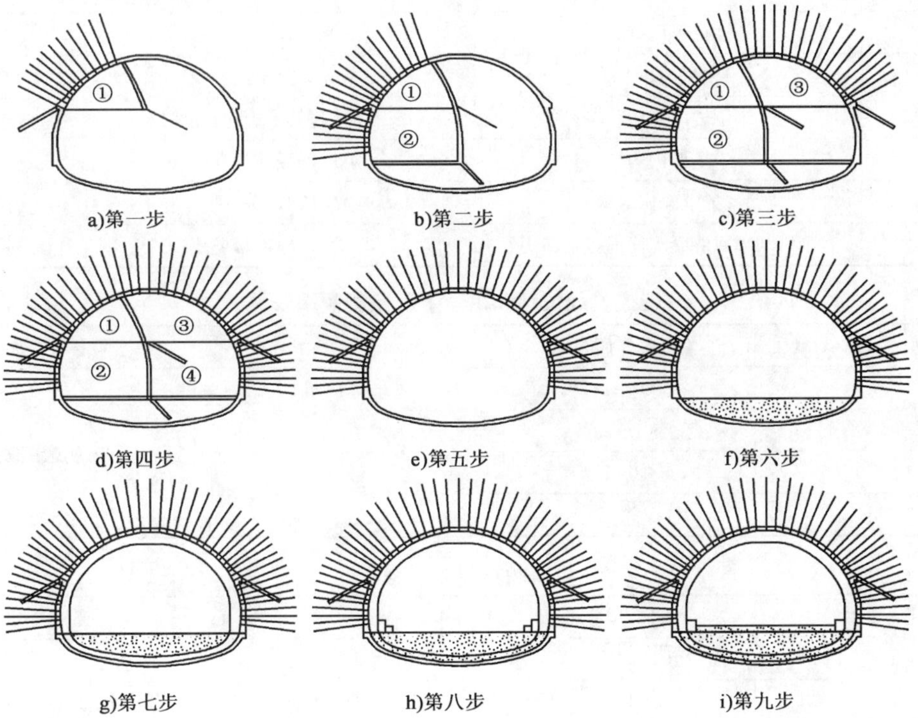

a)第一步　b)第二步　c)第三步

d)第四步　e)第五步　f)第六步

g)第七步　h)第八步　i)第九步

图 4-125　C 型施工步序图

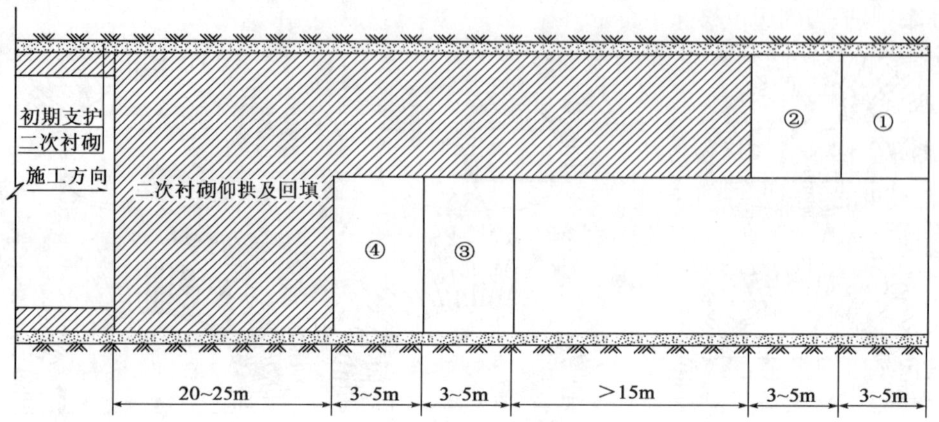

图 4-126　施工步序平面布置图

(六)监控量测及动态控制

1.测量项目及控制

主要根据工程的地质条件、围岩级别、跨度、埋深、开挖方法和支护类型等综合条件确定。具体项目、量测频率和管理等级如表 4-13～4-15 所示。

监测项目汇总表　　表 4-13

序　号	测量项目	测量仪器	备　注
1	地表沉降	水平仪及水平尺	必测
2	拱顶沉降	水准仪、钢尺	必测
3	水平收敛	收敛剂	必测
4	围岩内部位移	多点位移计、百分表	选测
5	拱架内力	钢筋计、频率接受仪	选测
6	喷射混凝土应变	应变计、频率接受仪	选测
7	围岩与喷射混凝土间的接触应力	压力盒、频率接受仪	选测

隧道收敛位移和拱顶下沉监测频率表　　表 4-14

位移速度(mm/d)	距工作面距离	频　率	备　注
>10	(0～1)D	2～4 次/1 天	D 为隧道宽度
5～10	(1～2)D	1 次/1 天	
1～5	(2～5)D	1 次/2 天	
<1	>5D	1 次/1 周	

监测管理等级表　　表 4-15

管理等级	管理量	施工状态	备　注
Ⅲ	$U_0<(U_t/3)$	可正常施工	U_0 为实测值,U_t 为最大允许值
Ⅱ	$(U_t/3)<U_0<(2U_t/3)$	应加强监测	
Ⅰ	$U_0>(2U_t/3)$	预警、应采取特殊措施	

根据速率判别，当周边位移速率小于0.1～0.2mm/d时或拱顶下沉速率小于0.07～0.15mm/d时，则认为围岩位移达到基本稳定；当周边位移或拱顶下沉速率大于1.0mm/d时，表明位移不稳定，应加强观测；当周边位移或拱顶下沉速率大于5.0mm/d时，应报警，进行加固。

2.拱顶沉降和水平收敛分析

洞内Ⅰ部及Ⅲ部拱顶处分别设置沉降观测点，在腰部与中隔壁左右各设置一组周边位移观测点。每个断面设置4个监控点，2个拱顶沉降测点，2个收敛测点，每隔10m设一组测点如图4-127所示。每天对拱顶沉降及水平收敛进行观测。将量测结果及时绘制成变形曲线，对应变曲线进行线性回归以判定最终变形值，再根据变形量及时调整开挖预留变形量和支护参数。根据该隧道量测结果，大部分拱顶累计沉降最大值均在50mm左右，大部分最大累计收敛也在55mm左右。在测量过程中也存在过一两个断面变形异常情况，施工中及时采取锚、网、喷、注浆、架设横撑等加固措施，确保了安全。

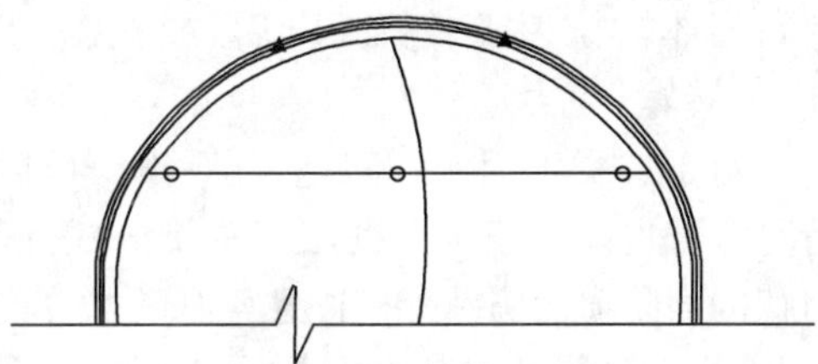

图4-127　隧道塌方段测点布置示意图
▲-拱顶下沉测点；○-周边位移测点

(七)处理结果评价

潭柘寺隧道的塌方因施工方案和开挖方法选择的比较合理，施工比较顺利，又加上合理的组织和动态的施工管理，在工程质量、安全和进度上都取得比较理想的效果。对此次塌方处理过程的体会有：

1)CD法结合双排注浆小导管在处理公路隧道较大塌方中是可行的，在控制沉降和收敛方面效果显著。在软弱和较破碎的围岩中，该方法在抑制围岩变形、确保施工安全等方面也有较大的发展空间。

2)双排注浆小导管结合中空系统锚杆在松散破碎围岩中注浆效果显著，形成有效的承载圈，确保隧道开挖的安全。锁脚锚管在松散体注浆加固后，在控制收敛方面作用明显。在中隔壁基座下打设锚管注浆加固，有效地抑制了中隔壁的下沉，对控制拱顶沉降效果显著。

3)软弱围岩、大跨、浅埋隧道施工中应加强对隧道围岩的监控量测。施工中采用的各种方法和技术都是动态变化。对不同的地质条件应采取不同的支护方案和施工方法，确保隧道稳定。

第九节　隧道开挖与支护的数值模拟

一、地下结构计算问题的提出

地下结构的计算较之一般结构物具有以下主要特点，例如地下结构与岩土介质结合形成一个连续的或不连续的整体系统，相互作用，共同受力；岩土介质材料一般呈不均质、各向异性的非线性态；通常都处于二维或三维的复杂应力状态，例如隧道衬砌应按平面应变和空间问题计算分析。

以岩质隧道结构按围岩-结构体系计算为例，具有代表性的一些特征，主要反映在其计算模型中的有:对新鲜、完整而又坚硬致密的曾庄岩体,多数情况下可将岩体按层理面作为正交各向异性的弹性介质来分析;对比松散、破碎而又具有随机分布的细微节理裂隙的软弱岩体,可将岩体作为非线性或者弹塑性变形,但宏观上仍可视作均匀的连续介质来分析。

将岩体作为弹塑性介质分析时要求假定是在复杂应力状态下的屈服准则与加工硬化条件;节理裂隙发育丰富的岩体,可作为不可抗拉的介质材料,或有定向大节理、断层、破碎带和软弱夹层,或有其他明显的地质构造缺陷等"间断"特性的岩体。可将其视为不连续介质来模拟。在用有限元法解析时,要求采用专门拟定的特殊的有限单元模型(如夹层单元、节理单元等);岩体被拉裂或者剪断以后,或在高的围岩应力下,岩体中塑性流动区的内应力会重分布(内力转嫁、应力迁移)。

对于这类工程实际问题,几乎没有可以处理所有上诉复杂因素的经典解析方案,即使对个别情况有时也能较正确地列出其解析公式,但解题工作十分繁复。例如,经常是一个难于有数学封闭解的高阶微分方程组,采用经典的数学分析解往往只能是比较浅显的解答;如果改用数值计算,则往往又是几十甚至上百个未知数的线性或者非线性代数方程组,利用手算是完全不可能的。所以,在电算出现之前,许多岩土工程计算都不得不有赖于试验或者实测之上的经验公式。

二、有限元法分析

有限元分析(Finite Element Analysis,FEA)的基本概念是用较简单的问题代替复杂问题后再求解。它将求解域看成是由许多称为有限元的小的互联子域组成,对每一单元假定一个合适的(较简单的)近似解,然后推导求解这个域总的满足条件(如结构的平衡条件),从而得到问题的解。这个解不是准确解,而是近似解,因为实际问题被较简单的问题所代替。由于大多数实际问题难以得到准确解,而有限元不仅计算精度高,而且能适应各种复杂形状,因而成为行之有效的工程分析手段。

有限元是那些集合在一起能够表示实际连续域的离散单元。有限元的概念早在几个世纪前就已产生并得到了应用,例如用多边形(有限个直线单元)逼近圆来求得圆的周长,但作为一种方法而被提出则是最近的事。有限元法最初被称为矩阵近似方法,应用于航空器的结构强度计算,并由于其方便性、实用性和有效性而引起从事力学研究的科学家的浓厚兴趣。经过短短数十年的努力,随着计算机技术的快速发展和普及,有限元方法迅速从结构工程强度分析计算扩展到几乎所有的科学技术领域,成为一种丰富多彩、应用广泛并且实用高效的数值分析方法。

有限元方法与其他求解边值问题近似方法的根本区别在于它的近似性仅限于相对小的子域中。20 世纪 60 年代初首次提出结构力学计算有限元概念的克拉夫(Clough)教授形象地将其描绘为:"有限元法=Rayleigh Ritz 法+分片函数",即有限元法是 Rayleigh Ritz 法的一种局部化情况。不同于求解(往往是困难的)满足整个定义域边界条件的允许函数的 Rayleigh Ritz 法,有限元法将函数定义在简单几何形状(如二维问题中的三角形或任意四边形)的单元域上(分片函数),且不考虑整个定义域的复杂边界条件,这是有限元法优于其他近似方法的原因之一。

三、有限元法求解步骤

对于不同物理性质和数学模型的问题,有限元求解法的基本步骤是相同的,只是具体公式推导和运算求解不同。有限元求解问题的基本步骤通常为：

1)问题及求解域定义：根据实际问题近似确定求解域的物理性质和几何区域。

2)求解域离散化：将求解域近似为具有不同有限大小和形状且彼此相连的有限个单元组成的离散域，习惯上称为有限元网络划分。显然单元越小(网络越细)则离散域的近似程度越好，计算结果也越精确，但计算量及误差都将增大，因此求解域的离散化是有限元法的核心技术之一。

3)确定状态变量及控制方法：一个具体的物理问题通常可以用一组包含问题状态变量边界条件的微分方程式表示，为适合有限元求解，通常将微分方程化为等价的泛函形式。

4)单元推导：对单元构造一个适合的近似解，即推导有限单元的列式，其中包括选择合理的单元坐标系，建立单元试函数，以某种方法给出单元各状态变量的离散关系，从而形成单元矩阵(结构力学中称刚度阵或柔度阵)。

为保证问题求解的收敛性，单元推导有许多原则要遵循。对工程应用而言，重要的是应注意每一种单元的解题性能与约束。例如，单元形状应以规则为好，畸形时不仅精度低，而且有缺秩的危险，将导致无法求解。

5)总装求解：将单元总装形成离散域的总矩阵方程(联合方程组)，反映对近似求解域的离散域的要求，即单元函数的连续性要满足一定的连续条件。总装是在相邻单元结点进行，状态变量及其导数(可能的话)连续性建立在结点处。

6)联立方程组求解和结果解释：有限元法最终导致联立方程组。联立方程组的求解可用直接法、选代法和随机法。求解结果是单元结点处状态变量的近似值。对于计算结果的质量，将通过与设计准则提供的允许值比较来评价并确定是否需要重复计算。

有限元分析可分成三个阶段，前处理、处理和后处理。前处理是建立有限元模型，完成单元网格划分；后处理则是采集处理分析结果，使用户能简便提取信息，了解计算结果。

四、MIDAS-GTS 程序简介

MIDAS/GTS(Geotechnical and Tunnel analysis System)代表了当前工程软件发展的最新技术，在隧道工程与特殊结构领域为我们提供了一个崭新的解决方案。自从 1989 年以来，MIDAS 公司致力于有限元分析与仿真方面的研究，而 GTS 就是在其基础上发展而形成的，GTS 软件图片如图 4-128 所示。MIDAS/GTS 可以对复杂的几何模型进行可视化的直观建模。另外，MIDAS/GTS 独特 Multi-Frontal 求解器能为我们提供最快的运算速度，这也是最强大的功能之一。在后处理中，它能以表格、图形、图表形式自动输出简洁实用的计算书。MIDAS/GTS 已经通过了 QA/QC 质量管理体系认证，能确保计算结果的精度和质量。MIDAS/GTS 将秉持其一贯作风，致力于为岩土与隧道工程方面提供一个创新的解决方案。该程序的主要的特点如下：

1)专业性。独有且尖端的可视化界面系统；通用且专业的岩土和隧道分析功能；较容易地处理复杂地层和隧道的建模功能。

2)便利性。面向任务的用户界面；基于几何形状的直观的建模方法；自动的划分网格功能；前后处理的一体化。

3)强大性。众多的非线性材料本构模型；极快的分析速度；表格、图形、图标形式的计算书输出。

4)实用性。可用于验算的各种分析结果;直观的施工阶段的定义和编辑;自动生成计算书。

5)可靠性。该软件由世界最大的土木工程软件公司开发,并有着大量的工程实践的证明。通过了国际质量保证体系认证和大量测试例题的认证。

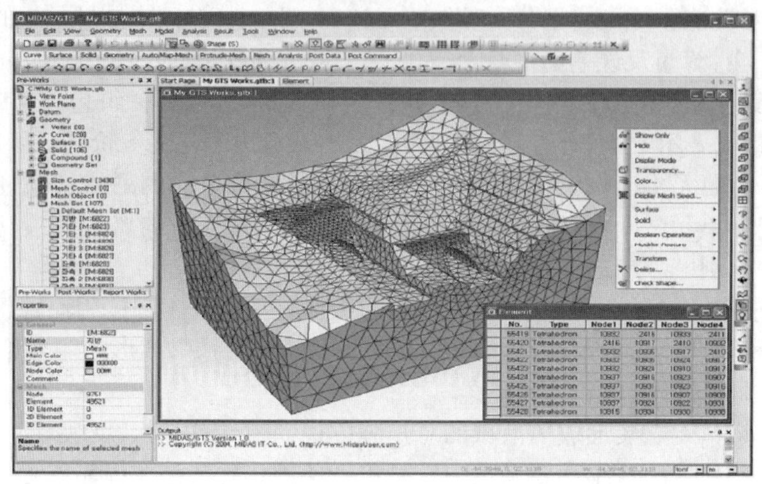

图 4-128　GTS 软件图片

五、潭柘寺隧道有限元模拟分析

(一)两台阶留核心土开挖模拟分析

1. 相关假定与力学模型参数

1)相关假定与简化考虑

数值模拟主要研究随着开挖步序的不断进行,施工段的地层变位的时空效应,着重研究不同的施工阶段,施工对地表沉降的影响。论文主要采用 MIDAS/GTS 模拟施工引起地层变位的时空效应规律。

(1)计算中有以下假定:

①材料采用摩尔—库仑准则;②假定围岩匀质水平分布;③地层和材料的应力—应变均在弹塑性范围内变化,地应力场由重力自动生成。

(2)数值计算中有以下简化考虑:

①小导管力学模拟:计算分析中的小导管注浆的效果可视为在开挖面周围隧道中形成了约 0.6～1.2m 厚的加固圈。小导管注浆加固围岩也可以采用改变围岩参数即重新赋予材料属性的等效方法进行考虑,如图 4-129 所示。

②格栅力学模拟:数值分析中,格栅钢架通过等效的方法进行考虑,根据抗压刚度相等的原则,将钢架的弹性模量折算给喷混凝土,计算公式如下:

$$E = E_0 + \frac{S_g \times E_g}{S_c} \tag{4-1}$$

式中:E——折算后混凝土弹模;

E_0——原混凝土弹模;

S_g——钢架截面面积；

E_g——钢材弹模；

S_c——混凝土截面积。

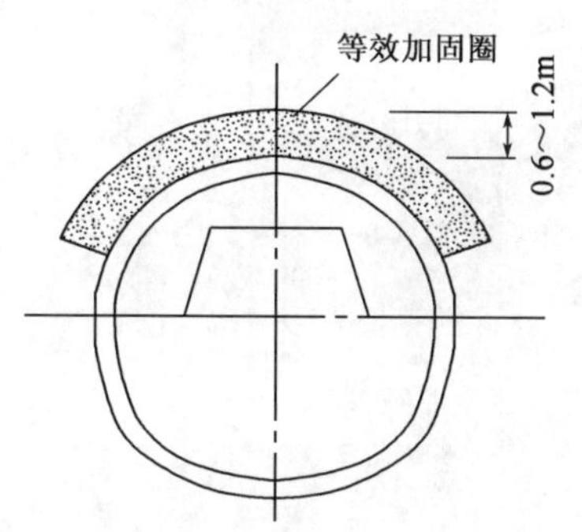

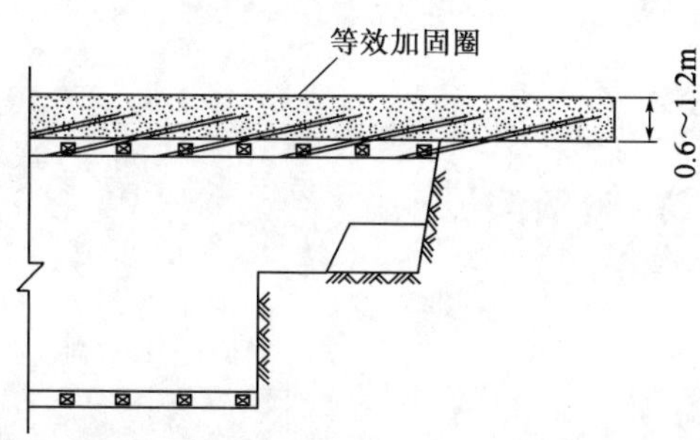

图 4-129　小导管预注浆加固底层示意图

2)模型材料物理力学性质及边界条件

围岩材料性质从 1985 年版建筑材料规范，本构模型采用莫尔一库仑准则，应力边界条件为：竖直方向按土层自重应力，水平方向应力为 0.8 倍自重应力。位移边界条件为：模型顶面自由，四周约束各边界面的法向位移，底面完全约束。材料的物理力学参数如表 4-16 所示。

材料的物理力学参数　　表 4-16

材　料	弹性模量 E(MPa)	泊松比 μ	黏聚力 c(kPa)	内摩擦角 ϕ(°)	密度 (kg/m³)
初衬	20 000	0.2			2 300
二衬	34 500	0.2	-	-	2 500
围岩	600	0.24	2 942	40	2 500

2. 模型几何条件及单元情况

模型以潭柘寺隧道围岩参数进行材料的选定，数值模型尺寸按照原始结构实际尺寸建立，以地表处隧道正上方点为原点，水平向右为 X 轴方向，沿隧道轴向向内为 Y 轴正方向，垂直向上为 Z 轴正方向。计算模型如图 4-130 所示。

3. 计算结果分析

分别对核心土长度为 3m、5m、7m 进行计算。计算结果如图 4-131 和图 4-132 所示。

预留不同长度核心土位移分析结果如下：

1)隧道的最大垂直位移发生在隧道的拱顶部位，隧道的底部和预留的核心土均出现向上的隆起。

2)类比不同长度的核心土的变化情况可以发现，围岩较差时，核心土对拱顶的沉降和水平收敛有较大的制约作用。3m 台阶时，拱顶沉降变化为 10cm；5m 核心土时，最大的拱顶沉降为 9cm，拱顶沉降降低了 10%；7m 时拱顶的最大沉降为

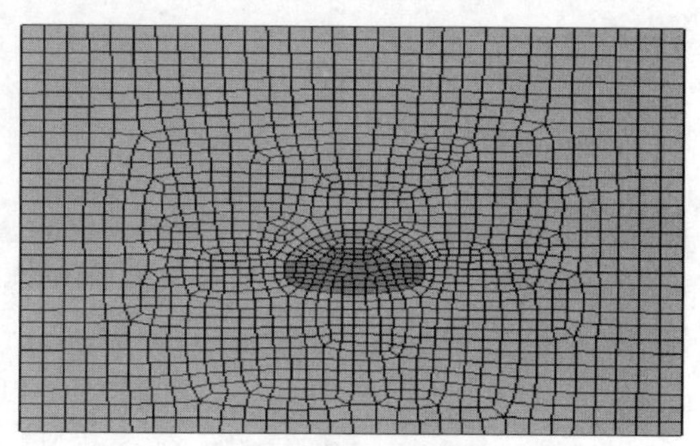

图 4-130　计算模型

7.5cm，降低了25%。3m预留的核心土对稳定掌子面效果较差。当核心土的长度达到7m，接近0.5D左右时，稳定掌子面和控制拱顶沉降效果显著。

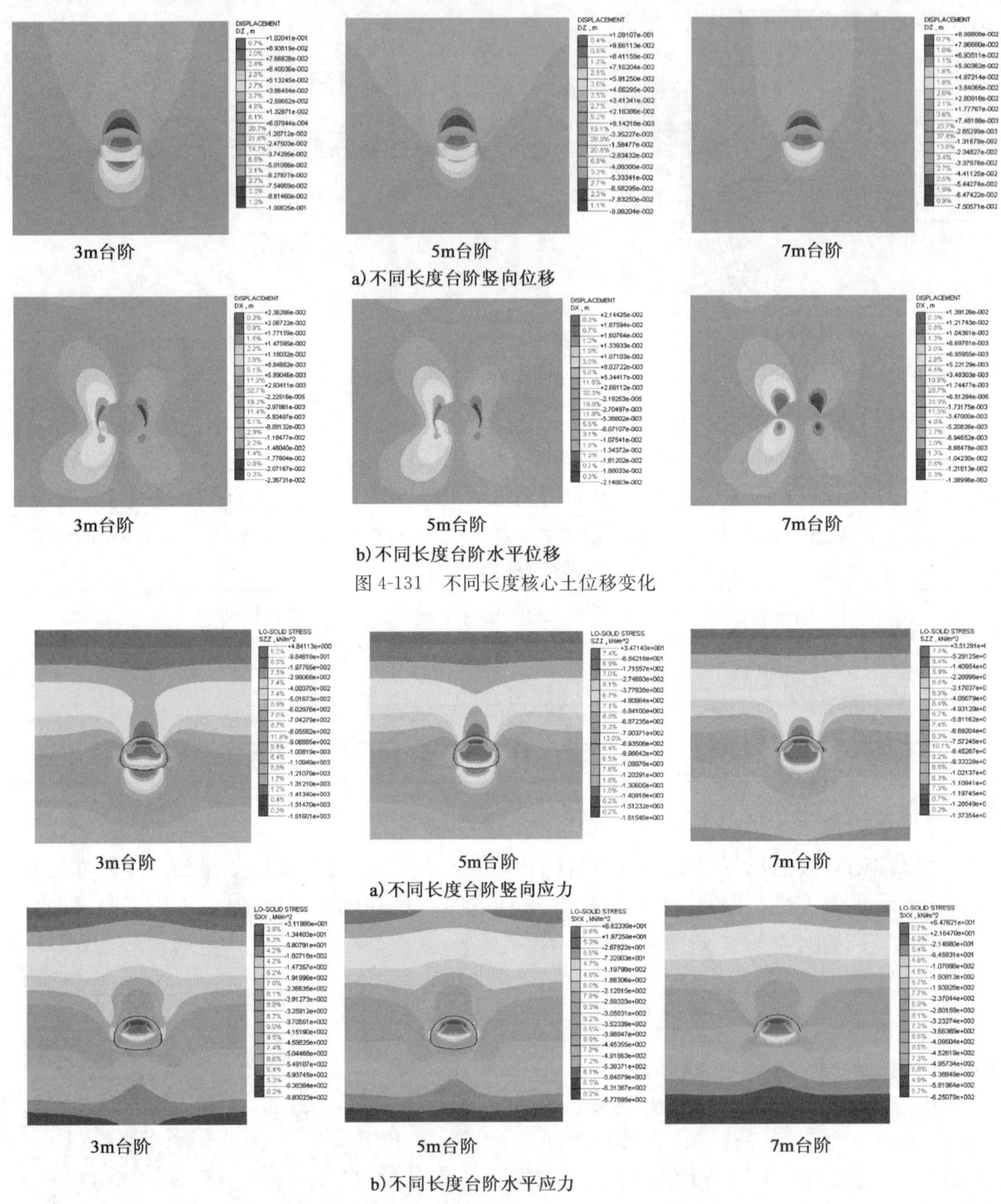

a）不同长度台阶竖向位移

b）不同长度台阶水平位移

图4-131　不同长度核心土位移变化

a）不同长度台阶竖向应力

b）不同长度台阶水平应力

图4-132　不同长度核心土应力变化

3）预留的核心土对周边的收敛位移也有较好的约束作用。3m台阶时，最大的收敛变形为2.3cm；5m核心土时，最大的收敛变形为2.1cm，收敛变形降低了17%；7m时最大的收敛变形为1.4cm，降低了39%。可见，当核心土的长度达到7m，接近0.5D左右时，隧道的周边

位移减小显著。

预留不同长度核心土应力分析结果如下：

1)隧道的最大垂直应力发生在隧道的拱顶部位及拱脚的两侧，隧道的底部和预留的核心土均出现向上的应力作用。水平应力发生在掌子面部位。

2)类比不同长度的核心土的变化情况可以发现，围岩较差时，核心土对竖向应力有较大的制约作用。3m 台阶时，最大竖向应力为 1.616MP；5m 核心土时，最大竖向应力为 1.615MP，拱顶沉降降低了 0.06%；7m 时，最大竖向应力为 1.37MP，降低了 15%。3m 预留的核心土对控制竖向应力效果较差。当核心土的长度达到 7m，稳定掌子面和控制拱顶沉降效果显著。

3)预留的核心土也可以减小水平应力。3m 台阶时，最大的水平应力为 6.83MP，5m 核心土时，最大的水平应力为 6.77cm，收敛变形降低了 0.8%。7m 时最大的水平应力为 6.25MP，降低了 8.4%。可见，当核心土的长度达到 7m，隧道的水平应力减小显著。

通过对预留不同长度的核心土工况进行分析计算可知，当隧道的掌子面的核心土预留较短，3m 以下时，对控制掌子面的稳定效果较差，只有当核心土的预留达到 0.5 倍的隧道洞径以上时，预留的核心土将会对拱顶沉降、水平收敛、竖向应力、水平应力有较明显的约束作用。

(二)小净距隧道施工模拟分析

1.建模考虑

1)力学模型

到目前为止，岩土体的力学模型以连续介质力学为主。但是，由于岩土体材料的特殊性，其本构特征与连续介质又不完全一样，一般金属材料不具有塑性体积应变，但对土体来说，不仅存在塑性体积应变，有时塑性体积应变的量值甚至超过弹性体积应变，其原因在于土粒间的错动使孔隙率降低，卸荷后孔隙不能再恢复，在宏观上体现为塑性应变。导致塑性应变的力可以是压应力，也可以是剪应力，剪应力对土体所产生的变形情况较为复杂，对软土和松砂常表现为剪缩，密实砂常导致剪胀。硬化和软化是岩土体材料的另一重要特征，这与岩土的成因、成分等有关。另一影响因素是应力状态，尤其是主应力对土体的硬化或软化性有明显的影响。在实际应用中，经常采用的力学模型有弹性模型、弹塑性模型和粘弹塑性模型等。

2)弹性模型

在众多力学模型中，最简单的是弹性模型，仅涉及两个计算参数 E，μ，但计算结果与岩土的实际情况相差较大，只有当计算对象为整体性的硬岩才有效。另一类为非线性模型，即在弹性矩阵[D]中的弹性系数 E，是随应力状态而变化的变量，其确定方法常依据三轴试验的结果采用切线法确定，对土样试验来说这种描述法是近似的。

3)弹塑性模型

对土体而言，较为著名的模型是剑桥模型，在剑桥模型的基础上又提出了修正的剑桥模型，能较好地反映剪缩性，但不能反映剪胀。还有其他形式的模型，如 Lade 模型、双剪模型、椭圆-抛物线双屈服面模型、空间准滑面模型等，各有针对性及特点，也都依据于室内试验而建立起相关的模型，在实用中总会遇到很多问题，尤其是模型中的参数，常常难以测定而又直接影响到计算结果。所以目前工程界在计算中常选择理想弹塑性模型和摩尔库仑屈服准则，其原因有：①模型简便；②涉及的参数大多可以通过常规试验获得。

4)黏弹塑性模型

黏弹塑性模型的种类也不少,目前应用较多的是建立在唯象理论基础上的黏壶与弹簧或圣文南元件的组合体,最为典型的是五单元模型,其由三部分串联而成,第一部分为瞬时弹性体;第二部分为黏弹性体,即初始应力由粘壶承担,随着时间的推移,逐渐将黏壶上的力转移给与之并联的弹性元件;第三部分为黏壶与圣文南体的并联,屈服之前黏壶不起作用,屈服以后圣文南体开始滑移,黏壶产生黏滞效应,其他的黏性模型与之有相通之处。对于黏性模型来说,参数的确定是非常困难的。针对土体的固结,又有带时效的固结模型。

5)散体力学模型

散体力学模型是毛坚强针对粒性土而提出来的。事实上前述的模型,没有摆脱连续的特征,而真实情况并非如此,至少砂土应该是更接近于散体,黏土从某一尺度上衡量,也带有散的特征。毛氏散粒模型主要讨论粒间的摩擦接触,同时讨论单粒平衡、整体平衡、颗粒处于非极限状态和颗粒处于极限状态等几方面构成。正如上述描述岩图体的力学模型很多,但是实际中的围岩一般不是具体的在某一种岩土体,因此不论以上述哪种模型进行分析都必然存在一定的误差。考虑到我们研究的主体是按类别划分的围岩,而不是具体的某种岩土,因此其力学模型变化是多样的,并不唯一。本节分析仍选用弹性模型和理想弹塑性模型来进行模拟。

6)地应力场的模拟

本节研究的结构为小净距隧道,从整体上看净距隧道应该属于一扁平结构,“长轴”为水平方向,这与地应力场的主应力相互正交。对结构而言,自重应力场为最不利的地应力场。因此,研究以自重应力场为主,进行原始地应力场模拟,最大主应力 σ_z 为垂直方向,其量值由埋深确定,最小主应力 σ_x 为水平方向,其量值为 $\sigma_x=\lambda\sigma_z=\frac{\mu}{1-\mu}\sigma_z$。

7)边界条件的确定

计算模型的边界条件严格按照隧道力学分析结果,其横向边界到隧道边界的距离约 3～5 倍洞径,垂直方向上,模型下边界到隧道底部边界的距离大于 3 倍洞径。

8)释放荷载的计算

自然岩土体在开挖以前处于一定的初始应力状态,而开挖导致开挖边界上的应力释放,并由此引起周围岩土体的变形及其中应力场的变化。在有限元计算中,可通过去掉被挖去部分的单元,并将由于开挖而产生的“释放荷载”作用于开挖边界面的方法来模拟其开挖过程。

2. 模型建立

1)建模的几何尺寸及物理力学参数,如表 4-17 所示。

材料的物理力学参数 表 4-17

材　　料	弹性模量 E(MPa)	泊松比 μ	黏聚力 c(kPa)	内摩擦角 ϕ(°)	重度 kN/m^3
围岩	60	0.35	35	20	19.5
锚杆	200 000	0.3	-	-	76.0
初衬	21 000	0.2	30 000	50	23.0
二衬	34 500	0.2	-	-	25.0

2)模型的建立

水平向右为 X 轴方向,垂直向上为 Z 轴正方向。整个模型范围大小为 132.8m×71.0m,两个隧道的净距为 20m。计算的平面模型如图 4-133 所示。

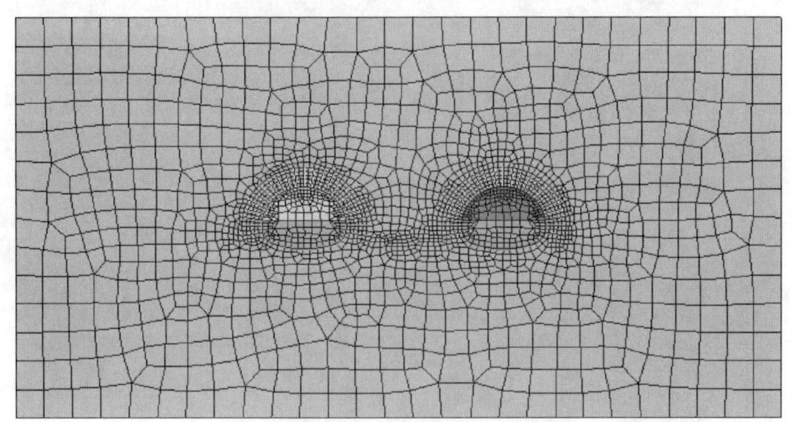

图 4-133 小净距隧道分析计算模型

开挖步序如表 4-18 所示。

主要开挖步序 表 4-18

步　序	图　示	说　明
1	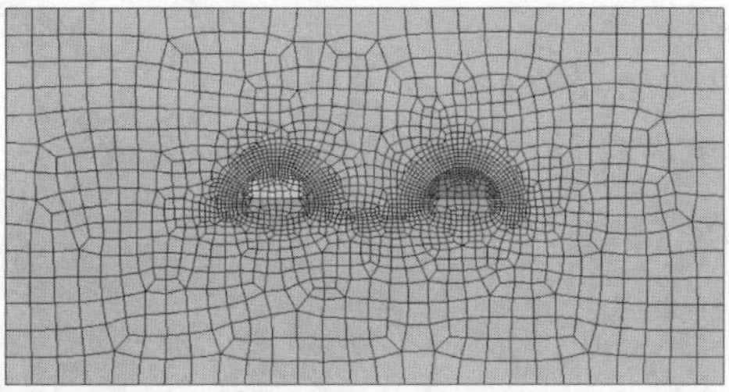	初始应力状态
2	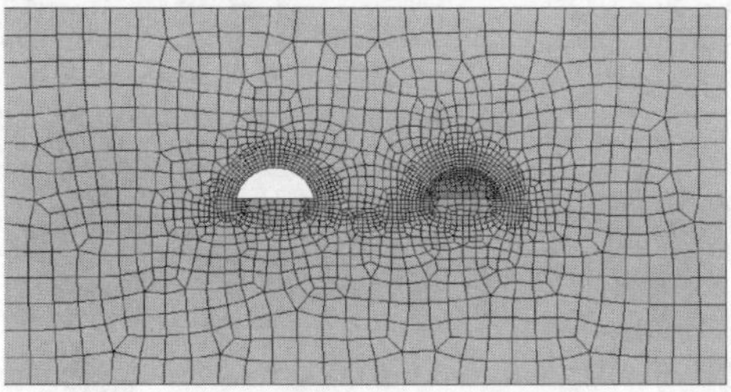	开挖左洞上台阶,左洞上台阶系统锚杆,施作初期支护
3	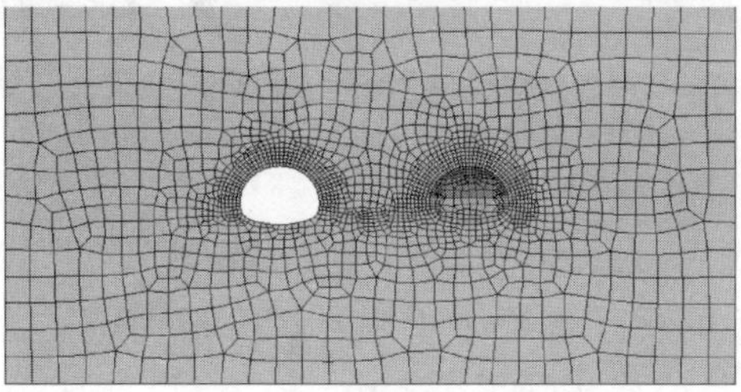	开挖左洞下台阶,左洞下台阶系统锚杆,施作初期支护

续上表

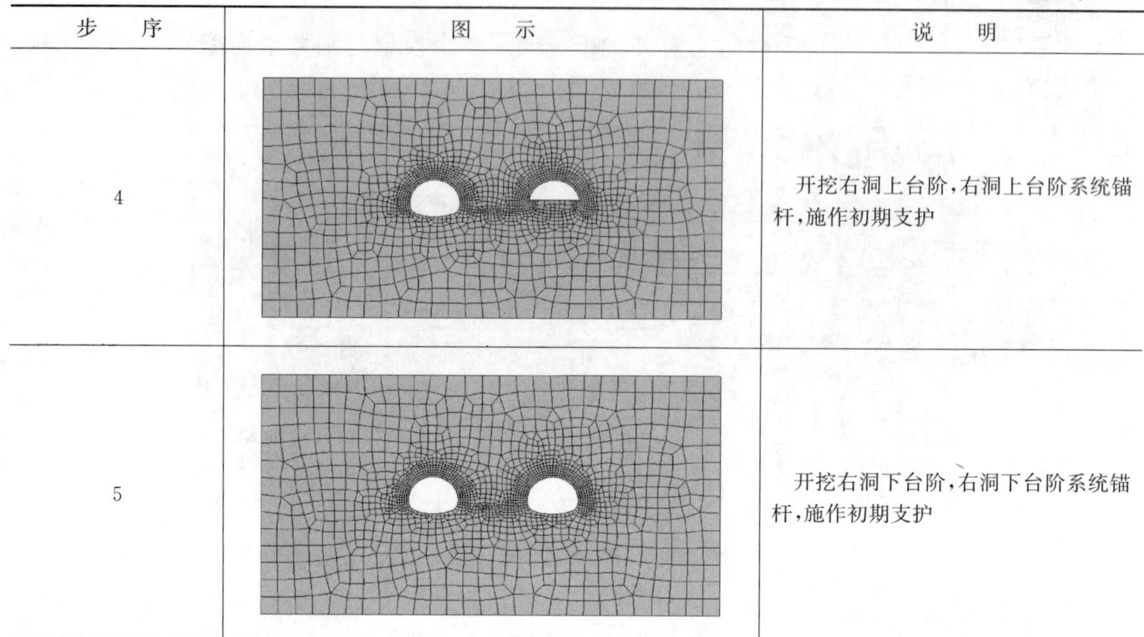

步　序	图　示	说　明
4		开挖右洞上台阶，右洞上台阶系统锚杆，施作初期支护
5		开挖右洞下台阶，右洞下台阶系统锚杆，施作初期支护

3. 数值计算结果分析

1)位移分析

竖直位移开挖进行变化情况如图 4-134 所示。

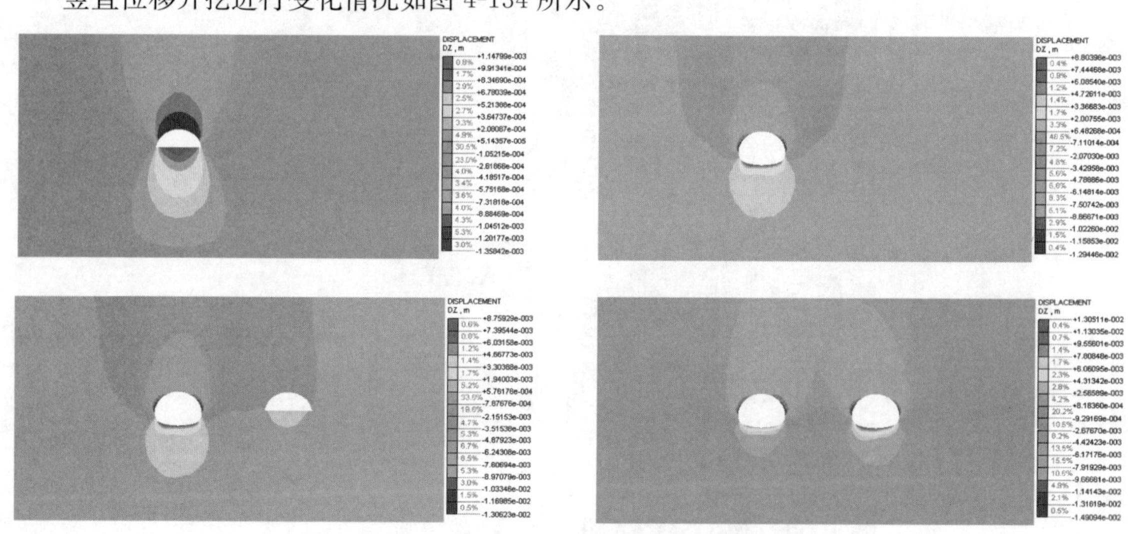

图 4-134　竖直位移随开挖进行变化情况

(1)小净距隧道开挖竖向位移计算结果分析

①左侧隧道的上台阶开挖完成后，最大的竖向位移发生在隧道的拱顶位移，最大值并非发生在拱顶的正上方。底部出现向上的隆起现象。左洞开挖完成后，最大的竖向位移发生在拱顶部位的左右两侧，此时的最大竖向位移达到了 12mm。

②由图 4-134 可知，当右侧的隧道开挖上台阶时，左侧隧道的拱顶沉降受到影响，从最大值 12mm 增大到 13.1mm，增大了 9.2%。当右侧的隧道开挖完成时，最大的竖向位移发生在左侧隧道的拱顶部位两侧，从 12mm 增大到 14.9mm，增大了 24.2%。可见右侧的隧道开挖对左侧的隧道的位移有较明显的影响。

水平位移随开挖进行变化情况如图 4-135 所示。

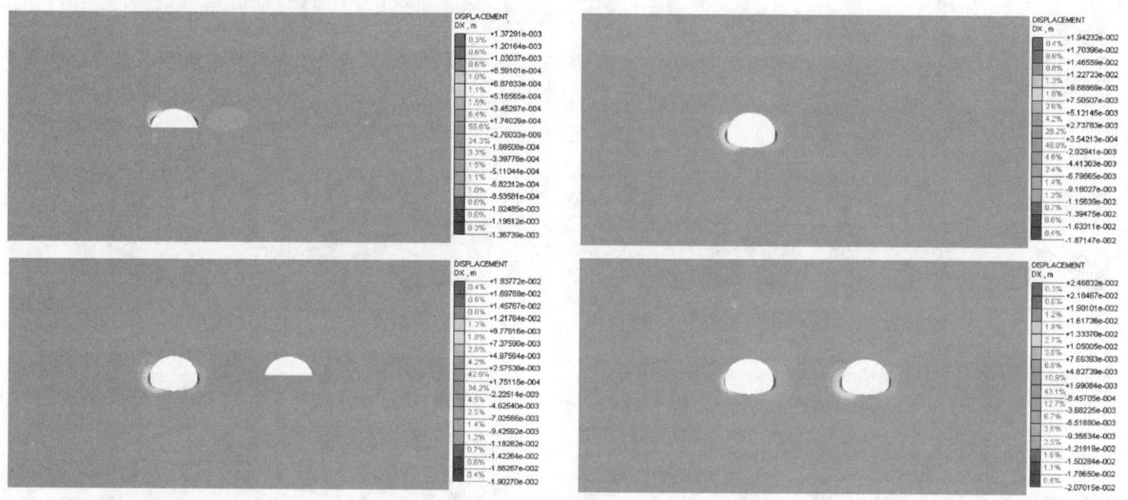

图 4-135　水平位移随开挖进行变化情况

(2)小净距隧道开挖水平位移计算结果分析

①左侧隧道的上台阶开挖完成后，最大的水平位移发生在上台阶左右两侧的拱脚部位。左洞开挖完成后，最大的水平位移发生在小台阶拱脚的左右两侧，此时的最大竖向位移达到了 18.7mm。

②由图 4-135 可知，当右侧的隧道开挖上台阶时，左侧隧道的拱顶沉降受到影响，从最大值 18.7mm 增大到 19mm，增大了 1.6%。当右侧的隧道开挖完成时，最大的竖向位移发生在左侧隧道的拱顶部位两侧，从 18.7mm 增大到 20.7mm，增大了 10.6%。可见右侧的隧道开挖对左侧隧道的水平位移也有较明显的影响。

通过对位移的分析可以看出，小净距隧道施工相互扰动影响比较明显。右侧隧道的施工对左侧隧道的拱顶沉降影响比对水平位移的影响要显著。对竖向位移的影响达到了 24.2%，对水平位移的影响也达到了 10.6%。

2)应力分析

竖直和水平应力随开挖进行变化情况如图 4-136 和图 4-137 所示。

通过小净距隧道开挖应力模拟分析结果如下：

①左侧隧道的上台阶开挖完成后，上台阶的拱脚部位的竖向应力较大，为 0.9MPa 左右，此时最大的水平应力也发生在拱脚部位，为 0.54MPa。隧道拱顶部位出现应力释放，围岩发生松动。

②左侧隧道的下台阶开挖完成时，隧道的拱顶部位的应力发生进一步的应力释放，隧道的竖向应力和水平应力均变大，此时最大的竖向应力发生在拱脚部位，为 0.50MPa 左右。最大的水平应力发生在拱顶部位，最大值为 0.53MPa 左右。

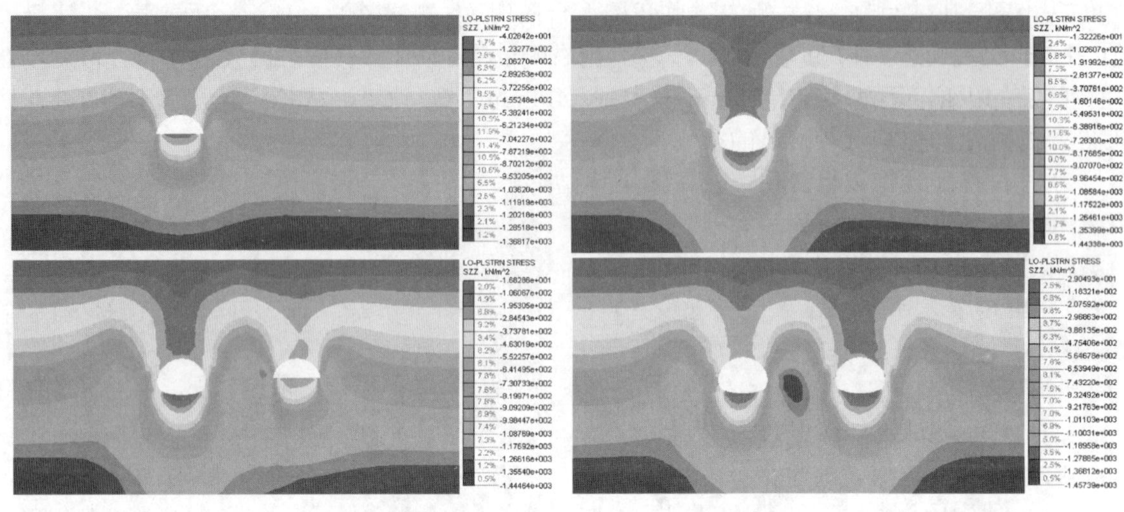

图 4-136 竖直应力随开挖进行变化情况

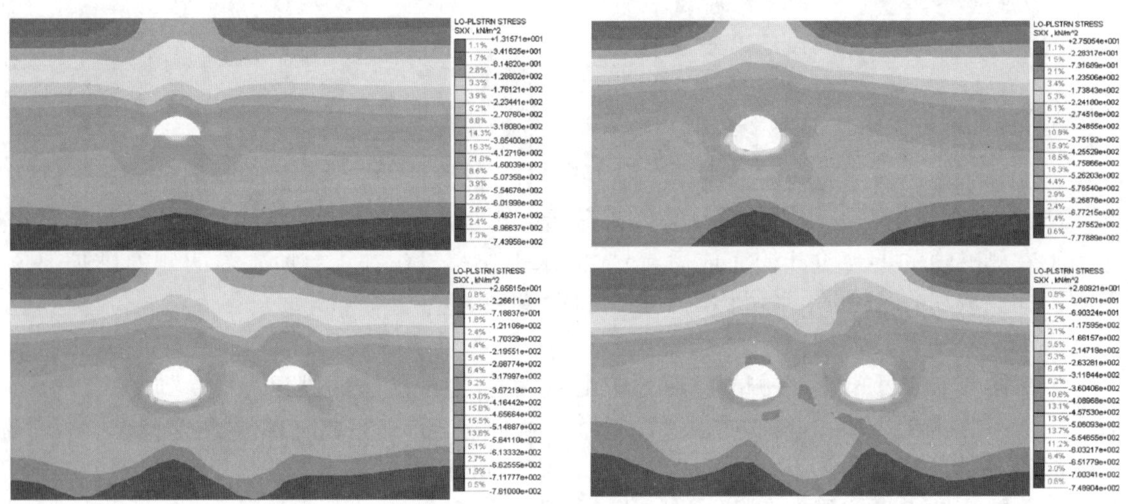

图 4-137 水平应力随开挖进行变化情况

第十节 复合式衬砌隧道黏土浆液背后注浆技术

一、前言

在山岭隧道和城市地下隧道施工中，背后注浆是施工中一项必不可少的工作内容。背后注浆就是在隧道内将具有适当的早期及最终强度的材料，按规定的注浆压力和注浆量在隧道衬砌完成后，注入衬砌与围岩间的空隙内。其主要目的有尽早填充衬砌与围岩间的空隙，防止围岩与衬砌硬接触，保证安全。确保衬砌的早期稳定性和间隙的密封性。作为衬砌防水的第一道防线，提供长期、均质、稳定的防水功能。作为隧道衬砌结构的加强层，具有耐久性和一定强度。

目前，国内复合式衬砌隧道背后注浆普遍采用单液水泥浆，水灰比一般为1∶1。该注浆技术主要存在以下问题：①浆液用量大，导致材料成本较高；②浆材收缩率较大，需要二次补浆；③充填材料刚度较高，不利于缓冲围岩与衬砌间的压力；④浆液黏度较低，容易跑浆。

为了解决普通单液水泥浆存在的问题，北京市公路桥梁建设集团有限公司联合北京市市政工程研究院以具体工程为依托进行科研立项，通过室内试验和现场的应用，总结出充填型黏土浆液背后注浆技术。通过不同施工项目现场的反复验证，证明了该技术的成熟可靠性，并申请了发明专利一项《复合式衬砌隧道壁后注浆黏土浆液及其注浆方法》，专利号20101023 0036.0。该研究成果通过了专家鉴定，总体上达到了国际领先水平。

北京市公路桥梁建设集团有限公司通过系统总结，形成了较为完善的企业级技术，并通过了北京市级技术。该项技术在108国道潭柘寺隧道、北京地铁十号线和密兴路火郎峪隧道等工程中获得了成功的应用，缩短了工期，降低了注浆材料成本，并提高了注浆整体效果。

二、技术特点

1）使用自制黏土促进剂促进水泥和黏土间的反应，促进剂为氯化钙和二氧化铝的配合物。

2）采用高低速二元搅拌工艺，先高速搅拌（500r/min）达到黏土分散效果，再低速搅拌（50r/min），保持浆液活性。

3）采用低压注浆，约0.4～0.6MPa，以保护初支不受破坏。

4）黏土固化浆液防渗透系数小于5×10^{-10}cm/s，具有较好的防水作用。

5）普通水泥浆液的收缩率在15%～20%，而黏土固化浆液的收缩率小于5%，性能远优于普通水泥浆液，因此避免了二次注浆。

6）注浆结石体柔性较好，利于缓冲围岩与衬砌间的压力。

7）黏土浆液成本仅为普通水泥浆液的1/2。

三、工艺原理

日本研究学者曾经对隧道衬砌背后存在空洞进行了大量的模型试验和模拟计算，当出现圆形空洞时，空洞附近围岩的接触压力为0.85MPa；当出现方形空洞时，空洞附近围岩的接触压力为0.8MPa；即使在围岩及衬砌受力最不利的情况下，围岩的接触压力均小于1MPa。课题组经过室内反复试验证明黏土浆液凝固后的强度超过4MPa，其强度能够满足空洞填充的要求。

黏土颗粒表面具有一定的活性，可水化后与水泥发生反应，充分利用它们之间的反应并利用黏土促进剂和塑化剂来改善水泥与黏土间的结合，将会大大提高黏土固化注浆材料的强度和其他性能。

黏土促进剂是一种无机电解质，能溶于水，在水中离解出带正电荷的阳离子$[X]^{n+}$和带负电荷的阴离子$[Y]^{n-}$，阳离子与土壤胶体表面的阳离子$[M]^{n+}$产生交换作用，将这些原本吸附在土壤颗粒表面，亲水性极高的阳离子赶走，代之以亲水性较低、黏结力较强的铝离子及其水合物。固化机理是通过中和黏土颗粒、表面的离子，将土粒表面吸附的部分水分子置换为自由水，使土粒表面失去对水的静电吸附力，永久地将土的亲水性变为疏水性，同时促进石灰或水泥与土发生化学反应，从而改善土的工程性质。

注浆材料是以黏土为主要原材料，以水泥、水玻璃、黏土促进剂、塑化剂为辅料，按一定工艺加工而成；其注浆工艺在普通注浆工艺的基础上改进而成。

四、施工工艺流程及操作要点

（一）施工工艺流程

充填型黏土浆液背后注浆工艺流程如图 4-138 所示。

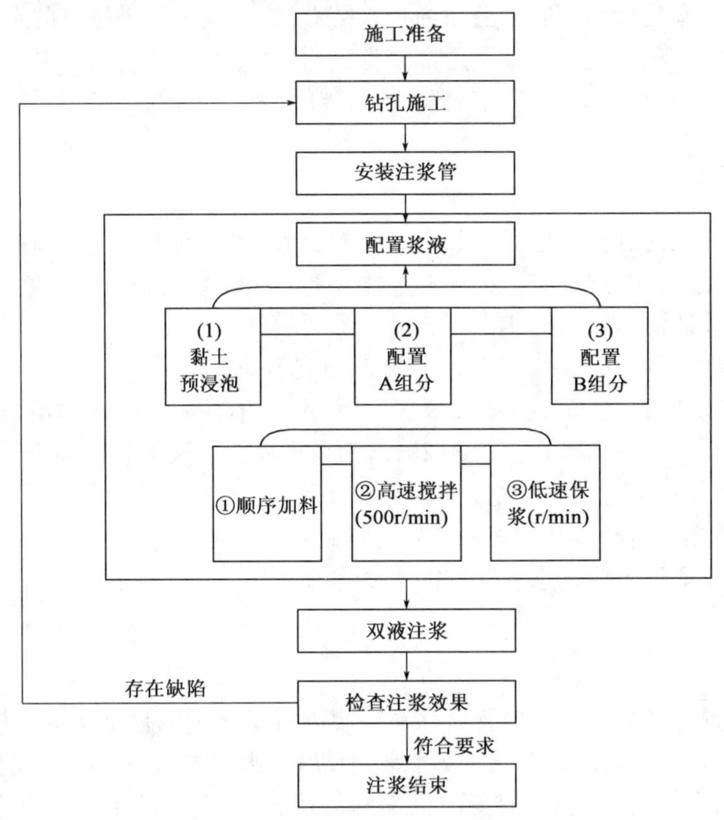

图 4-138　充填型黏土浆液背后注浆工艺流程图

（二）操作要点

1. 施工准备

1）材料准备。①水泥：32.5 标号普通硅酸盐水泥；②塑化剂：塑化剂应与水泥相容，是一种亲水性表面活性物质，可以楔入水泥和黏土团粒裂缝，使水泥和黏土颗粒分散更为均匀，颗粒更小，比表面积增加从而提高水泥的水化程度；③黏土促进剂，为本单位自行研制；④黏土，所选黏土应具有可塑性，手捏呈细分散颗粒，含沙量低于 10%，同时具有黏合性；⑤水玻璃，选用钠水玻璃，分子式为 $Na_2O \cdot mSiO_2$。模数为 2.6～2.8，波美度 40°～45°Bé；⑥注浆管，为了避免在注浆完成后浆液回流，该技术在注浆管暴露出的一侧加装阀门，并在注浆管上打孔，孔径 6mm，间距 10cm。

在注浆时开启阀门，注浆完毕后将阀门关上，再将注浆泵上的注浆管拔出。注浆管如图 4-139 所示。

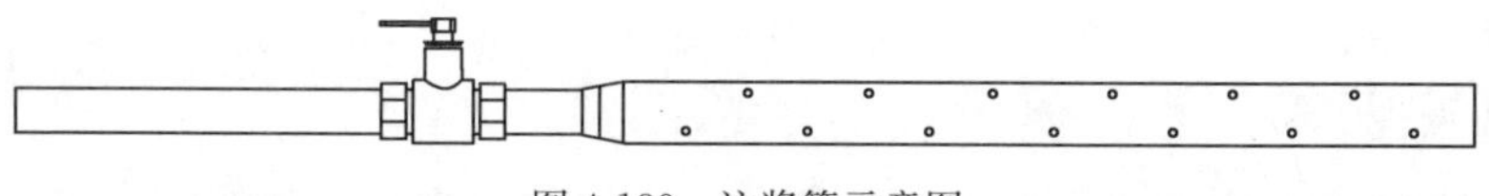

图 4-139　注浆管示意图

2)施工人员准备。每班注浆人员安排施工班长 1 人，搅拌机 1 人，搅拌机后台上料 2 人，注浆泵操作 1 人，注浆施工 2 人。浆液配合比试验提前做好。

3)机具、设备准备。电动空压机、风动凿岩机、注浆机一台，水泥浆高速搅拌机，水玻璃搅拌桶一个，水泥浆桶一个(低速搅拌)，注浆简易平车一台，高压注浆软管若干。

2. 钻孔施工

1)架设作业平台。在隧道内利用脚手架或型钢拱架搭设高度合适的作业平台，作业平台要利于钻孔及注浆人员施工，并加设安全防护栏。

2)布孔、钻孔。注浆孔的间距为 0.5～2.0m，沿初衬墙拱面梅花形布置，钻孔采用风钻带钻进。钻孔的方向垂直于初衬面，管顶部进入岩层 0.1m。

3. 安装注浆管

注浆钢管采用 Φ 小 32 焊管，前端加阀门，打入土中部分侧壁开口，开口直径 6mm，间距 10cm，沿管壁梅花形布置。

钻进时如渗水量较大，每钻完一孔，立即采用人工打入注浆钢管，注浆管与注浆孔间的空隙用棉纱和速凝水泥将注浆堵严。隧道内每批安装的注浆管不宜过多，一般每注浆循环段长度为 10m 左右。

4. 配置浆液

1)黏土在水中预浸泡 4～24h。

2)配制 A 组分，按照水∶黏土∶水泥∶黏土促进剂∶塑化剂为 100∶60∶40∶5∶1 的配合比将水、黏土、黏土促进剂、塑化剂、水泥依次加入变速搅拌机进行高速搅拌，再将搅拌均匀的浆液进行低速搅拌，保持浆液稳定性。

3)配制 B 组分，按照水∶水玻璃∶缓凝剂为 100∶100∶5 的配合比将将水、水玻璃、缓凝剂依次加入高速搅拌机进行高速搅拌，再进入低速搅拌机进行低速稳定搅拌。

4)A、B 组分混合比为 100∶50。

5. 双液注浆

1)注浆顺序：注浆管布置完后，调试设备连接管道进行注浆，注浆顺序先下后上(侧墙—拱腰—拱顶)，依次注浆。

2)作业方式：注双液浆的方式采用全孔一次压入式注浆，当单孔注浆量超过计算的注浆量的 1～2 倍时，且注浆压力持续不升高，则应检查双液浆配比的凝胶时间是否达到要求，对该孔停止一段时间后，先注其他孔位，再回头对该孔进行第二次注浆，直到达到注浆压力。

3)注浆参数:①隧道注双液浆的初始压力为0.4MPa,注浆终压选用0.6MPa,在终压下持时1～2min;②注浆速度一般选用50L/min即采用注浆机的高速挡位,当达到注浆终止时,选用压力大的低速挡位;③注浆扩散范围:注浆的有效范围为初衬背后1m以上。

每一施工段注完浆后,检查该段初衬面是否还存在渗漏水现象,如有渗漏现象,则对该部位二次钻孔补浆,注浆压力应达到0.4～0.6MPa。

6.注浆效果检查

注浆效果检查的方法主要有分析法、直接观察法和雷达测线扫描法。

1)分析法:对注浆记录进行整理分析,看每孔注浆压力是否达到注浆终压,注浆过程中是否发生漏浆、串浆等现象,判定注浆效果。

2)直观检查法:检查一次支护表面渗漏水情况,有无集中出水点和大面积出水点,渗漏水量是否满足要求,地表沉降是否得到有效控制。

3)雷达测线扫描法:在注浆前对要注浆区域进行雷达扫描,注浆完毕后再次进行注浆扫描,以确定是否仍有空洞存在。

第五章　复合式衬砌施工与辅助作业

目前隧道结构以喷射混凝土、锚杆、钢拱架(钢格栅)、钢筋网中的一种或几种组合形成初期支护结构，待初期支护的变形基本稳定后，进行现浇混凝土作为二次衬砌，即为复合式衬砌，是以新奥法为基础的一种新型支护结构。

新奥法是奥地利学者 L. V. Rabcewicz 教授 1948 年提出来的，把坑道周围岩体和各种支护结构作为一个完整支护体系的新的支护理论和方法，称为新奥法(New Austrian Tunnelling Method，NATM)。其方法核心是：①围岩体和支护视作统一的承载体系，岩体是主要的承载单元；②允许围岩产生局部应力松弛，也允许作为承载环的支护结构有限制的变形；③通过试验、量测决定岩体和支护结构的承载-变形-时间特性；④按“预计的”围岩局部应力松弛选择开挖方法和支护结构；⑤在施工中，通过对支护的量测、监视，修改设计，决定支护措施或第二次衬砌。

围岩与锚喷支护、模筑二次衬砌结合在一起，根本改善了支护结构的静力工作条件。通过锚喷支护保护加固围岩，提高了围岩强度和稳定性，并给围岩以主动支护力，在于围岩共同承载共同变形中承受形变压力，保持隧道结构的稳定和安全。其中围岩自身成为“承载结构”的一个主要组成部分，而锚喷支护成为一种充分利用和加强围岩自身支承能力，把围岩和支护结构组成一个统一的结构工作体系的重要支护手段。

第一节　初期支护结构施工

一、概述

初期支护承受主要的荷载，起稳定围岩，控制围岩应力和变形，防止松弛、坍塌和产生“松散压力”等作用；二次衬砌基本上是不承载或承载很小的，主要是为了隧道结构物的安全、耐久、防水和饰面的需要。在初期支护和二次衬砌之间，还有一层复合式防水层，起防水作用。

初期锚喷支护是一种符合岩体力学原理的积极支护方法，具有良好的物理力学性能。它能及时支护和加固围岩，为围岩密贴，封闭岩体的张性裂隙和节理，加固围岩结构面，有效地发挥和利用岩块间的镶嵌、咬合和自锁作用，从而提高岩体自身的强度、自承能力和整体性。由于锚喷支护结构柔性好，所以它能同围岩共同变形，构成一个共同工作的承载体系。在变形过程中，它能调整围岩应力，抑制围岩变形的发展，避免坍塌体的产生，防止过大的松散压力出现。锚喷支护技术不再把围岩仅仅视作荷载(松散压力)，同时还能把它视为承载结构的组成部分。锚喷支护结构承受荷载的性质也变为承受围岩压力的形变压力。

锚喷支护应配合光面爆破等控制爆破技术,使开挖面轮廓平整、准确,便于锚喷成型,并减少回弹量;减轻爆破对围岩的松动破坏,维护围岩强度和自承受能力,使其受力良好。

锚喷支护是喷射混凝土、锚杆、钢筋网喷射混凝土、钢拱架等结构组合起来的支护形式。可以根据不同围岩的稳定状况,采用锚喷支护中的一种或几种结构的组合。用机械方法加固隧道围岩,可设锚杆;张挂钢筋网片,可以提高喷射混凝土支护层的抗拉能力、抗裂性和抗震性。

喷射混凝土是利用高压空气,将掺有速凝剂的混凝土混合料通过混凝土喷射机与高压水混合,喷射到岩面上,迅速凝结而成的。

工程实践证明,锚喷支护较传统的现浇混凝土支护衬砌优越。由于锚喷结构能及时支护,有效地控制围岩变形,防止岩块坠落和坍塌的产生,充分发挥围岩的自承能力,所以锚喷结构比模注混凝土衬砌的受力更为合理。锚喷支护能大量节省混凝土、木料、劳动力,加快施工进度,工程造价可降低40%~50%,并有利于施工机械化和改善劳动条件等。

目前,锚喷支护的设计和施工还有很多需要进一步研究的问题,如支护结构设计理论;支护形式和时间的合理确定;施工控制;低温下喷射混凝土的成型等问题。另外,锚喷支护的使用也是有一定条件的,在围岩自立能力差、有涌水及大面积淋水处、地层松软处就很难成型。

本节将扼要介绍潭柘寺隧道施工中涉及的加设型钢拱架或格栅拱架的挂网锚喷支护的施工。

二、锚杆施工

锚杆是依靠注入岩孔中的浆液(水泥砂浆、净浆等)将锚杆和岩孔壁固结起来,靠浆液的黏结对围岩起锚固作用。它使岩层的整体联结作用较好,但只有等浆液形成一定强度之后,才能起到锚固作用。为避免这个缺点,可采用楔缝式金属锚杆和树脂黏结型等锚杆。

锚杆加固可以根据不同围岩的岩层产状和稳定情况灵活进行。其作用原理主要有联结作用、组合作用和整体加固作用。在隧道中以哪种为主,要根据地质条件和锚杆的型式综合分析,往往是两种或三种的综合作用。锚杆的联结作用是指隧道围岩有不稳定的岩块和岩层时,可用锚杆将它们联结起来,并尽可能地深入到稳定的岩层中;锚杆的组合作用是依靠锚杆将一定厚度的岩层,尤其是成层的岩层组合在一起,组成组合拱或组合梁,阻止岩层的滑移和坍塌;锚杆支护的整体加固作用是通过有规律布置的锚杆群,将隧道四周一定深度的围岩进行挤压、黏结加固,组成一个承载环。

潭柘寺隧道中使用到两种锚杆,一种是全长黏结式砂浆锚杆,另一种是中空注浆锚杆。在软弱围岩(Ⅴ级围岩)及坍体中使用中空注浆锚杆,这种锚杆注浆有很好的加固围岩作用;在较好的围岩及横洞施工中使用全长黏结式砂浆锚杆。

(一)锚杆施工一般规定

1)隧道工程坑道开挖后,应尽快安设锚杆。

2)一般宜先喷射混凝土,再钻孔安设锚杆。

3)锚杆的孔位、孔径、孔深及布置形式应符合设计要求。

4)锚杆杆体露出岩面长度,不应大于喷层的厚度。

5)应确保隧道工程辅助稳定措施中的锚杆施工质量符合设计要求。

(二)锚杆施工前准备工作

采用锚杆支护时,除应保证锚杆原材料规格、品种、锚杆各部件质量及技术性能符合设计要求外,尚应该做好以下准备工作:

1)锚杆杆体应调直、除锈和除油。

2)应优先使用普通硅酸盐水泥,条件不具备可使用矿渣硅酸盐或火山灰硅酸盐水泥。

3)宜采用清洁、坚硬的中细砂,粒径不宜大于3mm,使用前应过筛。

此外,还应检查钻孔工具、风压以及其他机械设备,使之保持正常状态。

(三)全长黏结式砂浆锚杆施工及安装

全长黏结式砂浆锚杆施工工艺流程图,如图5-1所示。

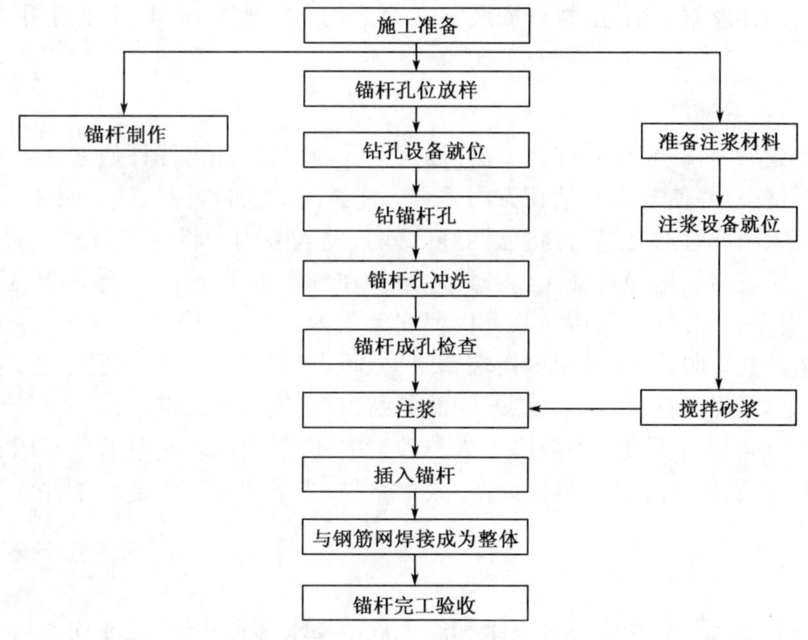

图5-1　砂浆锚杆施工工艺流程图

1.原材料准备

1)锚杆材料:杆体材料采用20MnSi钢筋,亦可采用A3钢筋;直径ϕ22mm,长度3m,按设计要求规定的材质、规格备料。为增加锚固力,杆体内端可以劈口叉开。

2)水泥:通常情况选用普通硅酸盐水泥。

3)配合比:普通水泥砂浆的配合比(水泥∶砂)一般宜为1∶1～1∶1.5(重量比),水灰比宜为0.45～0.50。潭柘寺隧道使用的设计砂浆强度值为M25,水泥∶砂=1∶1.4,水灰比为0.5。

4)砂浆拌制:砂浆应根据配合比拌和均匀,随拌随用。一次拌和的砂浆应在初凝前用完,并严防石块杂物混入。主要是为了保证砂浆本身的质量及砂浆与锚杆杆体、砂浆与孔壁的黏结强度,也就是为了保证锚杆的锚固力和锚固效果。

2. 锚杆钻孔施工要求

锚杆施工钻孔，使用 YT—28 风动凿岩机。

1)孔位允许偏差

孔位应根据设计要求和围岩情况作出标记，孔位允许偏差为±50mm。

2)钻孔方向

宜沿隧道周边径向钻孔，以保证锚杆的作用半径，但钻孔不宜平行于岩层层面。

3)钻孔深度技术要求

锚杆的钻孔深度，误差应不宜大于±50mm；锚杆钻孔应保持直线形。

4)锚杆孔径

砂浆锚杆孔径，应大于杆体直径 15mm，中空锚杆符合设计要求。

5)灌浆前清孔：钻孔内一般残存有积水、岩粉、碎屑或其他杂物，会影响灌浆质量和妨碍锚杆的插入，也影响锚杆效果。因此，锚杆安装前必须采用人工或高压风、水清除孔内积水和岩粉、碎屑等杂物。

3. 锚杆注浆及安装

钻孔、清孔完成后，将砂浆注入锚孔，锚杆插入钻孔内，轻轻锤击锚杆使之深入孔底。钻孔圆而直，孔口岩石整平，并使岩面与钻孔方向垂直。注浆时，先将水注入注浆泵内，并倒入少量砂浆，初压水和稀浆湿润管路，然后再将已调好的砂浆倒入泵内。将注浆管插至锚杆眼底，将泵盖压紧密封，一切就绪后慢慢打开阀门开始注浆。在气压推动下，将砂浆不断压入眼底，注浆管跟着缓缓退出眼孔，并始终保持注浆管口埋在砂浆内，以免浆中出现空洞，将注浆管全部抽出后，立即把锚杆插入眼孔，然后用木楔堵塞眼口，防止砂浆流失。锚杆孔中必须注满砂浆，灌浆工作连续不中断，保证锚杆、砂浆、围岩间的黏结力，发现不满须拨出锚杆重新注浆。注浆管不准对人放置，以防止高压喷出物射击伤人。砂浆应随用随拌，在初凝前全部用完。锚杆注浆完成后，应及时清洗、整理注浆用具，除掉砂浆凝聚物，为下次使用创造好条件。注浆压力不大于 0.4MPa。

4. 施工要点

根据围岩开挖实际情况，结合设计图纸和施工规范要求确定孔位、孔深和倾角。如围岩情况变化，需调整孔位和间距时，及时报监理工程师同意后方可执行。锚杆、注浆材料进行规定的试验和检查，在确认其质量基础上使用。

施工前要选择相同地质条件地点进行拉拔试验，从而确认可以获得足够的锚固力。锚杆原则上按设计图所示布置方式布设，锚杆孔确认所规定的孔数、位置、长度、方向及孔径。施工时在现场遇到局部节理、裂缝等情况而加以变更，长锚杆在靠近掌子面处无法垂直于隧道壁设置而变更布置方式，确认其与原定布置的作用相同。

施工中注浆材料的计量、混合等要认真进行管理，并确认锚固材料沿锚杆全长填充饱满。

锚杆长度在保证设计的锚固长度外计入工作长度。锚杆施作后采用电弧焊将锚杆接头焊接在钢筋网片上，使其与网片连接成一整体。

锚杆安设完成时，应在边墙部位预留 1%的锚杆(且不小于 3 根)，以作拉拔试验使用。

(四)Φ25mm 中空注浆锚杆施工及安装

中空注浆锚杆施工使用 YT—28 风动凿岩机钻孔，钻孔前根据设计要求定出孔位，钻孔保持直线并与所在部位岩层结构面垂直。其施工工艺与砂浆锚杆施工基本相同，不同之处在于砂浆锚杆作业是先注浆、后插锚杆，中空注浆锚杆作业是先放锚杆、后注浆。

1. 锚杆安装

中空锚杆按设计要求在厂家定做，使用前先检查锚杆孔中有无异物堵塞，如有异物清理干净。锚杆由人工安设，应保持锚杆的外露长度 10～15cm，然后安装孔口帽(止浆塞)，其构造如图 5-2 所示。

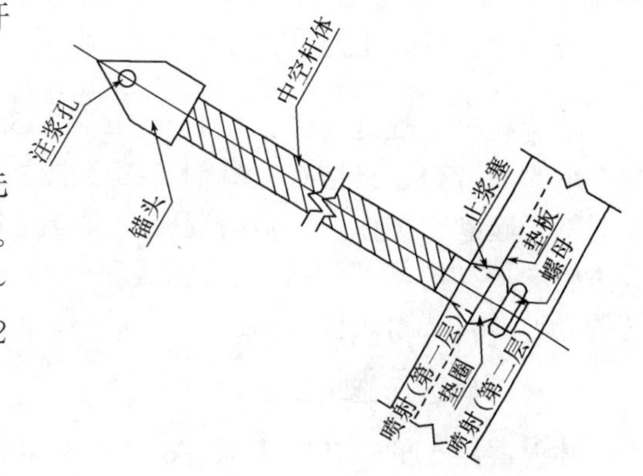

图 5-2 中空注浆锚杆构造示意图

2. 注浆

浆液采用水泥浆 M30，水灰比为 0.47，检查无问题后开始注浆液。将锚杆、注浆管及注浆泵用快速接头连接好。开动注浆泵注浆，直至浆液从孔口周边溢出或压力表达到设计压力值为止。每根锚杆必须“一气呵成”。一根锚杆完成后，迅速卸下注浆软管和锚杆接头，清洗后移至下一根锚杆使用。若停泵时间较长，则在下根锚杆注浆前放掉注浆管内残留的灰浆。注浆过程中，每次移位前及时清洗快速接头，以保证注浆连续进行。浆液严格按配合比配制，并随配随用，以免浆液在注浆管、注浆泵中凝结。注浆过程中若出现堵管现象，及时清理锚杆、注浆软管和注浆泵；当注浆泵的压力表显示有压力，则卸压后再拆接头进行处理。为保证注浆效果，严格控制注浆压力，橡胶止浆塞打入孔口不小于 30cm，而且要待排完气之后立即用快凝水泥砂浆封闭止浆塞以外的钻孔。注浆参数：初始压力 0.5～1MPa，终止压力 1～1.5MPa。

(五)锚杆施工质量检查与控制

1. 材料检验

潭柘寺隧道用中空注浆锚杆是从厂家直接购买成品，砂浆锚杆是用螺纹钢筋自行加工后使用的。在材料进场前，试验室严格抽样进行材质检测，检查其抗拉强度，检查锚杆是否符合设计值，若发现有质量缺陷应弃之不用。

2. 安装尺寸检查

为了保证锚杆安装质量，施工钻孔前应根据设计要求定出孔位并作出标记，根据围岩壁面岩层的情况，符合允许偏差值，重点要对锚杆直间的排距进行控制，在施工时技术人员负责检查。钻孔时应尽量与围岩壁面和岩层主要结构面垂直。钻孔一般在边墙和拱脚容易控制，在拱顶部位则不易得到控制，所以在检查锚杆质量时，要重点检查顶部锚杆的孔位情况。潭柘寺隧道部分段拱顶围岩出现掉块，因此在拱顶部位应多设置锚杆，加强岩体锚固力。

规定的钻孔深度是保证锚杆锚固质量的前提，深度不够时，锚杆出现悬空，锚杆难以发挥作用。

3. 锚杆拉拔力试验

锚杆拉拔力是指锚杆能够承受的最大拉力，它是锚杆材料、加工和施工安装质量的综合反映。按1%且不少于3根抽取进行拉拔试验，其抗拔力值均达到设计要求。

三、喷射混凝土施工

喷射混凝土既是一种新型的支护结构，又是一种新的施工工艺。它是使用混凝土喷射机，按一定的混合程序将掺有速凝剂的细石混凝土喷射到岩壁上，并迅速固结成一层支护结构，从而对围岩起到支护作用。喷射混凝土可以与各种形式的锚杆、钢纤维、钢拱架、钢筋网等组合成主要支护结构，控制围岩应力释放和变形，增加结构安全度和方便施工，其质量直接影响着结构受力、防护、耐久性等情况。

(一)正确选择施工工艺

喷射混凝土的工艺有干喷、潮喷、湿喷和混合喷四种，其主要区别是各工艺的投料程序不同，尤其是加水和速凝剂的时机不同。潭柘寺隧道使用的是干喷工艺，其流程图如图5-3所示。

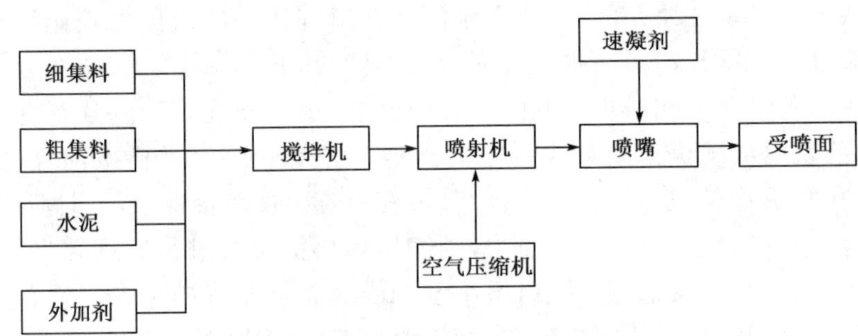

图5-3 喷射混凝土施工工艺流程图

1. 干喷和潮喷

1)干喷是将骨料、水泥和速凝剂按一定的比例干拌均匀，然后装入喷射机，用压缩空气使干集料在软管内呈悬浮状态送到喷枪，再在喷嘴处与高水压混合，以较高速度喷射到岩面上。其缺点是产生的粉尘量大，回弹量大。干喷加水是由喷嘴处的阀门控制的，水灰比的控制程度与喷射手的熟练程度有关。但使用的机械简单，机械清洗和故障处理较容易。

2)潮喷是将骨料预加少量水，使之呈潮湿状，再加入水泥拌合，从而降低上料、拌合与喷射时的粉尘。但大量的水仍是在喷头处加入和喷出的，其喷射工艺流程和使用机械同干喷工艺，目前施工现场较多使用的是潮喷工艺。

2. 湿喷

湿喷是将骨料、水泥和水按设计比例拌合均匀，用湿式喷射机压送到喷头处，再在喷头上添加速凝剂后喷出。湿喷混凝土质量容易控制，喷射过程中的粉尘和回弹量很少，但对喷射机械要求较高，机械清洗和故障处理较麻烦。对于喷层较厚的软岩和渗水隧道则不宜使用湿喷。干喷时，混凝土回弹率可达15%～50%，采用湿喷技术回弹率可降低到10%以下。

由于喷射工艺的不同,喷射混凝土强度不同,干喷和潮喷混凝土强度较低,一般只能达到C20,而湿喷和混合喷射则可达到C30～C35。因此应根据隧道工程具体情况及设计要求,分析并比较各个工艺后,谨慎、正确地选择喷混凝土工艺。

(二)喷射混凝土施工的关键技术

喷射前应将岩面冲洗干净,并将表面软弱破碎岩石清扫干净。喷射时可以采用S形往返移动前进,也可以采用螺旋形移动前进。混凝土喷射后至下一循环放炮时间,应通过试验确定,一般不小于4h,放炮后应对混凝土进行检查,如出现裂纹,应调整放炮间隔时间或爆破参数。

1.喷射混凝土的回弹量控制

1)分段、分部、分块喷射。喷射作业应分段(不超过6m)、分部(先下后上)、分块(2.0m×2.0m),严格按先墙后拱、先下后上的顺序进行,以减少混凝土因重力而滑动或脱落。

2)控制喷射距离和角度。喷射距离在0.6～1.2m时,混凝土回弹量较小,喷射距离过大或过小都会增加回弹量。喷头长度一般只有0.5～0.6m,喷射手因存在骨料反弹的恐惧心理,要将喷射距离控制在0.6～1.2m较困难。可将喷头加长到1.2～1.5m,这样喷射手站在距离喷岩面2.0m左右即可进行喷射。喷嘴与喷岩面应尽量垂直,并偏向刚喷射部位(倾斜角控制在10°内),这样不仅回弹量少,而且喷射效果和质量更好。

3)严格控制风压、水压和水灰比。过大的风压会造成喷射速度太快,加大骨料的反弹,从而加大回弹量,但混凝土密实性较好;风压过小,会使喷射力减弱,造成混凝土密实性较差,甚至达不到设计和规范要求。总结实践经验,当输料管长度为20m时,合适的风压为100～130N/cm^2。喷射混凝土的水压一般控制在稍高于风压即可,施工现场可以按水压高于输料管风压10～15N/cm^{2}进行控制,其目的是为了保证高压水能够从喷枪混合室(喷头处)内壁小孔高速射出,把拌合料迅速拌合均匀。

4)控制一次喷层厚度和分层喷射的间隔时间。边墙一次喷射厚度7～10cm,拱部则为5～7cm。后一次喷射应在前一次混凝土终凝后进行,若终凝后1h以上再次喷射,应用风水清洗混凝土表面。

2.喷射混凝土厚度的控制

1)喷层厚度是喷射混凝土最重要的参数。当相对厚度$h/r_0>1/5$时,喷层为刚性厚层状态,其破坏形式为弯曲破坏;当$h/r_0<1/15$时,喷层为柔性状态,其破坏形式为剪切破坏;当$h/r_0=1/8\sim1/12$时,支护能力最大,喷层处于从剪切破坏到弯曲破坏的过渡阶段。这表明喷层愈厚刚度愈大,约束了围岩变形,引起更大荷载,反而容易发生破坏。喷层要具有柔性,必须控制厚度,柔性较好且具有足够抗力的喷层厚度应控制在:

$$h=(0.025\sim0.033)r_0$$

式中:h——喷层厚度;

r_0——隧道计算半径,非圆形隧道近似取其外接圆半径或跨度之半。

从施工现场的情况看,个别隧道存在喷射混凝土普遍偏薄的现象。因初期支护和围岩共同控制围岩应力释放和变形,保证下道工序施工安全和隧道结构的稳定,若喷射混凝土出现裂缝,应及时进行补喷和采取补强措施,以控制围岩变形在适度范畴。

2)与钢拱架相结合作为初期支护的情况,往往出现钢拱架处喷层厚,两钢拱架间喷层薄,形成纵向波浪型。这将会产生如下后果:①在围岩变形较大或局部存在松动围岩时,可能由于喷层厚度不够,无法提供足够抗力而导致喷层出现裂缝甚至掉块;②铺设防水板后浇筑二次衬砌混凝土时,容易将防水板挤破,也可能在初期支护和二次衬砌间形成空洞区。要解决这个问题,重点应放在喷射过程中,要求喷射手在全断面螺旋喷射完成后,及时对钢拱架间进行补喷;或者在挂防水板前对喷射混凝土表面进行检查,严重不够的必须及时进行补喷,否则二次衬砌混凝土浇筑后再通过打孔(或预埋钢管)注浆填充来处理两层间的空洞,不仅费时费工,而且还会破坏防水板造成漏水现象。

3)对局部喷射混凝土过厚的情况,在挂防水板前一定要将突出部分混凝土剔除。因为这种情况有可能顶破防水板,更有可能在初期支护和二次衬砌之间形成点接触,造成局部应力集中而导致二次衬砌表面开裂。

3. 喷射混凝土强度检测

目前对喷射混凝土强度试验的方法大多利用拌和料进行人工浇筑立方体试块,部分直接向试模内喷射混凝土进行试块制作。实际上,这两种试块的制作方法并不能反映喷射混凝土的真实情况,试验结果也不能确切地反映现场喷射混凝土的强度。这种差异的原因在于现场喷射的混凝土受喷射力的作用影响大,且受喷面与试模面完全不同。目前混凝土强度检测的方法有模筑试块法、“回弹-超声”综合法、气压射钉枪法和切割钻芯法等。切割钻芯法制作的试块接近喷射混凝土的真实情况,尽管比较费事,但作为工程质量控制手段是必要的。施工现场也可通过操作简单、方便的“回弹-超声”综合法和气压射钉枪法,加大采集样本数据数量,以便更加准确地反映喷射混凝土的平均强度水平和离异性信息。

4. 配合比的设计与控制

喷射混凝土的配合比不同于普通混凝土的配合比,需要根据其施工工艺来选择。为了减少回弹量需要较高的砂率,砂率增加意味着集料的总面积增加,这就要求用更多的水泥来包裹集料表面,以满足喷射混凝土的强度要求,水泥用量越大,喷射混凝土就越容易干缩、开裂,同时成本也增加。因此首先确定水泥用量,根据经验水泥用量宜为375~450kg/m^3;其次确定砂率,宜选用粗砂或中砂,砂率宜为45%~55%,砂率过高或过低易造成堵管;再次确定水灰比,水灰比宜为0.4~0.5,水灰比过小会产生粉尘,回弹量大,黏结力低,喷层会产生干斑、砂窝等现象,水灰比过大会造成强度低、速凝效果差、喷层流淌、滑移、坍落等现象,另外要注意根据施工环境的温度,周围岩壁类别、施工队伍的施工水平做相应的调整。湿喷和混合喷射的水灰比相对较容易控制,潮喷略简单,干喷最难。

5. 喷射混凝土养护

终凝1~2h后水养护,一般养护不少于7d,并经常保持湿润状态。正常养护条件下,胶凝材料不断水化,混凝土强度随龄期延长而增大,而水化速度与环境温度和湿度有关,由于经常放炮和通风不良导致隧道内的温度较高,喷射混凝土周围的空气相对来说比较干燥。

(三)喷射混凝土施工控制要点

1. 将满足要求的碎石、水泥、砂子、外加剂按配合比加入搅拌机,拌好的混凝土加入喷射机

的料斗，根据喷射机的操作规程进行喷射(潭柘寺隧道喷射施工工艺流程图见图 5-3)。

2. 隧道喷射混凝土设计为 C20，采用 PZ—5 型干喷机喷混凝土。作业时，混凝土在洞外由混凝土拌合站拌合，混凝土运输车向洞内送料，空压机供风。

1)原材料的选择：P. O42. 5 水泥；细度模数为 2. 5～3. 0 中砂，洁净质硬；粒径为 5～10mm 的碎石，级配良好；粉状速凝剂。

2)喷混凝土配合比为水泥：砂：碎石：水＝1：2. 17：2. 35：0. 5，速凝剂的掺量为水泥用量的 4%。

3. 混凝土喷射机安装调试好后，在料斗上安装振动筛(筛孔 10 毫米)，以避免超粒径骨料进入喷射机；用高压水将受喷面冲洗干净，而后即可开始喷射混凝土。送风后调整风压，使之控制在 0. 45～0. 7MPa 范围，若风压过小，粗骨料则冲不进砂浆层而脱落，风压过大将导致回弹量增大。因此，按混凝土回弹量小、表面湿润、易黏着力度来掌握。喷射压力与喷射机机械手调配适当。喷射分段、分片、分层，由下向上，从无水、少水向有水、多水地段集中，多水处安放导管将水排出。施喷时，喷头与受喷面基本垂直，距离保持 0. 6～1. 2m，钢筋保护层厚度不得小于 2cm。

4. 锚喷支护喷射混凝土，分初喷和复喷二次进行。初喷在开挖(或分部开挖)完成后立即进行，第一次喷混凝土厚 4cm。复喷混凝土在锚杆、挂网和钢架安装后进行，先喷钢架与围岩之间空隙，后喷钢架之间，钢架被喷射混凝土所覆盖，保护层不得小于 4 厘米。如有大凹坑，先找平。喷射回弹物不得重新用作喷射混凝土材料，新喷射的混凝土按规定洒水养生。

四、钢筋网施工

钢筋网是喷射混凝土施工前挂设在岩面上的，然后再喷射混凝土。为便于挂网安装，常将钢筋网加工成网片。目前，我国在各类隧道工程中应用其支护的较多，主要是软弱破碎围岩，更多的是与锚杆或钢拱架构成联合支护，潭柘寺隧道施工中亦是如此。

1)钢筋网采用钢筋网 ϕ6. 5/CRB550，钢筋网网格为 20cm×20cm，与锚杆、钢拱架或其他锚定装置联结牢固，喷射时钢筋网不得晃动。

2)潭柘寺隧道使用的是成品网片，只需现场按需要(加工大小视开挖循环进尺决定)加工即可，方便省事。钢筋网使用前应清除污锈。

3)成品钢筋网安设时，其搭接长度不小于 200mm；钢筋网宜在岩面喷一层混凝土后铺设；采用双层钢筋网时，第二层钢筋网应在第一层钢筋网被混凝土覆盖后铺设。

4)钢筋网应随喷射混凝土面的起伏进行铺设，紧贴初喷混凝土表面。

5)钢筋网表面保护层厚度不小于 10mm。不应将锚杆、钢筋头外露在初期支护外。

6)当超挖较大时，应按每 20cm 厚一层加设钢筋网片，这样才能保证喷射混凝土的黏接形成一个整体。

五、型钢拱架(或格栅拱架)加工及安装

支护的接触状态分点接触和面接触两种，初期支护采用钢拱架(型钢或格栅拱架)，它们与围岩的接触状态属于点接触且是任意的。这种接触状态下只能传递径向应力，围岩的压力极

不均匀。研究表明，加 5 个楔块时，钢拱架只能发挥 80%的强度，钢拱架加 9 个楔块时，钢拱架可发挥近 100%的作用，因此钢拱架背后的楔块数量应多设，同时应严格控制超挖。

潭柘寺隧道根据围岩类别不同，Ⅴ、Ⅳ级围岩分别设计了型钢拱架和格栅拱架。在洞口套拱段、洞口加强段、洞身Ⅴ级围岩段采用的是工字钢钢Ⅰ18，后来的潭柘寺隧道进口塌方处理段以及 A、B 线的贯通段均采用工字钢 I25b，其余(即Ⅳ级围岩段)采用由 Φ22、Φ14 钢筋加工成的格栅拱架。

(一)钢拱架构造和现场制作

1. 钢拱架的构造

以潭柘寺隧道洞口加强段型钢拱架为例，其构造如图 5-4 所示。

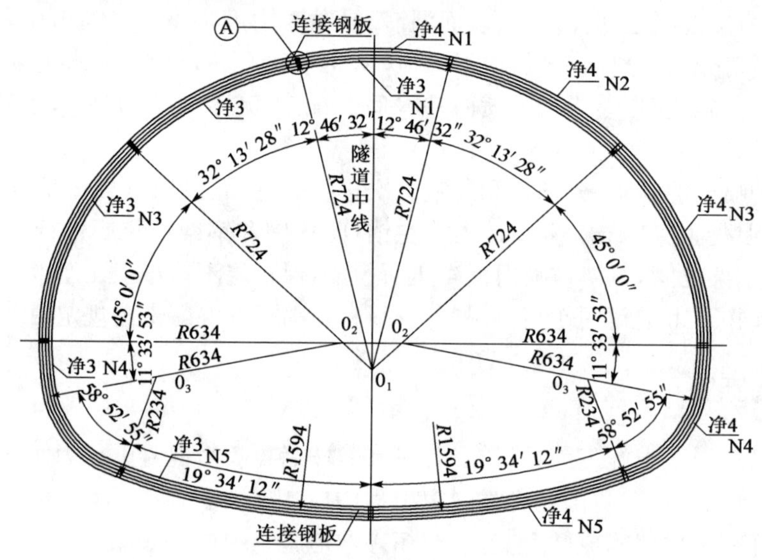

图 5-4 洞口加强段钢拱架构造图

2. 钢拱架的现场制作

钢拱架一般在现场制造，采用冷弯或热弯加工焊接而制成。格栅拱架的腹部八字筋可以在工厂压制，潭柘寺隧道是在施工现场制作的，现场按比例为 1∶1 的胎模热弯加工及焊接或铆接而成。钢拱架加工后腰进行试拼，拼装允许偏差为：沿隧道周边轮廓线的误差不应大于±3cm，平面(翘曲)应小于±2cm，接头连接要求每榀之间可以互换。即采用冷弯、冷压、热弯、热压、电焊加工制作钢拱架构件时，要求尺寸准确、弧形圆顺、结构安全可靠；钢拱架的截面尺寸，应满足强度、刚度稳定性的要求，故此，应按设计计算要求进行选材、加工、制作及检算验收等。

(二)钢拱架安设与施工

1. 钢拱架安设

1)钢拱架应按设计位置安设，钢架之间必须用钢筋纵向联接，拱脚必须放在特制的基础上

或者原状土上，钢拱架与围岩之间应尽量接近，留 2～3cm 间隙作为保护层，在安设过程中当钢拱架与围岩之间有较大的间隙时，应设垫块垫紧。

2）钢拱架应垂直于隧道中线，上下左右偏差应小于±5cm，钢拱架倾斜度偏差应小于±2°；当拱脚标高不准确时，不得用土回填，而应设置钢板调整，使拱脚位于设计高程位置；钢拱架的安设应在开挖后 2h 内完成；当承载不足时，可将钢拱架向围岩方向加大接触面积。

3）为方便安设，每榀钢拱架一般应分为多节，并保证接头的刚度。节数应与断面大小及开挖方法相适应。每榀钢架之间应在纵向设置不小于 Φ22 的纵向连接筋。

2. 潭柘寺隧道钢拱架施工要点

为保证钢架能架设在稳固的地基上，施工中在钢架基脚部位预留 0.15～0.2m 原地基，架立钢架时挖槽就位，软弱围岩地段在钢架基脚处设锁脚锚杆和垫槽钢以增加基底承载力。

为保证钢架的稳定性、有效性，两拱脚处加设锁脚锚杆，锁脚锚杆由 2 根 Φ22 砂浆锚杆组成。

钢架按设计位置安设，在安设过程中，当钢拱架和初喷层之间有较大间隙时设鞍形垫块，钢架与围岩（或垫块）之间的间隙不大于 50mm。

为增强钢架的整体稳定性，将钢架与锚杆联接在一起。沿钢架设直径为 Φ22mm 的纵向连接钢筋，连接筋的间距 100cm，内外交错布置。

为使钢架准确定位，钢架架设前均需预先打设定位系筋。系筋一端与钢架联接在一起，另一端锚入围岩中 0.5～1.0m，并用砂浆锚固，当钢架架设处有锚杆时利用锚杆定位。

钢架架立后尽快喷混凝土作业，并将钢架全部覆盖，使钢架与喷混凝土共同受力，喷射混凝土分层进行，每层厚度 5～6cm 左右，先从拱脚或墙脚处向上喷射以防止上部喷射料虚掩拱脚（墙脚）不密实，造成强度不够，拱脚（墙脚）失稳。钢架施工工艺流程如图 5-5 所示。

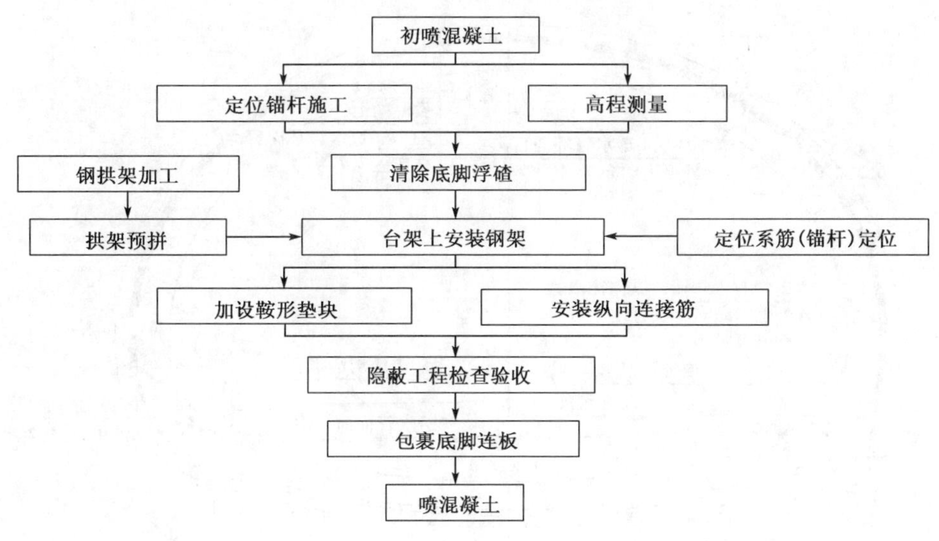

图 5-5 钢架施工工艺图

为抑制松驰围岩早期变形，开挖后尽快采用相应强度和刚度的钢架支撑，架立后能立即发挥支撑机能。

钢支撑的标准施工是按“规定间隔和高度架设→接头安装→连接螺栓的紧固”的顺序进行，并要求使其在喷射作业中不产生移动。

第二节　防排水技术

一、概述

公路隧道常见的质量问题分为四大类：隧道渗漏、衬砌开裂、界限受侵，以及通风、照明不良，可见渗漏水是公路隧道的主要质量通病之一。防排水措施的设计不合理与施工不可靠将直接影响隧道渗漏水，公路隧道的特点之一就是防水要求高，渗漏水将直接危及行车安全，引起工程结构破坏。目前，国内外设计、施工和养护单位都十分重视对隧道工程结构防排水措施。

潭柘寺隧道为越岭岩质隧道，场区无明显河流，地下水受大气降水、地表水渗入、灌溉水回灌和其他不同层地下水之间的补给，场区内雨水一部分渗入地下变为地下径流，一部分沿山坡流入低洼处（冲沟）。场地节理裂隙发育至较发育，钻探用水、雨水或地表水沿裂隙下渗到较完整岩体阻隔时，局部可能形成涌水（细小水流状）或局部赋存裂隙水，但总体水量小。

潭柘寺隧道防排水设计按“以排为主，防、排、截、堵相结合”的综合治理原则，达到排水畅通、防水可靠、经济合理、不留后患的目的。在地下水特别丰富或可能产生承压水的碳酸盐岩地段，采用“大堵小排”的原则。潭柘寺隧道横断面防排水体系如图 5-6 所示。

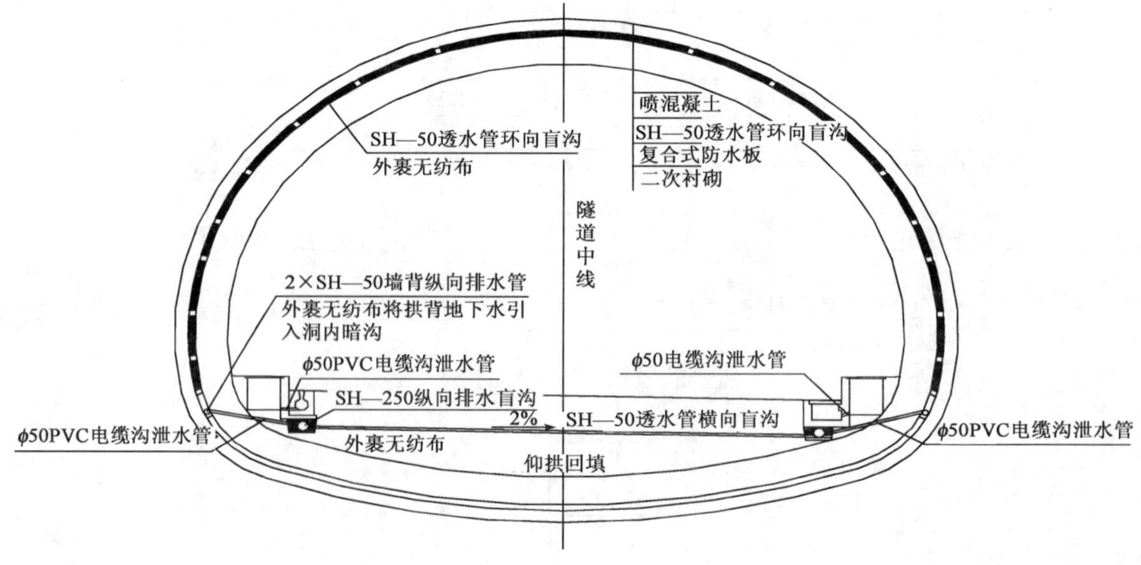

图 5-6　潭柘寺隧道横断面防排水体系图

二、防排水措施

(一)防水措施

通常的防水措施是在二次衬砌背后整体包裹一层防水布,透过防水布的渗水可能在二衬背后沿着隧道纵向串流,并从衬砌防水的薄弱环节渗漏至隧道净空。为防止此现象,采用了分区防水技术,其指导思想是:在隧道铺设防水层后,在防水层上每隔一定的间距设置垂直于防水层的止水带,然后浇筑衬砌混凝土。由于止水带具有一定的高度和刚度,即使有的衬砌背后有渗水,这些渗水也只在一定的范围内纵向窜流,如果在一个防水分区内恰巧衬砌混凝土的防水性能很好,那么,即使在改分区内防水层有损伤,该分区也不会发生渗漏,从而大大降低了隧道渗漏的机会。

对防止渗漏水,该隧道采用了常用的四道防线:围岩注浆堵水、防水层防水、止水带(或遇水膨胀止水条)止水和防水混凝土。初期支护背后(中空锚杆和超强小导管)注浆堵水,作为第一道防线;在初期支护与二次衬砌之间自拱部至边墙下部敷设 PVC 复合式土工布防水板,土工布设在围岩一侧,作为第二道防线;隧道洞身二次衬砌拱墙混凝土的所有结构缝、变形缝和环向施工缝均设背贴式止水带,并每 40m(明洞每 20m)设置一道中埋式止水带,此外,施工缝按环向 10m 一道采用遇水膨胀止水条,作为第三道防线;全洞二次衬砌(包括仰拱衬砌)均采用防水混凝土,抗渗等级不低于 S8,作为最后一道防线。

(二)排水措施

公路隧道采用的防排水系统实际上是自流排水系统,防水仅是辅助系统。隧道漏水后,人们凭着直觉认为是防水设施出了问题,一味追求提高防水施工质量,而忽视对集排水质量的要求。由于隧道的结构是以集排水系统起作用、地下水压对衬砌无作用为前提而进行设计的,所以当集排水系统失效,大的水压会造成衬砌混凝土产生有害的变形。相比之下,集排水系统发生堵塞要比防水系统出现破损造成的危害大得多,检查发现故障点也难得多,整治补救困难得多。所以,排水系统应保持畅通,决不能让石渣、淤泥、水泥浆等落入管道内,避免堵塞,均应外裹透水无纺布。

该隧道洞身两边墙脚在防水层和初支喷混凝土间设置 SH—50 透水管各两道,纵向贯通,其纵坡一致,两边墙底部每隔 10m 设置一道 ϕ50PVC 边墙泄水管;主洞环向盲沟设于有集中水流处,有小股水流设置 1×SH—50 透水管盲沟一道,按间距 10 米一道计,有集中大股水流处(管头应穿越初期支护,直接与股水对接,达到更好的排水效果)设置 3×SH—50 透水管盲沟一道;最终经边墙泄水管汇入两侧的 SH—250 排水盲沟;纵向排水管与边墙泄水管用塑料三通连接,接头处应外裹无纺布,横向排水管应尽量设在环向盲沟处,渗漏水量大时,以便环向盲沟里的水能迅速流入另一侧的排水盲沟;不锈钢接水槽按纵向 40m 一道设置。排水平面图如图 5-7 所示。

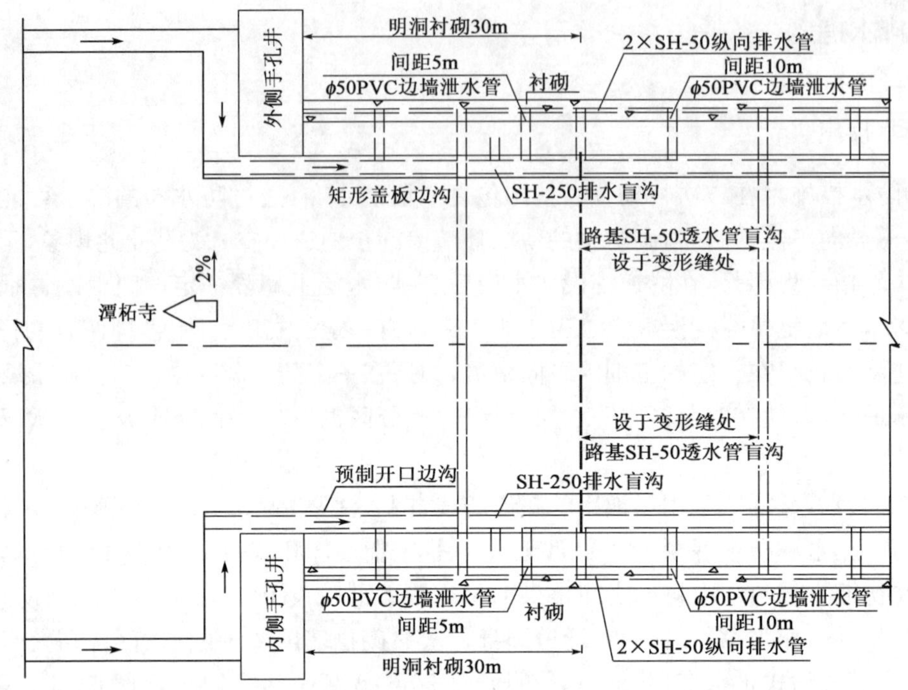

图 5-7　潭柘寺隧道排水平面图

三、防排水施工

(一)防水层施工

拱部和边墙防水层一次铺设完成，接头部位采用热风双焊缝无钉铺挂施工工艺。为减少防水层焊缝，宜选用幅宽 2.5m 的(复合式)防水板，两幅间搭接长度不小于 10cm，焊缝宽度不小于 2cm，且保证接缝质量，防水层搭接双焊缝如图 5-8 所示。防水板的搭接质量按要求进行气压测试，两条焊缝间生成 2.5bar 的气压，在 15min 内气压降值小于 0.25bar。

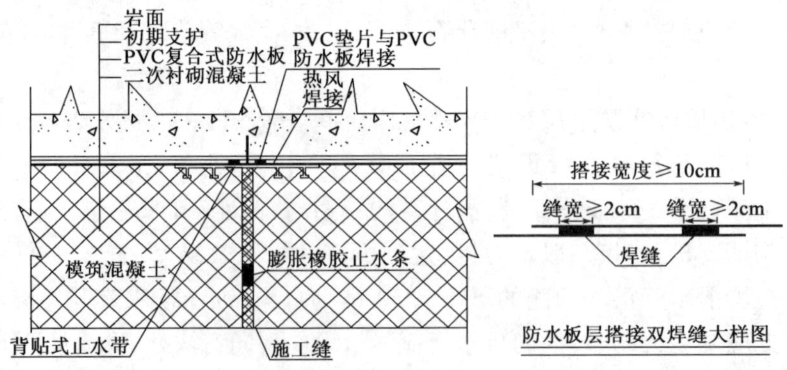

图 5-8　施工缝防水构造图

防水板铺设前，喷混凝土表面处的钢筋头和锚杆头先切除干净，再用手持式砂轮机磨平，对凹凸不平部位应修凿喷补，使混凝土表面平顺，有局部渗水处应该进行处理。铺设时按环向铺设，焊接工序和固定工序应紧密配合，先焊接后固定。固定防水板采用胶热焊接，胶垫与胶垫之间防水层不得紧绷，要保证板面与喷射混凝土密贴。所有工作均在防水板台架上完成，如图 5-9 所示。

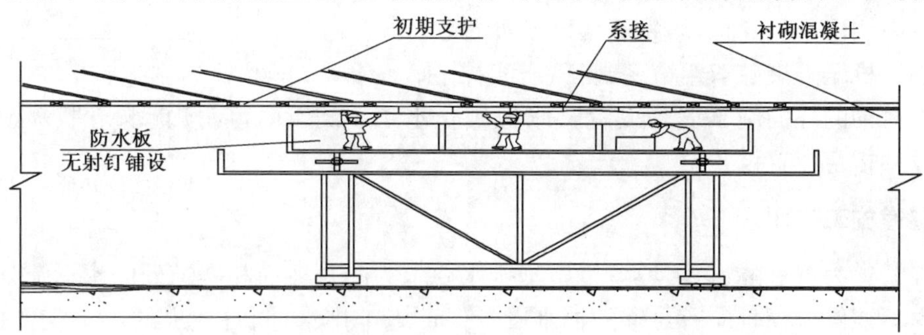

图 5-9　防水板台架铺设图

(二)施工缝、变形缝处止水带(或止水条)的安装

施工缝、变形缝处均设置橡胶止水带。在安装过程中，止水带的长度应逐段留有一定的余量，不能绷紧；$\phi10$ 钢筋以能固定止水带为原则，在拱部间距采用 1.0m，边墙间距可适当放大；灌注混凝土时，应随时注意止水带位置的变化，不能被混凝土横向压弯变形，止水带周围混凝土要振捣密实。施工缝防水构造如图 5-8 所示，变形缝止水带施工如图 5-10 所示，具体施工工序如下：

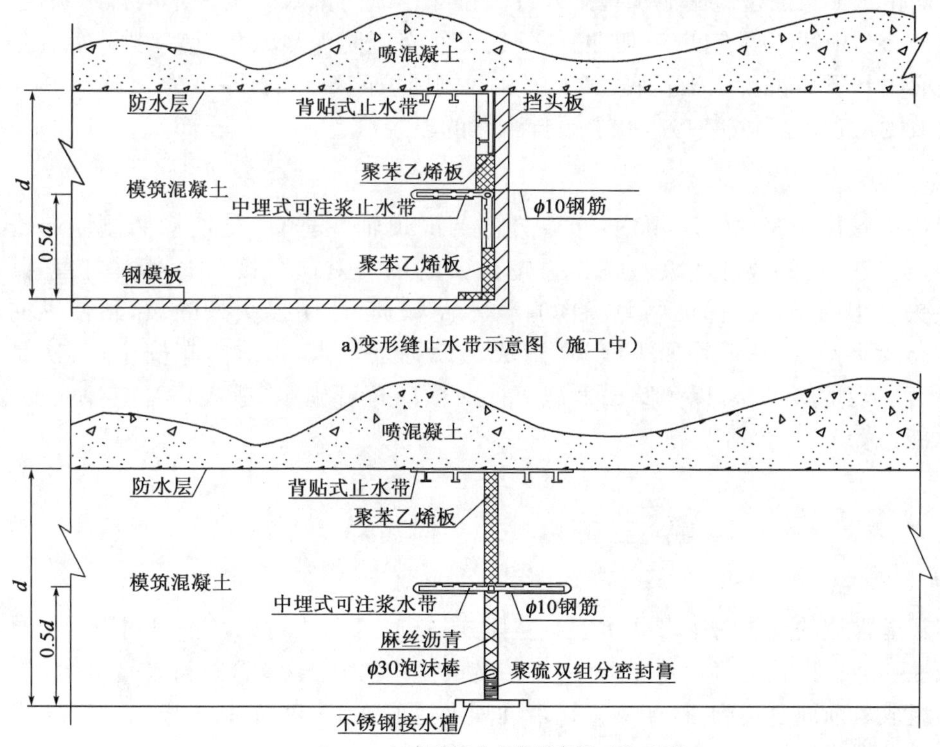

图 5-10　变形缝止水带施工示意图

1)立模(台车就位),挡头板穿入固定钢筋。

2)安装橡胶止水带(一侧弯折)及沥青浸制软木板或聚苯乙烯板。

3)浇筑一侧混凝土,拆模。

4)拉直止水带另一侧并固定(回填聚苯乙烯板),立模浇筑另一侧混凝土。

5)凿除内侧聚苯乙烯板,填塞石棉麻丝沥青。

6)用挤注枪压入聚硫双组分密封膏,压实抹平。

混凝土衬砌的环向施工缝均设置膨胀橡胶止水条。浇筑时,应按止水条形状预留凹槽。沉降缝按设计指定位置设置。

(三)隧道施工排水

潭柘寺隧道为下坡隧道,下坡隧道施工排水要求为防止坡面和隧道外的水返流入隧道,一方面隧道内不能停电而且应有足够的抽水设备保证施工排水,同时抽出的水一定要排出至返坡地段;另一方面应做好洞口的堵水措施,以防止或尽量减少隧道坡面水和洞外路基排水流入隧道。

(四)纵横向排水管施工

1.纵向排水管

纵向排水管是沿着隧道纵向设置在初期支护与防水板间边墙处的透水管,其作用是将环向排水管的排水汇集通过边墙泄水管排入盲沟排除。纵向排水管按一定的排水坡度(与路面坡度一直)安装,中间不得有凹陷、扭曲等,外裹无纺布以防泥沙淤积、堵塞排水管。纵向排水盲沟安装前用C15素混凝土坐基底,其上部和两侧回填碎石,碎石厚度为30cm。施工中主要进行安装坡度检查、包裹安装检查和上下排水管的连接检查。

2.横向排水管

横向排水管位于路面下回填内,布设方向与隧道轴线垂直,是连接两侧纵向排水盲沟的水力通道,按一定的坡度埋设。施工中先在纵向盲沟上预留接头。对横向盲管的检查,主要是接头应牢固、密实,保证两侧纵向盲沟水路畅通,严防接头处断裂,致使纵向盲沟排出之水在路面下漫流,造成路面下漫流,造成路面翻浆冒水,影响行车安全;其次是在横向盲管上应有一定的缓冲层,以免路面荷载直接对横向盲管施压,造成盲管破坏或变形,影响正常排水能力。

第三节　二 衬 施 工

公路隧道常用的支护衬砌形式主要有整体式衬砌、复合式衬砌及锚喷衬砌。整体式衬砌即为永久性的隧道模筑混凝土衬砌,常用于传统的矿山法施工;复合式衬砌是由初期支护和二次衬砌所组成。前面已提到,初期支护是帮助围岩达成施工期间的初步稳定;二次衬砌则提供安全储备或承受后期围岩压力。

按照现代支护理论和新奥法施工原则,作为安全储备的二次衬砌是在围岩或围岩加初期支护稳定后及时施作的，此时隧道已成型，因此二次衬砌多采用顺作法，即由下到上，先墙后拱顺序连续灌筑。在隧道纵向需要分段衬砌，分段长度一般为9～12m。二次衬砌多采用模筑混凝土作为内层衬砌结构。由于时间因素影响很多，二次衬砌和仰拱的施作，直接关系到衬砌结构的安全。过早施作会使二次衬砌承受较大的围岩压力，拖后施作会不利于初期支护的稳定。因此，在施工中通过监控、量测，掌握围岩与支护结构的变化规律，及时调整支护与衬砌设计参数，并确定二次衬砌和仰拱的施作时间，使衬砌结构安全可靠。

一、二次衬砌施工前的准备工作

在施作二次衬砌前，要进行一些准备工作，以便二次衬砌顺利施工并符合相关要求。

1.测量人员要对隧道轮廓进行量测，以确定初期支护是否侵界，二衬的厚度是否满足要求，还要确定二衬的高程、中线、断面尺寸和净空尺寸。

2.清理小边墙上的浮渣、积水，割除初期支护上的钢筋头，检查初期支护平整度是否满足要求。

3.安装的防水板松紧程度是否符合要求，防水板的焊接是否漏水。

4.检查台车就位是否满足要求，台车就位后检查二衬厚度是否足够，台车表面是否清理干净，脱模剂是否满足要求，两端挡头板的安装是否牢固。

5.二衬施工所用的材料如水泥、钢筋等是否足够浇筑一模二衬，原材料是否满足要求，保证施工过程中的供电，防止二衬浇筑中途停止，否则可能产生横向施工缝影响二衬强度。

6.检修好混凝土制配、运输等各种机械设备，如强制搅拌机、混凝土输送泵、运输罐车等，必要时应进行试运转。

7.防排水、通风、照明、消防等的预埋件和预留孔是否设置以及是否设置正确。

二、二次衬砌混凝土施工主要技术要求

二次衬砌混凝土施工除应遵守《公路隧道施工技术规范》(JTJ 042—94)有关规定外，尚应符合下列要求：

1.混凝土混合料必须同时输入强制搅拌机。

2.初期支护稳定基本后应及时浇筑二次衬砌。当混凝土强度达到2.5MPa时即可脱模。

3.仰拱衬砌混凝土采用普通防水混凝土。普通防水混凝土施工技术要求：①采用的水泥标号不应低于325号；②水量用量不得少于280kg/m^3(无外掺料)；③水灰比不应大于0.6，灰砂比不应小于1∶2.8；④细骨料宜用中砂，其砂率应高于普通混凝土5%～8%；⑤混凝土中粒径0.16mm以下的砂，应占骨料总重量的5%左右。

4.拱墙衬砌混凝土采用泵送防水混凝土。泵送防水混凝土施工技术要求：①采用的水泥标号不应低于325号；②水量用量不得少于360kg/m^3(无外掺料)；③灰砂比不应小于1∶2.8(冬季施工时，应适当降低水灰比)；④砂率应高于普通防水混凝土5%；⑤每m^{3}混凝土中，粒径0.315mm以下的砂不得少于400kg；⑥外加剂宜选用减水缓凝型，其掺量应冬夏有别，冬季施工时应掺用加气剂。

三、二次衬砌混凝土施作时间确定

二次衬砌混凝土施作质量与施作时间有很大的关系，过早施作二次衬砌将使二次衬砌承受过大的荷载，可能导致二次衬砌开裂，过晚施作二次衬砌可能会导致围岩过度松弛，引发围岩及初期支护失稳。按有关规范的要求，一般情况下二次衬砌必须在喷锚支护变形基本稳定后才能施作。

《公路隧道施工技术规范》中规定，二次衬砌的施作应在满足下列要求时进行：①各测试项目（见本书隧道监控量测的相关章节）的位移速率明显收敛，围岩基本稳定；②已产生的各项位移已达预计总位移的80％～90％；③周边位移速率小于0.1～0.2mm/d，或拱顶下沉下沉速率小于0.07～0.15mm/d。

潭柘寺隧道在施工中将这一原则根据现场实际情况加以灵活运用：①对于软弱围岩和浅埋段隧道，应在初期支护完成后注意观测其发展变形情况，并立即施作仰拱，如果变形较大，及时施作二次衬砌，防止初期支护变形过大；②在围岩变形较大的地段、初期支护有开裂剥离地段、钢拱架有明显变形地段，应根据情况尽早施作二次衬砌；③坍方处治时，初期支护作好厚应抓紧时间立即施作二次衬砌；④在二衬未设置钢筋的地段（Ⅳ级围岩仰拱衬砌不设钢筋），过早施作二次衬砌可能要承受较大的围岩压力，引起衬砌混凝土裂纹，所以对于二衬的施作时间要根据具体情况具体分析，总体原则是初期支护稳定后施作二衬衬砌，但又要防止围岩和初期支护过度变形。

四、二次衬砌浇筑作业

现在的二衬施工常常分开施作仰拱衬砌和拱墙衬砌，仰拱衬砌一般采用钢模现场拼装。而拱墙衬砌一般采用整体式钢模施工，其优点是：施工的钢模不易变形，施作的拱墙衬砌外观好，一次浇筑二衬的长度可灵活选择，一般选择6～12m，施工速度快。

（一）仰拱衬砌施工

1.仰拱施工方案

一般情况（塌方处理除外），仰拱衬砌采用C25钢筋混凝土，Ⅴ级围岩衬砌厚度55cm，Ⅳ级围岩50cm。仰拱填充采用C15片石混凝土回填。

潭柘寺隧道施工采用无轨运输，仰拱超前衬砌，采用一次全幅灌注方式，一次灌注长度6～10m，距开挖掌子面100～150m。为解决仰拱施工与开挖运输作业面的干扰，仰拱施工采用栈桥来保证仰拱施工时运输道路的通畅。

测量放样，由内轨顶高程，反算仰拱基坑底高程；将上循环仰拱混凝土接头凿毛处理，按设计要求安装仰拱钢筋，并预留与边墙衬砌连接筋；自检合格后，报监理工程师隐蔽检查并签字，混凝土罐车运输至现场，灌筑，插入式振动棒捣固。

施工前于隧道边墙每隔5m施放测量控制点，作为仰拱开挖及混凝土施工控制点。为不影响机械车辆通行，仰拱、仰拱填充利用栈桥平台进行混凝土施工。混凝土在洞外采用拌和站集中拌和。

2. 仰拱栈桥设计

仰拱衬砌施工栈桥平面图，如图5-11所示。

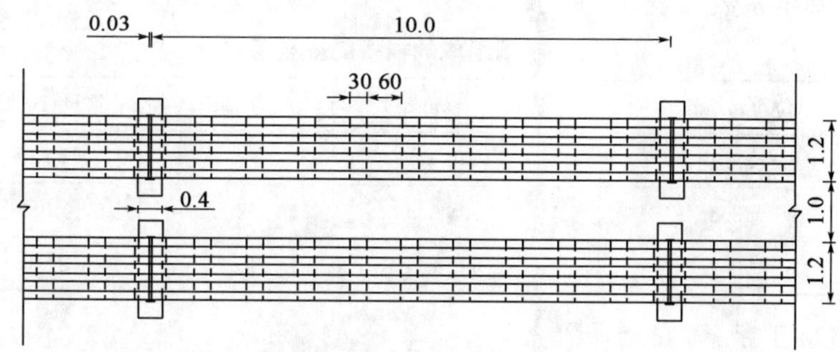

图5-11　仰拱衬砌施工栈桥平面图

1)行走车辆的情况

在衬砌前，通过仰拱栈桥的主要施工机械及车辆为ZL50装载机、后八轮自卸汽车、PC220挖掘机等，其自重、宽度等基本参数如表5-1所示。

主要施工机械车辆状况　　表5-1

设备名称	空载重量(t)	重载重量(t)	行走宽度(mm)	轮胎宽度(mm)	轮距净宽(mm)
后八轮自卸车	17.77	40.27	2 795	645	1 505
PC220	21.70	21.70	2 880	500	1 880
ZL50	22.77	22.77	2 950	645	1 560

2)荷载的确定

根据表5-1，以后八轮自卸汽车重载时作为仰拱栈桥的验算荷载，其前桥重量为11.5t，后桥重量为30t。

3)宽度及每片梁的工字钢数量

仰拱栈桥的单片宽度1.2m，中心距离2.15m(后八轮自卸汽车的轴距)，过轨梁的外缘宽度3.4m，内缘宽度1.0m。

为达到仰拱栈桥的宽度，基本考虑每片梁采用4组工字钢组成，工字钢的间距为0.22m，总宽1.2m。

4)仰拱栈桥长度

根据单根工字钢的长度为12m，确定仰拱栈桥的长度为12m，主梁长10m，计划每次捡底9m，每段的搭接长度1m。

5)最不利荷载

当后八轮自卸汽车的两个后轮位于过轨梁中间时为最不利荷载，两个后轮的间距为1 600mm，即两个间距1.6m、重7.5t的荷载作用在单片梁上，梁的长度为10m。

6)受力验算

单片梁的最大弯矩：

$$M_{max} = 4.2 \times 7.5 \times 10^3 = 3.15 \times 10^4 \mathrm{N \cdot m}$$

工字钢的安全系数：

根据最大弯矩得出工字钢最大应力，即：$\sigma_{max}=M_{max}/W_x$ 式中，W_x 为工字钢截面模量，由此得出的工字钢安全系数如表 5-2 所示。

4 组工字钢组成的栈桥的安全系数 表 5-2

工字钢型号	单位重量(kg/m)	截面模量(mm^3)	应力(MPa)	重量(N/kg)	安全系数
I25a	38.1	402	78.6	1 829	2.2
I28a	43.4	508	62.0	2 083	2.7
I32a	52.7	692	45.5	2 530	3.7

使用 4 片 I32a 工字钢，安全系数 3.7。

每幅仰拱栈桥由两片梁板组成，每片梁板由 4 根 32a 工字钢焊接而成，梁长 12m，工字钢间距 22cm，设 8 组中间连接，间距 1.65m，每两根 I32a 工字钢中间用 I16 工字钢焊接联接成一个整体。梁板上面满铺 6mm 防滑板，下面采用 14 片 30cm 宽、8mm 厚钢板，间隔 60cm 将 4 根 I32a 工字钢焊接联成一个整体。具体加工成型如图 5-12 所示。

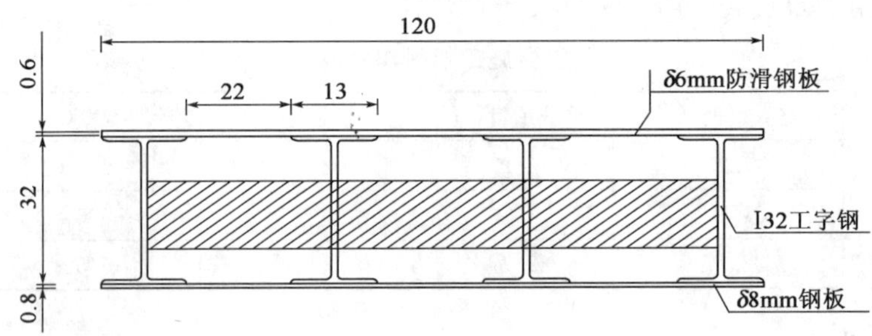

图 5-12 仰拱衬砌施工栈桥立面图

3. 施工工艺

1)施工工艺流程

移动仰拱栈桥就位→仰拱开挖→仰拱钢筋绑扎→仰拱衬砌模板安装→仰拱衬砌混凝土灌注→仰拱回填模板安装(仰拱混凝土达到初凝后)→仰拱填充混凝土灌注→混凝土养护→进入下一循环。

图 5-13 洞内就位后的仰拱栈桥

2)仰拱栈桥就位

在仰拱栈桥就位处，先垫平至设计高程，然后采用钢丝绳将梁板自中间吊起，用挖掘机将单片梁吊起向前移动至就位处，安放平稳，然后用挖掘机由栈桥上行走进行压实。栈桥就位后如图 5-13 所示，其施工要点如下：

①仰拱栈桥就位时，要注意安设的平整及安设宽度符合设计要求，保证车辆行车安全及不同轮距的车辆均能通过仰拱栈桥。

②仰拱栈桥上部的泥水及残余混凝土应及时清除，以保持栈桥上部的清洁。

③车辆通过栈桥时限速5km/h，栈桥下面严禁人员施工，确保施工安全。

3)仰拱开挖

①隧道开挖断面的中线、高程必须符合设计要求，隧底开挖底部高程应符合设计要求。

②隧底范围不应欠挖，当围岩完整、石质坚硬时，方允许岩石个别突出部分岩石，每平方米内不应大于0.1m²，侵入断面不应大于5cm。

③隧底地质情况应满足设计要求，基地内无积水浮渣。

④水沟应与边墙基础同时开挖，且一次成型。边墙基础高程应符合设计要求。

⑤隧底轮廓符合设计要求，隧底允许最大平均超挖值为10cm。

4)仰拱钢筋加工

洞口加强段仰拱钢筋规格有3种：ϕ8(Ⅰ级)、ϕ16(Ⅱ级)、ϕ25(Ⅱ级)；Ⅴ级围岩和Ⅵ级围岩仰拱钢筋规格共3种：ϕ8(Ⅰ级)、ϕ16(Ⅱ级)、ϕ22(Ⅱ级)。钢筋进场后按规格分类堆放、并标识清楚、醒目。钢筋必须支垫离地高30cm以上，用彩条布覆盖防止锈蚀。

仰拱栈桥就位后进行人工开挖，挖机配合人工清底碴，进行仰拱初期支护。清扫初支面后绑扎钢筋，仰拱钢筋布置如图5-14所示。

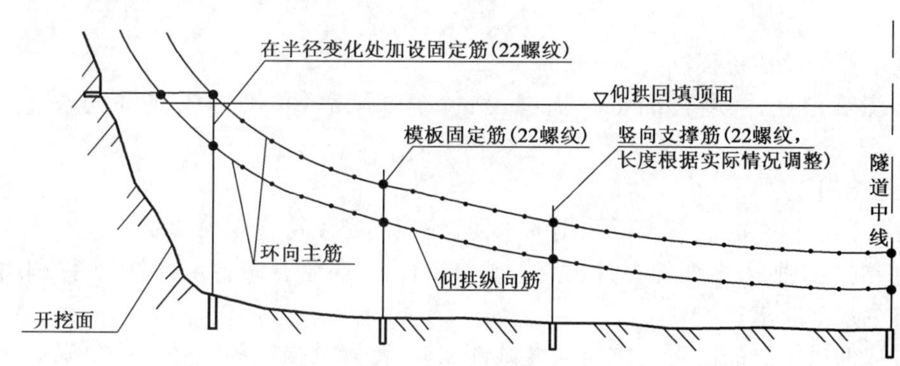

图5-14 仰拱钢筋布置示意图

(1)ϕ8钢筋为架立筋，加工前先用5t卷扬机配合将钢筋调直，再截成钢筋条，按设计图纸尺寸弯钩。钢筋加工应符合下列规定：受拉热轧光圆钢筋的末端应作180°弯钩，其弯曲直径不得小于钢筋直径的2.5倍，钩端应留有不小于钢筋直径3倍的直线段；弯起钢筋应弯成平滑的曲线，其弯曲半径不得小于钢筋直径的10倍。

(2)ϕ25(Ⅱ级)钢筋为洞口加强段主筋，按图纸弧度放样、弯制；ϕ22(Ⅱ级)为Ⅴ级围岩和Ⅵ围岩主筋，现场加工。

(3)成品的存放：加工成型的钢筋必须轻抬轻放，避免摔地产生变形。存放和运输过程中要避免潮湿的环境，防止锈蚀、污染和变形。

(4)钢筋绑扎。钢筋绑扎采用现场绑扎，根据设计图纸先在喷射混凝土上放样，架设固定筋，画出钢筋间距，先环向摆放主筋且方向一致(圆弧摆放统一向洞内或洞外)，再纵向摆放分布筋，钢筋工统一配合将架立筋直立钩挂在主筋和分布筋结点并绑扎牢固。

(5)钢筋的加工应符合设计要求，应平直、无损伤，表面无裂纹、油污、颗粒状或片状锈蚀，钢筋搭接处应在中心和两端用铁丝扎牢。

钢筋接头应设置在承受应力较小处，并应分散布置。配置在“同一截面”内受力钢筋接头的截面面积，占受力钢筋总截面积的百分率应符合设计要求。应符合下列规定：

①焊(连)接接头在受拉区不得大于50%，轴心受拉构件不得大于25%。

②在构件的受拉区绑扎接头，不得大于25%，在构件的受压区不得大于50%。

③钢筋接头应避开钢筋弯曲处，距弯曲点的距离不得小于钢筋直径的10倍。

④在同一根钢筋上应少设接头。“同一截面”内，同一根钢筋上不得超过一个接头(两焊(连)接接头在钢筋直径的35倍范围且不小于500mm以内、两绑扎接头在1.3倍搭接长度范围且不小于500mm以内，均视为“同一截面”)。

5)清底、立模及混凝土施工

端头采用钢模板支模，要求立模尺寸必须按测量组放线及技术交底进行。模板加固牢固，防止跑模，各支撑应避免碰撞。各竖向、纵向模板缝应成一条直线，模板表面应平整。模板表面污物应清理干净，并满涂脱模剂。

仰拱混凝土施工应严格按施工规范进行，计量要准确。混凝土由拌和站生产，运输车运输至仰拱工作面栈桥上，向中间及两侧倾倒，通过混凝土缩槽送至仰拱模板内，边浇灌边捣固密实。

6)混凝土养护及栈桥移动

混凝土浇筑完毕后，进行洒水养护，达到行车强度后，移动仰拱栈桥进入下一节仰拱施工。

7)混凝土施工

(1)仰拱、仰拱填充的混凝土所采用的水泥、外加剂必须符合规范要求。

(2)仰拱混凝土所采用细骨料、粗骨料、矿物掺合料、碱骨料碱含量、混凝土拌和用水、配合比设计应符合规范要求。

(3)仰拱、仰拱填充的混凝土抗压强度试件取样、留置及强度等级必须符合规范要求。

(4)仰拱厚度及各部位尺寸应符合设计要求。

(5)仰拱拱座与边墙及水沟连接面结合应符合设计要求。

(6)施作仰拱混凝土前应清除隧底虚碴、杂物和积水、超挖部分应采用同级混凝土回填。

(7)施工缝、变形缝的位置和处理应符合设计和施工技术方案的要求。

(8)混凝土的运输、浇筑及间歇的全部时间不应超过混凝土的初凝时间。同一施工段的混凝土应连续浇筑。

(9)仰拱、仰拱填充的混凝土的洒水养护不得少于14d。

(10)仰拱、仰拱填充的混凝土拌和物的坍落度应符合配合比要求。

(11)仰拱、仰拱填充的混凝土施工配合比应符合规范要求。

(12)仰拱混凝土原材料每盘称料的偏差应符合规范要求。

(13)预留泄水孔槽的位置、数量应符合设计要求。

(14)仰拱表面应平顺，确保水流畅通。

(15)仰拱填充混凝土灌注前应清除仰拱表面的杂物和积水，表面处理应符合设计要求。

(16)仰拱填充混凝土表面高程符合设计要求。

(17)仰拱填充表面坡度应符合设计要求,坡面应平顺,确保水流畅通。

(18)振捣人员须经培训后上岗,要定人、定位、定责任,分工明确,尤其是钢筋密布部位、端模、拐(死)角及新旧混凝土连接部位指定专人进行捣固,操作人员要固定,做好操作要求交底工作。以插入式振捣为主,根据需要选择是否用辅以附着式振捣。插入式振捣器移动间距不能大于作用半径的1.5倍,且插入下层混凝土深度为50～100mm,与侧模间距为50～100mm。每一振点振捣时间宜为20～30s,振捣到混凝土表面出现灰浆和光泽使混凝土达到均匀为止,防止过振或漏振,抽出振捣棒时要缓慢些,不得留有孔隙。不得用振捣棒放在拌和物内平托和驱赶混凝土,也不得碰撞模板、钢筋及预埋件。

4.仰拱、仰拱填充施工注意事项

1)仰拱施工应超前拱墙衬砌,并尽量紧跟开挖工作面。仰拱的整体浇筑应采用防干扰作业栈桥等架空设施,以保证作业空间和新浇筑混凝土结构不受损坏。

2)二次衬砌结构混凝土施工应连续一次浇筑完成,宜少设施工缝,纵向施工缝不宜设在剪力与弯矩最大处。仰拱混凝土应分段、全幅浇筑,一次成型,不留纵向施工缝。

3)二次衬砌结构纵向施工缝不宜设置在侧墙与仰拱的交接处,应留在高出底板顶面不小于30cm的墙体上,或高出纵向排水管不小于30cm的侧墙上,且施工缝应呈径向(非水平)布置。

4)施工中尚应注意避免由于边墙脚欠挖或没有留出纵向排水管位置,造成边墙脚处二次衬砌厚度不够的现象。

5)施工缝和变形缝应按施工图设计文件要求采取可靠的防水措施。

6)仰拱表面应平顺、不积水。

7)仰拱填充混凝土应在仰拱混凝土终凝后浇筑,浇筑前应清除仰拱表面的杂物和积水,连续浇筑,一次成型,不留纵向施工缝。

8)施工前必须清除隧底虚碴、淤泥和杂物,超挖部分应采用同级混凝土回填。

9)仰拱混凝土应整体浇筑一次成型,填充混凝土应在仰拱混凝土浇筑12h后进行,填充混凝土强度达到5MPa后允许行人通过,达到设计强度的100%后允许车辆通行。

10)仰拱、仰拱填充施工前须将上循环混凝土仰拱接头凿毛处理。

11)根据设计要求,施工缝处钢筋应断开,并要注意与拱墙衬砌施工缝处于同一竖直面上。

12)根据设计要求埋设SH—250边沟、边墙泄水管、变形缝处横向盲沟等。

5.施工安全注意事项

1)施工作业前必须对施工工艺存在的危险源进行辨识和安全评估。

2)施工用作业特殊工种必须经过考试合格后方能上岗。

3)进洞人员必须戴好安全帽,洞内作业人员应佩戴防尘面具。禁止无关人员进洞。

4)开挖作业必须保证安全。开挖时必须减少对围岩的扰动。

5)爆破后应检查爆破和开挖面情况,清除炮眼、残破和危石。

6)开挖面未浇筑混凝土地段应随时检查,险情应及时处理。

7)仰拱施作与开挖工作面的距离必须在确保施工安全,并力求减少施工干扰的原则下合理选定。

(二)拱墙衬砌施工

拱墙衬砌混凝土采用电子计量、集中拌和、罐车运输、输送泵输送入模、附着式结合插入式振捣器振捣。衬砌台车采用厂制全断面液压衬砌台车，HBT60 型混凝土输送泵灌注。钢模衬砌台车施工工艺流程图、施工图分别如图 5-15 和图 5-16 所示。

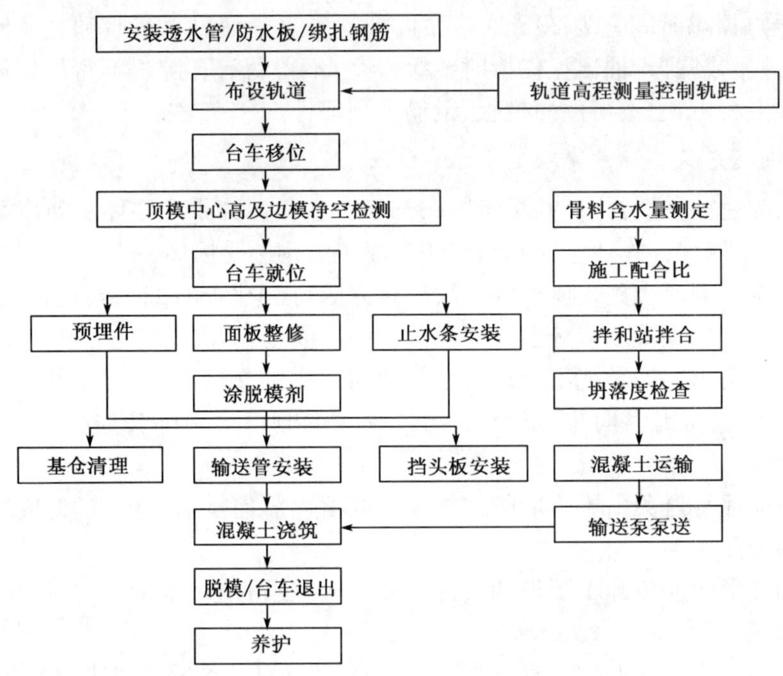

图 5-15　二次衬砌混凝土施工工艺流程图

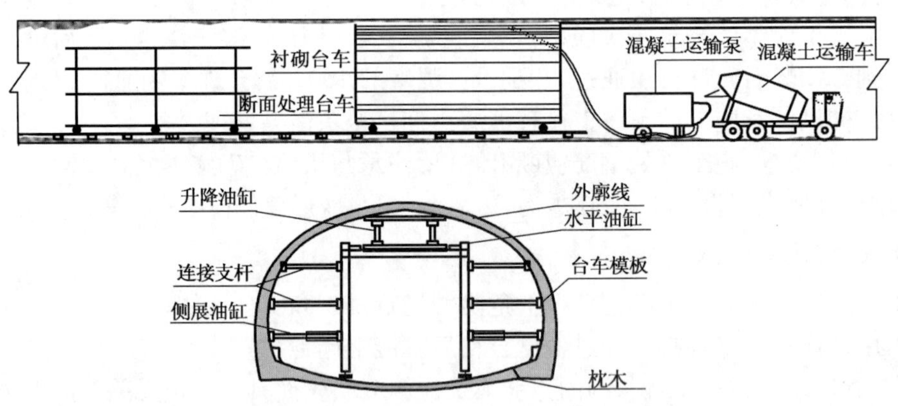

图 5-16　钢模衬砌台车施工图

1. 绑扎钢筋

二衬钢筋安装及绑扎在隧道内进行。钢筋在洞外钢筋加工场统一加工制作好，用运输系统结合人工抬运至洞内，利用台车进行绑扎。二衬钢筋必须在模板安装之前安装完成，安装顺

序:由外及里。生产过程须按以下程序进行:

1)钢筋的进场及检验

钢筋应根据施工详图及进度计划要求组织钢筋进场。进场后堆放在钢筋堆放场,并予以标识。钢筋应有出厂合格证,进场后应按规范要求取样复检,合格后方可使用到工程上。

2)钢筋加工

钢筋加工集中在工地钢筋加工场内进行,钢筋下料加工前应先进行除锈、调直处理。在钢筋加工前仔细阅读施工详图和设计修改通知,结合浇筑部位的分层分块,兼顾混凝土入仓方式,并根据钢筋运输、安装方法及所采用的接头形式,采用计算机分解制定钢筋下料加工单。钢筋切断主要采用截断机切断钢筋,切断时将同规格钢筋按不同长度长短搭配,统筹排料,减少损耗。应避免用短尺量。钢筋弯曲成型采用弯曲机将钢筋弯曲成型。加工场内钢筋采用电弧焊焊机进行焊接。

3)钢筋安装

钢筋绑扎安装前先核对成品钢筋的钢号、直径、形状、尺寸和数量等,并准备好铁丝、绑扎工具及控制混凝土保护层的预制垫块。主要采用现场手工绑扎即散装法。

4)钢筋绑扎安装

分为划线、铺筋、绑扎、连接及仓位清理五个工序。根据测量放样点在模板基础上划出钢筋位置线,籍以进行钢筋绑扎或连接。钢筋保护层用高于或相同标号的水泥灰浆预制垫块来保证,分梅花型布设,垫块预埋铁丝与钢筋扎紧。

5)钢筋连接

钢筋现场连接采用手工电弧焊,其焊缝长度不小于搭接长度,搭接长度应符合规范规定,焊缝高度及宽度也应满足规范要求。

2. 台车就位

1)在开始衬砌施工前,先进行中线和高程测量,检查衬砌断面是否符合设计要求,如有欠挖及不符之处要及时处理。铺设防水层,安装排水管及预埋件、预留槽模板。台车模板外表面涂脱模剂。

2)台车就位,挡头板安装施工应确保防水板不损坏,并设专人进行检查。

3)台车轨道布设控制标准:调整轨道中心及高程,采用公路P38钢轨,方木作枕木,底面直接置于已铺底或仰拱填充的混凝土地面上,保证台车平稳。轨道平面位置和高程偏差控制均在±1厘米以内,使模板中心线尽量同台车大梁中心重合,使台车在混凝土灌筑过程中处于良好的受力状态。

4)定位方法:采用五点定位法,即以衬砌圆心为原点建立平面坐标系,通过控制拱部模板中心点、拱部模板同墙部模板的两个铰接点、两墙部模板的底脚点来精确控制台车就位。曲线上考虑内外弧长差引起的左右侧搭接长度的变化,以使弧线圆顺,减小接缝错台。台车走行至立模位置,用侧向千斤顶调整至准确位置,并进行定位复测,直至调整到准确位置为止。台车撑开就位后检查台车各节点连接是否牢固,有无错动移位情况。采用五点定位法检查模板是否翘曲或扭动,位置是否准确,保证衬砌净空,同时也易于克服衬砌环接缝处的错台。为避免在浇筑边墙混凝土时台车上浮,还必须在台车顶部加设木撑或千斤顶。同时检查工作窗状况是否良好。

3. 外模、端模(挡头板)制作和安装

明洞衬砌采用Φ48钢管弯制弧形拱架固定外模,外模选用木板或竹胶板;端模(挡头板)选用5cm厚松木板制作,采用U形卡和短方木固定,以适应端模尺寸的不规则性。并在挡头板上钉木板条以便在混凝土端面预留出安装止水条的凹槽。

4. 灌筑混凝土

立模完成,检查中线、高程及预埋件的位置无误后,方可进行混凝土灌筑。灌注混凝土先从台车模板最下排工作窗进行,浇筑混凝土时加强振捣,灌筑混凝土快要平齐工作窗时,然后关闭工作窗口,左右侧对称进行,然后从第二排工作窗灌筑,以此类推,最后通过灌注拱板混凝土,封顶。混凝土两侧对称灌筑,两侧混凝土高差不超过0.5m。采用平板振动器和插入式振捣棒相结合的方式进行振捣。用插入式振动棒捣固时,必须符合下列规定:

1)每一振点的捣固延续时间,应使混凝土表面呈现浮浆和不再沉落。

2)振动棒的移动间距不大于振捣器作用半径的1.5倍。

3)捣动棒与模板的距离不大于其作用半径的0.5倍,并避免碰撞钢筋、模板、预埋件等。

4)振动棒插入下层混凝土内的深度不小于50mm。

5)混凝土泵连续运转,输送管宜直,转弯宜缓,接头严密,泵送前润滑管道。灌筑结束清理现场,及时检修、保养输送泵和清洗管道,以备下循环使用。

在混凝土浇筑过程中,观察模板、支架、钢筋、预埋件和预留孔洞的情况,当发现有变形、移位时,及时采取措施进行处理,因意外混凝土灌筑作业受阻不得超过2h,否则按接缝处理。

5. 脱模、养护

衬砌混凝土灌筑完成,满足规范要求的强度(不小于5MPa)要求后,才能拆除模板,进入下一循环,混凝土拆模后要及时进行养护7~14d。

6. 预留洞室和预埋件的安置

1)钢筋混凝土衬砌地段,预留、预埋件固定在钢筋骨架上。

2)无筋衬砌地段采取的方法是在衬砌台车模板上钻孔用螺栓固定预留、预埋件。其优点是费用低廉,易于操作。

3)预埋钢管的设置,为保证通信、电力线路穿线顺利,预埋钢管需把好以下工序质量:采用切割机切割;用钢锉锉平管口毛刺;弯管机弯制;接头采用套管连接,套管同预埋钢管之间焊接,并对焊缝作防锈蚀处理;管内穿铁线;预留洞室处钢管头应外露5mm,长短一致;管口在灌筑前作临时封堵。

(三)防止和减少二次衬砌开裂主要措施

1)混凝土用减水剂、膨胀剂或用膨胀水泥。由于混凝土收缩和水泥水化发热,使混凝土灌筑后温度上升,经3~5d后温度下降等原因,使衬砌受拉超过混凝土极限强度后而出现裂缝。在混凝土中用减水剂、膨胀剂可以减少单位水泥和水的用量,因膨胀剂混凝土压密实,从而减少混凝土的收缩应变等。

2)初期支护与二次衬砌之间,设置隔离层或低标号砂浆,减少对二次衬砌的约束。设置防水隔离层,可以使初期支护与二次衬砌之间不传递切向力,因此对防止二次开裂有很大作用。

但在铺设防水隔离层之前,应将初期支护表面大致整平,以改善二次衬砌受力条件。但是防水隔离造价较贵,应作技术经济比较。潭柘寺隧道设置了防水隔离层。

3)改进混凝土的灌筑工艺和提高施工技术水平,并加强混凝土的振捣和养护,精心施工,以提高混凝土衬砌的施工质量。

4)可在衬砌易开裂部位加设少量钢筋,使混凝土裂缝分散而裂缝宽度不超过允许值。

5)一次模筑混凝土长度不宜过长,以免混凝土硬化收缩使衬砌产生裂缝(模板台车一般长度为6~12m,潭柘寺隧道使用的均为10.5m)。

(四)二次衬砌有害裂缝处理方法

隧道二衬衬砌结构漏水或影响使用的裂缝应使用水泥砂浆、丙烯酸、环氧树脂或环氧树脂砂浆等嵌缝和补强。

根据其裂缝宽度大小,采用不同材料嵌缝:

1)细小裂缝用水泥浆、丙烯酸或环氧树脂等涂刷和嵌缝,效果较理想。

2)对较大裂缝,可用10号水泥砂浆或膨胀水泥砂浆嵌缝较合适有效。

3)对大裂缝(裂缝大于5mm),宜用环氧树脂砂浆,或采用压浆、钢筋网喷混凝土等进行补强。

(五)浇筑过程中的注意事项

1)拱顶混凝土进入模板浇筑采用埋管法,其余部位采用接管法,即将输送管顺序接至台车各预留作业窗口,输送管不与模板接触,以免混凝土压出时对管口产生强烈的振动使模板变形,每浇筑一层进行振捣密实后再浇。

2)放慢浇筑速度,并在边墙两侧对称分层灌筑混凝土,边墙浇到起拱位置时,应暂停浇筑1~2h,让混凝土充分下沉,防止开裂。

3)拱顶利用混凝土输送泵的喷射作用使混凝土密实,同时用附着式振捣器进行振捣,使混凝土表面平整密实。

4)拱顶不宜灌筑密实,在施工时要特别注意。灌筑拱顶封顶部分时,在已封顶处逐步向前进行。

5)为保证拱顶浇筑密实,还采用了预埋注浆管,待衬砌完成后做压浆处理。

6)脱模时间不宜过早,过早则易导致开裂问题。一般情况下,混凝土强度达到2.5MPa后可以脱模。在围岩较好地段,因围岩和初期支护变形已基本稳定,潭柘寺隧道二次衬砌在浇筑作业完成30h以后可以脱模。但在坍体处理段、软弱围岩地段、浅埋地段、初期支护开裂剥离段施作二次衬砌,潭柘寺隧道规定:为防止开裂,二次衬砌强度需达到设计强度的70%后方可脱模,因为脱模后的二次衬砌可能会很快处于受力状态,对其极为不利。工程实际表明,在潭柘寺隧道坍体处理段、软弱围岩地段、浅埋地段、初期支护开裂剥离段等特殊围岩地段施作二次衬砌,在浇筑完毕后48h可以脱模,按照此原则进行操作,能够很好保证二次衬砌施工质量。

为配合隧道施工的开挖、运输、支撑及衬砌等基本作业进行的其他作业,称为隧道施工的辅助作业,主要有施工通风、防尘、防有害气体、施工供风和供水、施工供电及照明等。

第四节　通风、防尘、防有害气体

一、控制标准与设计

(一)隧道的污染源

国内隧道施工中，由于仍广泛沿用传统的钻爆法开挖，加之施工机械化程度的日益提高，施工中爆破后及机械作业过程中产生的有害气体和人为污染所造成的隧道内作业环境恶化，越来越成为影响施工生产和洞内作业人员身体健康的关键因素。施工中的作业环境治理也就显得越来越重要，而要做好这项工作就必须做好施工通风。

潭柘寺隧道根据配备的施工设备，其污染源主要来自以下几个方面：①爆破炮烟；②喷射砼产生的粉尘；③风源粉尘；④柴油运输设备和装载机装碴作业时排放的尾气；⑤运输机械行走过程中扬起的灰尘；⑥人工手持风钻钻孔作业时的雾尘；⑦工人施工作业时产生的废气。

(二)施工通风控制标准

潭柘寺隧道施工中，由于爆破作业，各种机械的使用，施工人员的呼吸，必须降低有害气体浓度，保持正常的施工环境。根据《公路隧道施工技术规范》(JTJ 042—94)有关规定，公路隧道施工作业环境应符合下列卫生标准：

1)施工中作业环境应符合下列卫生标准：①坑道中氧气含量按体积计不应小于 20%；②道内气温不宜高于 30℃。

2)有害气体浓度：①一氧化碳(CO)一般情况下不大于 30mg/m^3，特殊情况下，施工人员必须进入工作面时，可为 100mg/m^3，但工作时间不得超过 30min；②二氧化碳(CO_2)按体积计不得大于 0.5%；③氮氧化物(NO_2)在 5～8mg/m^3 以下；④甲烷(CH_4)按体积计不得大于 0.5%。否则必须按煤炭工业部现行的《煤矿安全规程》有关的规定办理。

3)粉尘浓度：含 10%以上游离二氧化硅的粉尘，空气中不得大于 2mg/m^3；含 10%以下游离二氧化硅的矿物性粉尘，空气中不得大于 4mg/m^3。

4)噪声不宜大于 90dB。

二、潭柘寺隧道通风机安设

(一)通风设备安设规范要求

1.通风管的选择和安装要求

1)风管直径应通过计算确定，通风管应与风机配套，同一管路的直径宜尽量一致，对长、大隧道宜尽量选用大口径风管。

2)吸入式的进风管口或集中排风管口应设在洞外，并作成烟囱式，防止污染空气回流进洞。

3)通风管靠近开挖面的距离应根据具体情况决定,压入式通风管的送风口距开挖面不宜大于15m,排风式风管吸风口不宜大于5m。

4)采用混合通风方式时,当一组风机向前移动,另一组风机的管路应相应接长,并始终保持两组管道相邻端交错20~30m。局部通风时,排风式风管的出风口应引入主风流循环的回风流中。

5)通风管的安装应做到平顺、接头严密、弯管半径不小于风管直径的3倍。

6)通风管如有破损,必须及时修理或更换。

7)压风管应采用软质橡胶管,吸风管应采用硬质金属管或玻璃钢管。

2.通风机的安装与使用要求

1)应按照通风设计要求安装主风机;洞内辅助风机应安装在新鲜风流中。

2)通风机应装有保险装置,当发生故障时能自动停机。

3)通风机应有适当的备用量,宜为计算能力的50%。

(二)潭柘寺隧道通风机安装

为了避免排出的风再次压入洞内,风机设在距洞口30m以外。出风口管口距掌子面应在有效射程范围内,既可保证通风效果,又能避免因爆破损坏风管。潭柘寺隧道风机的安设情况如图5-17所示。

采用性能优良的通风机械和大直径、小摩阻的通风管,保证能提供足够的风量与风压,减小通风管的摩擦阻力。

减小漏风是实现长距离通风的技术关键,使百米漏风率达到设计要求,同时加长管节,减小节头漏风量和减小阻力。

隧道洞口高压风区选用长丝涤沦纤维作基布,压延PV塑料复合而成的增强塑胶布所做的风管,其表面光洁度高,流动摩擦阻力系数小,且有防水、抗燃、抗静电性能,自然老化时间为8年,可采用热塑法或高频焊加工。

风管管节加长,可以减少接头个数,减少接头漏风量和接头局部阻力,也可节省加工费用。在潭柘寺隧道施工通风中,风管每节长为30m。

提高风管安装质量,安装时吊挂风管的缆索拉平、拉紧,减少风管的弯曲风压损失。

为防止干扰流水作业中其他并行工序的作业,通风管悬挂在洞壁拱腰,如图5-18所示。

图5-17　潭柘寺隧道通风机的安设情况

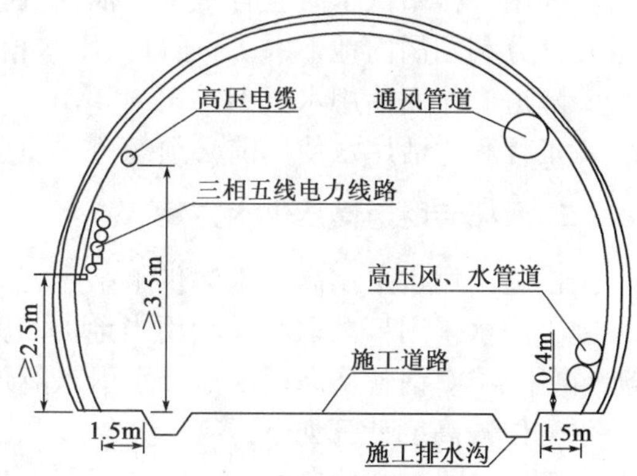

图5-18　三管两线布置示意图

采用性能优良的通风机，通风管直径与通风机相匹配，充分发挥机械性能，提高通风效果。要保持通风系统良好的工作状况，必须加强对系统的维护管理，特别是长的软管，更需经常检查、修补、调整、更换。

潭柘寺隧道施工中经常对施工人员进行通风安全知识宣传教育工作，牢固树立了安全意识。同时成立了专门的通风班组，由专人负责日常维护，定期测试通风量、风压、风速，并作好了记录。

第五节　供风和供水

一、施工供风

（一）供风方案规范要求

1. 空气压缩机站设备能力应满足同时工作的各种风动机具最大耗风量和足够的风压。

2. 空气压缩机站应设在洞口附近，并宜靠近变电站，应有防水、降温、保温和防雷击设施。

3. 隧道工作面使用风压应不小于 0.5MPa。

（二）潭柘寺隧道施工用风

潭柘寺隧道出口段隧道施工中，以压缩空气为动力的风动机具主要有：凿岩机、风钻台车、装渣机、喷射混凝土机和压浆机等。经计算每个洞口需要配置 $20m^3/min$ 空压机 3 台。6 台空压机布置在一个空压机房内，便于调配使用。

二、施工供水

（一）供水方案规范要求

1. 水源的水量应满足工程和生活用水的需要。有高山自然水源时应蓄水利用，水池高度应能保证洞内最高用水点的水压。

2. 水池的容量应有一定的储备量，保证洞内外集中用水的需要。

3. 采用机械站供水时应有备用的抽水机。

4. 充分利用洞内地下水源，通过高压水箱送到工作面。

5. 隧道工作面使用水压不小于 0.3MPa。

6. 工程和生活用水使用前必须经过水质鉴定，合格者才可使用。

（二）潭柘寺隧道高压供水方案

洞内施工用水采用高位水池供水结合普通泵增压的方式。

施工用水采用打井取水或利用当地的自来水，用高扬程水泵抽水至隧道顶的 $50m^3$ 高压水池，再用 $\phi100$ 钢管从高压水池分别引入隧道内，供洞内用高压水。

水池位置高度计算如下：

$$H \geqslant 1.2h + \alpha h_f$$

式中：H——水池位置至配水点的高差，m；

h——配水点要求水头，m，湿式凿岩需要水压为0.3MPa，则$h=30$m；

α——水头损失系数(按管道水头损失5%～10%计算)，$\alpha=1.05\sim1.10$；

h_f——管道内水头损失，m。

设管道最大长度为1 000m，流量$Q=32.4\text{m}^3/\text{h}$，$h=30$m，$\alpha=1.1$，查钢管水力计算表：当$Q=32.4\text{m}^3/\text{h}$时，钢管直径100mm，得$V=1.04$m/s，1 000m长管道阻力损失$h_f=22.1$，则：

$$H \geqslant 1.2h+\alpha h_f=1.2\times30+1.1\times22.1=60.31\text{m}$$

潭柘寺隧道出口段为上坡掘进，随着掘进长度的增加，洞底和高位水池的高差逐渐减小，为保证掌子面的水头满足施工需要，在适当的位置设置普通泵进行增压。

三、高压风、水管路的安装要求

(一)高压风、水管路的安装使用规范要求

1. 管路应敷设平顺，接头严密，不漏风，不漏水。

2. 洞内风、水管路宜敷设在电缆电线相对的一侧，并不得妨碍运输，不影响边沟施工。

3. 洞外地段，当风管长度超过500m，温度变化较大时宜安装伸缩器；靠近空气压缩机150m以内，风管的法兰盘接头宜用石棉衬垫。

4. 在空气压缩机站和水池总输管上必须设总闸阀；主管上每隔300～500m应分装闸阀。高压风管长度大于1 000m时，应在管路最低处设置油水分离器，定时放出管中的积油和水。

5. 管路前端至开挖面宜保持30m距离，并用高压软管连接分风器和分水器，通往上导坑开挖面使用的软管长度不宜大于50m。分风器、分水器与凿岩机间连接的胶皮管长度，不宜大于10m，上导坑、马口、挖底地段不宜大于15m。

6. 风、水管路使用中应有专人负责检查、养护；冬季应注意管道保温。

(二)潭柘寺隧道高压风、水管路要求

潭柘寺隧道高压风、水管安装在隧道右侧的电缆槽附近，如图5-18所示。考虑到高压风、水管具有一定的危险性，安装除满足规范要求外，A、B洞分别安排固定的安全员各1名，在风、水管路使用过程中进行巡视。发现有漏风、水现象时，及时通知设备检修人员检修，保证施工的安全。

第六节　供电及照明

一、隧道供电及照明要求

(一)供电及照明规范要求

1)电压规范要求

(1)应采用400/230V三相四线系统两端供电。

(2)动力设备应采用三相380V。

(3)隧道照明,成洞段和不作业地段可用220V,瓦斯地段不得超过110V,一般作业地段不宜大于36V,手提作业灯为12～24V。

(4)选用的导线截面应使线路末端的电压降不得大于10%;36V及24V线不得大于5%。

2)变压器容量应按电气设备总用电量确定。当单台电动设备容量超过变压器容量1/3时,应适当考虑增加起动附加容量。

3)洞外变电站宜设在洞口附近,并应靠近负荷集中地点和设在电源来线一侧。

4)短隧道应采用高压至洞口,再低压进洞;长、特长隧道成洞地段应用6～10kV高压电缆送电;洞内设置6～10/0.4kV变电站供电时,应有保证安全的措施。

5)隧道作业地段必须有足够的照明;洞外照明按一般建筑工地要求。瓦斯地段的照明器材应采用防爆型,开关应设在送风道或洞口。

6)对于施工用电,靠近城镇时应优先利用外来电源;山岭重丘区没有电力来源时可根据工程规模、施工需要、机具等配套设置自行发电;采用大型掘进机械施工时,必须用外来电源;应设置预备电源或应急电源,确保停电时有必要的动力和照明。

7)对各种电气设备和输电线路应有专人经常进行检查维修,作业时应参照现行的《电业安全工作规程》的规定办理。

(二)供电线路布置和安装规范要求

1)成洞地段固定的电线路应使用绝缘良好胶皮线架设;施工地段的临时电线路宜采用橡套电缆;竖井、斜井宜使用铠装电缆;瓦斯地段的输电线必须使用密封电缆,不得使用皮线。

2)照明和动力线路安装在同一侧时必须分层加设。电线悬挂高度距人行地面的距离,110V以下时不应小于2m,400V时应大于2.5m,6～10kV时不应小于3.5m。瓦斯地段的电缆应沿侧壁铺设,不得悬空架设。

3)涌水隧道的电动排水设备、瓦斯隧道的通风设备和斜井、竖井内的电气装置应采用双回路输电,并有可靠的切换装置。

4)36V低压变压器应设在安全、干燥处,机壳接地,输电线路长度不应大于100m。

5)动力干线上的每一分支线,必须装设开关及保险丝具。禁止在动力线路上加挂照明设施。

二、潭柘寺隧道高压电进洞方案及布置

(一)供电设置

1.洞口高压配电设置

前期采用220kW柴油发电机供电,后期采用10kV高压接入变压器,通过变压器采用三相五线制线路分别向施工地点架设输电线路。

2.电力设备配置原则

供用电系统电力设备配置遵循“安全、可靠、经济”的原则进行。

3.备用电源

为了保证不间断供电,在各洞口配备足够数量的柴油发电机组组成自备电站,当主供线路

停电时自备电站自动投入，供洞内外全部施工生活用电。

4. 电力电缆选择

施工用电高压电缆经济实用安全可靠，并具有一定的抗机械损伤性能。本系统为10kV电压等级，选用YJLV22—10系列电缆。

（二）洞内照明

照明供电均采用三相五线制，以各段变电站为中心向两端布置，负荷均布。用BLV—25mm^{2}绝缘电线沿右侧边墙蝶式瓷瓶明配，间距15m。照明光源采用高效节能高压钠灯，每延长米按10W计，每隔15m一盏，安装在横担上沿。距离掌子面100m范围内，考虑作业人员集中，采用24V安全电压供电。

（三）安全技术措施和电气防火措施

项目部设调度负责本系统的电力调度，设电气工程师1名，负责安全技术档案的建立和管理。建立健全各种规章制度并认真执行。设临电维护操作电工2名，负责填写临电记录和维护临电线路设备操作及管理。电工必须熟悉用电安全规程、规范，并认真执行。

第六章　潭柘寺隧道总承包管理

第一节　总承包管理概况及背景

近年来，为适应国际建筑承包市场激烈竞争的需要和国内业主对项目的投资及管理方式的需求变化，加快发展工程总承包再次被提上日程，成为国内研究热点之一。

北京市公路桥梁建设集团有限公司管理分公司下属的108国道改建工程，是一项采用了DB总承包管理模式的项目。作为北京市公路桥梁建设集团有限公司在工程总承包项目管理上的探索，108国道改建工程为这次研究提供了一手资料。通过对108国道改建工程总承包项目管理的研究，我们可以深入地了解工程总承包模式，以及目前总承包模式下项目管理的适用性，探索了如何更好地开展对总承包工程的项目管理，如何使企业能够结合自身特点发挥工程总承包的优势，通过内部整合、挖掘潜力提高整体竞争力，更好地适应市场经济的发展规律，形成独特的企业文化。同时，通过这次工程的实践经验，我们也发现了我国目前工程总承包模式中存在的一些问题，这也为工程总承包模式在我国的继续推行准备了一手资料。

一、工程总承包的发展历程

工程总承包是在美国20世纪60年代的比较单一、传统的设计-招投标-施工(Design-Bid-Build，DBB)方式上发展起来的。在国际上工程承包经历了一个曲折的发展过程。

1)早期的工程建设是业主自营，在14世纪前，由业主直接雇用工人进行工程建设。

2)14～15世纪，营造师出现，作为业主的代理人管理工匠并负责设计。

3)15～17世纪，建筑师出现，承担设计任务，而营造师管理工匠并组织施工。

4)17～18世纪，工程承包企业出现。业主发包、签订工程承包合同。建筑师负责规划、设计、施工监督，并负责业主和承包人之间的纠纷调解。

5)19～20世纪，出现总承包企业，逐渐形成一套比较完整的“总承包-分包”体系。20世纪，在国际工程中承包方式出现多元化的发展。

6)专业化分工导致设计的专业化和施工的专业化，许多工程采用分阶段、分专业平行承发包方式。

7)在设计和施工中分离出项目管理(咨询或监理)。

8)施工总承包、设计总承包、设计和建造(施工)总承包(D-B)的发展。

9)1980年代以来又逐渐发展“设计-采购-施工(EPC)”总承包模式。

从上述工程总承包的发展历史来看，工程总承包是工程建设根据市场需要演变和发展起来的一种工程建设模式，已有近百年的历史，特别是在近几十年来受到普遍欢迎。

在我国，20世纪80年代初就有学者探讨过工程总承包，但在我国工程总承包一直没有得到很好发展，到目前为止仅占工程承包市场总额的1%左右。我国改革开放已近30年，我国开始进行谈判加入WTO已近20年，但工程承包方式与国际上的差距依然很大。

二、工程项目总承包模式及特点

工程总承包的概念可以从以下两方面理解：首先，工程总承包是工程建设项目的一种组织管理方式，这种方式改变了过去项目建设分阶段、分别管理的做法，变成各阶段通盘考虑、相互衔接的一体化管理；其次，工程总承包可作为工程项目的一种发包方式，即由建设项目业主将工程项目的全部内容以及完成过程，以总承包的方式发包给工程项目的建设者和组织管理者。

按照国际上项目阶段划分方法，工程总承包的范围可以从项目决策开始直到交付业主运营，也可以从方案设计、基础设计或详细设计开始到交付使用。

1. 设计施工(DB)总承包模式

DB总承包模式是一种合同关系比较简单的承包方式，即业主确定了项目原则以后，只需选定唯一的实体来完成建设项目的设计和施工，如图6-1所示。

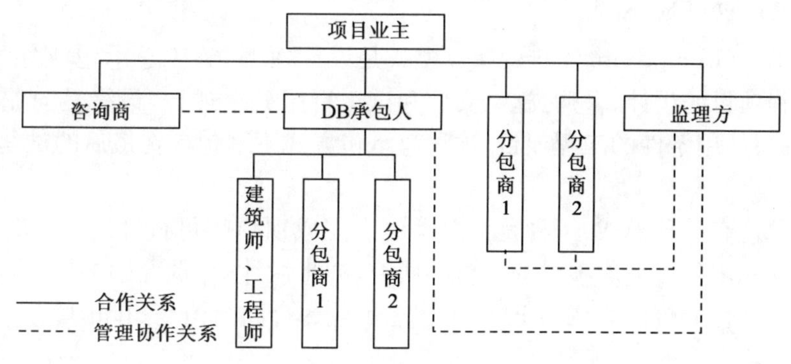

图6-1　DB承包模式的组织形式

承包人按照合同约定，承担工程项目设计施工，并对承包工程的质量、安全、工期、造价全面负责，避免了设计和施工的矛盾，可减少项目的成本和工期。同时，在选定承包人时，把设计方案的优劣作为主要的评价因素，可保证业主得到高质量的工程项目。

2. 设计-采购-施工(EPC)总承包模式

EPC总承包(Engineering Procurement Construction)模式是指承包人负责工程项目的设计、采购、施工、试运行服务等工作，并对承包工程的质量、安全、工期、造价全面负责，但在试运行阶段仅承担技术服务，不对试运行承担全部责任。

EPC总承包可分为两种类型：EPC(max s/c)和EPC(Self Perform Construction)。EPC(max s/c)是指总承包人最大限度地选择分承包人来协助完成工程项目，通常采用分包的形式将施工分包给分承包人。EPC(Self Perform Construction)是指总承包人除选择分承包人完成少量工作外，自己要承担工程的设计、采购和施工任务。EPC合同结构形式如图6-2所示。

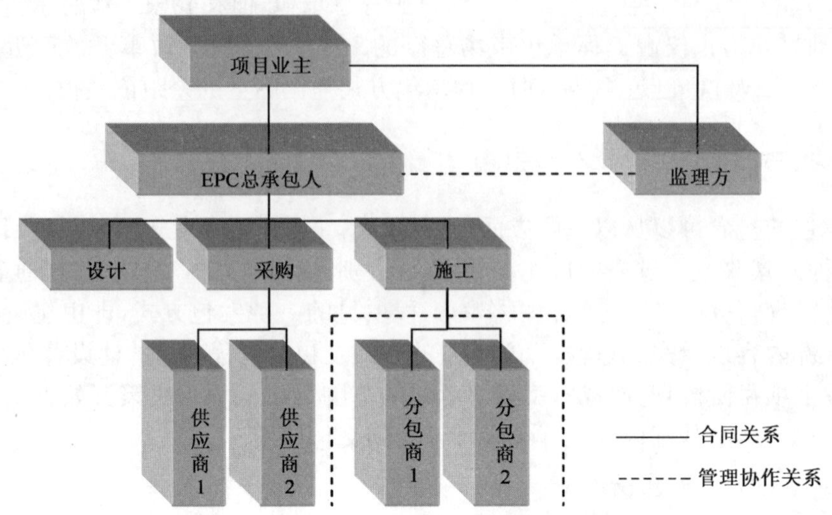

图 6-2 EPC 承包模式的组织形式

3. 交钥匙总承包(LSTK)模式

交钥匙总承包(Lump Sum Turn Key)模式是设计-采购-施工总承包业务和责任的延伸。承包人负责工程项目的设计、采购、施工安装和试运行服务全过程,最终是向业主提交一个满足使用功能、具备使用条件的工程项目,这种总承包方式下承包人在最后的试运行阶段要承担全部责任。

交钥匙总承包有两种模式:一种是由总承包人完成项目的可行性研究、初步设计;另一种是先由业主委托总承包人完成项目的可行性研究、初步设计,经批准后再与承包人签订交钥匙合同。交钥匙总承包的合同结构与 EPC 工程总承包的合同结构是相同的。

三、DB 总承包范围的界定

对于总承包人提供服务范围的界定不一致,其中以 Design-Build 之范围最小,承包人仅负责工程的设计与施工。Turnkey 则对 DB 承包人提供的服务范围最广,除了设计和施工外还可能包含项目的融资、规划以及工程完工之后的营运与维修等工作。而近年在美国皆以 Design-Build 称之,如美国学者 Sanvido、Songer、Moleanaar 等,其所指内涵也是仅以厂商负责设计施工为止,国内外设计施工总承包模式定义比较如表 6-1 所示。

国内外设计施工总承包模式定义比较　　表 6-1

		融资	规划	设计	施工	测试	营运维修
Turnkey	美国土木工程师协会			◎	◎		
	美国建筑师学会	◎	◎	◎	◎	◎	◎
	联合国跨国机构中心			◎	◎	◎	
	美国 DB 协会	◎	◎	◎	◎	◎	◎
	国际顾问工程师协会	◎	◎	◎	◎	◎	◎

续上表

		融资	规划	设计	施工	测试	营运维修
Design-Build	美国土木工程师协会			◎	◎		
	美国建筑师学会			◎	◎		
	联合国跨国机构中心			◎	◎	◎	
	美国DB协会			◎	◎		
	国际顾问工程师协会			◎	◎		
中国的DB工程总承包模式				◎	◎		

本书所研究的DB总承包模式可以说是狭义上的DB总承包模式(只包含设计与施工),即由一个工程实体(Entity)提供设计和建设服务,对工程全过程的造价、工期、质量、安全和环保负责。

四、DB总承包管理的现状

在我国总承包市场的培育和发展过程中,由于许多工程公司未能真正理解和掌握总承包模式的运作规律,在实践中进步有限,反而造成许多不应有的失误。调查显示与国际型工程公司相比,我国工程公司内部存在诸多问题。

1.组织体系不健全

与国际型工程公司相比,我国一些设计单位开展工程总承包和项目管理的组织体系不健全。约有67%的设计单位没有设立项目控制部、采购部、施工管理部、试运行(开车)部,只是设立了一个二级机构——工程总承包部。

2.项目管理体系不完善

总承包模式要求承包人必须建立完善的项目管理体系,包括资源的支持体系、程序文件、作业指导文件、工作手册等,约有50%被调查单位没有建立完善的项目管理体系。

3.缺少高素质的项目管理人才

从已调查的22个行业236家设计单位人才构成状况分析,均缺少高素质、具有组织大型工程项目管理经验、能按照国际通行项目管理模式、程序、方法、标准进行管理的复合型的高级项目管理人才。

4.工程项目管理技术落后

与国际型工程公司接轨,一是与国际型工程公司的模式、程序、方法接轨;二是与其先进管理技术接轨。调查中发现,真正应用项目管理计算机集成系统进行项目管理的单位较少。

5.设计单位的体制尚未彻底转变

国办发[1999]101号文指出"设计单位要参照国际通行的工程公司、咨询设计公司、设计事务所、岩土工程公司等模式进行改造"。在实际调查中,以服务功能、组织体系、技术管理体系、人才结构四个方面来测评,真正按国际型工程公司模式进行运作的单位,约占被调查单位的15%左右。

五、DB 总承包管理的发展趋势

工程总承包最大的特征就在于总承包能对参与项目的各种要素实施组织、协调和管理，承担起全面完成项目目标的责任。工程总承包企业可以充分利用社会化专业分工与协作的效应，摒弃“大而全”的观念，在全社会范围内优化配置生产要素资源，在生产过程中充当“协调”的角色，从而可以充分发挥集团优势互补的组合效应，专业分工的规模效应，资本运作的放大效应和整体效应，以集约型的方式作为企业经济效益增长的主要推动力。

工程总承包的管理和组织方式是社会专业化分工与协作在建筑领域的具体运用，工程总承包运作机制反映了社会化大生产的内在要求，符合市场经济运行规律和国际惯例。工程总承包企业的本质涵义就体现在企业具有在全社会范围内优化配置生产要素资源的能力，辐射带动中小企业共同开拓市场的能力，工程建设各环节的综合协调能力和管理能力，经营机制适应市场、引导市场趋势的能力[13]。

综上所述，我国总承包市场是非常广阔的，并且急需建立规范的市场运作体系，从招投标过程就开始严格总承包模式的采购原则，并在实施过程中建立健全管理监督机制，逐步建立与完善适合我国国情的总承包市场。

第二节　DB 总承包模式下承包人风险分析

一、DB 总承包模式类型及特点

（一）从承包人建设阶段进行分类

DB 总承包模式下的总承包类型可以从可行性研究阶段开始，也可以从初步设计阶段开始，还可以从技术设计及施工图设计开始。但是，当施工图设计完成以后再进行工程总承包，这种模式就变成了施工总承包。这样就可以将设计-施工总承包划分为四种类型，如图 6-3 所示。

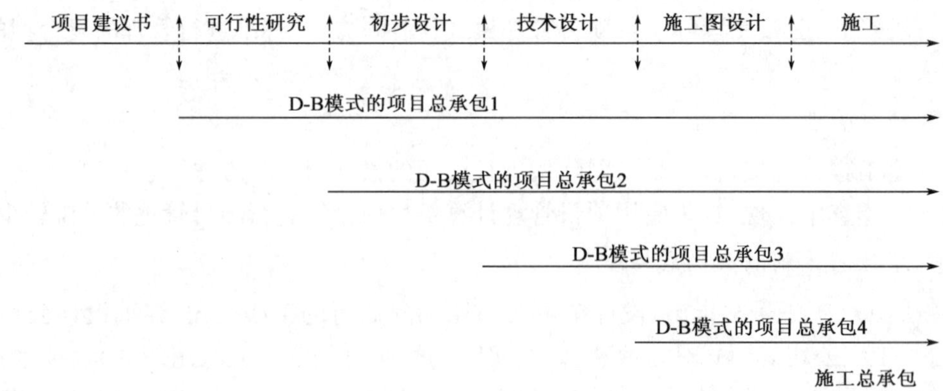

图 6-3　DB 总承包模式类型

1. DB 总承包模式 1

DB 总承包模式 1 比较适合简单的、工程造价较低且容易确定出工程的投资、隐蔽工程很少、地质条件不复杂的项目。

对工程复杂的项目，用这种承包类型对双方的风险都很大，对业主来讲，不能全面深刻的认识自己投资的项目，也不能确定项目投资额和项目的建设方案；对承包人来讲，每个承包人都要进行地质勘查、方案设计评估，并做进一步的设计方能确定工程造价以进行投标，这样承包人承担的风险太大，投入很多精力和资金也可能投标失败，承包人也就不会有积极性进行投标。所以往往不鼓励采用这种类型的总承包。

2. DB 总承包模式 2

这种项目总承包是业主的项目申请书经核准后，业主请社会中介机构的咨询工程师对项目进行可行性研究，完成可行性研究后业主即可组织人员编制招标文件进行招标。

对承包人来讲降低了投标报价的风险，并且业主也能够将投资估算做得更准确些，便于业主的投资决策。当然，承包人投标时还可以对业主提供的可行性研究的设计方案做进一步的优化，提出对业主更有价值的方案，以加大承包人的中标几率，这样就有机会使有实力的承包人发挥其技术优势，使综合实力最强的承包人中标。

3. DB 总承包模式 3

这种项目总承包是业主获得项目核准后，进行详细的可行性研究，再进一步的做完项目的初步设计，并由业主组织人员编制完标书进行招标。

承包人只是在初步设计的基础上进行下一步的工作，减少了承包人的风险，这对承包人来说无疑是有利的。但是，这就要求业主花很长的时间准备初步设计，在方案确定以后，承包人只是被动的完成业主尚未完成的设计，不利于实力强的承包人发挥其技术实力，业主得到的技术方案也不一定是最好的。这种项目总承包类型适用于不同规模的工程。

4. DB 总承包模式 4

这种项目总承包类型一般针对技术非常复杂的工程，业主获得项目核准后，进行详细的可行性研究、初步设计，在完成技术设计的内容后，组织人员编制完招标文件后进行招标。

这种类型的项目总承包限制了承包人的技术发挥，业主要花很长时间准备初步设计和技术设计，影响了建设总工期。当然承包人的投标风险大大减少了，承包人不需要花很长时间准备初步设计和技术设计，只要在施工图设计中多注意细部设计、满足业主的美学要求即可。

(二)从承包人组织结构进行分类

DB 总承包模式根据总承包人的组织结构不同，可以分为以下三种模式：

1. 施工企业为 DB 承包人

施工企业与业主签订 DB 契约，并对工程设计与施工的负全部责任。该 DB 承包人得以自办或者分包的方式统筹办理工程施工业务，并因 DB 承包人本身不执行设计，设计工作则聘请设计机构办理，该设计企业受聘于 DB 承包人，其直接对 DB 承包人负设计责任，对业主则没有直接的合约关系。该类型 DB 承包人的 DB 组织架构如图 6-4 所示。

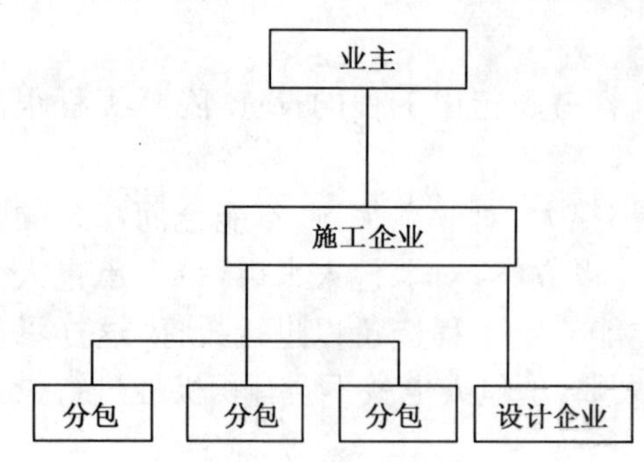

图 6-4　施工单位为 DB 承包人下的组织架构

1)组织优势

(1)对业主呈单一窗口,责任明确。

(2)由于工程中 90%以上皆为施工单位的业务,因此在日后的工程执行上,由资本比例比较高的施工单位比较合理。

(3)由于细部设计是在本身权力管辖下的设计企业办理,可以根据承包人的经验与设备条件,在基本设计的框架内做更适宜的设计。

(4)在变更设计方面,若获得甲方同意,则设计与施工可以在良好配合的情况下完成,减少耽搁延误的事情。

2)可能问题

(1)施工单位基于利润考虑,有设计品质降低之嫌。

(2)成为施工单位分包的设计机构,在投标前必须为施工单位做出一套相当准确的工程数量表用来估价,有时候还要先做一些先期的设计,如果不能中标,则所获得投标者给予的补偿可能不敷成本。由于这部分的风险,导致设计企业较不愿意成为施工单位的下包。

(3)在以价格为主要指标的决标评比情况下,如果投标者因为低价而中标,则设计机构的服务费用可能会被硬性降低;此外,因为施工单位要求设计企业做最经济的设计,但是所有的设计图又必须经由业主的审查许可,届时设计企业将面临到业主与施工单位双方庞大冲突的压力,设计技术不容易发挥。

2. 设计企业为 DB 承包人

设计企业与业主签署设计施工契约,并对工程的设计与施工负全部的责任,施工工作则由 DB 承包人聘请施工单位办理,该施工单位直接对 DB 承包人负施工责任,但对业主则无直接的合约关系。

设计企业对于施工业务拆包的方式有两种:

1)将所有的施工业务交由一个大型的施工总承包人统筹办理。

2)将施工业务分为若干小标进行分包,并自行负责管理这些小包。

在上述两种情况下其 DB 组织架构分别如图 6-5 和图 6-6 所示。

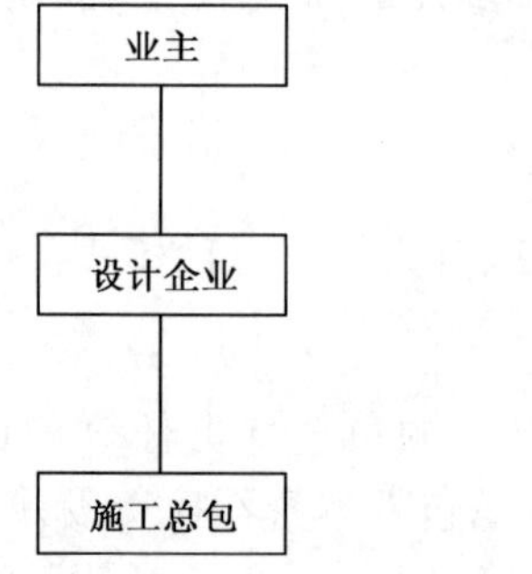

图 6-5　设计企业为 DB 承包人—拆总分包

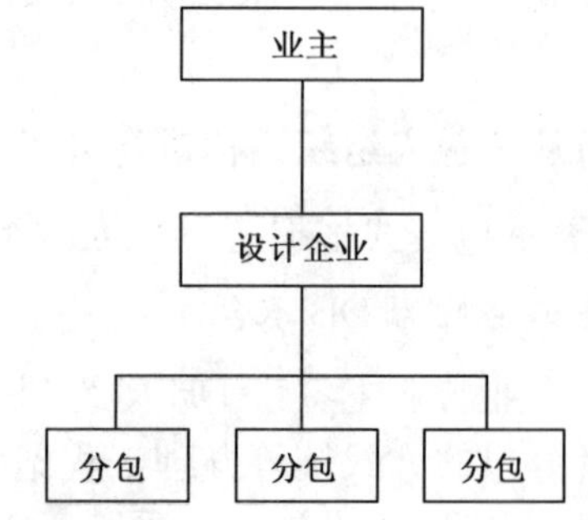

图 6-6　设计企业为 DB 承包人—拆小分包

1)组织优势

(1)对业主呈单一窗口,责任明确。

(2)在传统发包方式,设计企业在设计时通常不以成本为考量,而且可能有工程造价愈高,服务费用愈高的负面情况;但采用 DB 方式时,由于该设计企业必须对标价负责,因此在成本与品质上可望获得平衡。

(3)由于设计企业以往多为业主专业顾问角色,因此对业主而言,由设计企业作为沟通窗口,在协调工作上会比较容易。

(4)若业主先行委托设计企业做基本设计,并由该设计企业主导,在议约时业主还有保留传统发包的可能性,一旦总承包方式发包不顺利,则设计企业仍可继续为业主服务,不致工程中断。

(5)如果设计企业本身已经有作施工管理业务的资历,则主导 DB 业务较为容易;反之,施工方则有相对的困难。

2)可能问题

(1)因设计企业无法直接管理由施工方所提供的人力、材料、机具及施工方法,且施工方对业主无直接的合约关系,如果施工单位在施工途中有违约或者毁约的情形,将导致设计企业相当大的损失,因此 DB 承包人履约保证的风险相对高。

(2)设计企业不易找到愿意屈就其下包的大型施工总承包人。

(3)若分成若干小标自行管理,则设计企业不一定具有足够的人力和财力可执行。

(4)为克服设计企业财力、人力不足以掌控整个施工业务的问题,设计企业可能通过同业共同投标的方式,如图 6-7 所示,取得资源互补,但是设计企业之间为共同投标的关系,其彼此之间的沟通、协作问题又成了另一隐患。

3. 施工方和设计企业以联合体方式组成 DB 承包人

由施工单位和设计企业以联合体方式组成,各成员共同签署契约,并连带负所有工程的履约责任。各成员以共同签署“共同投标协议书”的方式,达成工程责任、权利分配的协议,并推出一位代表企业业主的沟通窗口。该类型 DB 承包人的组织架构如图 6-8 所示。

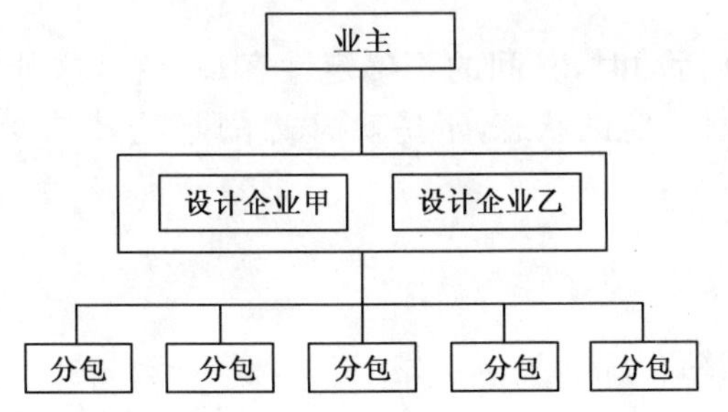

图 6-7　设计企业为同业合作下的组织架构图

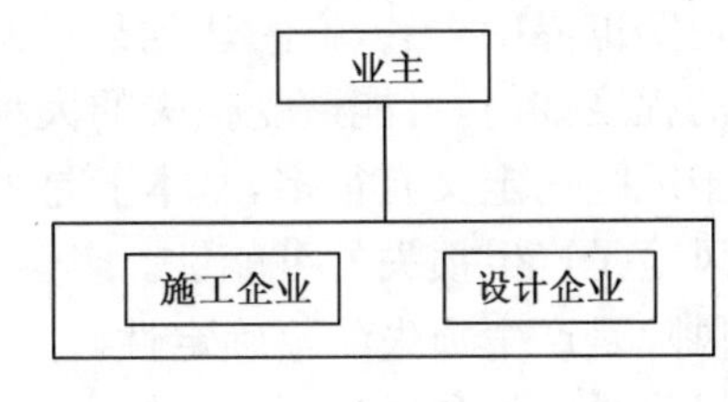

图 6-8　施工企业和设计企业共同组成的 DB 承包人

1)组织优势

(1)此种组合方式可以互补有无,增加争取工程承接的机会,并有训练厂商,提高厂商能力的效果。

(2)业主可以同时直接对设计与施工单位对话。

2)可能存在缺点

若双方出资比例过于悬殊(90%对 10%),其权责与缺失损害分摊极易纠结不清,且出资比例极高的施工单位恐怕很难忍受设计企业的牵制。

4. 由兼营设计及施工的企业为 DB 承包人

由兼营设计与施工的企业独立签署 DB 契约,并负工程全部责任,该 DB 承包人仍然可以依企业本身条件将部分设计或施工业务外包。该模式下的组织架构如图 6-9 和图 6-10 所示。

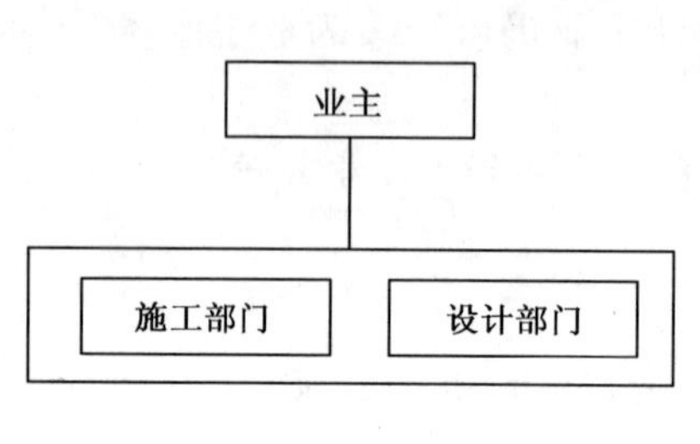

图 6-9　综合 DB 承包人—自办

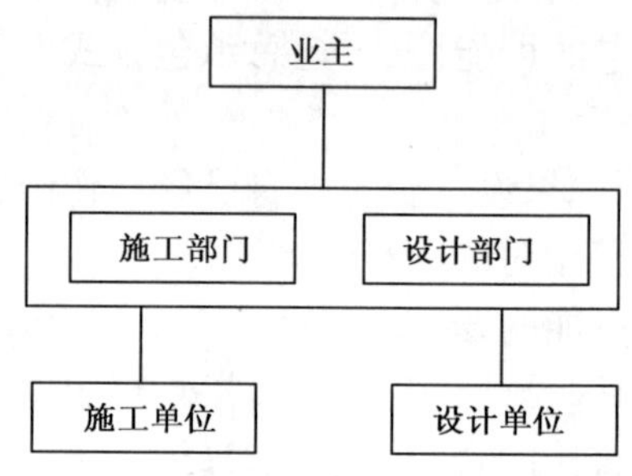

图 6-10　综合 DB 承包人—部分分包

1)组织优势

由于 DB 承包人为单一的企业,可以直接有效地控制工程计划,在作业进行中可互相密切协调配合,对业主而言是一种最理想的 DB 承包人。

2)存在问题

该模式对于厂商的要求比较高,DB 工程很难由一家企业独立完成,企业策略联盟为经常考虑方式。

二、风险理论概述

(一)风险的内涵

在现实世界中,当人们为达到某目的进行某种活动时,其间的不确定性客观存在,这种不确定性的程度如何,可能遭受损失的大小,处于一种不定的状态,于是就构成了风险。

关于风险的定义有很多,基本上是如下一些定义:

1)风险是产生损失的可能性。

2)风险是产生损失的不确定性。

3)风险是个人和风险因素的结合体(风险因素结合说)。

4)风险是产生某种程度损失的机会。

5)风险是指事件发生的后果与预期后果有某种程度背离的机会。

(二)DB 总承包风险要素

DB 总承包风险都是由风险因素、风险事故和损失三个基本要素构成的统一体,三者之间存在一种因果关系:风险因素增加或产生风险事故,风险事故引起风险损失。

1. 风险因素

风险因素是指引起或增加风险事故发生的机会或扩大损失幅度的原因和条件。它是风险事故发生的潜在原因，是造成风险损失的根源。

如按风险性质将风险划分为主观风险和客观风险；按项目环境将风险分成外部环境风险和内部机制风险。

2. 风险事故

风险事故是指一种或几种风险因素共同作用而发生的任何造成生命财产损失的偶发事件。风险事故的发生是不确定性的，这种不确定性是由内外部环境的复杂性和人们对于未来变化的预测能力有限而导致的。

3. 风险损失

在风险管理中，风险损失是指非故意的、非预期的和非计划的人身损害及财产经济价值的减少。

4. 三者关系

风险因素、风险事故和风险损失三者之间的因果关系如图 6-11 所示。

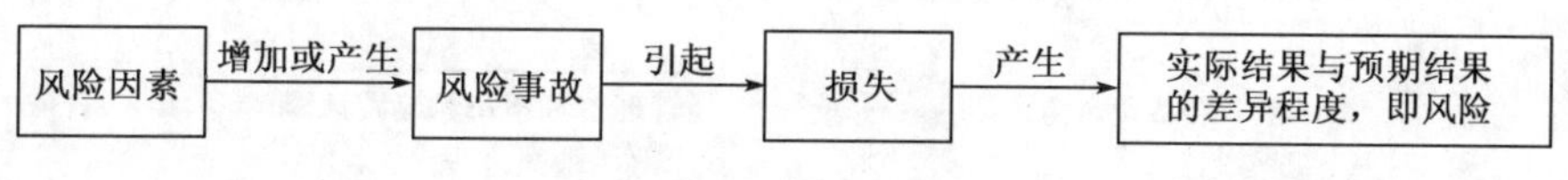

图 6-11 风险基本要素关系

(三)总承包风险管理的内容与过程

结合美国项目管理学会(PMI)的项目管理知识体系规定，建设工程项目总承包风险管理的过程如图 6-12 所示。

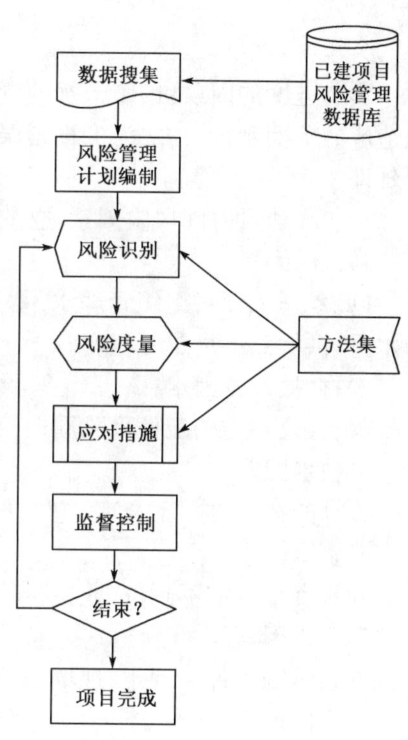

图 6-12 风险管理过程

从图 6-12 可以看出，总承包风险管理的基础是调查研究和收集资料。只有认真地研究项目本身和环境以及两者的关系，才能识别项目面临的风险。风险分析作为实现管理的手段和方法集合，对风险管理起着辅助决策作用，将围绕风险管理程序和目标开展工作。同样，风险管理离开了风险分析技术和手段，也将失去其基础。

风险识别、风险评价是风险管理的重要内容。但是，仅仅完成这部分工作还不能做到以最少的成本保证安全、可靠地实现项目的总目标。还必须在此基础上对风险实行有效控制，妥善地处理风险事件造成的不利后果。

三、DB 承包模式下承包人风险识别

(一)从目标角度识别风险

从综合效益角度考虑，DB 承包人的目标主要表现在

以下五个方面：建设成本、建设时间、质量水平、安全、环境。

1. 建设成本

DB 总承包人对工程的设计、施工实施总承包，故可知，DB 总承包人的建设成本包括勘察费、设计费、施工准备费、人工费、材料费、施工机械费、管理费和不可预见费。

费用风险的原因是多方面的，在工程项目的设计和实施，以及在技术、组织、管理、合同等的任何一方面出现问题都会影响建设成本。

下面即列举出了些常见的原因，如图 6-13 所示。

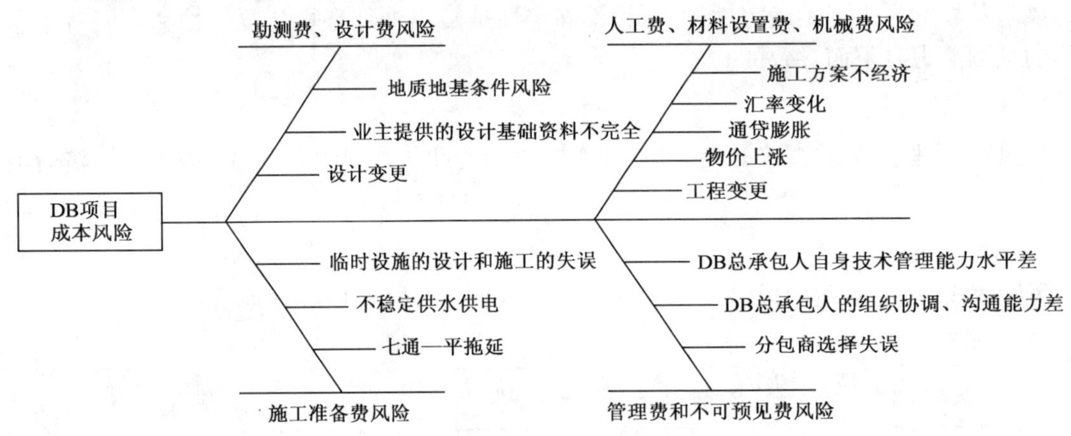

图 6-13　建设成本风险因果分析图

2. 建设时间

影响进度的因素，按照干扰的责任及其处理，可以分为两大类：一是由于承包人自身的原因造成的工期延长，称之为工程延误；二是由于承包人以外的原因造成的工期延长，称之为工程延期。

承包人建设时间风险因素，总的可以归纳为以下几类：

1）人的因素

DB 承包人项目组织管理水平，业主提供的设计基础资料规范程度，分包商技术、管理能力水平，供货商供货及时程度。

2）材料、设备因素

材料、设备与构配件采购周期长。

3）技术因素

设计的技术方案不合理，施工方案和工艺落后，设计变更。

4）资金因素

建设资金筹措不到位，业主付款不及时。

5）环境因素

交通运输条件不理想，现场条件复杂，异常天气情况。

6）合同因素

合同中几个限定的期限会给承包人带来风险，具体如下：

(1)对工程师指令提出修改意见的限定期限通用条款 6.2 规定:承包人认为工程师指令不合理,应在收到指令后 24h 内向工程师提出修改指令的书面报告。

(2)确定变更价款的限定期限通用条款 31.2 规定:承包人在双方确定工程变更后 14 天内不向工程师提出变更工程价款报告时,视为该项变更不涉及合同价款的变更。

(3)索赔的期限通用条款 36.2 规定:索赔事件发生后 28 天内,向工程师发出索赔意向通知;当该索赔事件持续进行时,承包人应当阶段性向工程师发出索赔意向,在索赔事件终了后 28 天内,向工程师送交索赔的有关资料和最终索赔报告。

(4)不可抗力的期限通用条款 39.2 规定:不可抗力事件结束后 48h 内承包人向工程师通报受害情况和损失情况,及预计清理和修复的费用。承包人应十分清楚合同范本中类似上述条款的期限规定,严格遵守期限要求,防止发包人以超出期限为理由不受理承包人的补偿要求,减少麻烦。

3.质量水平

1)设计质量风险

(1)技术方面。如承包人不熟悉工程所在国的设计及技术标准、设计方案不合理、施工方案和工艺落后、设计变更(表现为设计工作质量或设计的可施工性差,当然 DB 总承包在这方面的风险相对较小)等。

(2)业主提供的设计基础资料不规范。

(3)管理方面。如进行初步设计、技术设计和施工设计等具体详细的设计过程中的计划及协调问题,设计与施工的搭接管理问题等。

(4)合同方面。如各方的责权利关系划分不明确等。

2)施工质量风险

(1)人对施工质量的影响。每个工作岗位和每个人的工作都将直接或间接地影响工程施工质量。如 DB 承包人项目组织管理水平高低,分包商的施工技术水平高低等。

(2)材料对施工质量的影响。材料设备的质量和规格不合格、特殊材料或新材料的使用问题等。

(3)机械对施工质量的影响。施工设备类型不配套或不合格、施工设备生产效率低等。

(4)方法或工艺对施工质量的影响。

(5)环境对施工质量的影响。环境主要指技术环境、自然环境和施工管理环境等。技术环境又可细分为施工所用的规范、设计图纸及质量评价标准等因素;自然环境则可细分为地质、水文、气象等因素;施工管理环境可细分为相关的质量保证制度(如质量检验及监控制度)等。

4.安全

DB 模式下的总承包人安全风险主要从技术、管理、人员、工作环境等方面分析,如图 6-14 所示。

1)工艺设备或装置情况指标是设备使用情况的指标情况(如设备故障率、设备完好率、设备待修率等)以及设备本身是否能满足工艺的要求。

(1)标准设备是否由具有生产资质的专业工厂所生产、制造。

(2)属特种设备的是否具有设计、生产、安装、使用的相应资质或许可证,是否具备相应的安全附件或安全防护装置，是否具备指示性安全技术措施，如超限报警、故障报警等，是否具备检修时不能自动投入，不能自动反向运转的安全装置。

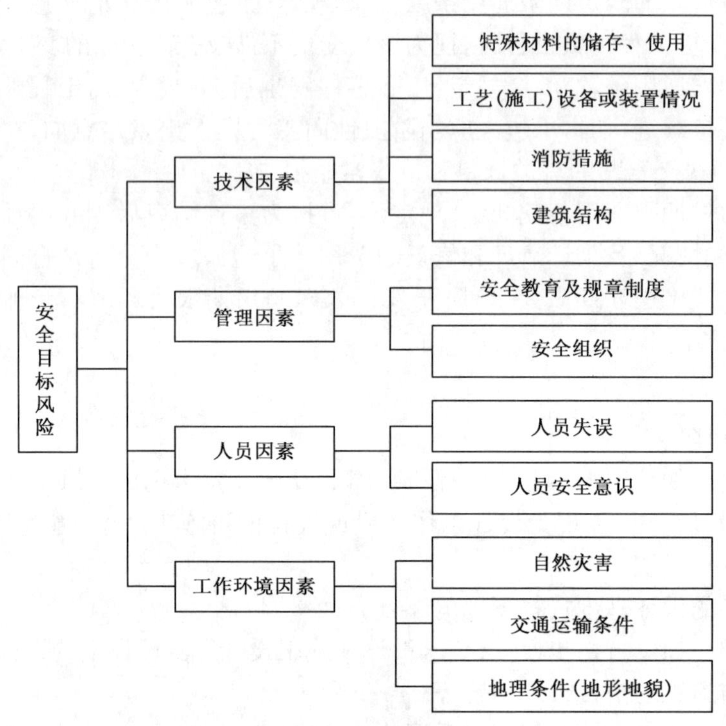

图 6-14 安全目标风险因素

(3)专业设备是否满足行业或专业提出的劳动安全要求等。

2)建筑结构安全问题主要指结构设计中的某类具体方案带来的不安全问题。消防措施是指设计中即应考虑到的防火间距和安全间距、耐火等级等，以及消防设施支持。

3)安全教育及规章制度具体指安全教育培训及安全员需持特种作业证上岗等规定。

4)安全组织指安全管理组织结构及各级安全管理职能等。

5)人员失误泛指不安全行为(即职工在劳动过程中，违反劳动纪律、操作程序和方法等具有危险性的做法中产生不良后果的行为)。

5. 环境

DB 模式采纳的合同文本《生产设备和设计一施工合同条件》(1999 年第一版)在 4.18 环境保护条款中指出：承包人应采取一切适当措施保护(现场内、外)环境，限制由其施工作业引起的污染、噪声及其他后果对公众和财产造成的损害和妨害。同时，承包人应确保因其作业活动产生的气体排放物、地面排水及排污，不超过雇主要求中规定的数值，也不超过适用法律规定的数值。

具体针对于 DB 承包人，可大致预测与辨识出如下的风险因素：对生态环境的影响；粉尘污染对空气质量的影响；噪声(大陆认定法 3A 级标准要求：等效噪声级白天＜50dB、夜间＜40dB、偶然噪声级＜55dB)；水污染与排水；施工中的有害物质排放；有害材料的使用。

(二)从系统角度识别风险

从全面性和系统性角度来看,环境是工程风险产生的根源,风险管理的重点之一就是对环境的不确定性和环境变化对项目的影响进行管理。因此,预测与辨识承包人的风险因素,需首先对DB模式下承包人这一组织的环境系统进行具体深入的分析,如图6-15所示。

1.一般环境(一般边界条件)

1)政治因素

(1)工程项目所在国的政局稳定性,有无发生政变、暴乱或内战的可能。

(2)有无民族冲突和地区冲突的可能。

(3)对外关系上有无紧张的可能。

(4)工程项目所在国的国家信誉与国际地位如何,有无受到制裁与禁运的可能。

(5)项目各主要参与方所属国家与项目所在国的政治关系状况。

(6)政府对项目提供的服务内容与质量,政府办事效率方面。

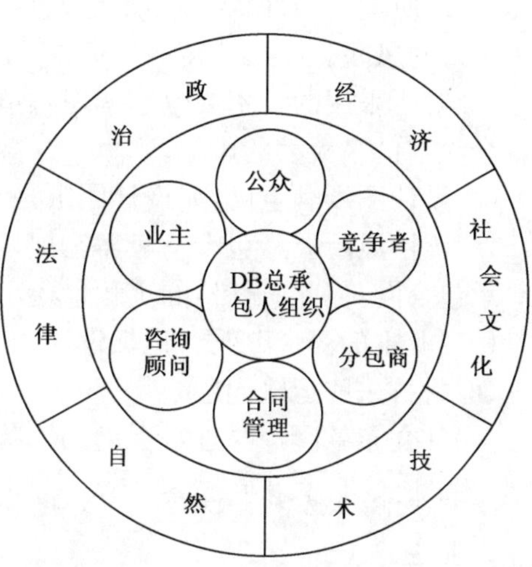

图6-15　DB总承包项目环境系统

2)经济因素

(1)项目所在区域的汇率变化。

(2)相应的财政政策,如税收方面的具体政策。

(3)通货膨胀。由于通货膨胀使人员的工资和物价大幅上涨,往往超过承包人的预见和承受能力。由于DB模式一般均采用固定总价合同,可见该风险对承包人的影响较大。

(4)物价上涨。

(5)生产与建设所需的资源(包括能源、材料、设备、劳动力和通信等)供应的市场状况。

3)社会文化因素

社会文化环境是指项目所在区域的社会结构及其居民的文化习俗,具体表现如下:

(1)语言交流方面。

(2)宗教信仰、文化习俗、社会舆论导向、传统价值观念等方面。

4)法律因素

(1)对项目实施所在地的法律理解程度。

(2)有无与DB相关的法规及具体项目所依据的建筑、施工和环境方面的法律变更的可能。

5)自然因素

自然环境是指项目所在区域的自然制约因素,包括该区域的地理环境、气候条件、自然资源的分布与可利用性,可能遭遇的自然灾害,即人力不可抗拒事件等。相应的风险表现如下:

(1)自然地理状况,具体包括如项目所在地的地形地貌状况、土壤的地质情况、地下水的水位等给承包人带来的设计和施工上的风险。

(2)可能遭遇的自然灾害(即不可抗力风险),具体包括地震、洪水、暴雨、火山喷发、龙卷风等。

(3)气候条件,具体包括如所在地的气温、降雨量变化规律和雨季分布及持续天数给承包人带来的施工进度及工程费用等的风险。

6)技术因素

(1)地质地基条件状况,即承包人是否能较准确地预估到地质地基条件的复杂度给设计和施工带来的风险。

(2)对所采用的技术规范掌握理解情况,如承包人对技术文件、工程说明和规范理解不正确就会给它带来极大的风险。

(3)设计图纸满意度,如设计图纸是否能满足业主的要求。

(4)价格风险。承包人一般需在项目初步设计尚未完全确定之前即以总包价签订设计施工总承包合同,但此时计价的工程量还不很清楚,因此承包人将面临价格的风险。

(5)"业主的要求"变更(包括设计和工程变更)和索赔,合同变更。

(6)材料采购运输问题。

(7)外文条款翻译与理解引起的风险。

2.具体环境(具体边界条件)

1)业主

业主给承包人带来的风险大体表现在:

(1)业主前期工作不足,如三通一平拖延,不稳定的供水供电,征地拆迁拖延,通水不畅。

(2)业主提供的招标要求不清楚,设计基础资料不完全。

(3)业主与承包人签订的合同的责任划分不清。

(4)业主的资信状况差。

(5)业主的管理能力(包括管理水平、管理力量、组织能力、支付能力等)差。

(6)业主对承包人的信任度低。

2)咨询顾问(业主方的咨询顾问)

(1)咨询顾问的管理能力和专业水准状况。专业水平高,对项目的具体实施能提出有价值的建议,能很好地协助业主完成该尽的责任;管理能力高,能较好地处理好与承包人的协作沟通关系,这对承包人产生的潜在风险就小。

(2)咨询顾问对承包人的信任度。咨询顾问对承包人越信任,承包人的工作受干扰越小,这样可减少项目实施中因双方交流不畅等原因引起的不必要的工作矛盾和经济损失,相应地对承包人的不利影响也就越小。

3)竞争者

在市场经济体制下,在承包人获取工程项目的承包权的过程中,竞争因素是个不容忽视的因素。承包人的竞争力由其各资源变量决定,这些资源变量包括技术能力、管理能力、市场开拓能力和财务状况等。因此,承包人需对潜在竞争者的这些资源变量有深入的了解。

4)分包商(包括供货商)

DB 总承包项目工程规模大,技术专业多,既包括设计,又包括施工,因此一般由一家公司总承包或采用联营体方式总承包后再进行分包。

分包商的实力直接关系到总承包工程的实施质量、进度和成本。若分包商实力不足,没有

抵御风险的能力，将总承包人拖入困境就会加大总承包人承担的风险。

5)公众

承包人有必要对公众的禁忌、风俗及习惯有一定的了解，以及加强本组织内的环境保护意识。同时对无法避免而造成的生活环境的负面影响采取补救措施，如给予经济上的补偿。

6)合同风险

合同风险是指合同中的不确定性。DB总承包人所面临的风险大致有：

(1)《生产设备和设计——施工合同条件》(1999年第1版)中明确规定的承包人应承担的风险。

(2)具体的合同条文不全面，不完整，没有将合同双方的责权利关系全面表达清楚。合同中缺少对承包人权益的保护条款，如在工程受到外界干扰情况下的工期和费用的索赔权。

(3)具体的合同条文不严密，承包人不能清楚地理解合同内容，从而易造成失误。

四、DB承包模式下承包人风险评价

(一)风险评价指标体系

在工程项目实施中，建设成本、建设时间、质量、安全和环境目标并不是完全孤立的，它们之间是互相联系，互相影响的。同一因素在影响建设成本目标的同时也会影响到其他的目标。例如，为了降低成本使用劣质材料。这样，在建设成本的变动的同时，也引起了质量(严重影响工程质量)、建设时间(表现为拖延工期)和安全的变化。鉴于这些，通过上面对风险因素的分析归纳得出风险指标体系，如图6-16所示。

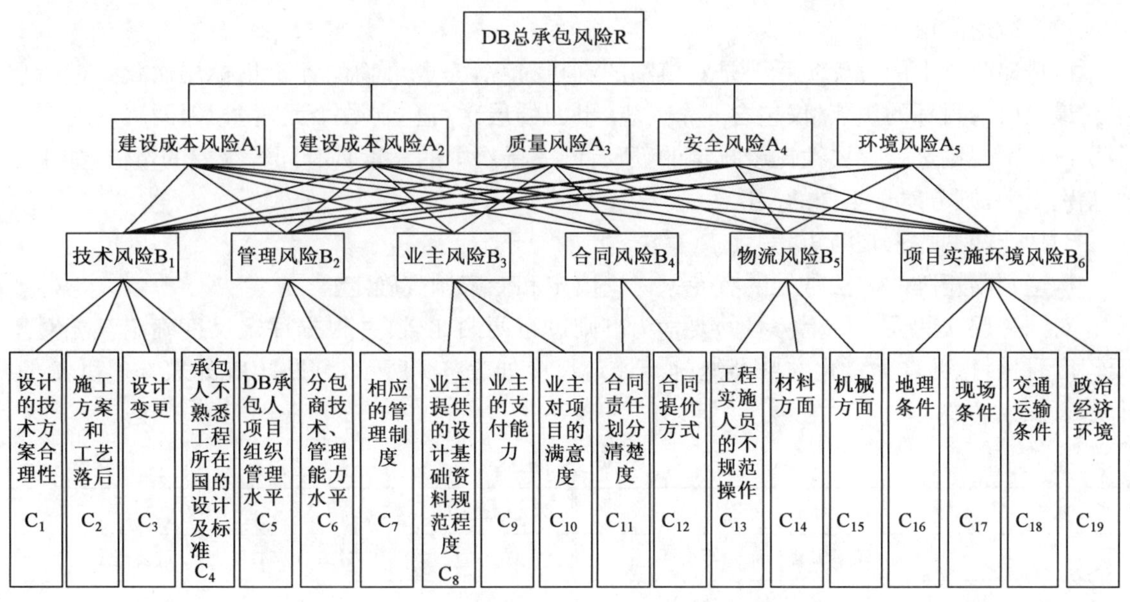

图6-16　DB总承包风险评估指标

(二)风险评价方法——AHP 法

层次分析法(Analytic Hierarchy Process)是美国运筹学家匹兹堡大学的 T. L. Saaty 教授于 20 世纪 70 年代提出的一种定性分析和定量分析相结合的多目标系统分析方法。它根据问题的性质和要求达到的总目标,将问题分解成不同的分目标、子目标,并按目标间的相互关联影响及隶属关系分组,形成多层次的结构,通过两两比较的方式确定层次中诸目标的相对重要性,同时运用矩阵运算确定出子目标对其上一层目标的相对重要性,这样层层下去,最终确定出子目标对总目标的重要性。

1. AHP 层次模型

对于复杂的问题,可分为总目标层、子目标层、准则层、方案措施层或层次更多的结构,如图 6-17 所示。

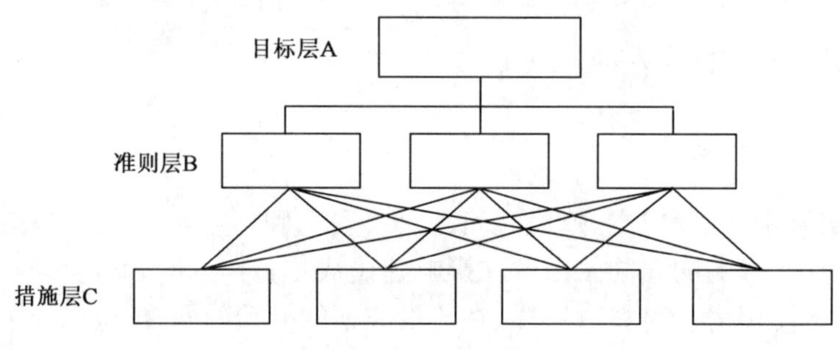

图 6-17　AHP 风险评价模型

2. 分析步骤

1)构造递阶层次

构造递阶层次的过程实际上是对事物的剖析过程,完成事物的评价指标层次化。递阶层次的最上层为目标的焦点,仅包含一个元素,下面的层次可包含数个元素,相邻两层的对应元素是按某种规则进行重要性比较排定的,所有同一层次中的元素具有同等级差的量值,如果它们差别太大,则分属于不同的层次。

2)构造两两比较判断矩阵

构造判断矩阵的方法常见的有专家讨论决定和专家调查确定。

对同一层次的要素以上一级的要素为准则进行两两比较,并根据评定尺度确定其相对重要程度,最后据此建立量化的判断矩阵。评定尺度如表 6-2 所示,判断矩阵如表 6-3 和表 6-4 所示。

评定尺度表　　表 6-2

评定尺度	定　义	评定尺度	定　义
1	对 A 而言,B_i 与 B_j 同等重要	7	对 A 而言,B_i 比 B_j 重要得多
3	对 A 而言,B_i 比 B_j 稍微重要	9	对 A 而言,B_i 比 B_j 绝对重要
5	对 A 而言,B_i 比 B_j 重要	2、4、6、8	其重要程度介于上述两组相邻评定尺度之间

注:B_j 对 B_i 的相对重要性 $\alpha_{ji}=1/\alpha_{ij}$。

判断矩阵表　　表 6-3

A	B_1	B_2	…	B_j	…	B_m
B_1	a_{11}	a_{12}	…	a_{1j}	…	a_{1m}
B_2	a_{21}	a_{22}	…	a_{2j}	…	a_{2m}
…	…	…	…	…	…	…
B_j	a_{i1}	a_{i2}	…	a_{ij}	…	a_{im}
…	…	…	…	…	…	…
B_m	a_{m1}	a_{m2}	…	a_{mj}	…	a_{mm}

注：$a_{ij}(i,j=1,2,\cdots,m)$　表示从 A 角度考虑 B_i 对 B_j 的相对重要性。

判断矩阵表　　表 6-4

B	P_1	P_2	…	P_j	…	P_m
P_1	b_{11}	b_{12}	…	b_{1j}	…	b_{1m}
P_2	b_{21}	b_{22}	…	b_{2j}	…	b_{2m}
…	…	…	…	…	…	…
P_j	b_{i1}	b_{i2}	…	b_{ij}	…	b_{im}
…	…	…	…	…	…	…
P_m	b_{m1}	b_{m2}	…	b_{mj}	…	b_{mm}

注：$b_{ij}(i,j=1,2,\cdots,m)$　表示从 B 角度考虑 P_i 对 P_j 的相对重要性。

3)计算各要素的相对权值

$$\overline{\omega}_i = (\sum_{j=1}^{n} a_{ij})\frac{1}{n} \qquad (i=1,2,\cdots,n)$$

可得到

$$\overline{\omega}_i = (\overline{\omega}_1,\overline{\omega}_2,\cdots,\overline{\omega}_n)^{\mathrm{T}}$$

将 $\overline{\omega}_i$ 归一化，

$$\omega_i = \frac{\overline{\omega}_i}{\sum_{j=1}^{n}\overline{\omega}_j} \qquad (i=1,2,\cdots,n)$$

得到

$$\omega = (\omega_1,\omega_2,\cdots,\omega_n)$$

即为所求的各因素的相对权重。

4)判断矩阵一致性检验

在计算权重的过程中，每一个判断矩阵都要进行一致性检验，以保证所得到权重的合理性。当判断矩阵满足

$$C\times R_k = C\times I_k/(R\times I_k) < 0.1$$

认为判断矩阵的一致性是令人满意的，其中

$$C\times I_k = (\lambda_{\max}^{(k)} - n)/(n-1)$$

式中：$C\times I_k$——一致性指标；

$R\times I_k$——平均随机一致性指标(可查表 6-5)；

$\lambda_{\max}^{(k)}$——第 k 个判断矩阵的最大特征值；

n——判断矩阵的阶数。若不满足一致性条件，则还要对判断矩阵进行调整。

平均随机一致性指标 表 6-5

矩阵阶数	1	2	3	4	5	6	7	8	9	…
$R\times I_k$	0.00	0.00	0.58	0.90	1.12	1.24	1.32	1.41	1.45	…

5)计算综合权重

对应上面的层次结构图，若把目标层 A 对准则层 B 的相对权重记为

$$\overline{\omega}^{(1)}=(\omega_1^{(1)},\omega_2^{(1)},\cdots,\omega_k^{(1)})^{\mathrm{T}}$$

准则层的各准则 B_i 对措施层 P 的 n 个方案的相对权重记为

$$\overline{\omega}^{(2)}=(\omega_{1i}^{(2)},\omega_{2i}^{(2)},\cdots,\omega_{ni}^{(2)})^{\mathrm{T}}\qquad(i=1,2,\cdots,k)$$

措施层 P 的各方案的相对权重(对目标而言)记为

$$v^{(2)}=(v_1^{(2)},v_2^{(2)},\cdots,v_n^{(2)})^{\mathrm{T}}$$

即为所求综合权重。具体计算如表 6-6 所示。

综合权重表 表 6-6

权重 / B层 / P层	因素及权重	综合权重 $v^{(2)}$
	$C_1,C_2,\cdots,C_k$ $\omega_1^{(1)},\omega_2^{(1)},\cdots,\omega_k^{(1)}$	
P_1	$\omega_{11}^{(2)},\omega_{12}^{(2)},\cdots,\omega_{1k}^{(2)}$	$\nu_1^{(2)}=\sum_{j=1}^{k}\omega_j^{(1)}\omega_{1j}^{(2)}$
P_2	$\omega_{21}^{(2)},\omega_{22}^{(2)},\cdots,\omega_{2k}^{(2)}$	$\nu_2^{(2)}=\sum_{j=1}^{k}\omega_j^{(1)}\omega_{2j}^{(2)}$
…	…	…
P_n	$\omega_{n1}^{(2)},\omega_{n2}^{(2)},\cdots,\omega_{nk}^{(2)}$	$\nu_n^{(2)}=\sum_{j=1}^{k}\omega_j^{(1)}\omega_{nj}^{(2)}$

五、结合 108 国道 DB 总承包模式进行风险评价

(一)R 下 A 层的判断矩阵

1. 构造 R 下 A 层判断矩阵(图 6-18)

图 6-18 构造 R 下 A 层判断矩阵

2. 检验判断矩阵一致性(表 6-7)

检验判断 R 下 A 层判断矩阵一致性　　表 6-7

R	A_1	A_2	A_3	A_4	A_5	ω
A_1	1	0.5	0.5	2	2	0.160 6
A_2	2	1	1	4	4	0.321 2
A_3	2	1	1	4	4	0.321 2
A_4	0.5	0.4	0.4	1	1	0.098 5
A_5	0.5	0.4	0.4	1	1	0.098 5
总和	6	3.3	3.3	12	12	1

$$\lambda_{\max}^{(k)} = 5$$

$$C \times I_k = (\lambda_{\max}^{(k)} - n)/(n-1) = 0$$

查表得：

$$R \times I_k = 1.12$$

$$C \times R_k = C \times I_k/(R \times I_k) = 0 < 0.1$$

经检验满足判断矩阵。

(二)A 下 B 层的判断矩阵

1. A_1 下 B 层判断矩阵

1)构造 A_1 下 B 层判断矩阵，如图 6-19 所示。

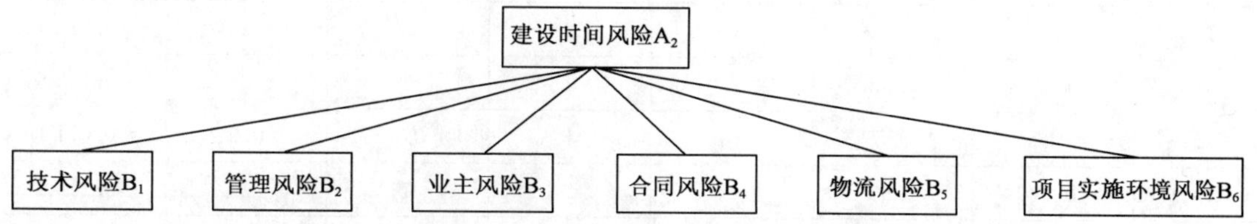

图 6-19　构造 A_1 下 B 层判断矩阵

2)检验判断矩阵一致性，如表 6-8 所示。

检验判断 A_1 下 B 层判断矩阵一致性　　表 6-8

A_1	B_1	B_2	B_3	B_4	B_5	B_6	ω
B_1	1	0.5	0.2	0.5	2	2	0.099 1
B_2	2	1	0.5	2	5	5	0.242 7
B_3	5	2	1	3	6	6	0.398 6
B_4	2	0.5	0.33	1	0.5	0.5	0.069 0
B_5	0.5	0.2	0.17	2	1	1	0.080 1
B_6	0.5	0.2	0.17	2	1	1	0.080 1
总和	11	4.4	2.37	10.5	15.5	15.5	0.97

判断矩阵一致性检验

$$\lambda_{\max}^{(k)} = 6.565$$

$$C \times I_k = (\lambda_{\max}^{(k)} - n)/(n-1) = 0.113$$

查表得

$$R \times I_k = 1.24$$

$$C \times R_k = C \times I_k/(R \times I_k) = 0.091 < 0.1$$

经检验满足判断矩阵。

2. A_2 下 B 层判断矩阵

1)构造 A_2 下 B 层判断矩阵,如图 6-20 所示。

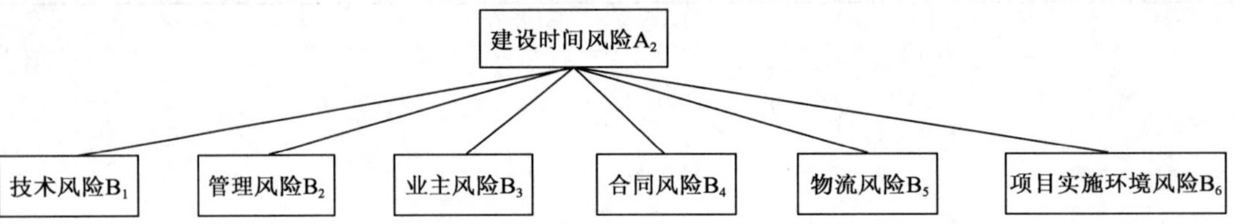

图 6-20 构造 A_2 下 B 层判断矩阵

2)检验判断矩阵一致性,如表 6-9 所示。

检验 A_2 下 B 层判断矩阵一致性 表 6-9

A_2	B_1	B_2	B_3	B_4	B_5	B_6	ω
B_1	1	0.5	2	1	3	3	0.214 6
B_2	2	1	3	2	3	3	0.313 5
B_3	0.5	0.33	1	2	2	2	0.152 5
B_4	1	0.5	0.5	1	0.5	0.5	0.071 1
B_5	0.33	0.33	0.5	2	1	2	0.119 4
B_6	0.33	0.33	0.5	2	0.5	1	0.096 5
总和	5.17	3	7.50	10	10	11.5	0.97

判断矩阵一致性检验

$$\lambda_{\max}^{(k)} = 6.487$$

$$C \times I_k = (\lambda_{\max}^{(k)} - n)/(n-1) = 0.097\,4$$

查表得

$$R \times I_k = 1.24$$

$$C \times R_k = C \times I_k/(R \times I_k) = 0.079 < 0.1$$

经检验满足判断矩阵。

3. A_3 下 B 层判断矩阵

1)构造 A_3 下 B 层判断矩阵,如图 6-21 所示。

2)检验判断矩阵一致性,如表 6-10 所示。

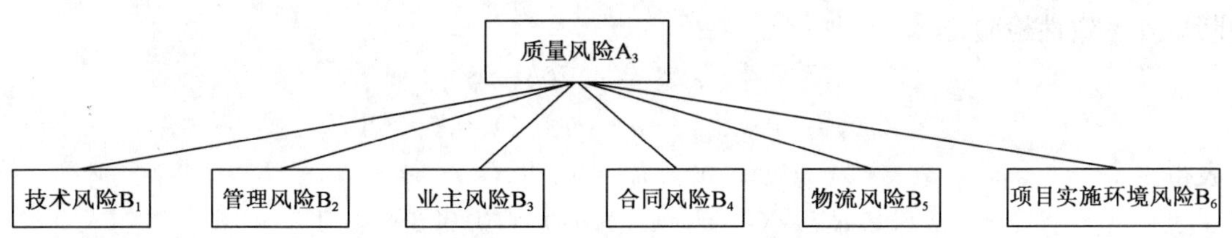

图 6-21　构造 A_3 下 B 层判断矩阵

检验 A_3 下 B 层判断矩阵一致性　　表 6-10

A_3	B_1	B_2	B_3	B_4	B_5	B_6	ω
B_1	1	0.5	5	5	2	2	0.236 3
B_2	2	1	3	5	3	3	0.332 4
B_3	0.2	0.33	1	1	0.2	0.2	0.052 9
B_4	0.2	0.2	1	1	0.2	0.2	0.037 1
B_5	0.5	0.33	5	5	1	2	0.182 9
B_6	0.5	0.33	5	5	0.5	1	0.151 0
总和	4.4	2.7	20	22	6.9	8.4	0.99

判断矩阵一致性检验

$$\lambda_{\max}^{(k)} = 6.394$$

$$C \times I_k = (\lambda_{\max}^{(k)} - n)/(n-1) = 0.0788$$

查表得

$$R \times I_k = 1.24$$

$$C \times R_k = C \times I_k/(R \times I_k) = 0.064 < 0.1$$

经检验满足判断矩阵。

4. A_4 下 B 层判断矩阵

1)构造 A_4 下 B 层判断矩阵，如图 6-22 所示。

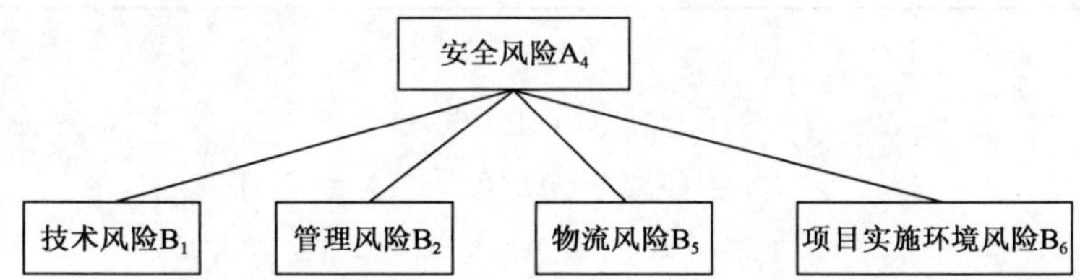

图 6-22　构造 A_4 下 B 层判断矩阵

2)检验判断矩阵一致性，如表 6-11 所示。

检验 A_4 下 B 层判断矩阵一致性　　表 6-11

A_4	B_1	B_2	B_5	B_6	ω
B_1	1	0.33	0.5	0.33	0.107 7
B_2	3	1	0.5	1	0.260 5
B_5	2	2	1	0.5	0.277 6
B_6	3	1	2	1	0.354 3
总和	9	4.33	4	2.83	1.00

判断矩阵一致性检验

$$\lambda_{\max}^{(k)} = 4.206$$

$$C \times I_k = (\lambda_{\max}^{(k)} - n)/(n-1) = 0.0687$$

查表得

$$R \times I_k = 0.90$$

$$C \times R_k = C \times I_k/(R \times I_k) = 0.076 < 0.1$$

经检验满足判断矩阵。

5. A_5 下 B 层判断矩阵

1)构造 A_5 下 B 层判断矩阵，如图 6-23 所示。

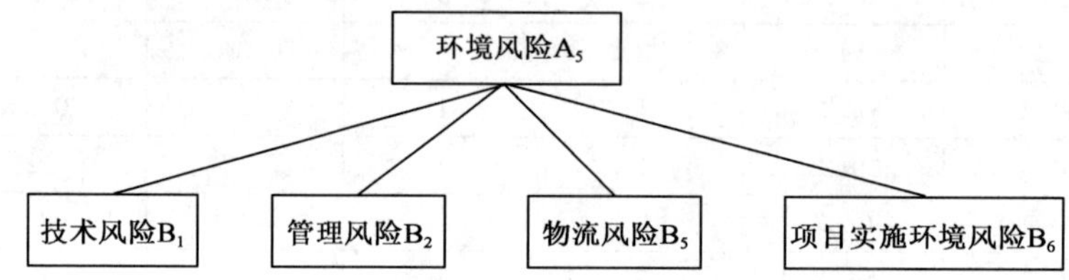

图 6-23　构造 A_5 下 B 层判断矩阵

2)检验判断矩阵一致性，如表 6-12 所示。

检验 A_5 下 B 层判断矩阵一致性　　表 6-12

A_5	B_1	B_2	B_5	B_6	ω
B_1	1	0.2	0.33	0.2	0.0691
B_2	5	1	3	2	0.4658
B_5	3	0.33	1	0.5	0.1678
B_6	5	0.5	2	1	0.2973
总和	14	2.03	6.33	3.7	1.00

判断矩阵一致性检验

$$\lambda_{\max}^{(k)} = 4.060$$

$$C \times I_k = (\lambda_{\max}^{(k)} - n)/(n-1) = 0.02$$

查表得

$$R \times I_k = 0.90$$

$$C \times R_k = C \times I_k/(R \times I_k) = 0.022 < 0.1$$

经检验满足判断矩阵。

(三)B 下 C 层的判断矩阵

检验 B 下 C 层的判断矩阵一致性，如表 6-13～表 6-18 所示。

B_1 下 C 层判断矩阵　　表 6-13

B_1	C_1	C_2	C_3	C_4	ω
C_1	1	1	0.33	0.5	0.1411
C_2	1	1	0.33	0.5	0.1411

续上表

B_1	C_1	C_2	C_3	C_4	ω
C_3	3	3	1	2	0.454 7
C_4	2	2	0.5	1	0.263 0
总和	7	7	2.17	4	1.00

B_2 下 C 层判断矩阵　　表 6-14

B_2	C_5	C_6	C_7	ω
C_5	1	3	0.5	0.333 8
C_6	0.33	1	0.33	0.141 6
C_7	2	3	1	0.524 7
总和	3.33	7	1.83	1.00

B_3 下 C 层判断矩阵　　表 6-15

B_3	C_8	C_9	C_{10}	ω
C_8	1	0.5	0.2	0.128 5
C_9	2	1	0.5	0.276 6
C_{10}	5	2	1	0.594 9
总和	8	3.5	1.7	1.00

B_4 下 C 层判断矩阵　　表 6-16

B_4	C_{11}	C_{12}	ω
C_{11}	1	2	0.666 7
C_{12}	0.5	1	0.333 3
总和	1.5	3	1.00

B_5 下 C 层判断矩阵　　表 6-17

B_5	C_{13}	C_{14}	C_{15}	ω
C_{13}	1	2	3	0.539 0
C_{14}	0.5	1	2	0.297 3
C_{15}	0.33	0.5	1	0.163 8
总和	1.83	3.5	6	1.00

B_6 下 C 层判断矩阵　　表 6-18

B_6	C_{16}	C_{17}	C_{18}	C_{19}	ω
C_{16}	1	3	3.00	0.5	0.315 2
C_{17}	0.33	1	3.00	0.5	0.190 8
C_{18}	0.33	0.33	1	0.33	0.096 6
C_{19}	2	2	3	1	0.397 5
总和	3.67	6.33	10	2.33	1.00

经检验均通过一致性验证。

(四)计算综合权重

计算综合权重表如表6-19所示。

综 合 权 重 表 表6-19

ω	A_1	A_2	A_3	A_4	A_5	综合 ω
	0.160 6	0.321 2	0.321 2	0.098 5	0.098 5	
B_1	0.099 1	0.214 6	0.236 3	0.107 7	0.069 1	0.178 2
B_2	0.242 7	0.313 5	0.332 4	0.260 5	0.465 8	0.318 0
B_3	0.398 6	0.152 5	0.052 9	0.000 0	0.000 0	0.130 0
B_4	0.069 0	0.071 1	0.037 1	0.000 0	0.000 0	0.045 8
B_5	0.080 1	0.119 4	0.182 9	0.277 6	0.167 8	0.153 8
B_6	0.080 1	0.096 5	0.151 0	0.354 3	0.297 3	0.156 5

	C_1	C_2	C_3	C_4	C_5	C_6	C_7	C_8	C_9	
ω	0.077 3	0.062 2	0.081 0	0.046 9	0.106 1	0.045 0	0.166 8	0.025 1	0.015 1	
	C_{10}	C_{11}	C_{12}	C_{13}	C_{14}	C_{15}	C_{16}	C_{17}	C_{18}	C_{19}
ω	0.045 7	0.036 0	0.025 2	0.082 9	0.016 7	0.025 1	0.049 3	0.015 3	0.029 9	0.030 6

按权值递减重新排序为：

$C_7 > C_5 > C_{13} > C_3 > C_1 > C_2 > C_{16} > C_4 > C_{10} > C_6 > C_{11} > C_{19} > C_{18} > C_{12} > C_8 > C_{15} > C_{14} > C_{17} > C_9$

相应的管理制度	DB承包人项目组织管理水平	工程实施人员的不规范操作	设计变更	设计的技术方案合理性	施工方案和工艺落后	地理条件	承包人不熟悉工程所在国的设计及技术标准	业主对项目的满意度	分包商技术、管理能力水平	合同责任划分清楚度	政治经济环境	交通运输条件	合同定价方式	业主提供的设计基础资料规范程度	机械方面	材料方面	现场条件	业主的支付能力
C_7	C_5	C_{13}	C_5	C_1	C_2	C_{16}	C_4	C_{10}	C_6	C_{11}	C_{19}	C_{18}	C_{12}	C_8	C_{15}	C_{14}	C_{17}	C_9

(五)风险分析结果

从以上数据分析可知:DB总承包模式下,总承包企业的管理制度及设计、施工的管理等内部因素对总承包风险的影响较大。

首先,总承包企业管理制度的完善与否,是面临风险时对企业影响最大的因素。要拥有健全的企业管理制度,必须建立合理的组织管理体系,进行系统集成化管理,才能使企业在进行项目管理时更规范化,并容易和周围的合作伙伴达成一致、有序的办事途径,并在项目各个环节通过规范化的管理实现对风险的控制。

其次,DB总承包企业的设计能力、设计、施工技术方案合理性、施工工艺水平也是造成总

承包风险的重要的因素；对于项目前期投标阶段、施工前阶段以及施工阶段，总承包人的设计、施工实力都能保证项目很好的降低风险，顺利完成工程，更好地使业主满意。

第三节 DB总承包项目集成化管理机制设计

传统的工程项目管理模式由于项目建设参与方的项目管理相对独立，且在项目生命周期不同阶段中具有非连续性而无法解决工程项目建设过程中存在的“信息孤岛”、目标冲突、过程割裂、界面复杂等问题，造成工程项目成本超支、进度滞后、利益相关者满意度不高。因此，如何充分利用现有信息技术，有效地调动项目参与方的力量，对工程项目实施全过程、系统化、集成化的管理，提高项目执行的效率，利用现有资源向社会提供价值最大化的项目产品已经成为了当今工程项目管理理论的新课题。

一、DB总承包项目集成化管理的理论基础

(一)项目管理理论

项目管理科学是二次世界大战后期发展起来的新的管理技术。在项目管理思想发展的初期，以CPM方法和PERT方法为代表的项目管理和控制方法的提出，直接导致了项目管理科学的提出和发展。在以厘米项目管理模式为代表的工程项目管理模式创新(如DB模式、BOT模式、PFI模式、Partnering模式等)和其他项目管理技术的推动下，项目管理科学得到了长足的发展。进入20世纪90年代，和其他科学一样，计算机科学的发展也推动了项目管理科学的发展，各类基于计算机技术的项目管理方法得到了应用，项目管理的方法和手段得到了丰富和更新。

(二)复杂性科学研究的兴起

新近管理研究的一个明显趋势是以复杂系统科学理论为指导。复杂性理论的核心概念是20世纪60～80年代首先出现在物理和生物学中，在90年代Kaufman的《有序之源》(1993)一书出版后，复杂性概念开始流行起来，在系统论、信息论、控制论、相变论、耗散结构论、突变论、协同论、混沌论、超循环论等众多新科学理论推动的大背景下，复杂性科学受到多个领域学者的关注，有从各专业领域具体问题研究入手的，也有从跨学科角度入手的，并被逐步应用到管理创新、组织创新、经济发展等领域，取得了丰富的成果，产生了深远的影响。复杂性科学目前还处于发展阶段，但是已经被一些科学家誉为“一门21世纪的科学”。

从理论上来说，这是复杂性科学和管理理论自身发展共同推动的结果；从实践上来说，是人们解决社会经济发展中所面临的复杂性问题的需要；而从方法论角度上看，将复杂性科学与管理理论相结合则是研究管理世界中复杂性问题的有效途径。可以预见，复杂性科学和管理理论的进一步融合将产生更多、更重要的成果。

21世纪无论是在国内工程建设领域，还是在未来开拓国际工程承包市场的事业中，如何提高我国承包人的市场竞争力，如何提高工程项目尤其是复杂性工程项目的管理水平成为工程项目管理研究的重要问题和迫切任务。复杂系统理论为工程项目管理的研究提供了一些新

的范式，它们包括：以涌现论取代还原论的整体性把握思维，环境相干性激发的自组织行为，整体和部分的协同进化思维等。基于上述视角的研究不仅具有积极的理论价值，更具有重要的现实意义。

（三）工程项目集成化管理概述

集成是构造系统的一种理念，同时又是解决复杂系统问题，提升系统整体功能的综合方法。从企业的角度，集成包括三个层次：功能集成、技术集成、信息集成，其实质是做到战略柔性化、市场内部化、技术群体化、组织网络化、信息高效化和文化整合化。集成管理的核心是运用集成的思想，保证管理对象和管理系统完整的内部联系，提高系统的整体协调程度，以形成一个更大范围的有机整体。

工程项目集成化管理不是传统工程项目管理要素的简单叠加或者综合，而是管理要素之间经过主动优化、选择搭配，按照一定的集成方式和模式进行的构造和组合，以集成管理系统整体功能的提高为目的，以项目的“功能倍增”或者“利益涌现”为标志。

工程项目集成化管理是在集成理念的指导下，由工程项目参与方组织集成、实施过程集成、目标要素集成在信息集成平台上所组成的三维系统空间结构，如图 6-24 所示。

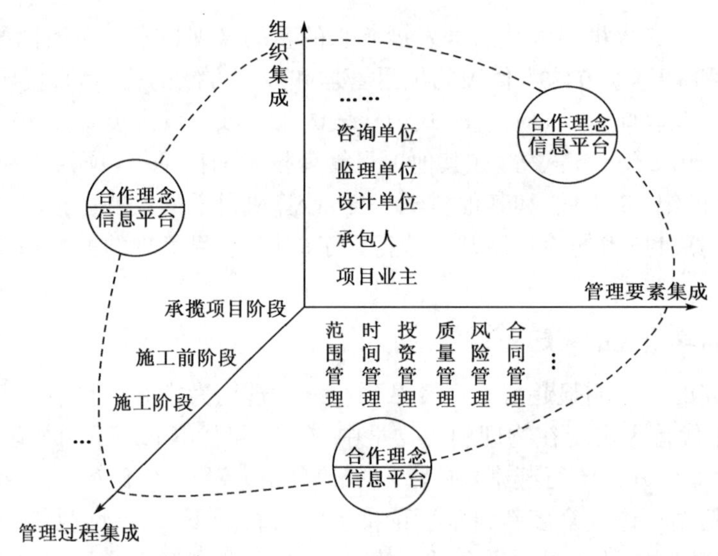

图 6-24　工程项目集成化管理三维结构模型

1. 建设项目参与方组织集成

随着工程项目管理水平的提高，原有的工程项目管理体系内部可挖掘的潜力越来越少，挖掘原有管理体系外部的潜力成为提高工程项目管理水平的重要途径。项目参与各方的集成就是以先进的信息技术为基础，以“合作共赢”的理念为前提，以项目目标为管理主线，项目参与各方通过工程项目协同管理平台协同合作，形成虚拟化、柔性化、异质化的“项目集成管理组织”来进行建设项目的管理与决策，从而达到降低成本、加快进度、保证质量、控制风险、多方共赢目的的协同化管理模式。

2. 实施过程集成

实施过程集成指的是DB工程项目各个阶段的有机整合与统筹管理，其通过工程项目实施过程的各个阶段——投标、勘察、设计、施工之间充分的信息交流，以及各阶段的参与方有效的沟通与协同合作来提升建设项目的整体绩效。

3. 建设项目管理要素集成

工程项目同时具有工期、质量、成本、范围、人力资源、风险、沟通等多个相互影响和制约的管理要素。一般说来，项目有一个具体的完成日期、预算和工程范围，这种工期、成本和范围的组合通常被称为“项目三角”，如图6-25a)所示。如果调整其中任何一个元素，其他两个元素都将受到影响。在更广泛的意义上，工程项目管理全过程中的各个目标和管理要素都是相互关联的，全要素项目三角如图6-25b)所示。工程项目集成化管理在项目实施过程中对这些目标和要素进行全盘的规划和整体考虑，以达到对项目的全局优化以提高建设项目的整体绩效。

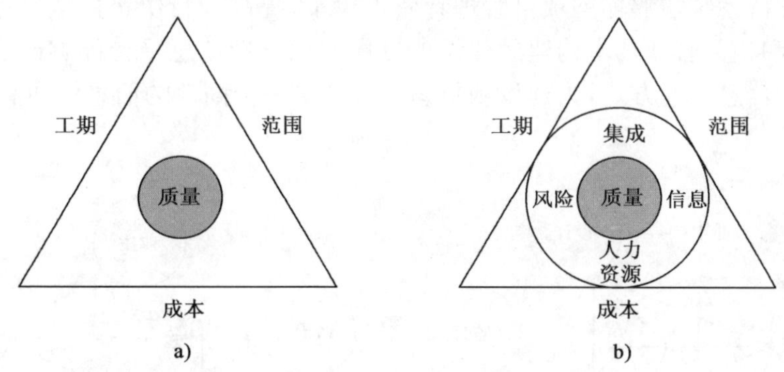

图6-25　项目三角形

4. 理念集成

实施建设项目集成化管理不是一种单纯的技术应用，其更大程度上是建设项目管理理念、管理模式的根本变革。工程项目集成化管理的实施与应用是以合作、协同、集成、共赢的理念作为基础的。合作理念意味着参与合作的各方并不将其他参与方单纯地视作传统的竞争对手，而是在共同利益基础上的合作伙伴，参与合作的各方将各自的工作重点放在如何保证和扩大共同利益上面。建设项目集成化管理的实施将促使工程建设各参与方之间建立起一种真正的合作伙伴关系，改变他们原有的从自己的利益出发的行为方式，各参与方能够从项目的全局出发，相互协调合作，通过完全开放的信息交流尽早解决各种潜在问题的目的，使各参与方都从中获得利益。理念集成的功效增大作用如图6-26所示。

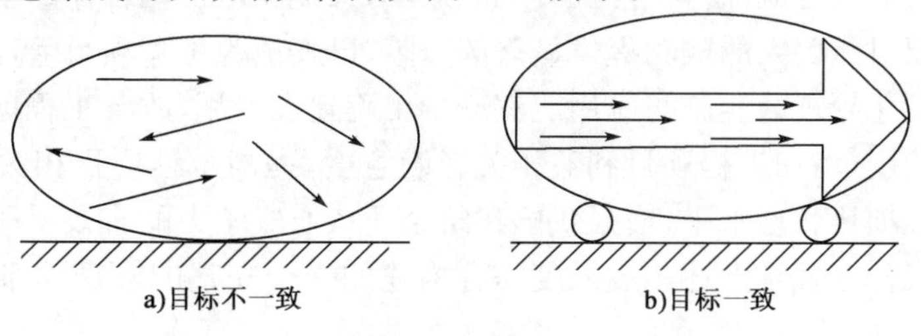

图6-26　理念集成的功效增大作用

5. 信息集成

工程项目集成化管理是一种面向全局的综合性管理办法，要提高集成管理的效率和效果，信息的高效收集、处理、传输、存储和检索必不可少。首先，集成化管理强调知识整合、界面整合、要素整合与文化整合，要求建设项目各类信息必须在参与者之间高效流通；其次，建设项目管理需要综合的项目信息，获取足够的项目信息是项目实施过程中对项目目标进行控制的基础；另外，项目实施过程中的组织协调、资源平衡、统筹优化以及风险控制都需要足够的项目信息。因此，建设项目集成管理需要集成的信息支持。

工程项目集成化管理的信息集成需要集成化的项目管理信息系统来支持。全过程、多功能、分布式、集中存储的基于网络的多用户集成化管理信息平台能够实现不同建设过程的无缝对接，消除界面损耗；能够实现参与方的协同沟通与交流，消除信息传递的组织壁垒和漏斗效应；能够实时收集、处理、传输各种类型的数据，为实现全要素集成打下坚实的基础；智能的、面向数据的决策支持系统能够辅助项目管理者做出决策，提高项目决策的成功率。利用网络技术、数据库技术和相关管理技术构建的建设项目集成化管理信息平台能够改变传统工程建设项目中点对点的信息沟通方式，为建设项目参与方提供一个高效的信息沟通和协同工作环境，如图 6-27 所示。

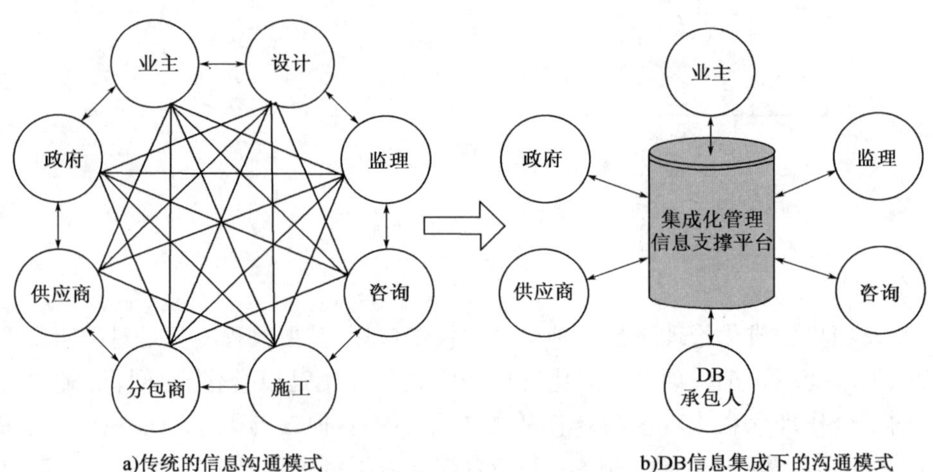

图 6-27　项目管理信息沟通方式的转变

（四）DB 项目集成化管理概念模型

工程项目集成化管理既保持了传统分工的效率，又能获取协同合作的合作剩余，能够为项目绩效的改善和项目相关人的成功提供显著的贡献，已经成为工程项目管理的研究热点之一。

工程项目集成化管理的实施与应用能够减少工程建设费用，改善工程项目绩效，降低工程项目参与人交易费用，增加工程项目利益相关者满意度，提高工程项目相关人核心竞争力，是提高建筑企业工程项目管理水平，增强我国建筑企业核心竞争力的有效手段。

工程项目集成化管理是上述集成维度综合构建的一个完整的管理体系，其概念模型如图 6-28 所示。

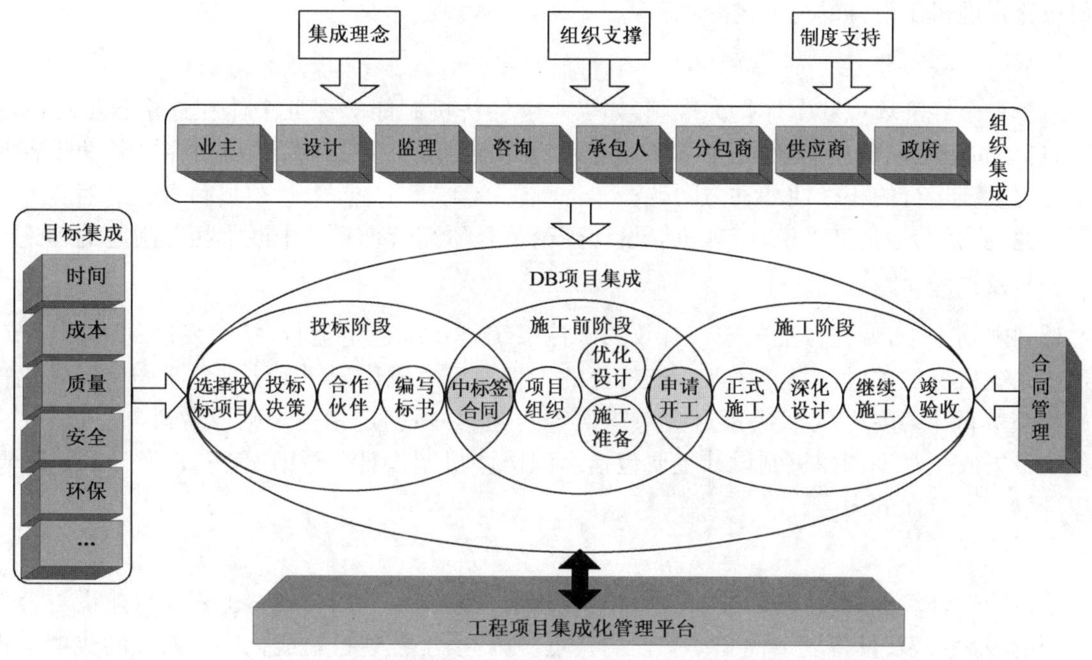

图 6-28 工程项目集成化管理总体概念模型

二、工程项目集成化管理机制设计的理念

(一)工程项目管理机制设计理论

管理机制是社会组织系统中系统结构之间相互作用与合理制约,从而使系统整体健康发展的运行机理,也是使管理要素按照其内在规律在运动中彼此相互联系、相互结合而形成管理功能并达到既定目标的运行规则。在管理系统中,管理机制能够引导被管理者的行为,使得被管理者在行为的自由选择过程中,因选择有利于实现管理者既定目标的那些行为而得到收益,因选择不利于实现管理者既定目标的那些行为而遭受损失。于是,理性的被管理者在管理机制的引导下,可以自发地完成管理者的既定任务,从而实现系统的管理目标。从管理系统组织化层次来看,管理机制的作用更多地要由运行进行支撑,因此,管理机制通常也叫"运行机制"。

管理机制设计理论是将传统经济机制设计理论进行补充改进后,将其应用于管理机制设计一套系统的理论方法,其重点研究管理系统的权责对等、信息和激励问题。

合理的权责对等配置、信息运行的低成本和激励相容性的满足是一个可执行管理机制的必要条件,也是评价一个管理机制优劣的基本标准。

研究如何科学地建立正确的管理机制,探讨建立管理机制的方法与技术,对管理实践具有重要的理论意义与应用价值。

(二)工程项目集成化管理机制设计内容

管理机制是管理过程所依赖的基础,管理实质上是管理客体在管理机制的约束下向管理者所预定的目标运动的过程。根据经济机制设计原理,结合上述分析与研究,可以得出工程项目集成化管理机制设计的主要内容如下：

1.激励相容问题

对于一个经济环境和个体行为准则，如果一个经济机制能够保证个体在追求自己的目标（遵循自己的行为规则）时能使配置结果符合评价标准，则称该机制为激励相容。激励相容解决了管理系统运行的积极性和动力问题。

因此，从激励的角度来说，管理机制设计理论就是研究管理系统中激励相容问题的理论。

2.组织调控问题

计划规划未来，调控保证未来。有效的调控系统是系统稳定运行、持续发展的重要环节，是达成系统目标的关键。具有团队生产特征的工程项目集成化管理系统难免会产生集成化管理过程绩效低下，组织冲突、决策迟缓与错误等问题，必须制定相关规则或者机制予以解决。工程项目集成化管理调控机制设计主要包括组织协调机制设计、组织决策模式设计和过程调控机理设计等方面的内容。

3.环境适应问题

项目管理环境能够直接影响工程项目集成化管理系统目标的实现。工程项目建设与管理环境影响因素众多、具备复杂性和动态性的特点。因此，工程项目集成化管理系统的成功实施和持续改进，离不开其自身的环境适应能力。工程项目集成化管理系统机制设计中的环境适应问题主要是指集成化管理系统对环境变化的适应进化机制的设计。

4.个体行为准则的确定

个体行为准则的研究是机制设计理论研究的重要内容。工程项目集成化管理机制设计理论借鉴一般均衡理论的分析方法，在分散化（信息分散、利益分散、决策权分散）的前提下，运用对策理论进行个体行为的分析与描述。基于不同的行为结构，工程项目集成化管理机制设计理论中主要运用以下几种行为规则：

1)占优策略

对于某一个体，如果存在一个策略，不管其他个体采取什么行动，它采取这一策略使其获得的收益总是不小于采取其他策略所得的收益，则这一策略则称为该个体的占优策略。

2)贝叶斯策略

在贝叶斯策略中，某个个体不知道其他个体采取什么策略，而只知道自己的策略，但每个个体都有一个关于经济环境的概率分布，且这些分布为大家所共知，在此前提下，个体追求自己效用的最大期望值的策略称为贝叶斯策略。

5.评价标准

在经济机制设计中，经济学家最关心的评价标准是经济效率，即考察社会资源的配置是否达到了帕累托最优。然而，随着社会的不断进步，单纯追求效率带来了许多其他社会问题。因此，在工程项目集成化管理系统机制设计中，机制设计人员除了考虑系统的效率之外，还必须考虑其他诸如公平等评价标准。工程项目集成化管理机制设计理论的主要评价标准如下：

1)个体理性配置：即一个个体参与某一经济管理活动，必不能使其收益变少或者效用降低。根据理性类型的不同，可以分为个体理性配置、强个体理性配置、弱个体理性配置、自给自足个体理性配置等。

2)可行配置:每个个体在参与经济活动后的资源配置量在其消费集合内。

3)公平配置:即资源配置是公平的,如配置符合亚当斯公平理论等。

4)责权对等配置:是指在一个组织系统中的参与者所拥有的权力应当与其所承担的责任相适应。

5)自适应配置:是指管理系统资源配置在经济环境、信息空间等发生变化时,机制本身应具有主动适应和优化调节能力。

(三)工程项目集成化管理机制设计原则

1.简单性原则

"复杂的机制不是好的机制",管理系统的机制是信息传递的媒介,好的机制应该有较少的信息空间维数,应该准确、灵敏地对系统信息做出反应。因此,在机制设计中,力求所设计出来的机制简单明了、容易理解且无歧义,从而最大限度降低管理系统信息成本。

2.目标导向性原则

工程项目集成化管理机制设计中最重要的内容为"激励相容"。在激励相容的条件下,集成化管理参与人在努力最大化自己的效用的同时,自发完成系统的集成化管理目标。工程项目集成化管理机制设计的前提条件是项目集成化管理组织拥有统一、明确的目标。

3.环境依存性原则

从系统论的观点来说,机制设计人员应充分考虑项目环境,一方面注重机制的环境依存特点,在机制设计时充分考虑环境的影响;另一方面,工程项目集成化管理系统应该具有自适应与发展演化机制,以克服项目建设和管理环境转变所带来的机制失效等问题。

4.开放性原则

解决管理系统熵增问题的关键在于开放管理系统,促使系统远离平衡态,并不断从外界环境吸收负熵,从而形成开放性的管理耗散结构。管理系统的开放性包括管理系统要素、结构的开放性和管理系统机制的开放性。

5.公平性原则

公平原理认为人的工作积极性不仅与个人实际报酬多少有关,而且与人们对报酬的分配是否感到公平更为密切。人们总会自觉或不自觉地将自己付出的劳动代价及其所得到的报酬与他人进行比较,并对公平与否做出判断。只有当局中人的收入/付出比率与其他参与人的收入/付出比率相同时,局中人才感到公平,才会加入合作;否则,将离开联盟。

(四)工程项目集成化管理机制设计程序

工程项目集成化管理机制设计的程序如下:

1.明确工程项目集成化管理系统的目标

在对工程项目集成化管理系统要素与结构进行系统分析的基础上,确定工程项目集成化管理目标,作为工程项目集成化管理系统机制设计的目的。

2. 工程项目集成化管理系统的经济环境分析

根据集成化管理系统要素和结构，分析工程项目集成化管理系统的经济环境，确定集成化管理参与者(局中人)N、初始资源 W、生产可行性集合 Y、效用函数 U、权力 Ψ 和对应的责任 Φ，构建管理系统的特征空间 E。

3. 个体行为准则与评价标准的确定

依据集成化管理系统实际和相关假设检验，确定工程项目集成化管理系统的微个人行为准则 μ 和社会评价标准 F，为工程项目集成化管理机制设计做好铺垫。

4. 工程项目集成化管理机制设计

1)工程项目集成化管理系统激励相容设计：在现行项目建设与管理环境中，构建工程项目集成化管理系统的约束与激励机制，使集成化管理参与人满足激励相容约束。

2)组织调控机制设计：在分析工程项目集成化管理特征的基础上，分析构筑工程项目集成化管理系统过程调控机制。

3)环境适应机制设计：在工程项目集成化管理系统激励相容设计和组织调控机制设计的基础上，研究工程项目集成化管理系统的稳定运行与适应进化机制。

5. 模拟检验

一般地，工程项目集成化管理机制设计的结果出台前，需要经过机制检验和目的性、效率性模拟。机制检验有以下几个方面：

1)协调性检验：检验机制之间是否统一，有无矛盾。

2)完备性检验：检验机制是否包含了系统的任何可能行为。

3)独立性检验：检验机制之间有无重复，是否简单明了。

机制设计后，是否通过试错进行检验主要由试错的代价决定。在试错代价小的情况下，可以在正式运行前进行试运行，以检验管理机制的有效性；在试错代价太大的情况下，可以借助模拟仿真技术，对机制运行过程进行仿真，以此判断机制的有效性。

6. 机制调整

工程项目集成化管理机制运行后需要进行后评价，反馈给机制设计者进行机制的调整。同时，系统运行依赖于系统环境，因此，随着项目建设和管理环境的逐渐变化，工程项目集成化管理系统机制也应该及时进行调整。工程项目集成化管理机制设计的框架如图 6-29 所示。

三、工程项目集成化管理动力分析

(一)工程项目集成化管理动力源分析

作为工程项目集成化管理的重要参与者和完成者，项目经理、项目管理人员和技术人员在集成化管理实施活动中付出了额外的精力，理所当然地要获取最大的回报，以追求自身利益的最大化。

效用最初是用来衡量消费者从一组商品和服务之中获得的幸福或者满足的尺度，后来在社会学中得到广泛运用，泛指人类欲望得到的满足程度。人和组织的效用最大化是人和组织

行为的基本动力源泉，是人和组织活动的前提条件，是实施或者推行工程项目集成化管理模式的行为和动机。

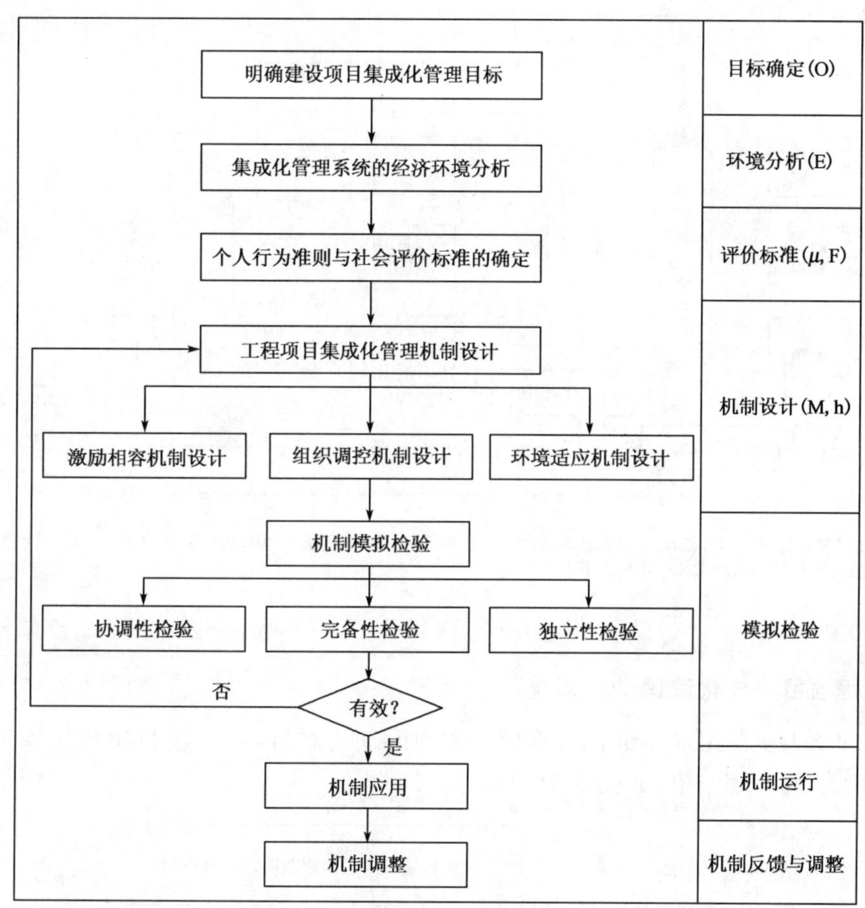

图 6-29 工程项目集成化管理机制设计框架

(二)工程项目集成化管理动力机制

通过上述对工程项目集成化管理动因的分析，可以看出工程项目集成化管理动力机制是在其合适的动力源的基础上，项目外部动力因素、内部动力因素和环境动力因素共同作用、相互耦合的结果。工程项目集成化管理模式实施的动力机制可以概括为：在环境因素的作用和影响下，来自于市场的需求拉力和竞争压力、来自于相关技术发展的推动力，来自于政府政策行为的支持力，都将直接或间接地转化为项目组织和个人的利益驱动力，成为工程项目集成化管理模式实施的动力源泉；项目经理精神对利益驱动力具有感应与启动作用，它能够直接驱动项目组织进行管理模式创新，并通过项目文化的“辐射作用”和组织内部激励机制的“吸引力”间接驱动个人主体从事集成化管理；工程项目组织协调能力则最终保障着集成化管理模式的顺利进行。此外，成功的工程项目集成化管理模式实施效果又反作用于市场、技术、政府、环境，从而推动更高层次的集成化管理模式的实施需求。工程项目集成化管理模式实施动力机制的运作过程如图 6-30 所示。

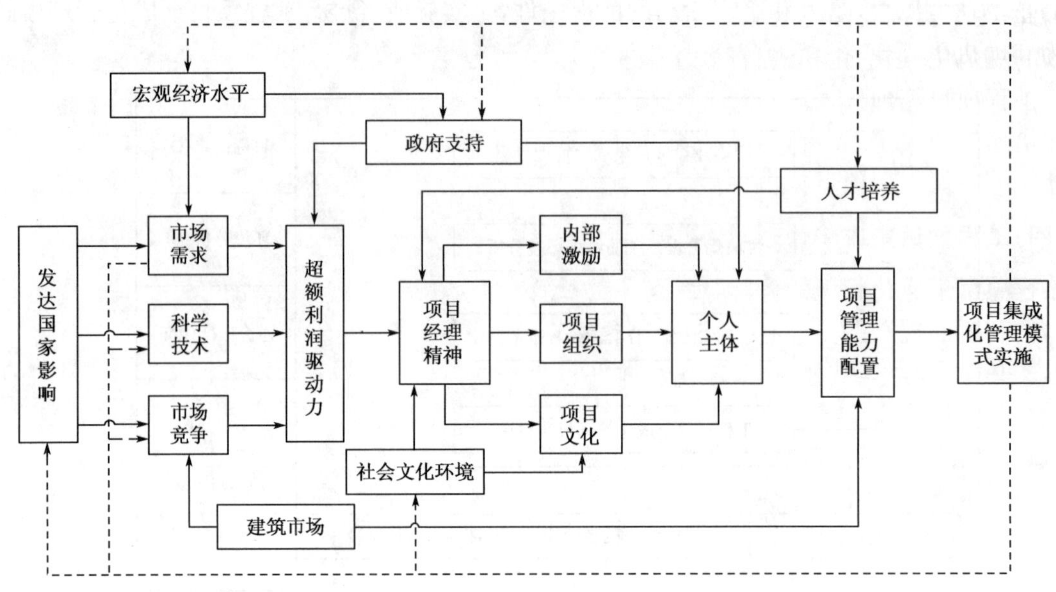

注：粗实线代表项目组织内外部动力因素之间的作用；细实线代表环境因素对组织动力因素的影响；虚线代表工程项目集成化管理模式实施对动力因素和环境的反作用。

图 6-30　工程项目集成化管理动力机制

(三)工程项目集成化管理动力系统

动力源和动力机制组成集成化管理模式实施的动力系统，工程项目集成化管理实施的动力是其动力系统的作用结果，如图 6-31 所示。

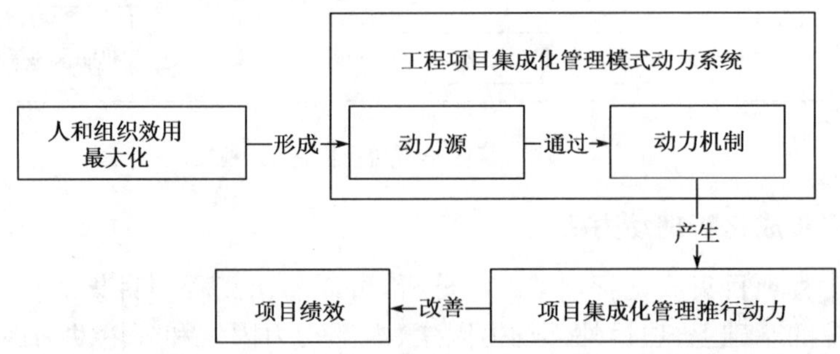

图 6-31　工程项目集成化管理动力系统

无论工程项目集成化管理模式的先进程度有多高，如果没有实施的动力，也不会在建筑行业中得到推广和实施。通过对工程项目集成化管理模式的实施动力分析，可以发现：

1. 项目经理在推动工程项目集成化管理模式实施和发展中的作用巨大。良好的项目经理精神对项目管理组织具有导向性，能够通过管理驱动来促进项目组织实施工程项目集成化管理；同时，项目经理在项目文化构建、项目管理能力配置等方面也具有重要的作用。

2. 规范的建筑市场能够推动工程项目集成化管理等新管理模式的应用。规范的建筑市场有利于建筑企业的充分竞争，有利于新技术、新方法的推行和应用，有利于项目管理人员的流通。因此，为了提高我国建筑业工程项目管理水平，提升行业整体竞争力，必须致力于我国建筑市场的规范化、透明化和法制化建设。

3. 工程项目管理人才培养能力是工程项目集成化管理模式持续发展的基础。工程项目管理人才培养能力决定了项目经理的能力和项目管理人员的素质，因此，只有高质量的人才培养能力才能够确保工程项目集成化管理模式的持续发展。

(四)工程项目集成化管理动力系统目标

工程项目集成化管理的目标是建设项目的成功与绩效的改善，也就是建设项目的"功能倍增"或者"利益涌现"。

本文基于科学发展观，借鉴东南大学成虎教授有关建设项目全寿命周期目标体系的观点，认为工程项目集成化管理目标是由不同的目标层次所构成的一个目标体系，如图6-32所示。

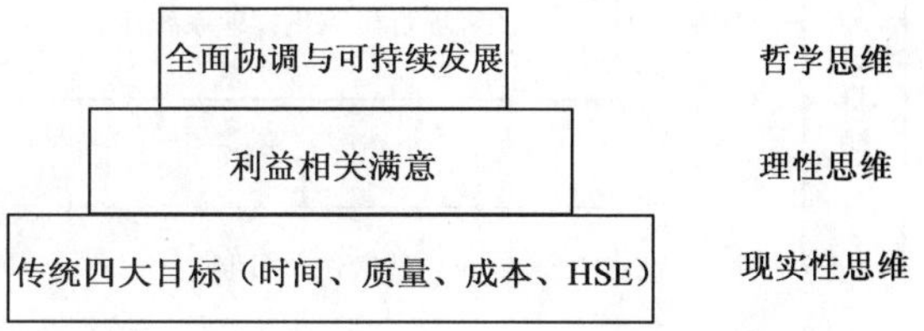

全面协调与可持续发展	哲学思维
利益相关满意	理性思维
传统四大目标（时间、质量、成本、HSE）	现实性思维

图 6-32　工程项目集成化管理目标体系

1. 传统目标

工程项目传统的四大目标包括质量目标、费用目标、时间目标和安全健康目标，是工程建设项目看得见、摸得着的具有现实性思维的目标。工程项目传统的四大目标是工程项目集成化管理最基本、最具体的目标。

2. 工程项目利益相关者满意

工程项目集成化管理要求建设项目参与者协同合作，共同改善建设项目绩效，其成功的实施离不开项目利益相关者的共同努力。因此，从组织行为学的角度来说，工程项目利益相关者满意是工程项目集成化管理的核心价值与理性目标。

3. 全面协调

随着工程项目集成化管理研究的不断深入，以及社会对自然环境、市场环境与人文环境的日益重视，工程项目与环境的协调性成为了工程项目集成化管理的扩展目标。

4. 可持续发展

工程项目作为在生态空间上的人工系统，经历从出生、成长、进步、扩展到结构变异、衰落的过程。资源的有限性要求建设项目必须具备可持续发展的能力。工程项目的可持续发展有十分丰富的哲学内涵，不仅体现了物质和精神的和谐和统一，人与自然的协调发展，还符合辩证唯物主义的发展观和向历史负责的精神，反映建设项目的伦理道德。工程项目集成化管理是以系统论作为理论基础的，可持续发展是其哲学层次的目标。

(五)工程项目集成化管理系统运行

对工程项目集成化管理系统的有效运行而言，集成化管理组织、技术、观念、方法、制度等系统结构是其运行载体；激励、约束机制是系统运行的基础，是系统运行的动力系统；协调机制、决策机制和反馈调控机制是其平稳运行的调节系统，保证系统运行的方向与安全；适应进化机制应对管理环境的转变，保持管理系统的适应性与先进性，是系统的稳定运行与适应进化系统。上述机制在工程项目集成化管理系统运行过程中缺一不可，共同构成了工程项目集成化管理机制体系。工程项目集成化管理系统正是在集成化管理原理、方法、技术、组织、制度等系统要素结构，以及激励机制、约束机制、适应进化机制等机制体系的耦合下平稳运行与发展进化的，如图6-33所示。

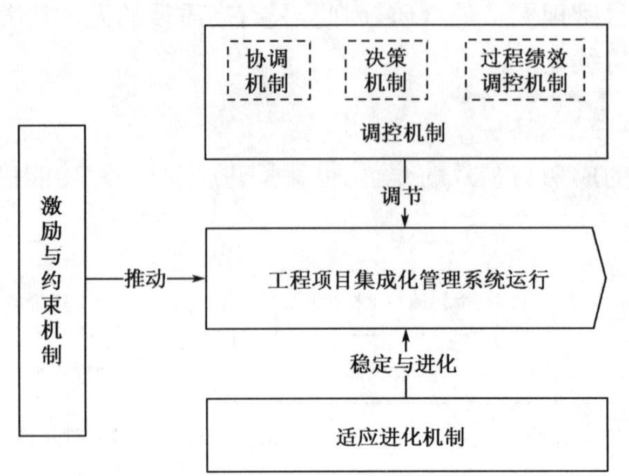

图6-33 工程项目集成化管理系统运行示意图

四、工程项目集成化管理存在的问题

工程项目集成化管理模式作为一种先进的工程项目管理理念和模式，其成功、有序地运行同样需要合适的机制来支撑。在注重研究工程项目集成化管理技术的同时，也应该为其设置合理的管理机制，以提高工程项目集成化管理的成功率。工程项目集成化管理实施案例成功率不高，其中一个重要的原因在于其管理机制问题，主要表现为：

1.激励与约束机制问题

在现行工程项目集成化管理实施过程中，对于预期的“功能倍增”或者“利益涌现”，并未构建有效、合理的利益剩余分配规则，相关激励机制并未形成。同时，管理者对管理系统中消极的、非合作的行为并没有进行约束与惩罚，管理系统中并无外来力量强制系统目标的实现。因此，根据有限理性选择理论，利益相关人并无应用该模式的动机和主观能动性，集成化管理模式实施动力系统没有得到很好的解决，从而造成部分项目利益相关人应付、漠不关心甚至是抵制工程项目集成化管理模式的运行，工程项目集成化管理模式运行缺乏动力。

2.调控机制问题

工程项目集成化管理要求建设项目参与方协同合作，以系统化、整体化的思想和手段来进行项目的建设与管理，以减少建设项目界面损失，提高建设项目绩效。工程项目集成化管理过程中，由于管理系统内外部环境的转变，项目计划与控制失误，参与方利益诉求不一致，以及项目业主知识能力限制等原因，可能出现如下问题：

1)目标偏离。

2)组织冲突。

3)决策迟缓且错误。

3.环境适应进化问题

建设项目环境具有复杂、多变的特征，其对建设项目绩效的影响很大。管理系统必须能够适应这种环境的变化，必须具备处理环境突发事件的能力。然而，现行的工程项目集成化管理过程中，经常出现因为诸如法律变化、高层人士更替等问题而导致的集成化管理失败，工程项目集成化管理系统缺乏环境适应能力。

第四节 施工前期项目系统集成化管理

一、承揽项目过程管理

工程总承包投标是承包人承揽工程项目的第一个重要环节，对投标过程的分析及策略的研究能提升承包人的投标优势。

工程总承包的投标过程与业主的招标过程大致流程如图 6-34 所示。

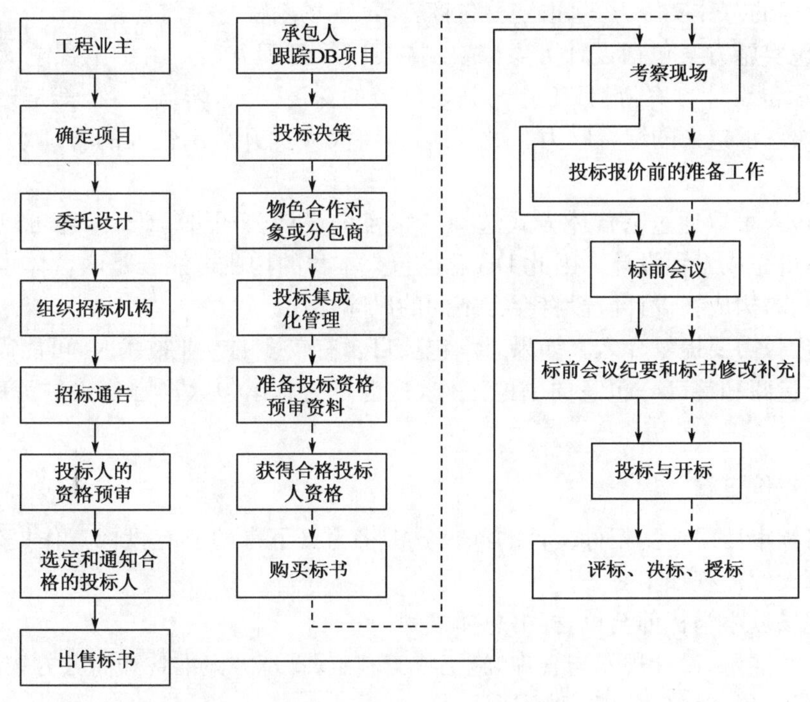

图 6-34 传统招标和 DB 总承包投标流程

注：业主流程——；承包人流程----

(一)投标决策过程

DB 总承包人需要整体考虑项目的设计和施工，而且往往是总价包干，工作的复杂程度大大增加，所承担的风险也因总承包人承担着工程设计、进度控制、安全保证、质量控制、成本等责任而变得更加巨大，因此在是否投标与怎样报价方面，承包人需要更加慎重，以提高决策准确度。项目投标决策大致流程如下：

1)承包人跟踪 DB 项目，通过资格预审后，研究招标文件，进一步 DB 项目风险性分析，最后进行投标决策

研究招标文件，对于“投标者须知”，除了常规分析之外要重点阅读和分析“总述”部分中有关招标范围、资金来源以及投标者资格的内容；“标书准备”部分中有关投标书的文件组成、投

标报价与报价分解、可替代方案的内容;"开标与评标"部分中有关标书初评、标书的比较和评价以及相关优惠政策的内容。上述虽然在传统模式的招标文件中也有所对应,但是在总承包模式下这些内容会发生较大的变化,投标小组应予以特别关注。

对于"合同条件",不同业主采用的合同范本彼此不同。在通读合同通用和专用条件之后,重点分析有关合同各方责任与义务、设计要求、检查与检验、缺陷责任、变更与索赔、支付以及风险条款的具体规定,归纳出总承包人容易忽略的问题清单。

投标决策过程的风险因素有:信息来源不确切、项目不落实、代理人不可靠、工程所在国情况不明、进入新市场决策风险、竞争对手现状不了解以及投标决策失误(含业主评标有倾向性,业主资信差)等。

2)确定投标的总体实施方案,选定分包商,参加现场勘察与标前会议

DB 总承包实施方案包括设计方案、施工方案以及管理方案。由于工程总承包包含设计内容,所以总承包设计方案,设计工作与施工环节的深度交叉,协调一致,都是招标人所关心的,也最能反映总承包人的综合实力。做到这些,将大大提升总承包人的管理水平,以及中标机率。

DB 总承包人可以通过联营体方式选择一家咨询设计公司进行设计,也可以利用本工程公司的设计力量完成工程设计。因此 DB 总承包人本身的构成可能会是联营体也可能是综合承包公司,不同的构成在设计阶段将会有不同的风险存在。

选定分包商,需要提早介入。如果总承包项目含有较多的专业技术时,可能需要在早期阶段进行选择分包商和签订分包意向书的工作,这也是为总承包人增强实力、提高中标机会的手段。

(二)投标报价过程

通过资格预审后对业主招标文件的深入分析将为接下来的所有投标工作提供实施依据。项目投标报价大致流程如下:

1)参加现场勘察与标前会议,标书总体规划。

2)技术方案准备,设计规划与管理,施工方案制定,管理方案准备和商务方案准备。

3)成本分析,价值增值分析,风险评估。

4)检查与修改标书,办理投标保函/保证金业务,呈递标书。

投标报价过程的风险因素有:业主前期工作不足,招标要求不清楚,设计基础资料短缺,招标文件分析不够,现场考查失误,对实施阶段预测有误(如对设计工作量估计不足),投标报价失误等。

在投标阶段,最大的风险是投标报价失误风险。在投标报价时,承包人常常处于进退两难的境地,报价过高,难于中标;报价过低,成本和利润又难以保证。

二、DB 总承包项目组织管理体系

工程项目集成化管理以合作、协同、集成、共赢的理念作为集成基础,以集成化信息平台为技术支撑平台,注重集成管理参与方之间的信息沟通与协调,致力于减少项目管理中的冲突内耗和界面损失以促进项目参与者之间的全面、协调发展。为此 DB 项目组织体系应采取以下原则:

1. 模糊的组织边界

合作、协同、集成、共赢的管理理念要求工程项目集成化管理打破泾渭分明的项目组织边界，构建柔性化、动态化、异质化、虚拟化的新型项目组织；同时，集成化管理信息支撑平台的有效利用，降低了信息传递过程中的组织性壁垒和信息漏斗效应，模糊了项目组织边界。

2. 平等的组织地位

与传统项目的监督/被监督、管理/被管理型的组织关系不同，工程项目集成化管理注重项目参与者之间的知识整合与集成，项目参与者以一个合作成员，而不是一个管理或者被管理者的身份进行项目的建造与管理，建设项目参与者的组织地位平等。

3. 基于信任的项目管理文化

工程项目集成化管理模式要求建设项目参与方抛弃传统的组织成见，建立合作、信任的项目文化，共同提高建设项目的绩效。

(一)DB 总承包项目组织使命

组织使命是项目管理者以及各个参加者的价值观和职业道德准则的共同基础，是项目总目标的出发点，对整个项目组织和整个项目管理过程有规定性和指导作用。

1)总承包人要有为业主服务，实现业主的意图，使业主的项目增值的思想。

2)工程项目最根本目的是通过建成后的工程运营为社会提供符合要求的产品或服务，满足社会的需要，或者为了实现社会或特定组织的战略目标和计划。

3)一般的总承包工程项目投资大、消耗的社会资源和自然资源多，对环境影响大。所以它具有很大的社会责任，它不仅要满足项目相关者的利益和期望，还要满足社会各方面对项目的要求，必须与环境协调。

4)一个工程的生命周期比较长，所以它不仅要满足当代人的需求，而且要满足持续发展的要求，能够持续地符合将来人们对工程的需求，所以同时要有持续发展的要求。

科斯认为，企业的本质特征是对价格机制的取代，通过形成企业这种特殊的组织形式，并运用某些权力或权威指导资源的运用，就可以节省市场交易成本。但是通过研究发现，对市场的替代并非一定要采取企业的形式，合作联盟也是替代形式之一。

如果说建筑企业是对建筑市场的完全替代，那么工程项目集成化管理组织联盟可以看作是对市场的不完全替代，相当于市场与企业存在交集的一种组织形式。工程项目集成化管理组织联盟的形成是基于效率帕累托改进而产生的。这种组织的优势是显而易见的，它一方面利用了市场契约的优势，整合集成化管理参与人的核心资源，提高建设项目绩效；另一方面，又合理规避市场的交易成本，通过成员间的信任而能使集成化管理活动在一个类似建筑企业的组织内完成，在很大程度上降低了交易成本。

(二)DB 总承包项目组织目标体系

总承包项目集成管理与专业工程承包的项目管理的价值理念不同，总承包人与业主、相应的分包商之间必须建立项目的组织文化和团队精神，强调伙伴关系，强调共赢，营造平等、信任、合作的气氛。它的目标体系体现了工程项目集成化、符合环境和持续发展的要求。

1. 目标体系

1)质量目标

总承包项目的质量目标不仅仅是追求材料、设备、各分部工程质量,而且更加追求工作质量、工程质量、最终整体功能、产品或服务质量的统一性。应体现可建造性、运行的安全性、运行和服务的可靠性,可维修性和方便拆除,注重开发-实施-运行的一体化。

2)费用目标

总承包项目的费用目标不仅是降低建造费用(或建设总投资),而且追求运行(服务)和维护成本低,进行全生命期费用的优化,还要考虑降低由于工程引起的社会成本和环境成本。

3)时间目标

总承包项目的时间目标不仅包括建设期、投资回收期、维修或更新改造的周期等,还要为业主考虑工程的设计寿命、经济服务寿命以及项目产品的市场周期,还应考虑业主工程项目的最终产品有更大的市场价值。

4)各方满意

总承包人为业主作项目的规划、设计、施工和供应,协调各方面的关系。项目的成功必须体现项目相关者各方面满意。工程项目是许多企业的"合作项目",项目的成功必须经过项目参加者和项目相关者各方面的协调一致和努力。它们包括项目产品的用户、投资者、业主、承包人(包括设计者和供应商)、政府、所在地的周边组织、生产者、项目管理者等。

5)工程项目与环境相协调

工程项目与环境的协调不仅包括自然和生态环境,而且包括社会环境,如政治环境、经济环境、法律环境、社会文化和风俗习惯等。

2. 制定项目体系应考虑的因素

1)项目目标系统应包括各个参加者的目标,体现各方面利益的平衡,使各方面满意。

2)加强组织协调、合同管理、项目组织行为的研究。

3)更理性地认识到工程管理的权力和责任,以及它们的平衡,公平地对待各方,责权利平衡,公平合理地解决项目中的冲突。

4)参与者之间应形成共有的项目精神、价值观念、项目伦理道德,增强合作精神等一系列项目的行为准则和优良习惯等。

(三)DB 总承包项目组织结构

为适应 DB 项目承包功能需要,实现进度、质量、费用、安全四大要素控制目标,参照国际型工程公司的功能,现已逐步形成以工程公司管理为中心、以单个项目管理为基础、以设计管理为支撑、实行项目经理负责制的完善的 DB 组织机构和项目管理体系,如图 6-35 所示。

工程总承包组织机构围绕项目控制要素设置,在项目负责人管理下,设有以下三个层次的管理机构:

1. 工程公司管理

主要负责报价及合同管理、分包和采购管理、技术质量保证、工期控制、风险控制、设备监制管理、人力资源配置、信息收集及反馈、财务及税费管理、内部关系及外部环境协调以及对各

工程项目经理部的管理。工程公司设有合同及费用控制部、采购部、施工管理部，负责对各工程项目四大要素的过程控制。

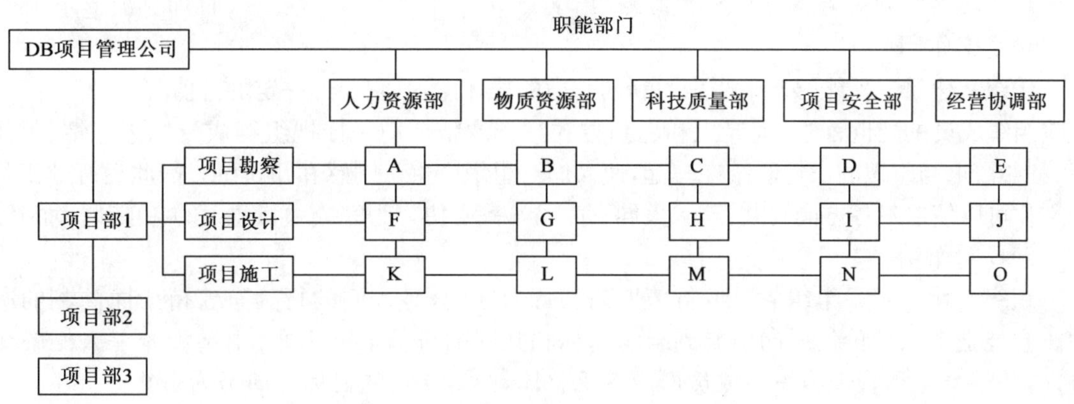

图 6-35　DB项目管理公司组织机构图

2. 项目管理

主要负责对本工程四大要素的具体控制，包括设计、采购、设备检查验收、培训、安装及调试、土建施工、项目移交等过程管理。各项目经理部设有综合管理办公室、专职安全员、工艺主管、土建主管、机械主管、电气主管、调试主管和专职财务员，具体实施对本工程的施工组织和进度的计划控制、设计图纸审核及施工质量的过程控制、项目成本和费用的明晰控制，以及施工安全的现场控制。

3. 设计管理

主要负责对院内各专业设计部门进行设计质量控制、设计工期控制和现场设计管理。工程总承包项目的设计管理除了受控于传统的设计职能部门管理以外，同时在重大技术方案的确定、施工图出图计划以及主要设计人员的配置等方面还受控于工程公司管理和项目管理，并且在项目实施整个周期内密切配合项目部，根据现场具体情况及时调整设计方案，修改施工图纸，确保工程进度。

这种组织结构是以永久的专业机构设置为依托（包括人力资源部、物质资源部、科技质量部、项目安全部、经营协调部），按项目组织临时的、综合严密的项目管理机构，具体管理与实施项目。公司常设专业职能部门，负责向项目部派出合格的人员，并对其派往项目部的人员给予业务上的指导和帮助，但不干预项目部的工作。

采用矩阵型的项目管理模式不仅便于专业人员的培养，有利于专业水平的提高，而且便于专业人员的调配，保证专业人员的工时得到充分利用，提高劳动生产率。同时将多专业人员调配到某一项目上，便于协同工作和对专业人员业绩和能力的全面考核，因此这种矩阵型的项目管理组织既发挥了全公司的整体优势又便于项目的统一协调和管理。

（四）集成化组织文化的形成

由于工程项目的一次性，合作的各方具有临时性，管理人员流动性较大。要把这些人员组织在一起，来实现项目的安全、质量、环境、进度、成本等目标，必须发挥项目文化的作用，形成共同的价值理念，才能实现动态集成化管理。

1. 组织文化在工程管理组织中的作用

1)凝聚作用

组织文化是一种能够产生凝聚力和向心力的群体意识，它通过一定的价值观、信仰和态度而影响组织成员的处世哲学、世界观和思想方式。它像粘合剂一样把组织成员思想感情、工作学习、利益需求与组织的命运联结在一起，使人们对组织产生认同感和归属感。因此良好的工程组织文化可以使参建各方同甘共苦，求大同、存小异，齐心协力为完成项目建设的各项目标而努力。

2)导向作用

组织文化规定了组织成员的价值取向和行为准则，对人们的行为有着持久而深刻的影响力。它能把个人的价值取向引导到组织目标和共同的价值取向上来，引导和统一人们的行动方向，使整个工程管理组织与成员形成有机整体，向着既定的目标方向努力奋斗。

3)激励作用

组织文化的核心内容是关心人、尊重人和信任人，强调感情因素在企业管理中的重要作用。通过工程管理组织的文化建设，可以形成一种耳濡目染的激励机制和环境，激励组织成员的积极性、主动性和创造性。

4)规范作用

组织文化所建立的共同价值体系、基本理念和行为规范，会在组织成员心理深层形成一种定势，进而产生一种响应机制。当适应的外部诱导信号发生时，就会得到积极的响应，并转化为预期的行为。这就是说，组织文化在组织中可以形成一种有效的“软约束”，通过思想意识上的约束力量，协调和自我控制人们的行为意向，诱导人们认同和自觉遵守组织的行为规则。因此，通过工程组织文化建设，可以有效地弥补制度设计中的不足，对整个组织地行为起到“软规范”的作用。

2. 工程管理组织文化建设的主要内容

按照组织文化建设的理论，工程组织文化结构可分为物质层、制度层和精神层三个层次，如图 6-36 所示。

物质层是组织文化的表层部分，是施工组织中生产经营过程和产品的总和，包括工程组织的施工现场、机械设施、办公室、工作人员的风貌等。制度层是组织文化的中层部分，是体现在企业群体行为的制度和规范上。如组织形式、规章制度、生产方式和施工规范等。精神层是组织文化深层部分，是物质文化的核心，包括组织的理想、信念、目标追求、价值取向、行为准则等。物质层、制度层和精神层相互联系、相互作用，构成了组织文化的完整体系。结合工程项目管理的特点，应重点倡导以下几种理念：

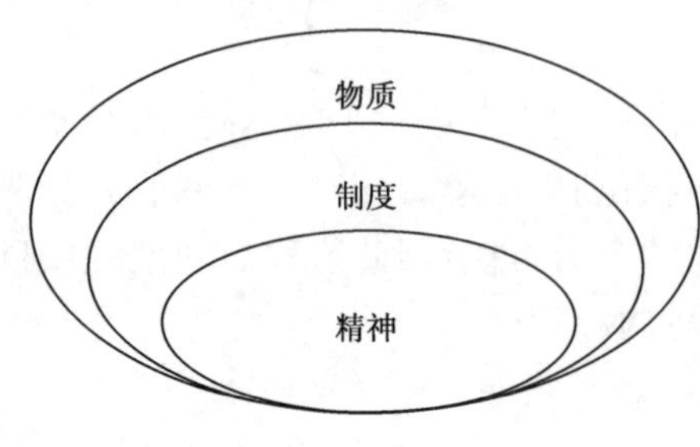

图 6-36　组织文化的结构层次

1)坦诚

坦诚，不但是人与人之间有效沟通的基础，也是促进组织效率提高的重要保障。杰克·韦尔奇说：“缺乏坦诚的精神会从根本上扼杀敏锐创新，阻挠快速行动，妨碍人们贡献出自己的所有才华。它简单说是一个杀手。”工程组织中如果能形成“坦诚”的文化氛围，遇事成员能够进行开诚布公地进行交流，将会大大加快决策的速度，节约管理成本。

2)团队合作

团队精神是指团队成员为了实现团队的利益和目标，工作中相互协作、相互信任、相互支持、尽心尽力的意愿与作风。管理大师彼得·杜拉克曾说：“企业需要的管理原则是：能让个人充分发挥特长，凝聚共同的愿景和一致的努力方向，建立团队合作，调和个人目标和共同福祉的原则。”工程项目管理体系由几个组织组成，每个组织的人员又来自不同的单位，不同的学历、文化背景、处事原则等会为彼此的合作造成许多障碍。因此，工程管理组织中尤其需要倡导团队精神，凡事以大局为重，少计较个人和小集体利益，多给予他人慷慨的援助和有力支持。

3)效率

工程项目建设是一个系统工程，环节多、工序复杂，而且环环相扣。任何一个环节的时间浪费，都会影响其他工作的正常开展。因此，参与工程项目管理的人员都应树立“效率”观念，从自身做起，杜绝懒散、松懈情绪；从每件小事做起，为组织效率做出贡献。

4)敬业

工程项目建设是一项艰巨的工作。不但工作节奏紧张、工作压力大，而且许多项目参与者还要舍家弃业，在异地工作和生活。要克服这样的困难，不具备敬业奉献、艰苦奋斗的精神是不行的。因此在工程项目建设中，应积极引导参建人员把工程作为一项事业、作为人生中一项重要的里程碑来看待，激发他们的敬业精神。

3. 组织文化的形成过程

组织文化在管理组织中的形成会经历导入、磨合与规范三个阶段：

1)导入阶段

组织文化的策划者通过对本项工程的特点及环境进行分析，形成组织的目标、价值观、行为准则等，在组织内部进行宣传推广，思想发动。由于工程建设的参与者的背景差异，对于组织文化的理解和接受程度不尽相同，而原有文化对成员的影响却根深蒂固，因此会产生一些组织间及成员间思想、观念、理念上的冲突和摩擦，组织文化进入磨合期。

2)磨合阶段

它是组织文化形成的关键阶段，组织文化的领导者和倡导者应坚持原则，坚决维护有利于组织发展的文化理念，而抑制一些消极文化在组织内部的流行。经历了磨合期的冲击和碰撞，组织文化普遍为广大成员接受，以精神或物质和形态组织中固定下来，进入规范期。

3)规范阶段

组织文化的领导者还应继续努力，维护文化的延续性和持久性，并采取措施及时纠正组织文化建设中出现的不良倾向。

三、高效的控制协调机制

总承包人与业主、相应的分包商之间必须形成共有的项目精神、价值观念，强调伙伴关系，强调共赢，营造平等、信任、合作的气氛。它的目标体系体现了工程项目集成化、符合环境和持续发展的要求。

1. 总承包人与业主的协调

1)业主的招标是在项目的立项后，但承包人通常都在项目的立项之前就介入，为业主做目标设计、可行性研究等。它的优点在于：①尽早与业主建立良好的关系；②前期介入可以更好地理解业主的目标和意图，使工程的投标和报价更为科学和符合业主的要求，更容易中标；③熟悉工程环境、项目的立项过程和依据，减少风险。

2)中标后承包人建立完备的组织体系和责任体系，进行集成化管理，使设计、施工、供应之间和各专业工程之间的责任盲区不再存在，让业主更加信任。

3)寻找利益的结合点。业主作为工程项目的最终使用者和受益者，其利益是在规定时间内建设一个造价合理、质量优良、使用方便的工程。而对于项目管理单位来说，实施工程只是其获得利润或酬金的一种手段。他们关注更多的是能够从工程项目管理中获得的利益，虽然项目管理单位出于对自身长远发展战略及商业信誉的考虑，会使其行为约束在合法、合理的范围内。但与业主的愿望仍会有一定的差距。

2. 总承包人与各分包商的协调

1)总承包人对项目的全生命期负责，要协调各个专业工程的设计、施工和供应，必须站在比各个专业更高、更系统的角度分析、研究和处理项目问题。

2)建立长效的沟通机制。通过工程例会、监理例会、班前会、阶段总结等各种时机加强各方的沟通，为彼此的有效合作搭建平台。

3)实行“小项目管理”。树立“项目管理”的意识，将工程管理的每一件小事都作为一个“项目”来管理，明确该项目的负责人、执行者和协作者及各自的责任义务。

4)进行明确的制度约束。对于经常处理的事件应分类制定出相关的合作程序及每一环节办理时间限制，违反规定要给予相应的惩罚。

5)建立例外事件处置程序。当发生制度设计中没有考虑到的事件时，通过这一程序进行处理，以保证决策的速度和有效性。

6)合理的利润或酬金。利润是企业生存之本，没有利润项目管理企业就难以为继。对此，总承包人应有清醒的认识，总承包人在与各分包商进行价格谈判时，即使自己处于有利地位，也不可压价过低；否则会影响项目管理单位的工作积极性，导致道德风险和逆向选择的发生。

四、设计过程管理

在工程项目总承包模式下设计管理的任务是在满足合同质量要求和业主任务书的前提下尽可能节省建造费用。

(一)设计过程的风险因素

DB总承包人对整个项目的设计负责，这阶段的风险主要表现为管理中的组织、协调和沟通。

1.“业主的要求”不明确风险

设计任务书是设计依据的基本文件，而目前许多设计任务书条款过于简单，可执行性差，往往还隐藏着一些可行性研究中应解决的原则问题，不能为设计阶段提供基本和良好的设计环境，造成设计工作不应有的反复，易引起工期延误。“业主的要求”不明确，易使承包人对设计的内容范围不清楚。

2. 设计部门自身行为引起的风险

主要包括职业责任风险和设计人员的不规范行为引起的风险。

1)职业责任风险是指设计人员特定的职业要求其承担重大的职业责任风险，这种职业责任风险主要体现在设计质量责任、设计的投资控制责任以及设计进度责任。

2)设计人员的不规范行为引起的风险是指设计人员的不规范行为不仅容易导致责任风险，而且一旦查出将面临着经济处罚、行政处罚和法律制裁的风险。目前，建筑市场尤其是国内在这方面比较混乱，设计人员的不规范行为屡见不鲜。

这些都会引起设计问题，而一旦设计出了问题，将会严重影响整个工程项目目标的实现，无论从工程质量，还是从费用和进度方面都将会蒙受风险，而这一风险正是需由DB总承包人承担。

(二)设计过程的风险防范措施

1. 工程地质勘察质量风险防范措施

1)选择资质级别高、信誉好、有同类工程勘察经验的勘察单位。

2)在勘察合同中设立勘察质量保证金条款，确保勘察质量。

3)在勘察合同中设立分期付款条款，如勘察完成交勘察报告后支付一定比例的勘察费，基槽开挖完成后支付余款。

4)委托监理对勘探项目实施监理，保证勘探工作按照勘探规范、合同的要求完成。

5)将工程地质勘探报告送政府部门审查。

6)试桩。如果基础工程中有桩基工程，可依据完成并经政府部门审查的地质勘探报告，请设计单位(可以是拟参加总承包投标的单位)设计，先打试桩，通过检测、检查勘探数据与地质情况是否相符。

2. 设计质量风险防范措施

1)在招标公告或邀请书中对投标单位设计资质、设计人员的资质提出要求，如要求总承包单位(设计单位)具有工程甲级设计资质，设计者有全国注册一级结构工程师执业资格等。

2)做好技术标的评审工作。可以委托专业的中介机构进行技术评审。

3)将潜在中标单位的设计文件送政府图审办审查，待审查通过后再决标单位。

3. 建立长效的组织控制协调机制

通过定期的工程例会、专业例会、阶段总结等各种时机加强各方的沟通，为彼此的有效合作搭建平台。

(三)设计优化和深化程序

总承包人要根据业主所提出的设计要求进行具体规划、初步设计、技术设计和施工图设计等具体详细的设计。这一阶段所花费的资金可能只占总承包项目合同价的百分之几，但恰恰正是花费这百分之几的资金所进行的工作却决定了项目合同价百分之九十几资金的花费。这阶段的管理工作至关重要，但常常容易被忽视或处理不当。

1. 设计信息的集成

建立设计信息集成系统实现对设计人员进行技术上的支持和管理上的控制，其设计信息集成模型如图 6-37 所示。

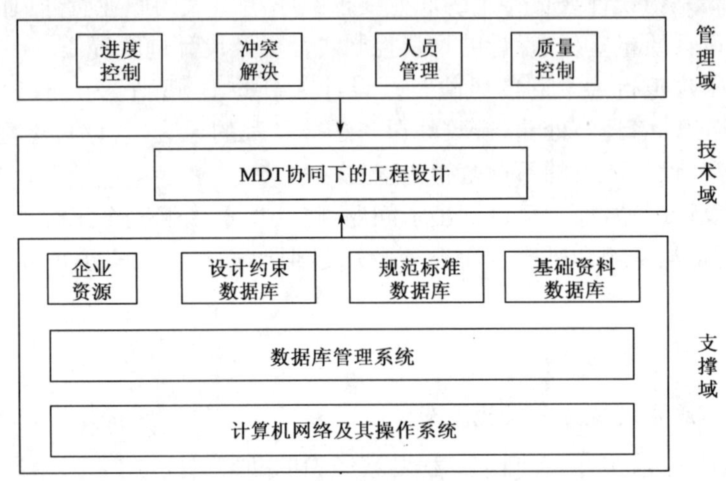

图 6-37　设计信息集成模型

1)管理域

管理域由进度控制、冲突控制、质量控制和人员管理等功能组成，它保证设计员的工作满足整体进度计划的要求，解决设计工作中出现的各种矛盾、冲突，对设计人员的工作质量进行控制，对设计人员进行日常管理，对其工作业绩进行综合评价。

2)技术域

MDT 指的是在项目进行过程中，从各个主要参与方中分别选出 1～2 名专家或负责人与业主代表一起组成项目领导核心。团队是项目的决策机构，协调和控制着各个参与方之间的信息交流，促进各参与方之间的合作和相互信任，最终确定各个参与方的具体职责和项目的实施计划，确保项目组织的努力目标与业主需求保持一致。

3)支撑域

支撑域的目的是为技术域创造良好的软件和硬件环境以及提供方便的通信系统，包括计算机网络及其操作系统即建立企业内部网或虚拟专用网络，并使用必要的通讯系统以便各成员方便地查询和交流，包括工程技术信息和管理信息各类提供设计信息的数据库，数据库管理系统对上述数据库进行管理和维护。

2. 加强优化设计，实现工程节约

费用控制是工程建设的核心，应贯穿于整个工程设计和建设过程中。选择有实力的甲级设计院，其专业配备齐全，工程设计经验丰富，参加工程建设的项目多，对国内外先进成熟技术和设备装备水平十分清楚，并且拥有自己的成熟可靠的专有技术，对工程造价也十分了解。因

此，可通过业主提供的基本资料，在施工前准备阶段，进一步补充设计所需的详细勘察资料，优化细部设计，达到控制投资的目的。

3. 深化设计，符合工程实际

在施工前准备阶段进行的优化细部设计，属于事前控制，而实际情况是千差万别的，在施工前准备阶段进行的优化细部设计属于事前控制，而实际情况是千差万别的，总是与实际情况有差距。因此在施工中，施工操作者要将实际变化情况与勘察设计所采用的基本资料进行比较。当变化较大可能危及安全质量时，要第一时间反馈给设计方，便于尽快修改施工图，使得施工与勘察设计形成良性互动，节约时间，降低成本，保证施工安全质量。同时，使得施工方与勘察设计方围绕工程项目逐渐形成共同理念，增加互信，为以后更好合作奠定坚实基础。其设计管理程序如图 6-38 所示。

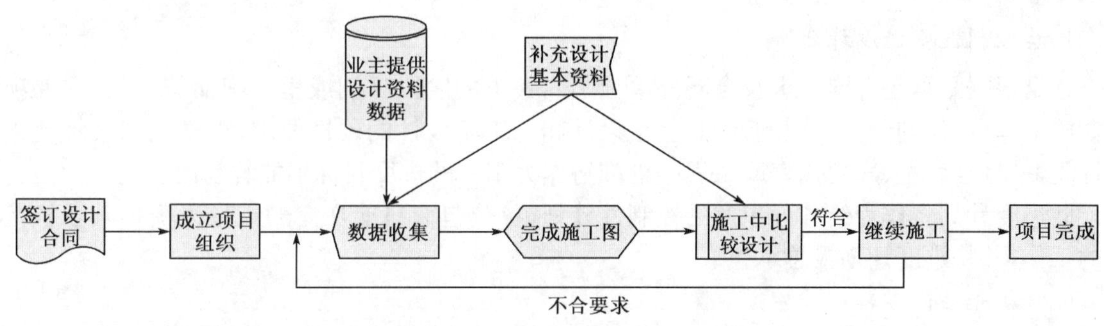

图 6-38 设计管理程序

第五节 施工阶段项目系统集成化管理

施工管理在工程总承包项目管理中有着不可忽视的重要地位，它的主要职责是对总承包项目实行全过程管理，是对安全、环保、进度、成本、质量五大控制目标在实施过程中的最终检验，是实现项目管理目标的重要保证，下面分别阐述在工程总承包项目中如何进行这五个方面的管理。

一、进度管理

对于所有的工程项目，进度管理都是承包人项目管理中的重点，然而在工程总承包模式下，工期固定承包人能够索赔延长工期的机会很少，如果工程未能如期竣工，承包人就要缴纳巨额的误期赔偿损失费。因此在工程项目总承包模式下进度管理对于承包人来说就尤为重要。

（一）进度计划的编制原则

1）研究图纸和工程量清单，分清工作范围和工作内容，以免在进度计划编制前弄错范围。

2）分析合同关于工期及进度的条款将要求一一反映到一级计划中。

3)建立工程项目工作分解结构。一个有经验的计划工程师会根据以往经验总结出几近标准的模式,在分解工作中争取做到最细,这对进度计划的跟踪控制和工程款给付都提供了基准及依据。

4)确定各工作的持续时间。

5)确定各工作间的逻辑关系。

6)明确标识关键线路。

7)检查调整形成正式的,作为以后跟踪控制的基准进度计划。

(二)进度计划的分级编制

进度计划的编制是项目完成的根本点,是进度计划管理系统的关键,基本上总承包的计划可以分为以下三级来编制:

1.总控制概要进度计划

这是根据总承包合同要求及合同外单独书面要求的阶段日期或里程碑而编制的,主要项目如施工部分,仅到分部工程的计划,包括设计和施工阶段性的硬性要求,以横道图表示此进度计划,一旦经雇主、雇主代表或工程师批准将作为工程的进度目标不能轻易改变。

此进度计划将作为给各分包商的控制性计划,各分包商只能在它的指导下安排其承担范围的工作,并将进度计划报总承包人。

2.总体实施进度计划

这是总承包人根据总控制概要进度计划和分包的详细的进度计划经协调分析而做出的,用于指导施工和作为项目实施进度基准的全面的进度计划。一般一个总承包项目的二级进度计划要几百项,计划工程师会反复研究它的工作结构分解的合理性和全面性,每项工作的持续时间是否出入太多,各工作之间的逻辑关系的合理性和可行性如何。计划工程师在编制此级计划中花费的时间也是这几级计划中最多的,这个进度计划一经雇主、雇主代表或工程师讨论通过将作为工程实施中的指南针,而且作为工程投标文件的一部分,如果以后出现纠纷可作为依据来合法维护自己的权益,所以这是一个关系到工程整个实施阶段的关键的进度计划。

该进度计划可以以横道图表示,也可以以网络图来表示,如果在合同的特殊条款中没有对进度报告的周期做特殊规定,总承包人会每月将进度跟踪、进度分析、进度趋势和预测以详细的进度报告形式呈交给雇主、雇主代表或工程师。

3.详细进度计划

该进度计划又称操作层计划,它是对二级计划的进一步细化,是项目计划管理的最低一级,其一般是由项目操作层负责监督和控制这个进度计划。可以用横道图,也可以用网络图表示,这个进度计划随总体进度计划的改变而改变,并不作为任何关于工期纠纷的依据。

(三)进度计划的比较

1.进度的测量方法

1)里程碑法

当一项工作的完成包含有一个明确的众所周知的次序,截止到某一形象进度所需时间和费用通常根据要求又有一个公认尺度时就使用里程碑法。

2)单位完成法

当一个工作项目是高重复性，而且每次重复中包含大致相同的资源消耗时就使用单位完成法。作为一种测量法这在施工阶段经常采用，如梁的预制过程。

3)当工作是由消耗不同资源的特殊的工序所构成时也会采用其他的测量办法

在某些情况下很难决定一项工作完成到底需要多长时间或者已经完成了多少，这种情况下有的采用工作一旦开始标记为50%，待完成后标记为100%的方法或其他百分比的方法。管理人员可以商定采用何种百分比来规定工作的完成量，这种方法中计划管理人员的主观意见可能就是唯一的答案，这样难免会使测量变得很主观，所以这只是在其他更客观的方法不可用的情况下才使用的方法。

2. 实际进度与计划进度的比较

在项目进度控制过程中，要经常将实际进度和计划进度相比较，以发现进度偏差并及时采取措施纠偏，实际进度与计划进度比较的方法有横道图比较法、S形曲线比较法、香蕉曲线比较法和网络图前锋线比较法。

3. 进度执行情况的评价

在总承包项目中进度执行情况的评价是经常性的一种动态控制技术工作。在评价中，除了应用前面的以工作量为标准的比较评价标准外，还应用了对进度/费用综合控制的赢得值技术。

赢得值技术在现阶段的项目管理中已发展为一门学科，并且衍生出了相关的概念，这是国际工程项目管理的趋势。为了能更好地理解这项有着综合意义的技术，下面在论述赢得工时这一进度指标时也会论述赢得费用等概念。

1)对进度/费用控制状态评价的第一步是计算评价日已完成工作的赢得值。一项工作的赢得值计算式如下：

$$赢得值=完成百分比\times预算费用$$

$$完成百分比=赢得工时/预算工时=赢得费用/预算费用$$

式中，赢得值计算是对截止到评价日所完成工作的统计；预算工时或费用代表已经计划好的工作量所要花费的截止到评价日实际工时或费用，代表那些实际付过款的工作量所用工时或费用。

2)执行中的检查如下：比较预算工时和赢得工时，如果后者超过前者，那么进度拖延需要加快进度；比较预算费用和实际费用，如果后者超过前者就表示付款付超了。

(四)进度计划的预测

1. 预测的内容

1)对于还没有开始的工作预测其开工时间。

2)对于已经开始但还没有完成的工作预测其完成工期。

3)预测整个项目的完成日期。

4)基于项目未完成工作量预测资源的需求。

5)对于那些未按计划执行的工作，预测其延误对项目进度计划造成的影响。

2.预测方法

进度计划的预测是利用进度计划跟踪中所收集的有关项目实际进度资料及绘制的相关进度曲线，采取如下方法对上述内容进行预测：

1)采取工效分析和与执行人员讨论相结合的方法，对已经开始的工作预测其完成日期。工效分析法，就是用实际完成工作的百分比除以耗用在该工作上的预算工时百分比，所得出的工效系数来预测该工作的计划完成日期能否保证。如上述系数小于1，则该项工作有可能不能按计划完成；如大于1，则该项工作有可能提前完成。之所以要与有关执行人员讨论，就是要找出工效系数小于或大于1的原因，以便做出较为准确的预测。

2)采取网络分析及与执行人员讨论的方法，对还未开始的工作预测其开始日期。与有关执行人员讨论的目的是要确认实现该日期的可能性。

3)预测延误工作对整个项目的完成日期的影响及项目的完成日期，可采取网络分析和进度曲线趋势分析相结合的办法。

4)根据动态的赢得值计算，可以对项目的完成日期进行预测。

(五)阶段及整体计划进度报告

在总承包项目的实施过程中，根据合同要求，总承包人会定期报送业主、业主代表或工程师关于阶段或整体的进度报告完备的进度报告，包括项目进度的分析趋势及预测。

1.项目进行情况分析

总体分析陈述此阶段所完成总承包项目的项目任务，主要是文字陈述；设计施工各项进度分析主要是进度的统计表和统计图分析并附以文字说明。

2.项目进展趋势

设计、施工各项的进度和计划进度比较，通过加权方法来统计项目整体的趋势。

3.项目预计结果

预测设计施工各项的进展情况和完成日期。

二、成本管理

工程项目的成本管理是承包人在项目的形成过程中，对生产经营和管理所消耗的人力资源、物质资源和费用开支进行指导监督调节和限制，及时纠正偏差。

工程总承包项目大都采用总价合同，承包人承担了成本上的风险。搞好成本管理，防止项目失控是承包人又一项重要的工作。

(一)制定项目的目标成本

1)制定项目目标成本应遵循以下几点基本原则，即成本最低化原则，既要求制定目标成本，又要求成本最低化；全面成本管理原则；成本责任制原则。

2)项目目标成本制定的程序

(1)以施工图为依据，根据合同要求的质量进度、依据概预算，对施工项目成本进行计算。

(2)根据合同价格计算施工项目成本，并与预算成本对比。

(3)根据目标利润提出的项目成本要求,确定成本降低额和降低率。

(4)根据以上情况确定项目的目标成本。

(二)目标成本的分解与确立

项目施工是由多个部门和各个层次的人员相互协调合作来共同完成的项目,目标成本能否实现取决于施工质量、进度、安全、技术和工序合理安排等多方面的因素。

目标成本的分解在横向和纵向两个方面同时进行。目标成本控制是把分解的目标成本落实到每个最小的可控制的单位甚至个人,是目标成本管理的前提条件。

具体做法:根据项目成本目标、工程进度计划对预算中各项指标进行分解,授权相关人员及部门对质量、成本、进度进行事前控制,即合理安排工期、合理利用资金、合理降低成本和保证工程质量。

(三)实施项目的目标成本

各方面分工协作,努力实现目标,其中心环节是建立严格的经济责任制,实现自我控制。因此在实施阶段要做以下工作:

1)根据不同情况签订目标责任状或合同,并由各责任人提出保证目标成本计划完成的具体措施,确保责任目标的完成。

2)根据签订的责任状,每个部门及每个工种的负责人对本部门成本进行全面控制。

3)技术负责人对整个项目的施工质量、成本、进度负责,并把责任划分到每个现场施工管理人员,现场施工管理人员对本人所辖单项工程质量、成本、进度负责。

(四)检查项目的目标成本

项目经理负责全面监督检查,安排人员考察目标成本的执行情况,并及时编制书面报告,说明目标成本的实现情况反映其中存在的问题。这个阶段是目标成本管理控制体系中的重要环节,目标成本计划的实施是否落实必须通过检查才能了解,同时也是成本分析评价考核的依据。

(五)分析项目的目标成本

根据检查报告的具体情况,项目部组织考核评比,做到及时反馈修改,调整目标成本。在这个阶段从以下几个方面进行处理:

1)对检查报告中的内容进行分析,并编制月成本控制曲线图,了解成本变化情况,分析成本偏差。

2)分析成本偏差产生的原因,提出改进的方案;另一方面,根据分析的原因和评议结果,结合责任状进行奖惩。

3)根据以上分析情况进行目标成本管理控制的计划调整。

三、质量管理

工程质量是项目管理的重要目标之一,它综合反映了项目组织的工作业绩,总承包单位的施工管理水平。

(一)选择一流的分包施工队伍

作为总承包人分包队伍的选择是能否搞好工程的关键。选择分包队伍的原则是:一分钱一分货,决不贪图便宜而使用不称职的分包队伍。对于不合格的工程决不姑息,该返工的返工,该修补的修补,直到工程合格为止。

(二)执行施工技术交底制度

在施工过程中,施工人员必须严格按施工技术交底的要求和操作程序进行施工,管理人员依据施工技术对工程进行施工指导、技术监督和质量检查,无施工技术交底的不准施工。保证了施工人员管理人员有法可依,有据可查。

(三)材料设备申报认可制度

建筑材料及设备的质量直接影响到工程质量,同时还涉及与业主合同的履行情况,因此,施工前必须要对所使用的建筑材料和设备生产厂家进行认真的调查和筛选工作。在满足设计要求的前提下,选择质量上乘、价格合理、服务周到的厂家。对工程质量影响较大的重要材料和设备,会同业主对生产厂家进行考察选定的材料设备,再填写材料订货申报单,并经业主审核认可后才能在工程中使用,这样从材料设备本身保证了工程质量。

(四)先样板后施工的原则

在施工过程中严格执行样板制度。在每一分项工程施工前,要求施工队伍进行样板施工,符合工程施工验收要求后,组织施工人员进行学习,并掌握其施工方法。通过这样实物的技术质量交底后,即统一质量验收标准,又统一了施工工艺和细部做法,这样可以防止不合格施工而造成大面积的返工。

四、安全管理

做到进度、质量、费用和安全得到有效的控制,是工程总承包单位的最终目标。如果安全管理失去控制,就谈不上工程进度、费用和质量的控制。因此安全管理不仅是施工分包单位的头等大事,也是总承包单位的首要任务。

1.建立安全管理组织机构

建立健全以总承包项目经理为首的项目安全管理组织机构,有组织、有计划、有层次地开展项目的安全管理活动。在实际操作中,实行安全管理一票否决的做法,即安全经理及安全管理人员,如发现在施工活动中有安全事故发生的隐患存在,便可以立即下达停工令,直至消除了安全事故隐患并经确认后,方可重新开展施工活动。

2.落实责任制

项目建设的全体人员承担保证安全生产的责任,严格执行有关的安全管理规定。从项目经理到具体的施工人员,要求做到管理手段纵向到底,一环不漏;各职能部门人员的安全生产责任制,做到横向到边,纵向到底,层层把关,人人负责。

3. 人员安全教育培训

项目安全机构组织对参与项目的全体人员进行系统的安全教育和培训，使全体人员的安全意识得到提高。

4. 安全监督检查

施工现场的安全检查是发现不安全行为和不安全状态的重要途径，是消除事故隐患，落实整改措施，防止事故发生，改善施工条件的重要方法。

五、合同管理

（一）总承包合同的构建

合同的内容一般包括从工程设计到交付使用的工程建设全过程，包括勘察设计、施工、竣工验收、交付使用等内容。具体包括双方权利义务、合同期限、工程配套费、质量验收、合同变更、风险、保险、工程保修、分包规定、索赔和争议处理、违约责任等。

1. 双方当事人的义务

1）发包方一般应当承担以下义务：按照约定向承包人支付工程款；向承包方提供现场；协助承包方申请有关许可、执照和批准；如果发包方单方要求终止合同后，没有承包人的同意，在一定时期内不得重新开始实施该工程。

2）承包人一般应当承担以下义务：完成满足发包人要求的工程以及相关的工作；提供履约保证；负责工程的协调与恰当实施；按照发包人的要求终止合同。

2. 合同履行期限

合同应当明确规定交工的时间，同时也应对各阶段的工作期限做出明确规定合同价款这一部分的内容应规定合同价款的计算方式、结算方式以及价款的支付期限等。

3. 工程配套费

1）总承包服务费。总承包服务费在《计价暂行办法》第六条中已作了规定，即“总承包服务费是指配套管理费”，是指按国家规定准予分包的工程，其“投标人配合协调招标人工程分包的配合施工所发生的费用”。具体包括以下内容：施工图纸会审交底；相关单位及周边环境的协调管理；相关施工项目的衔接协调、隐蔽工程及疑难问题的研究处理；分部分项工程质量的相关活动及竣工验收；技术经济资料的归口管理等一系列由施工到竣工验收过程中招标人与分包人的工作都必须有总包单位参加协调管理。

2）总包单位向分包单位收取的工程配套费包括以下内容：利用总包单位的脚手架、施工及生活用水用电、垂直运输机械的利用、因分包单位施工所引起的结构表面修补、临时设施的使用以及建筑垃圾的清理外运等。

3）配套费的支付标准。配套费的标准应根据配套内容、范围由双方根据以下费率标准在合同中予以明确。参考标准按定额计价的以直接工程费为计算基础，按工程量清单计价的列入其他项目清单内计算，其费率：总承包服务费 1％～3％；总包与分包之间的配套费 2％～3％。

4. 工程质量与验收

合同应当明确规定对工程质量的要求，对工程质量的验收方法、验收时间及确认方式。工程质量检验的重点应当是竣工检验，通过竣工检验后发包人可以接收工程。

5. 合同的变更

工程建设的特点决定了合同在履行中往往会出现一些事先没有估计到的情况。一般在合同期限内的任何时间，发包人代表可以通过发布或者要求承包人递交建议书的方式提出变更。如果承包人认为这种变更是有价值的，也可以在任何时候向发包人代表提交此类建议书。批准权在发包人。

6. 风险、责任和保险

承包人应当保障和保护发包人、发包人代表以及雇员免遭由工程导致的一切索赔、损害和开支。应由发包人承担的风险也应做出明确的规定。合同对保险的办理、保险事故的护理等都应做出明确的规定。

7. 工程保修

合同按国家的规定写明保修项目、内容、范围、期限及保修金额和支付办对设计、分包方的规定。

8. 对设计、分包方的规定

承包人进行并负责工程的设计，设计应当由合格的设计人员进行。承包人还应当编制足够详细的施工文件，编制和提交竣工图纸、操作和维修手册。承包人应对所有分包方遵守合同的全部规定负责，任何分包方、分包方的代理人或者雇员的行为或者违约，完全视为承包人自己的行为或者违约，并负全部责任。

9. 索赔和争议的处理

合同应明确索赔的程序和争议的处理方式。对争议的处理，一般应以仲裁作为解决的最终方式。

10. 违约责任

合同应明确双方的违约责任，包括发包人不按时支付合同款的责任，超越合同规定干预承包人工作的责任，承包人不能按合同约定的期限和质量完成工作的责任等。

(二)总承包合同管理

工程总承包企业按照合同约定对工程项目的质量、工期、造价等向业主负责。工程总承包企业可依法将所承包工程中的部分工作发包给具有相应资质的分包企业；分包企业按照分包合同的约定对总承包企业负责。

在工程建设中，加强合同管理是争取企业经济效益的最佳途径。在市场竞争日趋激烈的当今，以及投资结构的多元化，使工程建设合同利润逐渐减少，而合同风险增大，合同条件日趋苛刻。不正确认识这些客观条件的变化，放松工程建设施工过程中的合同管理，就很难取得工程盈利，甚至造成工程亏损。

1. 建立合同实施的保证体系

1)首先要作合同交底,分解合同责任,实行目标管理

在总承包合同签订后,具体的执行者是项目部人员。项目部从项目经理、项目班子成员、项目中层到项目各部门管理人员都应该认真学习合同各条款,对合同进行分析、分解。项目经理、主管经理要向项目各部门负责人进行"合同交底",对合同的主要内容及存在的风险做出解释和说明,项目各部门负责人要向本部门管理人员进行较详细的"合同交底",实行目标管理。

2)建立合同管理的工作程序

在工程实施过程中要协调好各方面关系,使总承包合同的实施工作程序化、规范化。一方面建立定期或不定期的协调会制度;另一方面,对于一些经常性的工作应订立工作程序,使管理人员有章可循,也就不必进行经常性的解释和指导。

3)建立文档系统

项目上要设专职或兼职的合同管理人员。合同管理人员负责各种合同资料和相关工程资料的收集、整理和保存。建立这些文档与对这些文档进行管理对日后工程的索赔与反索赔有着重要的意义。

4)建立报告和行文制度

总承包人和业主、监理工程师、分包商之间的沟通都应该以书面形式进行,或以书面形式为最终依据。这既是合同的要求,也是经济法律的要求,更是工程管理的需要。这些内容包括:定期的工程实施报告,如每月的工作量报表;在工程过程中发生的特殊情况及其处理的书面文件,如工程环境的突然变化,不可预测的地质条件以及其他情况等,这些都必须有监理工程师及总承包方的签署和认可。对在工程中合同双方的任何协商、意见、请示、指示都应落实在纸上,使工程活动有依有据。

2. 加强合同实施过程控制

1)对工程目标进行强有力的控制。总承包合同定义整个工程建设的总目标,这个目标经分解后落实到各个分包商等,这样就形成了目标体系。

作为总承包人的合同控制,不仅是针对与业主之间的总承包合同,而且包括与总承包合同相关的其他合同,如分包合同、采购合同等,也包括这些合同间的协调控制。尤其在目前的总承包模式不尽完善的情况下,沟通和协调这之间的关系变得尤为重要。

2)对合同实施进行跟踪和监督。在工程进行的过程中,由于实际情况千变万化,导致合同实施与预定目标发生偏离,这就需要对合同实施进行跟踪,要不断找出偏差,调整合同实施。

3)对合同实施过程加强信息管理。随着现代工程建设项目规模的不断扩大,工程难度与质量要求不断提高,而利润含量却不断降低,工程管理的复杂程度和难度也越来越大。因此,要加强合同实施过程的信息管理,必须从三方面着手:一是明确信息流通的路径;二是建立项目计算机信息管理系统,对有关信息进行链接,做到资源共享,加快信息的流速,降低项目管理费用;三是加强对业主、监理、分包商等的信息管理,对信息发出的内容和时间有对方的签字,对对方信息的流入更要及时处理。

3. 合同变更管理

合同内容的频繁变更是工程合同的特点之一。一般是总承包合同或分包合同的变更,分包合同的变更比总承包合同变更更频繁。这是因为总承包合同往往采用固定总价合同，而分包合同采用的形式多样，有单价合同和固定总价合同等。

在合同变更中，量最大、最频繁的是工程变更，它在工程索赔中所占的份额也最大。这些变更最终都是通过各分包商体现出来。对工程变更的责任分析是工程变更起因与工程变更问题处理，是确定索赔与反索赔重要的直接依据。

4.合同实施的索赔与反索赔管理

总承包人一方面要根据合同条件的变化，向业主提出索赔的要求，减少工程损失；另一方面利用分包合同中的有关条款，对分包商提出的索赔进行合理合法的分析，可能地减少分包商提出的索赔。对由于分包商自身原因拖延工期、不可弥补的质量缺陷及安全责任事故要按合同罚则进行反索赔。在索赔管理中要注意一种现象，分包商在投标时为了获得工程，往往有意压低报价，中标后又期望通过索赔进行弥补。对这类情况要作仔细分析。

(三)分包合同的构建与管理

分承包人对项目成败有重大影响。分包合同构建与管理的成功与否直接影响总承包合同的实施。为此，必须做好以下几点：

1.分承包人的选择

分承包人采用招标方式确定。对招标文件的技术部分必须请专业人员认真编写，多次与投标单位谈话摸底，反复修改确定技术参数、性能指标、承包范围等，最后由总工程师审查批准方可定稿。

2.设备采购管理和设备质量管理

设备采购是合同管理的重要工作，其直接关系到项目建设的成败和投运后运行、维护成本。由于合同采用固定不变价，设备供应商在满足合同技术要求的情况下，会尽可能供应低价设备以获取最大利润。因此，在满足技术要求的条件下，必须要求现场管理人员做到设备到货验收，厂家试车保驾，质保期免费维修或更换。设备安装单位要制定安装实施方案，包括安装时间进度计划、人员安排、措施对策、应急预案等。从而确保设备及安装工程质量。

3.控制合同费用，建立付款审批制度

费用控制是对合同最有效的控制手段，适度的费用控制会有效把握合同实施的主动权。合同谈判时应根据总包合同的合同实施计划，测算出合同费用使用情况，在考虑分包商垫资的情况下，作为分包合同费用支付的谈判底线。

在合同执行过程中，严格按合同规定进行费用管理，任何提前支付和拖延支付费用的做法都会影响到项目利益，甚至造成合同失控。费用控制是一把双刃剑，控制不严会失去对项目的控制，合同就成为一张废纸；控制过度会使总承包人负担过重，影响工程项目的进度和质量。

(四)总承包人的合同风险与对策

构建总承包合同时还必须考虑到合同风险。在现代工程中，业主喜欢采用总承包合同形式，因为工程中双方结算方式较为简单，比较省事。合同的执行中，承包人的索赔机会较少，但这种合同承包人承担了全部风险，报价中不可预见风险费用较高。因此，承包人报价的确定必须考虑施工期间物价变化以及工程量变化带来的影响。

DB总承包是目前国际工程建设发包通行的一种模式，也是我国正在大力推行的建筑工程承包方式。DB总承包包括设计和施工两阶段的工作，比起通常单一的施工承包，承包人担负的工作内容和责任都更多、更大，需要和业主沟通和协调的事项也更多、更复杂，因此正确分析该模式下承包人的合同风险及应对之策，对承包人顺利进行工程建设意义重大。

1. DB合同的法律风险

1)承包范围和建设标准不确定的风险

在签订合同时是没有施工图纸的，只是有些方案图、效果图，工程量和材料标准都是不确定的，必须在后续的设计过程中经双方讨论协商后确定，往往承包人最后施工的范围与标准和双方最初签约时估计的会发生很大变更，因此承包人在签订交钥匙总承包合同时必然就面对承包范围和建设标准变化的风险。

2)设计工期风险

DB总承包模式中，提供设计图纸的责任主体变成了承包人，承包人因此失去了对抗业主的一个有利武器，而且业主常常会以“设计施工是一家，设计和施工的沟通和衔接应由承包人自己消化解决”为由在合同谈判时对工期提出更苛刻要求，因此承包人承担的工期压力会更大。同时，随着设计的深入，业主会对图纸不断提出修改意见，并且图纸还要通过政府相关部门的审核，通常这个责任也在承包人，工期通常都会延长。因此如何在合同签订和履行中适当分散自己的工期风险，对承包人来说是十分重要的。

2. 防范措施

1)避免签署固定总价合同，尽量争取签署固定单价合同或可调价合同。首先，承包人一定要避免签订固定总价合同，尽量争取签订固定单价合同或可调价合同；其次，如果一定要签订固定总价合同，那么在报价时一定要做好前期的估算询价工作，报价应尽量细致，列项宜多宜详尽，在保持总价适中的前提下，工程量多留富裕量，单价按低标准报(最好能列明主材品牌)，并将报价单作为合同的一部分，这样如果日后业主确定的建设标准超出报价中的单价，承包人就可以据此提出变更，增加造价。

2)施工前一定要明确承包范围和施工标准。承包人在完成设计工作后，要将设计图纸和工程量清单报给业主，除非业主签署同意，否则不得开始施工。但如果有业主签署同意施工的图纸或是工程量清单，那么审核工程量时增加的部分才能有凭有据。

3)仅固定施工工期，而设计工期仅作为参考依据，不作为业主索赔依据。对于合同工期风险，建议承包人在谈判时将设计和施工分开，分别列工期进行谈判，而且仅仅固定施工工期，设计工期仅作为参考依据，不作为业主索赔依据。

4)做好工程量和工期签证，维护好自己的权益。在图纸和工程量清单确认后，承包人一定要注意按照合同约定做好签证工作，包括工期签证和工程量变更签证，以免法院以没有签证而不予认定工程量变更和工期顺延，维护好自己的权益。

第六节　108 国道改建工程总承包项目管理的思考

一、108 国道改建工程项目管理情况

108 国道(南村—石门营段)改建工程地处北京市门头沟区，是国道 108 线(北京—昆明)北京境内的一部分。本项目起点为潭柘寺，跨越潭柘寺处现况 108 国道向东，新建潭柘寺隧道，在西峰寺疗养院南侧出隧道后上下行线位分离，在北京煤炭研究所南侧山体新建岢萝坨隧道，出岢萝坨隧道后线位提前合并，以整体式路基的形式向下穿越岢萝坨处现况 108 国道，沿门头沟南侧山体布线，经小园南侧向东与 108 国道(石门营—六环路)相接，道路全长约 6.99km。

本项目按山岭重丘区一级公路标准设计，设计行车速度为 60km/h；道路整体式横断面路基全宽 23m，分离式横断面路基全宽 11.25m，机动车道两上两下，占用土地 581.88 亩。全线有分离式立交 924m/5 座，互通式立交 3 座，汽车式通道 1 座，小桥 204.5m/5 座，涵洞工程 31 座(主涵)，隧道工程 3 145m/4 座，防护工程 11.691 9 万 m^2，路基挖方 37.36 万 m^3，路基填方 77.89 万 m^3、路面工程 16.9 万 m^2。

(一)承揽 DB 总承包项目阶段

此次北京市公路桥梁建设集团有限公司承揽 108 国道改建工程项目采用的是 DB 总承包模式 3，即承包人在初步设计的基础上进行施工图设计，进行施工。

此模式减少了承包人的风险，这对承包人来说无疑是有利的。但是，承包人只是被动地完成业主尚未完成的设计，不利于实力强的承包人发挥其技术实力，业主得到的技术方案也不一定是最好的。

1. 招标文件存在的问题

1)第 20.5 条承包人应承担的设计施工总承包风险中关于“第(2)条款：现场地质和水文情况与业主提供的参考资料不一致可能导致的费用增加，包括施工图定测等地质勘察工作所需的费用等；第(3)条款：由于初步设计文件的错漏、设计失误与不周引起的变更。”

2)第 42.2 条“本项目征地拆迁手续尚未完成，承包人应在投标报价和工期安排中充分考虑此风险。”

前面的条款属于无效条款，它与“建筑工程合同法”相违背，这些风险属于业主风险。

3)第 51.1 条“由于初步设计错漏、施工图设计深度不足以及设计质量问题引发的变更，以及工程施工过程中非本款原因造成的其他施工图设计变更，由此增加的费用均由承包人自行承担，业主不予支付”不合适，“初步设计错漏”属于业主责任，由此增加的费用应由业主承担。

4)第 56.1 条“原条款修改为：(1)勘察设计费的支付：承包人提交按照上级交通主管部门施工图审查意见修改的施工图设计图纸 30 日内，支付勘察、设计费用的 70%，路基工程(含桥涵、交叉、隧道工程)交工验收后 15 天内支付至勘察、设计费的 90%；交通工程交工验收后 15 天内支付剩余的勘察、设计费”在招标文件中规定不合适。

“承包人提交按照上级交通主管部门施工图审查意见修改的施工图设计图纸30日内，支付勘察、设计费用的70%”对联合体中施工方不平等。

2. 北京市公路桥梁建设集团有限公司的工作

在工程的投标阶段，北京市公路桥梁建设集团有限公司为了承揽该工程，掌握了业主的要求，以北京市政工程设计总院在隧道方面的设计优势为突破点进行决策研究，最后达成了勘察、设计、施工三方作为联合体，以北京市公路桥梁建设集团有限公司为主进行竞标。

(二)施工前阶段

中标后，项目管理公司对108国道改建工程项目的组织管理构架进行了设计，如图6-39所示。

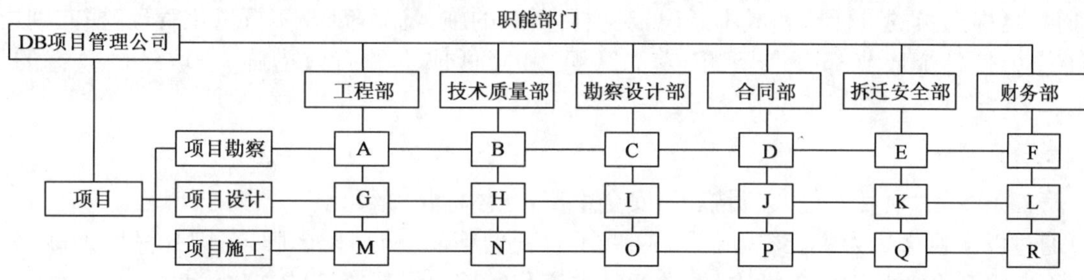

图6-39 108国道改建项目管理组织构架图

“项目部”是工程总承包企业为履行项目合同而临时组建的项目管理组织机构，在工程总承包企业有关部门的支持下由项目经理负责组建。“项目部”在项目经理领导下负责工程总承包项目的勘察、设计、施工管理，对各个工作环节进行计划、组织实施、控制及收尾工作。“项目部”是一次性组织，随着项目的启动而建立，随着项目结束而解散。“项目部”从履行项目合同的角度对工程总承包项目实行全过程的管理；工程总承包企业的职能部门按企业职能分工规定，对项目实施全过程负责支持，构成项目实施的矩阵式管理。“项目部”的主要成员，如设计经理、采购经理、施工经理、试运行经理和财务经理等，分别接受项目经理和职能部门负责人的双重领导，分别向项目经理和职能部门负责人报告工作。

(三)施工阶段

在施工中更加重视项目管理，不断创造出新经验。比较集中而鲜明的表述就是“三位一体”的新概括，即“过程精品、标价分离、项目文化”的管理方式。它可以用三条线来形象地表述。

1. 过程精品

第一条线是“过程精品，动态管理，节点考核，严格奖罚”的质量线。

过程管理的核心是把过程作为质量的主战场，强调上道工序必须保证下道工序的质量，每个环节的质量必须保证整体的质量。

所谓“过程精品”指的是在工程项目的整个建设过程中，做到把精品意识落实在过程控制之中，依靠每一道工序的高品质，每一位员工岗位工作的高品质，使施工的每一个环节都做到精益求精，每一个过程都力求完美，从而让业主真正满意放心。

所谓动态管理，就是对人、财、物、时间从计划、实际角度进行全方位实现动态预测、控制和快速调整。资源的配置在过程中发生，价值的增值在过程中实现，管理水平的提升在过程中提升。管理就是要用系统的观点，系统的方法对过程进行优化，只有在过程之中既开花又结果，才能把基础管理的工作落到实处。

2. 标价分离

第二条线是“标价分离，分层负责，精耕细作，集约增效”的成本线。

所谓标价分离，就是企业的中标价与项目经理部成本价格相分离，项目预算以“标价分离”为基础，严格控制项目成本费用。

所谓分层负责就是将目标成本分解，明确项目各级管理人员的目标、义务、责任及利益，精打细算，增强全员的责任感和成本意识，对项目所有的施工流程都要实行量化管理，横向到边，纵向到底，使各个环节都有严格的“成本意识”和降低成本的有效措施，争取经济效益的最大化。

3. 项目文化

第三条线是“项目文化，文明施工，安全生产，立体标化”形象线。

通过以项目文化为主旋律，成功地实践了工程创精品，精品树名牌，名牌托品牌的战略思想。不断提升企业品牌的市场内涵，在竞争中充分发挥出无形资产的文化优势。

4. 项目管理信息化

以信息管理为特征的集成管理化管理，是管理方式的重大变革，其实质是推动企业利润中心和项目成本中心的“两心合一”的方向转变，实现这一跨越的手段就是先进的信息管理手段。

先进的信息管理手段完全可以打破企业总部与工程项目之间在地理空间上的错位问题，能够对千里之外的工程项目进行全过程的服务和调控，使项目在公司总部和现场之间有效执行。有人称之为这是“两心变一心、异地零公里”，实现了项目管理水平的新跨越。

二、本案例对我国开展DB总承包制度的启示

通过工程总承包和建设项目管理工作的实践，使国内学到了许多国内外先进的管理方法，提高了工程项目管理的水平和管理艺术，同时又培养出了大批懂业务、会管理、了解国际惯例(如FIDCI合同条款)的建设项目经营管理人才，为我国建筑企业的不断壮大，参与国际市场竞争创造了条件。同时通过工程总承包，在很大程度上能够改变以前项目投资上存在的在工期和投资大大超过预算的情况，这在另一个侧面也说明开展工程总承包市场需求巨大。

1)大型施工企业开展DB工程总承包是完全可行的。通过实践，我们可以看到总承包是对施工的延伸与拓展，施工企业在自己所熟悉的行业内开展建设项目总承包工作是完全有把握的，是确实可行的，可使工程建设质量、建设周期和投资效果更加有保证。

施工企业在开展DB总承包上最大的优势在于成型技术和综合管理上的优势，而设计是决定项目建造成本的关键因素，将勘察、设计等技术集中到一起之后，更能促使其发挥设计与施工的优势。通过设计与施工的互动，不断技术创新和优化设计，实现降低造价、缩短工期、技术创新等DB制度成果。

2)企业开展DB工程总承包关键在于对项目全过程掌控、整合能力的提高。DB工程总承包最本质的因素在于实现了设计和施工的统一,从而产生了一系列的制度优势,但是DB模式以及工程总承包模式最关键、最困难的地方也在于如何实现对这两个职能的真正统一。对设计企业来说,在工程设计上面具有强大的优势,而如何实现对项目的全过程掌控和整合,尤其是对建造施工阶段的控制则是项目工程的关键和挑战。因此无论是以项目为导向的矩阵式组织架构,对技术协调的高度重视,还是复合性人才的培养,成都建筑材料工业设计研究院为我们提供了良好的实践和宝贵的经验。

DB模式的开展除了需要理论上的探索之外,在中国目前的国情下更需要的可能是根据具体的实现环境进行实践探索。国内企业要在学习国外的先进理论经验和把握DB模式实质的基础上,根据自身情况进行工程总承包的探索和实践。

如果我们的政府部门和专家学者能够深入企业,进行实事求是、一个案例接一个案例(Case by Case)的研究,以市场为导向为企业开展工程总承包提供支持,那么我国的工程总承包的开展必然能够真正获得成功。

第七节　施工企业成为总承包企业模式的探讨

一、总承包企业的市场定位

当前工程总承包模式在实践中存在着较多问题,并影响着它的运作效率和工程项目的建设效益。为解决这些问题,重点分析当前模式存在问题的根源,并在分析建筑业特性的基础上重新明确施工总承包企业的市场定位。

(一)我国建筑业的发展方向

结合我国建筑业的特点,"十五"期间建筑业企业结构改革调整后逐步建立了有效分层竞争的三层次企业结构。三层次企业结构的规模形态为大型、中型、小型企业;服务形态为总承包、专业承包、分包和劳务分包;组织形态是管理密集型、技术密集型、劳动密集型;三层次结构的市场行为是企业通过总包、承包、分包体系既分工协作,又进行有序、有效的分层竞争。

1.从市场结构分析

建筑市场的三层次企业结构模式,体现了规模经济与竞争兼容的垄断竞争型市场结构。中国的建筑市场正逐步发展成由一些生产集中度和市场占有率很高的建筑业大型企业或集团占垄断地位,成为建筑业的寡头,这些企业都是具有突出实力的企业。在这些企业集团的带动下形成大中小企业,按照一定的价格行为将趋向正常合理化,在价格竞争存在的同时,企业间非价格竞争将呈现多样化,如技术进步、技术创新、管理创新等,将成为企业间竞争的主要手段。从而促使企业进入以追求工程质量和服务为目标的良性有序、有效的竞争。

2.从市场行为分析

建筑市场的三层次企业结构模式,是逐步形成大、中型企业数量比例较小,小企业比例很大的塔型结构。以大型企业为核心,中、小型企业专业化分工协作的分层竞争结构。形成专业化竞争，而不是大、中、小企业不分层次的无序竞争。大型企业以管理、技术、资金为经营基础，形成管理密集型企业，重点做总承包角色；而中型企业要向特色化、专业化、精细化发展，形成技术密集型企业，经营方式主要围绕大型企业或集团，在专业承包层次上展开竞争；小型企业主要是专业分包和劳务分包，经营方式是围绕中型企业，形成劳动密集型企业。

(二)我国总承包模式存在问题的根源分析

建筑市场的有效运作有赖于两个方面，一是完善的竞争机制(即招标投标制)，通过竞争机制选择优秀的施工承包人；二是项目实施阶段基于各方利益之上的内在约束机制，以此来促进承包人自律、维护业主的项目利益。然而，当前模式并没有把竞争机制建立在后期项目实施阶段的有效约束与控制之上，结果导致承包人在利润的驱动下，往往采取诸多不规范行为来降低施工投入成本。

而业主为了维护其项目利益一方面促使了建设监理的职能转变，加强对现场的干预力度；另一方面，还促使不少业主在招投标阶段采取不利于公平竞争的行为(如明招暗定的招标策略)来选择信得过的承包人，这无疑更加混乱了建设市场竞争秩序。

1)项目实施阶段缺乏有效的内在约束机制，以及业主与承包人的权利配置不均衡。这主要体现为以造价包干为主的承发包方式。因为总造价包干的发包方式在无形中赋予了承包人较大的总造价控制权，即承包人具有较大的能动性来决定施工投入成本和自身利润的比例。在利润的驱动下，承包人为谋取期望或更高利润，往往不合理降低施工投入成本。

其次，以总造价包干为基础的施工总承包模式，无法避免承包人最终利润与项目建设效益之间存在的反向互动关系。固然，总造价包干的发包方式有利于业主控制投资，但工程项目的质量目标、安全目标以及进度目标就失去了保障，因为这种情况下追逐利润的承包人要获取更高的利润只能通过以下途径：一是偷工减料，减少工程直接成本的支出；二是减少安全措施费用的支出，这显然增加了施工过程中的不安全因素，近几年逐年上升的建筑工程安全事故大都与此有关；三是采取不法手段企图增加工程费用，如行贿业主方工作人员等。

另外，以总造价包干为主的施工总承包模式不能促进承包人自律。在利润的驱动下，承包人不规范行为迭出不穷，甚至利用信息不对称与监督者玩起“捉迷藏”游戏。总而言之，以总造价为包干为主的施工总承包模式固然有利于业主的投资控制，但不利于工程项目的质量、安全、进度等目标的实现。

2)业主降低工程造价、维护项目利益的内在需求。伴随着投资主体的多元化，业主降低工程造价、提高建设效益的愿望越来越强，这与当前施工总承包模式下层层分包的承包体系相抵触。工程项目建设耗资巨大，业主作为工程建设项目的投资者和一般消费者一样渴望“物美价廉”，在确保工程项目质量的前提下有着降低工程造价，提高项目建设效益的强烈愿望。

近几年来工程技术进步和分工所带来的生产率逐步提高，虽然降低了项目的直接成本，但层层分包、转包的承包体系使一个项目养活了众多组织和一大帮人。这大大增加了工程建设项目的间接成本，同时利润的层层分成也增大了工程造价。而有的业主为了降低工程造价，往往煞费心机直接分包，结果导致了实施过程中的不协调现象。

另一方面，业主为了降低工程造价，往往在项目实施过程中加大对现场的干预力度，要求承包人采用他们认同的方式组织施工或要求承包人使用某种工程材料，这大大影响了施工承包人的自主施工权，并且很容易造成责任纠纷。

(三)总承包企业的市场定位

1)从建筑产品的形成过程来看，业主作为产品的需求者和投资者承担了工程项目的前期策划与可行性研究工作，并在立项后委托设计、勘察单位完成工程项目的设计工作，然后通过招投标活动选择优秀的承包人，由其完成工程项目的建造活动。

由此可知，在建筑产品的整个形成过程中，业主才是真正的组织者，由其组织各方力量完成建筑产品链中的各个环节；相比较而言，承包人则是施工阶段的组织者和实施者，它组织各方力量完成工程项目的建造活动。因此，承包人承担的仅是建筑产品链中的“生产”环节，这不同于一般产品的生产者。

而且，承包人作为市场主体得以存在的根本原因，在于它的服务职能，即按照既定业主的产品性能与质量要求，为其提供建造服务。因此业主与承包人之间的关系不是当前所认可的“产品交换关系”，而是服务与被服务关系，即承包人利用其建造能力在合同的约束下、按照业主既定的项目要求完成建筑产品的建造活动。

2)从建筑市场的供需角度而言，业主的建造需求(而不是对建筑产品的需求)才是建筑市场得以存在的基础，它是建筑市场之根源，并引导了供给市场的变化。与一般产品市场相比，建筑市场是一个面向既定业主建造需求的市场，离开了业主的这种建造需求，整个建筑市场供给市场将发生根本变化，施工承包人将不再是承包人了。

建筑市场中，业主选择的不只是建筑产品，还有明确性能与质量要求的建筑产品之建造能力。相应地，承包人提供的也不只是实实在在的建筑产品，而且还是建造能力，这是一种“以多少成本在既定时间内完成具有既定质量性能要求的建筑产品”的能力，承包人则因这种能力而获得相应的报酬。

综合以上分析可知，承包人是建造服务的提供者而不是建筑产品的提供者，它完成的只是整个建筑产品链中的生产环节，而且是利用业主建设资金者来组织建造活动，它应是建造服务的提供者，它与业主之间的交易对象是建造能力，承包发包活动本质上是选择能力的行为，而不是当前所认同的产品交换活动。承包人的这一市场定位将引起承发包活动质的变化，以及工程项目实施组织方式具体运作上的改变。

二、总承包企业组织体系

在总承包模式下，建筑企业的一般经营模式是“按图施工、建完就走”，把建筑企业组织等同于项目施工组织，企业层面的组织功能被虚化了。在工程总承包模式下，建筑企业的战略要素、管理范式和组织运行关键因素都发生了根本变革。根据组织理论和组织结构设计理论，本文提出基于矩阵结构的 MIE 总承包组织系统，其中 M 是指矩阵结构系统(Matrix Structure System)，I 是指信息中心系统(Information Center System)，E 是指专家支持系统(Experts Support System)。该模型是静态的结构框架(M)和动态的运行技术(E)构成的一个开放系统，通过智慧和技术支持平台以及知识导向的信息共享支持系统实现工程总承包企业项目系统和职能系统之间的协同效应。

(一)MIE 概念模型

世界上一切事物、现象和过程几乎都是有机的整体,几乎都是自成系统而又互成系统。根据系统工程的整体性方法论原则和企业组织理论演进的启示,提出工程总承包企业的组织模式概念图(Business Medel),对我们构建米 IE 模型提供了清晰的概念框架。

工程总承包企业组织模式如图 6-40 所示,是集成了三个子系统:第一个是战略机能子系统(Strategy Function System),简称 SFS;第二个是协调中心子系统(Coordinate Center System),简称 CCS;第三个是定制服务团队子系统(Special Service Group System),简称 SSGS。把工程总承包企业的整体业务系统在概念上分割为三个子模块是为了理论分析的方便,在实际运行中,三个子模块有机地融合在一起。

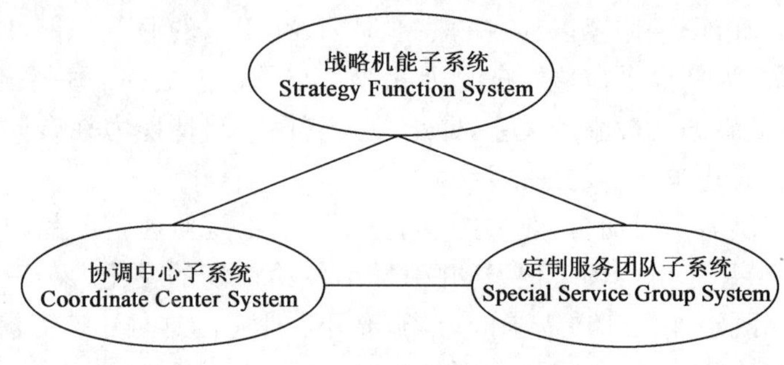

图 6-40　项目总承包企业组织概念图

(二)SFS 和 SSGS 的管理职能

工程总承包企业的运行中,CCS 模块的主要功能是市场开发和项目之间的协调。与国外的工程公司的 Office 机构相对应,没有独立的财务核算、人事任免等职能,作为一个协调组织存在。从建设项目的实施看,它是一个辅助性的组织机构,根据市场情况和 SFS 模块与 SSGS 模块之间在项目间协调的实际需要而设置的辅助系统。工程总承包企业核心组织子系统是 SFS 模块和 SSGS 模块。

SFS 模块的主要管理职能是企业战略管理和市场开发、投资融资和财务管理、专业技术研发、战略人力资源管理、专家中心建设等职能管理。主要任务是制定企业的宗旨、使命和组织目标;明确经营业务领域;优化企业组织结构;制定企业组织的运行规则;制定并组织实施项目管理系统和项目评价体系;协调模块之间以及项目之间的界面管理;为 SSGS 模块提供信息和知识服务;塑造以项目利益和企业成长并重的企业文化;构建 DB 和 EPC 项目管理体系等。主要通过评估和协调等管理手段提升企业的竞争能力,建立持续竞争优势。传统的管理重在控制输入,未来的管理重在评价输出,要对输出制定明确的量测标准和评估指标。

管理者根据对实施者完成目标情况的不断评价给实施者提出指导性的意见,并不断改进组织的知识环境。协调是把不同的组织及人的活动联系到一起的过程,组织协调的重要渠道是基于信息网络的沟通。

管理者根据对实施者完成目标情况的不断评价给实施者提出指导性的意见,并不断改进组织的知识环境。协调是把不同的组织及人的活动联系到一起的过程,组织协调的重要渠道

是基于信息网络的沟通。

SSGS模块的主要管理职能是完成项目实施工作。SSGS也是一个动态概念，随着工程进展不断修改调整，在整个工程设计与施工的全过程中，承担着直接组织实施的管理职能。检查现场执行情况，掌握目标完成的情况，以便及时发现问题，及时采取措施纠正，为分包商提供工程建设所需要的各项专业服务。SSGS模块的主要任务有：快速构造DB的实施组织；制定DB组织的运行规则；组织DB的投标及商签合同；进一步明确业主的需求；协助业主确定建设目标；执行项目管理规划；组织编制项目建设计划（包括费用计划、进度计划、质量控制计划等）；组织实施项日建设计划；实时地检查发现现场工作中的问题；为各成员单位提供指导意见；为各成员单位提供组织、管理、技术、经济信息和知识服务；为各成员单位提供系统支持；协调各成员单位的组织关系以及工作关系；组织协商解决DB组织内的争议；对整个工程建设的设计与施工任务全面负责组织、管理和协调等，如图6-41所示。

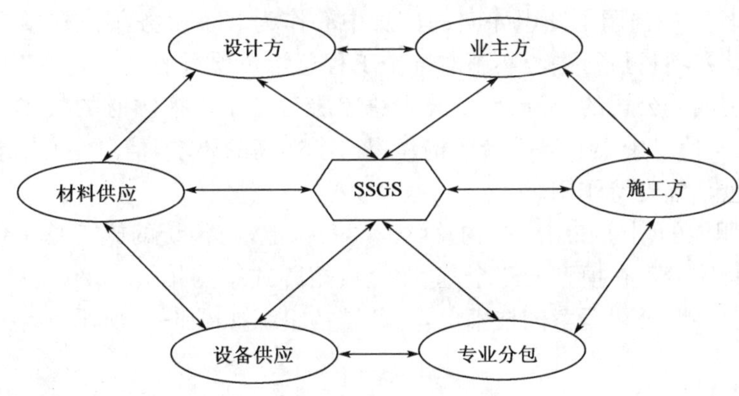

图6-41　SSGS组织定位图

（三）总承包企业MIE模型

工程总承包企业组织模式的基本结构由矩阵式结构子系统（Matrix Structure System）、信息中心子系统（Information Centre System）和专家支持中心子系统（Expert Support Centre System）组成，简称MIE模型。MIE模型通过智慧和技术支持平台以及知识导向的信息支持系统有效地发挥组织管理功能。MIE模型是静态的结构框架（M）和动态的运行技术（IE）构成的一个系统。

1. MIE模型特征

在MIE模型中，战略发展部直接属于总经理管辖下。战略发展部地位的提升有利于它更加有效地调动和协调公司的各种资源，制定更加符合公司实际情况的战略方针，有效发挥自身职能。

MIE模型中市场营销中心、采购中心、财务资金中心、人力资源中心、审计监察中心等各部门的划分有别于传统意义上的建筑业企业的职能划分，对于某些业务相关程度密切的部门，按照流程一体化和有利于协调的原则对其进行了整合，精简机构的同时也提高了效率。例如，传统的商务合约事务由于与市场活动的密不可分，将其并入市场营销部门；成本管理部并入财务中心。同时对于公司一些职能部门的职能进行了加强，扩大了职能和权利，如人力资源部提升为人力资源中心，不仅仅是名称上的变动，而是增加了它对企业文化建设方面的职能要求；物资管理部提升为采购中心，在对公司物资进行管理的同时，对物资以及供应商信息的搜集和分析等都是提升后对该部门需要发挥的新功能。

同时在这一层级，公司成立了项目执行中心、首席技术总监层和首席信息总监。项目执行中心设置的主要目的针对单项目的多阶段管理和多项目协调工作，同时，项目执行中心代表公司对分公司进行协调和管理，使各个地区公司能够达到资源共享，提高效率。技术总监层主要任务是对维护和协调公司专家资源系统。

工程总承包企业可以根据业务的不同，将其所拥有的专家资源划分为不同的专家组，形成专家支持中心，如路基专家中心、路面专家中心、桥涵专家中心、地铁与隧道专家中心等，这些专家支持中心和各个项目所在的分公司采取矩阵式的工作方式充分发挥专家对项目强有力的技术支持。而技术总监层则是负责对这些专家中心与分公司项目之间配合的安排和统筹工作。同时，MIES 模型中强调了知识导向的信息中心作为共享服务单元对整个公司业务活动的基础支持作用。在项目执行中心实施对某个工程总承包项目的设计和施工等进行集成管理或多个项目的管理或分公司的协调，以及技术总监层对专家支持中心的技术人才活动进行统筹安排时，都对公司信息中心支撑平台的构建提出了很高的要求，信息中心对整个模型中各项职能及其运行提供基础支持作用。

MIE 模型在职能的划分和组织结构总体框架安排上，与传统的施工总承包企业组织结构设计不同的特点具体表现在模型的三个基本特点：矩阵式结构拓展、专家支持中心、知识导向的信息系统中心对整个公司运营的技术保障，其结构组织如图 6-42 所示。

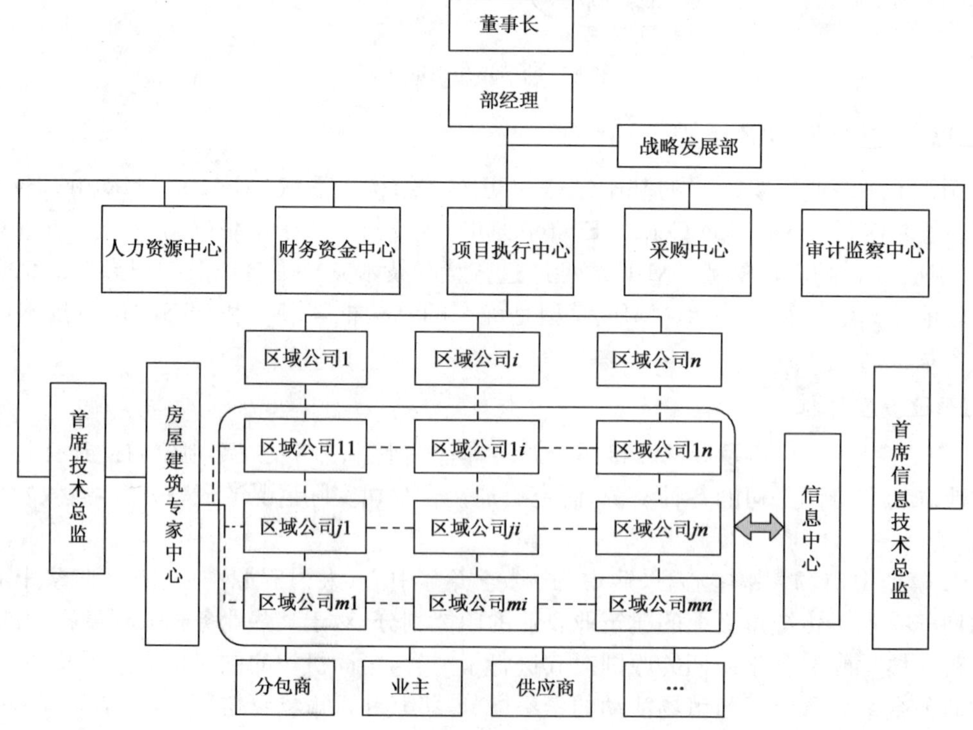

图 6-42　工程项目总承包 MIES 组织模式

1)矩阵式结构系统(Matrix Structure System)新涵义

实践证明,施工总承包企业也普遍采用矩阵式组织结构,但仅仅应用于项目层面,主要体现在项目组成员在编制上属于某一职能部门,实际上随着某一个建设项目的开始和结束而固化在项目上,尽管项目结束后也会被安排在新的项目中,但总是固定在一个项目上。而MIE模型中,将企业的所有项目按照属地原则划归不同的区域公司,由区域公司协调。这里矩阵式管理是协调专家支持中心和各区域分公司所有项目之间的作业关系,以完成工程总承包项目的人才和资源支持需求。这种组织结构形式,对外部环境的变化具有很强的灵活性,能够根据项目的实际需求安排合理的技术人才,既不存在专业技术人才在某一个项目积聚过多而产生人才浪费现象,也不会出现某个项目因专业技术人才缺乏而形成工期的延误,从而极大地提高了企业资源配置效率。

2)信息中心系统(Information Centre System)

在传统的建筑企业中,设置这些部门时并没有充分意识到信息平台对于组织结构以及各职能部门之间相互协调的支持作用,信息平台构建工作主要是公司局域网络建设以及公司计算机硬件系统和软件系统的维护和检修,这些工作没有能够充分发挥信息管理系统对公司组织能力和资源配置能力的提升作用。

MIE模型中,信息平台的构建充分考虑了工作流程中各个节点的协调性以及组织运行中纵向和横向界面的融合性。首先在企业的市场部门及财务部门实现和地区分公司的信息对接,通过信息汇总,准确把握市场动向,得到市场开发有利信息,提高效率。同时,总部不受地域限制,及时了解分公司项目实施进度,分公司运行经营状况等,便于总部各项经营决策的制定中能得到客观、及时的下属公司信息,提高决策的正确程度;其次,公司技术总监层在对专家中心技术人员的调配也是要基于信息平台来实现。

组织协作需要的是大量的专家,中间管理人员在这里往往多余。信息型组织中的"指令"基本上是专门技术,企业组织的一般形式将变成为知识型的组织,主要由专家组成,懂得经营业务的人将主要是基层工作人员。目前,美、日等发达国家大力建设信息化产业,它的核心内容是:以项目的全生命周期为对象,全部信息实现电子化;项目的有关各方利用网络进行信息的提交、接收;所有电子化信息均储存在数据库便于共享、利用。它的最终目的是降低成本,提高质量,提高效率,最终增强行业的竞争力。美国、日本的建筑业正在朝这一趋势发展,组织的信息化也给企业带来了很大的经济效益。

MIE模型是一个开放系统,系统的职能是协调其各部门资源和所有员工的行为实现工程总承包项目,同时通过项目的成功实现企业的目标或战略,通过包含社会成分和技术成分的项目管理或职能管理机制把资源转化为建筑产品或服务。

3)专家支持中心系统(Expert Support Centre System)

MIE模型中特别强调了专家支持系统对于项目运营的支持作用。在传统建筑企业的组织结构中,专家及技术人才没有专业部门组织协调,只是零散地分布在具体的项目中,产生一些专家与项目配置不合理的现象,专家的专业知识不能充分发挥作用,达不到应有的效率。而另一些项目中,同样的技术人才可能较多,人浮于事,导致在人员冗余中降低了效率,即出现技术人才既多又缺乏现象,呈现出专业技术人才配置结构的不合理性。专家资源支持系统可以消除这一现象,首先将不同类型的技术人才进行划分归类,形成不同领域的专家组,设立技术总监负责对这些专家中心进行统一的安排和管理，当具体项目部门对某个特定领域的专业技术人才产生需求时，则由分公司向技术总监层提出用人需求，技术总监层则根据专家中心人员与项目的配置情况做出人员安排，尽快满足分公司的对技术人才的需求，而专家中心技术人员对于项目的配合随着项目的开始而开始，项目的终结而终结，项目结束后，技术人员重新回到专家资源中心，接受技术总监层根据公司需求重新配给新的工作任务。

2. MIE 模型在设计和施工整合中的功能

施工总承包企业向工程总承包企业变革过程中，最关键的问题企业组织模式能够在工程总承包项目实施过程中具有实现设计和施工的集成化管理功能。综上所属，MIE 模型设计充分考虑了工程总承包项目实施的内在要求和我国建筑业企业组织管理功能的缺失问题，如表 6-20 所示。

DB/EPC 模式下与传统 DBB 模式下的组织模式区别 表 6-20

	DBB 模式下	DB/EPC 模式下
管理思想	项目导向；设计与施工分离；单项目管理	项目和企业并重；设计、采购与施工一体化；多项目管理
组织范式	层级式机械组织	网络式有机组织
管理方法	串行式传统生产与管理；职能和任务导向；自上而下指令链条；集权式决策、被动执行；个人学习及施工经验传承	并行式精益生产与管理；过程和工作导向流；自上而下响应模式；分散式决策、自主管理；组织学习及项目知识管理
组织实现技术	总公司—分公司—项目经理部；事物导向的信息处理技术	团队式专家系统 知识导向的信息支持系统

三、施工企业向 DB 总承包企业发展途径

（一）加强总承包企业的功能建设

施工企业打造工程总承包企业需要加强咨询服务、设计功能和融资功能建设。

1. 咨询服务

工程建设是一项耗资巨大、回收期长、涉及面广的重大固定资产投资活动。项目建设前期业主需要做大量的投资机会研究工作，为投资决策提供较为扎实的依据，需要回答包括市场、建设规模、财务预算、资金筹措、效益评价等多方面的内容。相对于后期项目建设来说，这些都是内业工作，所花费用少，但对整个项目投资的影响却很大。这些工作需要有相当经验的专家来完成，但大多数投资方都不是工程建设方面的行家，他们需要总承包企业协助其做好项目可行性分析。

因此，增加咨询功能对施工企业打造总承包企业是非常必要的，它为承包人尽早参与项目提供了机会。

2. 设计功能

如果没有相应的设计能力，要进行真正意义上的总承包是不可能的，甚至可以说没有设计

就没有总承包。同时，随着厘米方式，即“边设计、边施工”的模式基于其能够缩短建设周期、降低投资风险的原因而越来越多地被业主采用，施工企业单纯的“按图施工”已经远远满足不了要求。

施工企业增加设计和咨询服务功能可以通过修改其组织结构，增加设计和咨询服务部门来实现。需要明确的是，企业必须取得勘察设计甲级资质，才有可能在未来的工程总承包市场上具备基本的竞争力。具体如何成立设计部门，可以通过自建和兼并重组两种方式。后者具有时效快、可得性和低成本的特点，是一种较好的方式。

3. 融资功能

开展工程总承包业务，特别是承揽国际工程，需要企业具备很强的融资能力。我国企业的自有资金少，不能满足大型项目带资承包的需要。同时我国银行对企业的信贷额度低，国家控制外汇信贷规模，审批时间长，审批程序复杂，融资问题将成为企业开展总承包业务的瓶颈。解决这个问题一方面需要国家出台相关政策，另一方面也对企业如何建立宽泛的融资渠道提出了更高的要求。

(二)提升企业核心竞争能力

提升核心竞争能力主要包括调整业务领域、组织和人才结构、技术能力、风险评估能力以适应总承包业务的开展。

1. 业务领域

国外工程公司的业务领域都很广，包括基础设施、铁路、公路、电力、石油与化工、机场建设等。这些业务都具备广义的建设项目管理特性，在管理的核心规则和流程上是高度相似的。业务领域广给企业带来的不仅是抗风险能力增强，而且促进了企业资源的共享，提高了企业核心竞争力的产出效率。我国施工企业往往只集中于房建、工业建筑、港湾、路桥等市场的某一领域，难以形成规模效应和品牌效应。业务领域的拓展需要做好资质就位工作，并进行经营战略的调整。

2. 组织和人才结构

国外工程公司的总部大都采取事业部的组织形式。各事业部在组织结构上基本相同，大都设有项目控制部、设计部、采购部、施工管理部、试运行部等。施工企业开展总承包业务也应该借鉴国外工程公司的组织模式，通过健全组织实现健全职能。这里特别要注意的是，企业员工专业结构和能力结构要同企业组织相匹配。

人才缺乏一直是我国施工企业开展总承包业务的主要困难。基于工程总承包宽泛的管理范畴要求，工程总承包企业最需要的是懂技术、通商务、经验丰富的复合型项目管理人才。我国多数大型施工企业还没有建立吸引和招聘社会上优秀人才的机制，各类人才完全靠公司内部培养，不利于短缺人才的迅速补充和人才市场优势的有效利用。同时，还没有形成用长期性的激励办法留住人才的机制。

3. 技术能力

实现业务的宽领域管理和项目从咨询、设计、施工到运营服务的全过程管理不仅要有良好的组织设计和项目管理机制，还要有先进的项目管理技术和手段做支撑。我国施工企业计算机应用水平低，信息化程度低，不重视项目管理软件的开发，这些都制约了总承包能力的培育。

建设部于 2003 年 11 月 14 日发布了《2003—2008 年全国建筑业信息化发展规划纲要》，对施工企业信息化建设提出了明确的要求。针对总承包企业要重点建设“一个平台（网络平台），三大系统（工程设计集成系统、综合项目管理系统、经营管理信息系统）”。应用体系建设应推行以工程数据库和模型设计为主的集成化、智能化设计技术，建立和完善工程设计系统，推行协同设计；建立和完善以物资流为主线、以资金流和工作流为核心的综合项目管理系统；建立和完善以数据库技术为基础的经营管理信息系统。以信息化建设为代表的管理技术水平的提高是施工企业发展总承包能力的关键环节。

项目管理技术还包括标准化技术，国外工程公司这方面做得很好。施工承包的核心内容是如何通过提高效率来改进盈利水平。工程总承包则更为重视的是总包协调和整合能力，很多的工作内容总承包企业自己不会亲自去做而是分包出去，因此对市场资源的掌握以及对分包单位的管理是工程总承包企业的核心能力。工程总承包企业通常驾驭很大的规模，所以对企业的标准化程度要求非常高。也只有很高的标准化水平，才能保证企业高层能够对很大的管理幅度进行有效监控。完善的技术标准体系、管理标准体系（包括项目管理手册、设计手册、采购手册、施工手册）、编码体系（包括工作分解、材料编码等）和定额体系是工程总承包企业基础竞争力的体现。

4. 风险评估能力

与施工总承包相比，工程总承包的风险要大得多。首先，它不像施工总承包那样有一套详细的施工图作为投标报价的依据，因为勘察、设计本身也属于工程总承包的范围。勘察、设计环节的风险对工程造价的影响很大，这种风险评估能力对施工企业来说是一个挑战。其次，工程总承包涉及的资金数额巨大，业主还款时间长，涉及总承包企业融资模式设计、业主还款能力评估、业主抵押物担保准备、工程移交转让的纳税等诸多问题，对这些环节的风险评估，比单纯的施工总承包复杂得多。这种风险评估能力对施工企业来说又是一个挑战。

附　录

公路隧道施工围岩基本分级

级别		围岩主要地质条件			岩体基本质量指标 BQ	围岩开挖后的稳定状态
		围岩坚硬程度	围岩完整程度	结构面组合情况		
Ⅰ		新鲜或微风整体结构或大块状结构的坚硬岩（饱和抗压极限强度 R_b＞60MPa），受地质构造影响轻微	节理不发育，间距大于 1m，延伸短，多闭合，无或偶有单薄软弱结构面，宽度小于 0.1m 无夹泥充填层状岩为巨厚～厚层，层间结合良好	咬合无充填，结构面起伏粗糙构面无不稳定，组合层状岩与洞轴线正交	＞550	跨度＜20m，围岩稳定，偶有掉块，无坍塌
Ⅱ	Ⅱ$_1$	块状结构的坚硬岩（R_b＞60MPa），新鲜或微风化，受地质构造影响一般	节理裂隙较发育，但连续性不强，间距 1～0.5m，裂隙微张或局部张开，稍有夹泥充填，有少量小型断层等软弱带，宽度小于 0.5m	结构面粗糙，少有充填，结构面组合基本稳定或局部有人字形或梯形不稳定组合	550～451	跨度 10～20m，围岩基本稳定，局部可发生掉块或小塌方； 跨度＜10m，围岩稳定，偶有掉块，无坍塌
	Ⅱ$_2$	中厚层状的较坚硬岩（R_b＞30MPa），受地质构造影响轻微	裂隙不发育，间距大于 1m，多闭合，层间结合基本良好，无软弱夹层	结构面粗糙，少有充填，结构面组合基本稳定或局部有人字形或梯形不稳定组合； 层状岩或软弱结构面与洞轴线夹角大于 70°		

续上表

级别		围岩主要地质条件			岩体基本质量指标 BQ	围岩开挖后的稳定状态
		围岩坚硬程度	围岩完整程度	结构面组合情况		
Ⅲ	$Ⅲ_1$	坚硬岩(R_b>60MPa),呈微风化或弱风化,受地质构造影响严重	呈块(石)碎(石)状镶嵌结构,节理发育,间距为0.5～0.2m,多张开或局部张开,有夹泥充填,连续性差,软弱结构面多	有结构面多平直光滑方形、梯形、尖拱形不稳定组合。但其产状及组合关系尚不致产生滑动	450～351	跨度10～20m,围岩稳定数日～1月,可发生小～中塌方;跨度5～10m,围岩稳定数月,可发生小～中塌方;跨度<5m,围岩稳定,偶有掉块,无坍塌
	$Ⅲ_2$	较坚硬岩(R_b>30MPa),呈微风化或弱风化,受地质构造影响一般	块状结构或层状结构,裂隙较发育,间距0.5～1m,多微张或局部张开,有少量夹泥充填,中厚层或软硬互层,有少量软弱夹层,层间结合差	有结构面多平直光滑方形、梯形、尖拱形不稳定组合。但其产状及组合关系尚不致产生滑动; 层状岩或软弱结构面与洞轴线夹角大于70°		
	$Ⅲ_3$	软质岩石(R_b＝5～30MPa),多属微风化,受地质构造影响轻微	呈大块状砌体结构,裂隙不发育,多闭合,局部微张,有泥模,厚层或中厚层偶夹薄层,其层间结合一般			
Ⅳ	$Ⅳ_1$	较坚硬岩(R_b>30MPa),受地质构造影响很严重。	呈碎石状压碎结构,节理很发育,层状软弱面(或夹层)已基本被破坏	结构面多平直光滑或起伏平滑,夹泥较厚,带有尖拱形、槽形、圆拱形不稳定体层状岩或软弱结构面与洞轴线夹角小于30°或平行	350～251	跨度>5m,围岩无自稳能力,数日～数月内可发生松动变形、小塌方,进而发展为中～大塌方; 跨度<5m,围岩稳定数日～1月
	$Ⅳ_2$	软质岩石(R_b＝5～30MPa),受地质构造影响严重,节理发育	呈块(石)碎(石)状镶嵌结构			
	$Ⅳ_3$	①略具压密或成岩作用的黏性土及砂性土; ②一般钙质、铁质胶结的碎、卵石土、大块石土; ③黄土(Q_1、Q_2)	①呈大块状压密结构; ②呈巨块状整体结构; ③呈巨块状整体结构			

续上表

级别		围岩主要地质条件			岩体基本质量指标 BQ	围岩开挖后的稳定状态
		围岩坚硬程度	围岩完整程度	结构面组合情况		
V	V_1	石质围岩位于挤压强烈的断裂带内	呈角(砾)碎(石)状松散结构，裂隙杂乱，呈石夹土或土夹石状		<250	围岩易坍塌，处理不当会出现大坍塌，侧壁经常小坍塌；浅埋时易出现地表下沉(陷)或坍至地表
	V_2	半干硬～硬塑的黏性土及稍湿至潮湿的一般碎、卵石土、圆砾、角砾土及黄土(Q_3、Q_4)	非黏性土呈松散结构，黏性土及黄土呈松软结构			
VI	VI_1	石质围岩位于挤压极强烈的断裂带内	呈松软结构，呈角砾、砂、泥松软体		<250	围岩极易坍塌变形，有水时土砂常与水一齐涌出；浅埋时易坍至地表
	VI_2	软塑状黏性土及潮湿的粉细砂等	黏性土呈易蠕动的松软结构；砂性土呈潮湿松散结构			

注：公路隧道围岩分级表中“级别”和“围岩坚硬程度”栏，不包括特殊地质条件的围岩，如膨胀性围岩、多年冻土等。层状岩层的层厚划分为：厚层：大于 0.5m；中层：0.1～0.5m；薄层：小于 0.1m。

参考文献

[1] 王梦恕.21世纪山岭隧道修建的趋势[C].中国土木工程学会第八届年会论文集.1998,3.
[2] 王梦恕.北京地铁浅埋暗挖法施工[J].岩石力学与工程学报,1989,8.
[3] 王梦恕.21世纪我国隧道及地下空间发展的探讨[J].铁道科学与工程学报,2004,7.
[4] 张顶立.海底隧道不良地质体及结构界面的变形控制技术[J].岩石力学与工程学报,2007,11.
[5] 中国奎.潭柘寺隧道与挖煤巷道的交会处理技术[J].市政技术,2012.
[6] 中国奎.潭柘寺隧道三台阶施工规律变化研究[C].2011年全国博士生学术论坛(交通运输工程)论文集,2011.
[7] 陈先国,等.五指山公路隧道工程技术[M].北京:人民交通出版社,2008.
[8] 王梦恕.地下工程浅埋暗挖技术通论[M].安徽:安徽教育出版社,2004.
[9] 关宝树.隧道工程施工要点集[M].北京:人民交通出版社,2003.
[10] 王梦恕.对21世纪我国隧道工程建设的建议[J].现代隧道技术,2001,2.
[11] 关宝树.隧道工程设计要点集[M].北京:人民交通出版社,2003.
[12] 皇甫明,等.核心土留设对隧道工作面稳定性的影响[J].岩石力学与工程学报,2005.
[13] 孙钧,等.地下结构[M].上海:同济大学出版社,1987.
[14] 关宝树.21世纪的地下空间利用[J].铁道工程学报,1998年增刊.
[15] 申国奎.CD法结合双排注浆小导管在处理潭柘寺隧道塌方中的应用[J].市政技术,2010.
[16] 朱永全,等.隧道工程[M].北京:中国铁道出版社,2006.
[17] 曹严国.隧道 [M].北京:中国铁道出版社,2006.
[18] 刘统畏,等.铁路隧道工程 [M].北京:中国铁道出版社,1995.
[19] 钟有信.浅埋暗挖地铁施工地层沉降监测与控测[J].西部探矿工程,2003.
[20] 蒋爵光,等.隧道工程地质[M].北京:中国铁道出版社,1991.
[21] 孙均,等.地下结构有限元法解析[M].上海:同济大学出版社,1986.
[22] Abi-Karam T. Design/build-the professional services race[J]. 1999, AACE International Transactionsmorgantown ,WV 1999.
[23] 中国统计年鉴.北京:中国统计出版社,2002.
[24] 中国统计摘要.北京:中国统计出版社,2003.
[25] 中国勘察设计协会建设项目管理和工程总承包工作委员会.关于我国在工程建设中开展工程总承包和项目管理的调研报告[J].中国工程咨询,2002.
[26] 王孟钧,等.WTO与中国建筑业[M].北京:中国建材工业出版社,2002.
[27] 许天戟.中国入世后建筑业发展的对策研究[J].基建优化,2001.
[28] 叶敏.关于我国建筑企业规模结构问题的思考[J].建筑经济,2001.
[29] 陈建国.加入WTO调整和完善建筑业产业组织形态[J].建筑经济,2001.
[30] 建设工程项目管理规范编委会.建设工程项目管理规范实施手册[M].北京:中国建筑工

业出版社,2006.

[31] (美)项目管理协会.项目管理知识体系指南(PMBOOK 指南)[M]2 版.卢有杰,王勇,译.北京:电子工业出版社,2005.

[32] 白思俊.现代项目管理[M].北京:机械工业出版社,2003.

[33] 注册咨询工程师(投资)考试教材编写委员会.现代咨询方法与实务[M].北京:中国计划出版社,2003.

[34] 徐蓉.工程建设总承包管理[M].北京:北京科学技术出版社,2005.

[35] 孙继德.项目总承包模式[J].土木工程学报,2003,36(9):51-54.

[36] CDBI(Canadian National Practice Program). Design-Build Project Delivery: Practice manual, First Edition, NPP copyright, December, 1996.

[37] 国际咨询工程师联合会.施工合同条件[M].中国工程咨询协会编译.北京:机械工业出版社,2002.

[38] 国际咨询工程师联合会.设计采购施工(EPC)/交钥匙工程合同条件[M].中国工程咨询协会编译.北京:机械工业出版社,2002.

[39] 张蕾.工程总承包投标策略研究[D].天津:天津大学,2006.

[40] 张明,田贵军,张锁.工程项目管理与投资项目评估[M].北京:中国物价出版社,2001.

[41] 黄克强.北京城建集团工程总承包项目管理模式分析[D].成都:电子科技大学,2007.

[42] 阎长俊,齐宝库,武世强.工程总承包的项目采购模式及相关问题[J].建造经济,2004.

[43] 胡德银.我国工程项目管理和工程总承包发展现状与展望[J].中国工程咨询,2003.

[44] J. Rodney Turner, Stephen. J. SiMister,等.项目管理手册[M].李世其,等译.北京:机械工业出版社,2004.